HELL
UNDER FIRE

지옥 논쟁에 종지부를 찍은 지옥에 대한 현대적 재연구

지옥론

HELL
UNDER FIRE
(불타는 지옥)

크리스토퍼 모간 · 로버트 피터슨 엮음
박미가 옮김

MODERN SCHOLARSHIP REINVENTS
ETERNAL PUNISHMENT

HELL
UNDER FIRE

Christopher W. Morgan · Robert A. Peterson
General Editors

Originally published in the U. S. A
under the title
HELL UNDER FIRE
Copyright c 2002 by Christopher W. Morgan and Robert A. Peterson
Published by Zondervan Publishing House
Requests for information should be addressed to:
Zondervan, Grand Rapids, Michigan 49530, U.S.A
Korean translation copyright c 2008 by Grace Publishing Company
178-94 Sungin-dong Jonglo-gu Seoul, Korea

이 책의 한국어판 저작권은 Zondervan Publishing House와의 독점판권 계약에 의해
은혜출판사에 있습니다. 저작권법에 의하여 한국 내에서 보호받는 저작물이므로
무단 전재와 무단 복제를 금합니다.

이 책을 천국과 지옥에 대한 우리의 연구를 도와준

캘리포니아 침례 신학 대학과 커버난트 신학교에 적을 둔

우리의 신학생들에게 바친다.

- 크리스토퍼 W. 모간과 로버트 A. 피터슨

CONTENTS

영어 약어표 _ 8
추천사 - 10
역자의 글 _ 12
소개하는 글 _ 14

제 1 장 현대신학 : 지옥의 사라짐 _ 21
　　　　　　　　　R. 알버트 몰러 주니어(R. Alert Mohler Jr.)

제 2 장 구약에 나타난 지옥 _ 73
　　　　　　　　　　다니엘 I. 블록(Daniel I. Block)

제 3 장 지옥에 관한 예수님의 가르침 _ 113
　　　　　　　　　　로버트 W. 야브로(Robert W. Yarbrough)

제 4 장 바울의 지옥 가르침 _ 157
　　　　　　　　　　더글라스 J. 무(Douglas J. Moo)

제 5 장 요한계시록에 나타난 지옥 _ 193
　　　　　　　　　　그레고리 K. 비일(Gregory K. Beale)

제 6 장 성경 신학 : 지옥을 묘사해주는 세 단어 _ 237
　　　　　　　　　크리스토퍼 W. 모간(Christopher W. Morgan)

제7장 조직신학 : 지옥을 보는 세 입장 _ 271

로버트 A. 피터슨(Robert A. Peterson)

제8장 만인구원론 : 결국은 모두 다 구원받게 되는가? _ 305

제임스 I. 패커(J. I. Packer)

제9장 영혼소멸론 : 구원 받지 못한 자는 영원히 형벌 받는가? _ 357

크리스토퍼 W. 모간(Christopher W. Morgan)

제10장 목회 신학 : 지옥 설교 어떻게 해야 하나? _ 403

신클레어 퍼거슨(Sinclair Ferguson)

결론 _ 439

글 쓰신 분들 _ 444
참고 도서 목록 _ 445

영어 약어표

AB	Anchor Bible
ABD	Anchor Bible Dictionary
ACUTE	Evangelical Alliance Commission on Unity and Truth Among Evangelicals
AnBib	Analecta biblica
ANF	Ante-Nicene Fathers
BA	Biblical Archaeologist
BAR	Biblical Archaeology Review
BBR	Bulletin for Biblical Research
BibOr	Biblica et orientalia
BSac	Bibliotheca sacra
BST	The Bible Speaks Today
CBQ	Catholic Biblical Quarterly
ChrT	Christianity Today
COS	The Context of Scripture, ed. W. W. Hallo (3 vols).
ESV	English Standard Version
EvQ	Evangelical Quarterly
ERT	Evangelical Review of Theology
HAR	Hebrew Annual Review
HNTC	Harper's New Testament Commentaries
HTR	Harvard Theological Review
ICC	International Critical Commentary
JANESCU	Journal of the Ancient Near Eastern Society of Columbia University
JAOS	Journal of the American Oriental Society
JBL	Journal of Biblical Literature
JETS	Journal of the Evangelical Theological Society
JSOTSup	Journal for the Study of the Old Testament Supplements Series
KTU	Die Keilaphabetischen Texte aus Ugarit, ed. M. Dietrich, O. Loretz, and J. Sanmartin
LXX	Septuagint

NASB	New American Standard Bible
NCB	New Century Bible
NICNT	New International Commentary on the New Testament
NICOT	New International Commentary on the Old Testament
NIGTC	New International Greek Testament Commentary
NIV	New International Version
NIVAC	NIV Application Commentary
NLT	New Living Translation
NPNF	Nicene and Post-Nicene Fathers
NRSV	New Revised Standard Version
OTL	Old Testament Library
ResB	Presbyterion
RelS	Religious Studies
SJT	Scottish Journal of Theology
SNTSMS	Society for New Testament Studies Monograph Series
TDNT	Theological Dictionary o the New Testament, ed. Gerhard Kittel and G. Friedrich
TDOT	Theological Dictionary of the Old Testament, ed. G. J. Botterweck and H. Ringggern
TLOT	Theological Lexicon of the Old Testament, ed. E. Jenni and C. Westermann
TNIV	Today's New International Version
TNTC	Tyndale New Testament Commentaries
TOTC	Tyndale Old Testament Commentaries
TrinJ	Trinity Journal
UF	Ugarit-Forschungen
VE	Vox evangelica
VTSup	Vetus Testmentum Supplements
WBC	Word Biblical Commentary
ZNW	Zeitschrift fur die neutestamentliche Wissenschaft

추천사

「불타는 지옥」, 참으로 대단한 책이 번역, 출판되었다. 현대신학의 기류는 '죄'를 말하지 않고, '정죄'를 말하지 않으며, '지옥'을 말하지 않는 것이 그 특징인데, 이 기류에 정면으로 맞서서 성경의 가르침을 원색적으로 펼쳐 보이는 책이 출판된 것이다. 심지어 강단에서조차도 '영생의 부활'만 말하고 '심판의 부활'에 대해서는 침묵하는 것이 지혜로운 입장인 것처럼 인식되는 이 시대, 참 진리가 가리워지고 있는 이 시대를 향하여 "성경은 지옥에 대하여 우리에게 이렇게 가르쳐 주고 있습니다."라고 선포하고 있는 책이 바로 이 책, 「불타는 지옥」이다.

나는 사실 그동안 '지옥'에 대하여 잘 해설되어 있는 책이 없을까 하고 기존의 서적들과 신간 서적들을 항상 주의 깊게 보아 왔다. 왜냐하면 신학대학원에서 '종말론'이라는 강의를 담당하고 있는 나로서는 이 부분에 대한 참고 문헌이 절대적으로 필요하였기 때문이다. 특히 2004년도에 「기독교 종말론」이라는 책을 집필하고 난 이후에는 그 필요성이 더해 왔다. 그러나 기존의 서적들을 살펴보면, 기껏해야 「지옥은 있다」라는 제목 하에 환상 중에나 또는 희한한 입신 상태에서 경험하고 온 '지옥'에 대하여 간증 형식으로 쓰인 서적들뿐이었다. 그리고 그 내용은 거의가 다 비성경적이고 심지어 이단적이기까지 한 그런 내용들 뿐이었던 것이 사실이다.

그런데 이번에 우연치 않게 이 책, 「불타는 지옥」을 접하고 나니, 감사한 마음과 함께 감탄이 절로 나온다. "이야, 그동안 내가 그토록 찾던 바로 그 책이로구나!" 그래서 나는 이 책을 한국의 신학생들과 평신도지도자들에게 마음 놓고 소개하면서 추천한다. 이 책의 저자들 아홉 명은 적어도 복음주의권 내지는 개혁주의권에서 건전한 신학입장을 견지하고 있는 신실한 신학자들이다. 그리고 이 책을 추천한 세 명의 석학들, 데이빗 F. 웰스(David F. Wells), 월터 C. 카이저 주니어(Walter C. Kaiser Jr.), 웨인 그루뎀(Wayne Grudem) 역시 전통신학의 입장을 충실히 대변하고 있는 존경받는 교수들이다.

물론 이 책의 모든 내용들에 나 자신이 100 % 완전히 동의하는 것은 아니다. 원래 '종말론'은 사후세계를 다루는 부분이 많이 있어 '삼위일체론'이나 '기독론'과 달리 이론(異論)의 여지가 있을 수 있는 부분들이 많다. '삼위일체론'이나 '기독론'은 A.D. 4세기와 5세기 동안에 피 튀기는 싸움을 거쳐가며 '신앙고백'이라는 이름으로 한 글자 한 글자 정제과정을 거쳐 교리체계가 확고하게 형성되었지만, '종말론'의 교리들은 비교적 최근에 체계를 갖추었기 때문에 그 다양한 견해들에 100 % 동의하기가 쉽지 않은 것이 사실이다. 그리고 그 서로 다른 내용들에 대하여 서로가 틀렸다고 함부로 정죄할 수가 없는 것이 바로 '종말론'의 특징이기도 하다. 가령 이 책에서도 '아브라함의 품'에 대하여 나의 입장과 약간 다른 부분이 있기는 하다. 또 예수 그리스도의 재림의 시기와 관련하여 정통신학의 입장에 세 가지 상이한 견해들이 있지만, 세 견해들 다 각각 장단점을 가지고 있고 그 어느 것 하나만을 완전하다고 고집할 수 없다는 사실을 우리는 잘 알고 있다.

그럼에도 불구하고 나는 이 책의 거의 모든 내용들에 공감하고 동의한다. 동의하지 않는 부분에 있어서도 나는 이 책의 저자들의 입장과 주장을 적어도 용납하고 배제하지 않는다. 왜냐하면 그 내용들이 그만큼 성경 해석상 얼마든지 가능한 진술들이기 때문이다. 무엇보다도 '지옥이 있다'는 이 책의 확실한 주장에 나는 동의하며, '지옥에 간 사람들은 영원히 고통당한다'는 이 책의 확실한 나팔소리에 나는 박수를 보낸다. 그리고 기꺼이 추천한다. 이 책은 좋은 책이라고. 많은 사람들이 이 책을 보고 다시 마음을 새롭게 할 필요가 있다고. 교단을 초월하여, 신학적 입장을 초월하여, 지옥에 관한 성경의 진술들을 확실히 지적해 주는 이 책을 모두들 읽고 복음전파의 열정, 구령의 열정을 더욱 뜨겁게 하는 은혜에 접할 수 있기를 바란다.

2008 년 7월 8일
칼빈대학교 조직신학 교수 김석환

역자의 글

　평소에 지옥에 관한 신학적으로 우수한 책을 한국 기독교 출판계와 신학계에 한번 내어놓고 싶어 하셨던 은혜 출판사 장사경 사장님으로부터 본서를 번역해 달라는 부탁을 받고, 처음엔 많이 망설였습니다. 왜냐하면, 이 책은 신학 박사가 번역해야 할 정도로 수준급의 내용을 담고 있기 때문입니다. 저는 신학 박사가 아닙니다. 미국 풀러 신학교에서 교역학 석사를 받았고 미주리 대학에서 이학 박사를 받았을 뿐입니다. 그러나 그동안 10여 권의 책을 번역한 경험을 살려, 제가 번역하기에는 부족함에도 감히 번역에 손을 대었습니다.

　우선 신학적인 전문 용어를 되도록 피해, 독자가 이해하기 쉽게 번역하려고 노력하였습니다. 그 이유는 최대한 많은 사람이 읽고 지옥에 대해 성경적으로 바른 이해를 하도록 하는 마음이 다분히 있었기 때문입니다. 그리고 직역으로 인해 의미가 전달되지 않는 부분은 의역을 택하였습니다. 저의 번역이 완전하다고는 절대로 말하지 않습니다. 부족한 부분이 있는 것이 사실입니다. 그렇지만 많은 노력을 기울였습니다. 이 번역본은 목회자나 평신도가 읽어도 충분히 소화할 수 있는 책입니다. 그러나 빨리 읽어 내려갈 수 있는 책은 절대로 아닙니다.

　성경 인용구는 긴 문장인 경우는 개역 성경이나 표준 새 번역 성경을 따랐고, 매 인용 때마다 어느 성경 역을 따랐는지를 명시하였습니다. 그리고 성경 인용구가 짧은 문구로 본문에 끼어 있는 경우는 문맥상 흐름을 원활하게 하기 위해, 제가 직접 번역하였습니다. 그리고 읽으시다 보면 자주 따옴표가 나오는데, 이것은 다른 신학 저술이나 논문에 실린 단어나 구절 또는 문단임을 말해주는 표시임을 참고로 말씀드립니다.

　저는 이 책을 번역하면서 저의 신학적인 이해의 안목이 그전보다 더 깊어졌음을 느꼈습니다. 그리고 전통 교리가 얼마나 좋은 교리인지도 깊이 느끼게 되었습니다. 소위 내로라하고 자처하는 꽤 유명한 복음주의 신학자들조차도 지옥이 없다고 주장합니다. 그래서 성경을 무시한 채, 지옥을 텅 빈 곳으로 만들거나 지옥은 영원히 벌 받는 곳이 아니라는 주장을 폅니다. 사랑의 하나님은 학대음란증 환자가 아니기에, 지옥이 없어야 당연하다고 주장합니다. 하나님은 분명히 사랑의 하나님이십니다. 그러나 그분은 공의의 하나님이시고 또한 거룩한 하나님이십니다. 무한하신 하나님을 받아들이지 않은 죄는 무한히 처벌받아야 옳습니다. 지옥은 있고, 주 예수 그리스도를 영접하지 않으면 영원한 불구덩이로 던져집니다. 예수님이 그렇다 말씀하셨기 때문에, 이것은 진리입니다.

예언, 치유, 내적 치유, 교회 성장론, 지도자론, 축복론, 성공론들이 마치 진리와 복음의 핵심인양 여겨지는 교회 시대에 우리는 살고 있습니다. 종이 주인 노릇을 해서는 절대로 안 됩니다. 우리는 복음의 진리와 핵심을 절대로 놓쳐서는 안 됩니다. 성경 말씀에 굳게 선 전통 교리는 정말로 좋은 것입니다.

저는 특히 이 책을 번역하면서 제임스 패커의 글(8장)과 신클레어 퍼거슨(10장)의 글에 깊은 감동을 받았습니다. 여러분도 그러시리라고 추측해 봅니다. 2장, 4장, 5장은 성경 신학 쪽이라 좀 어렵습니다. 그래서 일반 독자들은 건너뛰고 읽어도 괜찮을 것으로 사료됩니다.

신학을 전공하는 분들에게 이 책은 참으로 귀한 책이 될 것입니다. 그리고 복음에 대한 열정을 잃어버린 목회자에게 이 책이 주는 유익은 결코 적지 않을 것입니다. 물론 평신도도 이 책을 통해 수준 높은 지옥 이해를 할 수 있음은 두말할 나위도 없습니다. 아무튼, 이 책을 통해 지옥이 있다는 사실을 확실히 알게 되므로, 식었던 복음 전파에 대한 열정이 다시 불붙는 여러분이 되시기를 기대해 봅니다.

역자 박미가
2006년 3월 21일

소개하는 글

어떤 사람이 가게를 새로 열었다. 가게를 새로 연 그 사람의 친구가 새로 가게를 연 사람에게 축하 꽃다발을 보냈다. 친구의 축하 꽃다발을 받은 가게 주인이 기쁨에 들떠, 친구가 꽃과 함께 보낸 축하 카드를 펴 보았다. 거기에는, '고요히 잠들다' 라고 쓰여 있었다.

화가 난 가게 주인은 꽃 배달 업체에 전화를 하여, 어떻게 처음 가게를 연 사람에게 장례식 조문 카드를 보내줄 수 있냐며 불평하였다. 그러자 배달 업체 주인은, "선생님, 참으로 죄송합니다. 배달지가 서로 바뀌었답니다. 오늘 아침 장례식을 치르는 어떤 사람은 꽃과 함께, '새로운 장소에 오픈한 것을 축하합니다.' 라고 적힌 카드를 배달받았답니다."라며 미안해하였다.

여기서 새로운 장소라는 말은 사람이 죽었기에 죽은 사람이 다른 곳으로 거처를 옮겼다는 것을 뜻한다. 오늘날 대부분의 미국 사람들은 지옥이 있다는 사실은 받아들이면서도, 자기 자신만은 지옥에 가지 않으리라 생각하며 살고 있다. 이것은 자기 자신만은 천국에 가기를 바라는 인간의 심리 상태를 잘 표현해주는 증거라고 할 수 있다.

지옥은 지금도 불타고 있다. 지옥이 불타고 있는 곳이라는 사실은 새로운 사실이 아니다. 계몽주의(Enlightenment) 사상이 들어온 이후에도 지옥이 불타고 있다는 사실을 의심하는 일은 극히 드물었다. 그러나 지난 반세기에 걸쳐 지옥이 불타고 있다는 전통적 기존 신학이 도전을 받아왔다. 처음엔 이러한 도전들이 기독교 바깥에서 일어났으나, 점차 기독교 내에서도 일어나기 시작하였다. 이것은 전통 기독교에 대한 심각한 도전임이 분명하다. 현재까지 지옥에 대한 기존 전통 신학에 도전하는 대표적인 두 이론이 있다. 그것은 만인구원론(universalism)과 영혼소멸론(annihilationism)이다. 오늘날 복음주의 신학자 중에는 전통 기독교가 고수하여왔던 지옥 이론을 부정하고, 그 대신 이 두 이론의 어느 쪽에든 가담하여 일하고 있는 사람들이 매우 많다.

만인구원론은 세상에 태어난 모든 사람들은 한 사람도 빠짐없이 하나님의 사랑을 경험하고, 그 결과 모두 다 영생을 얻게 된다는 이론이다. 즉, 이 이론은 모든 인류가 다 구원을 받고, 다 천국에 간다는 이론이다. 1977년도에 사망한 얀 본다(Jan Bonda)는 그의 저서 「하나님의 목적: 영원 심판론에 대한 해답(The One Purpose of God: An Answer to the Doctrine of Eternal Punishment)」에서 사도 바울이 쓴 로마서를 인용하며 만인구원론을 적극적으로 주장하였다. 그가 직접 쓴 글 일부를 읽어보자.

바울은 로마서를 통해 복음이란 모든 사람들을 위한 것이라는 사실을 나타내었다. 하나님께서는 모든 사람들을 위한 구원을 그리스도의 십자가로 표현하셨다. 예수 그리스도의 죽음으로 인하여 아담 이후에 태어난 모든 사람들—그리스도 이전 세대들의 사람들도 포함하여—이 '의와 생명'을 받았다. "많은 사람들이 의롭게 되었다"(롬 5:18-19). 이것이 인간을 향한 하나님의 유일한 목적이셨다. 만인을 구원하시고자 하시는 하나님 목적은 하나님을 사랑하고 모든 이웃들을 온 마음을 다해 사랑하라고 명하신 예수 그리스도의 명령에서 잘 관찰된다. 모든 인류를 향한 예수 그리스도의 이 명령은 하나님께서는 모든 인류를 구원하신다는 사실을 밝히 드러내어 주고 있다.
그리스도께서는 사도들과 교회들을 그리스도의 구원사역에 동참하게 하셨다. 모든 인류가 다 구원을 얻기까지 우리들의 구원사역이 그쳐져서는 안 된다.[1]

얀 본다는 위에서와 같이 모든 인류가 구원을 얻을 때까지 그리스도의 사역이 멈출 수 없다고 말하였을 뿐 아니라 자신은 만인 구원설을 지지하고 있다고 솔직하게 밝혔다. 영혼소멸론을 주창하는 사람들은 영혼소멸론 또는 조건론(conditionalism)으로 부르고 싶어 한다. 그들은 악인이 죽으면 소멸하여 결국 그 존재 자체가 없어진다고 생각한다. 한편 데이빗 포위스(David Powys)는 「'지옥': 어려운 질문에 대한 심사 숙고: 신약 성경이 말하는 불의

---

1) Jan Bonda, The One Purpose of God: An Answer to the Doctrine of Eternal Punishment(Grand Rapids: Eerdmans, 1988), 257.

한 자의 운명에 관한 고찰('Hell': A Hard Look at a Hard Question: The Fate of the Unrighteous in New Testament Thought)」이라는 그의 저서에서 다음과 같이 진술하였다.

> 신약 성경 그 어디에도 불의한 자가 끊임없이 고통받아야 한다는 기록은 없다.
> 심판을 받기 위해 잠시 살아나는 것은 제외한다면, 사망 후에 불의한 자에게는 생명이 없다. 하나님께서 불의한 자의 삶뿐 아니라 죽음과 그 후의 상태에 대해서도 잘 알고 계신다. 불의한 자는 죽음 후에 하나님으로부터 받을 하나님 나라가 없다. 그들은 생명에서 제외된다. 즉 그들은 더 이상 존재하지 않게 되는 것이다.[2]

포위스는 불의한 자의 마지막은 무 존재라고 말함으로써, 영혼소멸론을 주장하였다.

얀 본다와 데이빗 포위스는 둘 다 복음주의 신학자이다. 그러나 이 두 사람은 서로 상이한 신학의 흐름을 타고 있기 때문에, 악인의 사후 상태에 관해 서로 간의 주장에는 상이한 점이 존재한다. 가령, 본다는 근본적으로 만인구원론을 주장하고 있고, 영혼소멸론에 대해서는 가능성을 문만을 열어놓고 있다.[3] 반면, 포위스는 영혼소멸론만 주장하고 만인구원론을 절대적으로 거부한다.[4] 본다는 만인구원론의 주창자이고, 포위스는 조건론(영혼소멸론)의 주창자이다. 얀 본다와 데이빗 포위스의 경우에서 살펴본 것처럼, 기독교의 전통 지옥론에 대한 이러한 이견들은 현재 기독교 안에서 강력하게 제기되고 있다.

본서에서 지옥에 관한 글을 제공한 신학자들은 모두가 지옥에 대한 전통 신학을 지지하고 있는 신학자들이다. 지옥에 대한 전통 신학이란 구원을 받지 못한 사람들은 이 세상을 떠난 후, 하나님의 기쁨의 임재로부터 완전히 제외

---

2) David Powys, 'Hell': A Hard Look at a Hard Question: The Fate of the Unrighteous in New Testament Thought(Paternoster Biblical and Theological Monographs; Carlisle, UK: Paternoster, 1998), 416.
3) Bonda, The One Purpose of God, 259.
4) Powys, 'Hell', 416, 417.

되어, 끊임없는 고통을 느끼는 지옥에서 영원히 심판받는 다는 신학이다. 이 책에 자신의 글들을 제공한 신학자들은 모두 한결같이 이러한 전통 지옥 신학을 지지하고 있다. 그들이 그렇게 하는 이유는 성경이 그렇게 말하고 있기 때문이다. 이 책에 실린 10편의 지옥에 대한 글들은 모두 다 성경을 토대로 하고 있다. 그리고 그들의 글 중에서 4편의 글은 전적으로 오직 성경만을 고찰하였다.

첫 번째로 글을 실은 알버트 몰러(Albert Mohler)는 다수의 사람이 지옥에 관한 기존의 신학에서 벗어나고 있고, 그들 중에는 심지어 복음주의 신학자들도 있다는 사실을 개탄하였다. 그리고 뒤이어 실린 4편의 글들은 성경을 근거로 지옥이 정말로 존재함을 증명하였다. 다니엘 블록(Daniel Block)은 구약 성경을 중심으로 지옥에 대해 연구하였고, 로버트 야브로(Robert Yarbrough)는 신약 성경의 복음서를 중심으로 연구하였다. 그다음으로 더글라스 무(Douglas Moo)는 신약 성경의 바울의 서신서에 나타난 지옥을 중점적으로 살펴보았다. 그리고 그레고리 비얼(Gregory Beale)은 요한계시록에 나타난 지옥에 대해 자신의 연구를 이 책에서 정리 발표하였다. 이들 네 명의 글을 통하여 우리는 지옥에 대한 전통적인 입장이 성경적 진리임을 확실히 알게 될 것이다.

뒤이어 이 저서의 공동저자로 나온 두 사람 중에서 먼저 크리스토퍼 모간(Christopher Morgan)의 글이 실렸다. 크리스토퍼 모간은 신약 성경 전체를 조사한 후, 지옥은 하나님의 심판에 따른 형벌이 이루어지는 곳이요, 파괴적인 장소이고, 추방의 장소라는 결론을 내렸다. 그리고 두 번째 공동저자인 로버트 피터슨(Robert Peterson)은 지옥에 관한 것을 세 가지 관점, 즉 삼위일체의 관점, 하나님의 주권 및 인간의 자유라는 관점, 마지막으로 '이미(already)' 도래하였지만 '아직은 이루어지지 않은(not yet)' 하나님 나라의 관점에서 살펴보았다.

그다음에 실린 두 편의 글들은 전통 지옥 교리를 비판하는 만인구원론과 영혼소멸론들을 각각 비판하는 글이다. 먼저, 제임스 패커(J. I. Packer)는 그의 글에서, 만인구원론을 주장하는 자들의 주장이 무엇인지를 설명한 후, 만인구원론자들의 주장이 결국은 바른 선교를 저해하고 성경을 왜곡한다는 사실을 성경을 통해 명확하게 밝혔다. 그다음으로, 크리스토퍼 모간(Christopher Morgan)은 성경을 근거로 하여, 지옥은 하나님이 악인들에게 처벌을 내리시는 엄연히 존재하는 장소라는 사실을 밝힘으로, 영혼소멸론(조건론)을 주장하는 사람들의 주장이 잘못된 주장이라는 사실을 명쾌하게 지적하였다.

마지막 글을 쓴 신클레어 퍼거슨(Sinclair Ferguson)은 지옥에 관한 설교를 어떻게 해야 교인들의 삶을 변화시킬 수 있는지에 대해 설명하였다.

지옥은 분명히 존재한다. 그러므로 우리는 전능하신 하나님께서 온 세상을 주관하신다는 성경의 진리를 의심 없이 받아들이며, 온 세상을 주관하시는 하나님에게 감사함을 드린다(시 103:19). 하나님의 진리는 결국 승리를 거둘 것이다. 그 승리는 우리가 이루는 것이 아니라, "내가… 내 교회를 세우리니 음부의 권세가 이기지 못하리라"(마 16:18)라고 말씀하신 그리스도께서 이루신다. 나는 이 책이 기독교에 번져가는 지옥에 관한 잘못된 인식으로 인해 혼돈에 빠진 사람들에게 바른길을 제시해 주는 책이 되리라고 믿는다. 하나님의 영광을 위해 이 책이 쓰임 받기를 바라며, 이 책을 하나님께 헌납한다.

크리스토퍼 W. 모간(Christopher W. Morgan)과
로버트 A. 피터슨(Robert A. Peterson)

제 1 장

현대신학 : 지옥의 사라짐

R. 알버트 몰러 주니어
(R. Alert Mohler Jr.)

1960년대에 지옥이 사라졌다. 정확히 몇 년도에 지옥이 사라졌는지 아는 사람은 아무도 없다. 예전에는 지옥이 있었는데 지금은 없다. 일부의 사람들은 지옥이 없어졌다는 사실을 서로 다른 시간대와 서로 다른 경로를 통해 각각 인지하기 시작하였다. 그러나 많은 사람은 언제 지옥이 없어졌는지조차 아예 관심을 두지 않고 살아간다. 그들은 마치 지옥은 존재하지 않는 양, 태연하게 살아가고 있는 것이다. 또 어떤 사람들은 겉으로는 지옥이 있다고 생각하는 사람들의 행동 양식을 따르지만, 속으로는 지옥이 존재하지 않는다고 믿고 있다…. 지옥이 없다고 믿게 되면, 사람들은 마음 푹 놓고 행동한다. 그러나 지옥이 없다고 믿게 되므로, 여러 가지 새로운 문제점들이 발생하기 시작하였다.

데이빗 로지(David Lodge), 영혼과 육체(Souls and Bodies)[1]

16세기 동안 굳건히 지켜져 왔던 지옥에 관한 신학은 사람들의 뇌리 속에서 갑작스럽게 사라져버렸다. 현대 사상들이 몰려들면서 지옥이 있다고 믿었던 그리스도인들은 썰물처럼 그 자취를 감추어 가고 있다. 역사학자인 마틴 마티(Martin Marty)는 이러한 현상에 대해, "지옥은 사라졌다. 아무도 지옥이 사라진 것을 눈치 채지 못하고 있다."[2]고 푸념 섞인 어조로

---

1) David Lodge, Souls and Bodies(London: Penguin, 1980), 113.
2) 2. Martin E. Marty, "Hell Disappeared. No One Noticed. A Civic Argument," HTR 78(1985): 381-98.

한탄하였다.

이제 사람들은 지옥에 관한 전통적인 교리에 대해 오디움 쎄올로기움(odium thologium)이란 말을 붙여주었다. 오디움 쎄올로기움이라는 말은 신교건 구교건 상관없이 보수 신학을 고집하는 사람들에게 붙여지는 말이다. 지옥에 관한 오래된 교리를 지지하는 사람들은 이제 별로 없는 것처럼 보인다. 이 지옥에 관한 옛 신학은 현재 구시대의 유물 정도로만 여겨지고 있다.

지옥에 관한 전통 교리의 급작스러운 사라짐은 신학계의 불가사의라고까지 말할 정도가 되어버렸다. 과거 조직신학 분야에서 매우 소중하게 취급받던 지옥 교리가 어떻게 도매금으로 넘겨져 버리게 되었으며, 지금은 왜 싸구려 골동품 정도로 취급을 받을 수밖에는 없게 되었는가? 이러한 신학 사조의 급격한 재편을 어떻게 해야 제대로 설명할 수 있겠는가?

만일 우리가 이러한 질문에 대한 해답을 찾을 수 있다면, 우리는 그 결과 현대의 신학적 조류의 방향성의 변화의 이유에 대해도 알 수 있게 될 뿐 아니라, 새로이 나타난 지옥에 관한 신학적 이론들이 기독교에 어떠한 악영향을 미치는 지에 대해서도 알 수 있게 될 것이다. 과거의 교회 역사가 분명히 밝혀주고 있듯이, 다양한 주제에 관한 신학들은 서로 연결되어 하나의 거대한 시스템을 이룩하고 있다. 이러한 거대한 시스템에서 지옥 신학을 빼어 버리면, 기독교 전체의 신학은 재조정 될 수밖에 없는 처지에 직면하게 된다.

기독교 역사로 살펴본 지옥에 관한 이해

지옥에 관한 전통 교리는 기독교 역사의 초기 수 세기 동안에 발전한 교리이다. 지옥과 심판 그리고 사후의 삶에 관한 신약 성경의 기록을 토대로 기독교 초기의 설교가들과 신학자들은, 지옥은 예수님을 믿지 않는 죄인들이 사후에 하나님의 심판을 받아서 가는 곳이라고 생각하였다. 그들은 지옥이 성경에서 말하고 있듯이, 불로 사람들에게 고통을 주는 실제의 공간이고, 그 속에서 받는 고통은 영원히 지속되는 것으로 생각하였다.

예수님의 말씀을 근거로 하여, 기독교의 초기 복음 전도자들과 설교자들은 예수 그리스도에 대한 신앙을 갖고 있지 않는 사람들은 지옥으로 떨어져 영원히 지속되는 형벌을 받고 있다고 믿었고, 그곳에서는 회개할 기회도 주지 않는다고 설교하였다. 초기 기독교의 교부들이 지옥에 관하여 어떠한 사상들을 갖고 있었는지에 대한 토마스 오덴(Thomas Oden)의 설명을 들어보자.

> 지옥은 부패하고 죄 많은 사람이 영원히 있어야 하는 곳이다. 지옥이 있다는 사실은, 하나님께서 죄를 영원하게 멸하시고 또한 완전히 멸하시는 하나님의 거룩하신 성품을 지니신 하나님이라는 사실을 나타내주고 있다. 지옥은 하나님께서 죄인에 대해 잠시만 '안돼'라고 말씀하시는 것이 아니라 영원히 '안돼'라고 말씀하신다는 사실을 잘 증명해 주는 장소이다. 거룩하신 하나님의 죄에 대한 거절은 영원히 꺼지지 않는 불과 같이 철저하시다. 지옥 불에서는 벌레도 영원히 죽지 않는다.[3]

오덴의 말대로, '영원히 꺼지지 않는 불'과 '영원히 계속되는 심판'이라는 성경의 두 표현은 비슷한 의미를 내포하고 있다. 이 두 표현은 "지옥을 재해석하여 부드럽게 만들려는 사람들의 시도를 무효하게 만들며, 성경에서 지옥이 묵묵히 건재함을 과시하고 있다."[4] 어거스틴(Augustine)은 지옥에 관한 성경의 은유적 표현을 은유적 표현으로 받아들이지 않고, 문자적 표현으로(글자 그대로의 의미로) 받아들였다. 실제로 어거스틴은 지옥의 심판은 영원하지 않다고 가르치는 사람들의 주장에 대항하여, 다음과 같은 반박의 글을 썼다.

---

3) Thomas Oden, Systematic Theology; Vol. 3: Life in the Spirit(San Francisco: Harper & Row, 1992), 450.
4) 위와 동일 자료

성경에서 영원한 생명(영생)이란 표현은 말 그대로 영원히 지속되는 삶을 나타낸다. 이와 마찬가지로, 영원한 심판이라는 지옥에 관한 성경의 표현도 글자 그대로 영원히 지속되는 불이라고 받아들여야 한다. 지옥의 영원한 심판에 대한 표현을 이런 식으로 해석하는 것은 혹자들이 생각하는 것처럼 어리석은 해석이 절대로 아니다. 주님께서는 "저희는 영벌에, 의인들은 영생에 들어가리라"(마 25:46)고 말씀하셨다. 주님의 이 말씀은 한 문장으로 구성되어 있다. 이 구절로 보건대, 천국에 가는 사람들에게 주어지는 영생이 영원한 생명이기에, 지옥에 가는 사람들이 당하는 벌도 영원한 처벌이어야 한다.[5]

지옥에 관한 기존의 교리에 대해 처음으로 도전장을 낸 사람은 오리겐(Origen)이다. 오리겐은 그의 교리 아포카타스타시스(apokatastasis, 회복)에서 모든 만물과 모든 사람들은 결국은 온전히 회복된다고 주장하였다.[6] 오리겐은 만인구원론을 처음으로 주장한 사람이다. 그는 세상의 종말은 하나님의 계획의 완성점이므로, 이때가 되면 모든 것이 처음의 상태로 되돌려져야 한다고 믿었다. 그러므로 그때가 되면 이 세상에 존재했던 모든 사람들은 구원을 받아야만 한다는 것이다. 그는 또한 셀루스의 주장에 대한 반론(Against Celsus)이라는 글에서, 적어도 세상의 종말점에서 시작되는 지옥은 영원히 지속되는 것이 아니라 한시적으로만 존재한다고 주장하였는데, 그 이유는 지옥이 죄를 정화하는 역할만을 하기 때문이라고 말하며, 그리스 출신 기독교인 비평가인 셀루스의 주장을 강하게 반박하였다.[7]

오리겐의 이런 만인구원론적인 가르침은 초대 기독교 교부들의 지옥과 구원에 관한 생각을 정면으로 반박한 것이었다. 그래서 교회는 콘스탄티노플 2세가 통치하던 553년에 제5회 에큐메니칼 회의(ecumenical

---

[5] St. Augustine, Concerning the City of God Against the Pagans, 번역자 Henry Bettenson(London: Penguin), 1001-2.
[6] 초기 기독교 교부들의 지옥에 관한 생각들을 이해하려면 다음 책들을 보라. David Powys, "Hell": A Hard Look at a Hard Question(Paternoster Biblical and Theological Monographs; London: Paternoster, 1997), 및 Graham Keith, "Patristic Views on Hell - Part 1," EvQ 71(1999); 217-32
[7] Origen, Contra Celsum을 보라. tr. Henry Chadwick(Cambridge: Cambridge Univ. Press, 1965).

council)를 열어 오리겐을 파문하였고 그의 가르침을 파기하였다. 이때 나온 제9 파문록에는, "만일 그 어떤 사람이라도 귀신과 불신자들이 지옥에서 잠시만 형벌 받는다고 주장하고 어느 날 갑자기 귀신과 불신자들이 회복(apokatastasis)된다고 가르친다면, 그 사람은 파문되어야 마땅하다."[8]라고 적혀 있다. 이 문구는 오리겐의 가르침이 이단적인 가르침이라는 사실을 나타내고 있는 문구이다.

이러한 지옥이 영원한 형벌의 장소라는 사실에 대한 초대 교부들의 굳건한 생각들은 중세 시대와 종교 개혁 시대를 거치면서도 흔들리지 않고, 굳건하게 유지되어왔다. 이처럼 오랫동안 극히 소수의 기독교 이단들이나 비주류 분파들만이 지옥에 관한 전통적인 주장을 거부하였을 뿐이다. 그러므로 중세 시대의 기독교인들은 지옥을, 불신자들이 죽어서 하나님의 심판을 받기 위해 가는 끔찍한 장소라고 생각하였다. 그러기에 그들은 지옥에 가는 것을 극도로 두려워하였다. 그리고 그에 대한 반작용으로 천국에 가기를 더욱더 소망하였다. 그러나 19세기 말이 되자, 사람들의 뇌리에 지옥의 존재와 지옥의 형벌에 대한 인식이 사라지기 시작하였다. 그 결과 사람들은 점차 하나님의 심판을 별로 두려워하지 않으며 살게 되었다.

과거에는 지옥에 대한 분명한 인식이 있었다. 그러나 현대는 그렇지 못하다. 따라서 현대의 설교자와 과거 시대의 설교자의 지옥에 관한 설교에는 확연한 차이가 발견된다. 여기서 중세 시대 이탈리아 출신의 어떤 설교가가 자기 교회의 교인들에 설교한 설교내용을 살펴보자.

불, 불! 불은 인생을 잘못 산 사람 곧 마음이 강퍅한 죄인들이 마땅히 받아야 할 보응입니다. 불, 불, 지옥의 불! 당신의 눈에 불, 입에도 불, 창자에도 불, 목에도 불, 코에도 불, 속에도 불, 겉에도 불, 위에도 불, 아래에도 불, 당신의 몸 그 어디에도 다 불이 붙어 있습니다. 아, 불쌍한 사람들이여! (만일 회개하지 않으면) 당신들은 불 한가운데서 타고 있는 걸레와 같은 자가 될

---

8) "The Anathemas Against Origen," in The Seven Ecumenical Councils of the Undivided Church, ed. Henry R. Percival(NPNF; Grand Rapids: Eerdmans, 1979 [1899]), 320.

것입니다.[9]

미국의 식민지 시대에 활동하였던 위대한 신학자이면서 위대한 설교가였던 조나단 에드워즈(Jonathan Edwards)도 생동감 넘치는 지옥 설교를 통해 사람들을 각성시켰다. 이제 그의 지옥 설교 일부분을 들어보자.

여러분이 지옥에 일단 가면 그 지옥에서 빠져 나올 방법은 없습니다. 어느 날 갑자기 여러분이 지옥에 떨어진다고 가정해 봅시다. 그곳에서 여러분은 어쩔 도리가 없게 됩니다. 지옥에 간 사람이 지옥에서 다시 빠져 나올 방법은 전혀 없습니다. 당신이 지옥과 같이 끔찍한 곳에서 영원히 있다고 생각해 보세요. 너무도 무섭습니다. 반 시간만 그곳에 있다고 해도 그곳에서 받는 고통은 말로 표현할 수 없을 정도입니다. 참으로 재난이요, 또한 불운입니다. 그런데 더욱 힘든 사실은 고통을 영원히 참고 있어야 한다는 사실입니다![10]

오늘날 이런 식으로 지옥 설교를 하는 목사들은 거의 없다. 오늘날 죠나단 에드워즈처럼 생생한 표현을 써가며 설교한다면, 사람들은 그렇게 설교하는 설교자를 뭔가 좀 이상한 사람이라고 생각할 것이다. 뉴스를 주로 취급하는 한 잡지는 지옥이 교회에서 사라지고 있는 현상에 대해, "신교의 주요 교단의 강단에서 지옥 설교는 더 이상 사라지고 없습니다. 단지 복음주의 교회에서만 지옥에 대해 아주 조금만 설교할 뿐입니다."[11]라고 표현한 바 있다.

예수님께서는 "몸과 영혼을 능히 지옥에 멸하시는 자를 두려워하라" (마 10:28)며 사람들에게 경고의 말씀을 발하셨다. 그로부터 수 세대에 걸

---

9) 다음에 인용됨. Richard Marius, Martin Luther: The Christian between God and Death(Cambridge, Mass.: Harvard Univ. Press, 1999), 60.
10) Jonathan Edwards, "The Torments of Hell Are Exceedingly Great," in Sermons and Discourses, 1723-1729, ed. Kenneth P. Minkema(The Works of Jonathan Edwards, vol. 14; New Haven, Conn.: Yale Univ. Press, 1977), 326.
11) "Hell's Sober Comeback," U.S. News and World Report(March 25, 1991), 56.

쳐 사람들은 이와 같은 예수님의 경고성 말씀들을 경청하여 왔었다. 그리고 그러한 경고들이 상당한 효과를 보아왔던 것 또한 사실이다. 한편, 미국 캘리포니아 주의 크리스탈 카쎄드랄 교회(수정 교회)에서 목회를 하고 있는 로버트 슐러(Rovert Schuller) 목사는 '긍정적 희망과 신뢰의 신학'[12]을 주장하며, "우리는 '지옥'(그것이 무엇을 의미하든 간에 또한 그리고 그것이 무엇이든 간에)에 가지 않기 위해 구원을 받아야 하는 것이 절대로 아닙니다. 우리는 하나님께서 우리를 위해 계획하신 신성한 꿈들을 이루기 위해 구원을 받아야 합니다. 우리는 하나님께서 우리를 위하여 마련하신 하나님의 뜻을 이루기 위해 긍정적인 사고를 할 줄 아는 사람이 되어야 합니다."라고 서술하기까지 하였을 정도다.[13] 그는 자기의 이러한 표현에서 지옥이란 단어 옆에 괄호를 하고 그 안에 글을 달았다. 이것은 그가 지옥을 별것 아닌 것으로 생각한다는 증거임이 명백하다. '지옥이 무엇을 의미하든 간에, 그것이 무엇이든 간에' 라는 그의 괄호 안의 글은 그의 글을 읽는 독자들로 하여금 지옥을 절대로 심각하게 받아들이지 말 것을 당부하는 요청이 숨겨져 있다. 이처럼 지옥은 현대 설교가들의 생각 속에는 분명히 있기는 있다. 그러나 현대 설교가들은 되도록 사람들에게 부담을 주지 않으려고, 지옥에 관한 설교를 전혀 하고 있지 않다. 그 결과 사람들의 뇌리에서 지옥에 관한 생각들이 빠른 속도로 지워지고 있다.

지옥에 관한 의심 : 17세기와 18세기

17세기는 프로테스탄트 신학을 통합 정리하는 시기였다. 17세기 동안 종교 개혁가들의 자녀와 손자들이 종교 개혁가들의 신학을 정리하고 체계화하였다. 이와 동시에 이 동안 다른 사상의 물결들이 유럽의 기존 사상에 새로 합류하여 들어오게 되었다. 즉 이 시기에 다양한 형태의 무신론들이

---

12) Robert H. Schuller, My Journey(San Francisco: HarperCollins, 2001), 127.
13) 위와 동일 자료, 127-28.

출현하게 되었고, 소시니안(Socinians; 그리스도의 신성을 부정하는 16세기 이탈리아인 소시너스의 이단 학설을 지지하는 사람들; 역자 주)과 영국의 아리안(Arians; 4세기 아리우스에 의해 제창된 이단 학설을 따르는 사람들을 지칭하는 말. 이들은 그리스도가 하나님의 피조체이기 때문에 영존할 수 없다고 믿었다; 역자 주)과 같은 이단들이 교회에 침투하였다.

17세기는 또한 전통 지옥 교리가 처음으로 도전받는 세기였다. 이 당시 소시니안들은 불신자들은 사후에 소멸한다는 영혼 소멸 사상을 받아들였다. 소시니안들의 영혼 소멸 사상은 프랑스 출신의 과격한 논쟁론자인 삐에르 베일리(Pierre Bayle)에 의해 적극적으로 지지를 받았다. 베일리는 "지옥은 철학적 사고를 가진 신학자들에게 의심을 가져다준다."라고 말하였던 사람이었다.[14] 소시니안들은 하나님께서는 공의의 하나님이시기 때문에, 만일 그런 하나님께서 이 세상이라는 곳에서 백 년도 안 되는 한시적 기간 동안만 살면서 죄를 지은 사람들에게 영원토록 벌주신다면, 그런 하나님은 절대로 공의의 하나님이 될 수 없다고 생각하였다. 이러한 소시니안들의 주장에 영국의 아리안들과 플라톤주의자들이 가세하였다. 이들 소시니안들과 아리안들과 플라톤주의자들은 한결같이 기독교의 삼위일체론을 거부하고 나섰다.

D. P. 워커(D. P. Walker)는 이러한 이단적인 주장들이 전통 기독교에 미친 영향력은 미미할 뿐이라고 평가하였다. 사실 워커의 말대로, 이단적인 주장을 펴는 사람들이 기존 교회의 지옥에 관한 교리에 미친 영향력은 그리 크지 않긴 하다. 그러나 문제는 기독교의 몇몇 저명한 지성인들이 그들의 주장을 수용하기 시작하였다는 점이다. 이러한 현상에 대해 워커는 지옥에 관한 전통 교리에 반대하는 소시니안, 아리안 및 플라톤주의자들의 주장을 수용하기 시작한 기존 기독교의 소수의 지성인이 '이중 진리 이론(a theory of double truth)'[15]을 만들어 내었다며, 그 소수의 기독교 지성

---

14) 다음 글에서 인용. D. P. Walker, The Decline of Hell: Seventeenth Century Discussions of Eternal Torment(London: Routledge &Kegan Paul, 1964), 77.
15) 위와 동일 자료, 5.

인을 혹독하게 비판하였다. 비록 그 당시 이들 교회의 소수 지성인은 지옥의 존재를 인정하지 않긴 하였지만, 대다수의 지성인은 전통적 지옥 교리를 계속 수용하였고 대부분의 교회에서 전통 지옥 교리에 기준으로 지옥에 대한 설교도 자주 하고 있었다.

그 당시(17세기)에는 이단 교리를 따르는 사람들은 전통 교회들로부터 박해가 올 것을 두려워하여 지옥에 관한 자신의 견해를 숨기기는 일이 많았다. 그리고 이들 중 일부의 사람들은 지옥이 존재하지 않는 것이 확실하긴 하지만, 사회의 질서 유지를 위해서는 지옥이 영원한 형벌의 장소라는 전통 기독교의 교리가 필요하다고 주장하였다. 워커는 이 시대의 사람들의 지옥에 대한 생각과 태도들에 대해 다음과 같이 설명하였다.

> (17세기에는) 지옥이 영원히 존재할 것이라는 사실에 대해 의심을 하고 있던 사람들과 지옥의 존재에 대해 불신하는 사람들은 자신의 견해를 책으로 펴내는데 매우 주저하였다. 그 이유는 개인적인 불이익을 받을까봐 책 내기를 꺼렸기 때문이었기도 하지만, 또 한편으론 윤리 도덕적으로 그런 생각이 용납되지 않는 사회적 분위기가 팽배해 있었기 때문이기도 하였다. 17세기부터 나타나기 시작한 지옥의 존재에 대한 의문 즉 지옥이 정말로 사람들에게 끝도 없이 영원한 고통을 주는 곳일까에 대한 의문은 점점 커지기 시작하였다. 그 결과 점점 더 많은 사람이 지옥은 아마도 존재하지 않을 것이라고 생각하게 되었다. 그러나 그럼에도 이러한 자신의 생각을 표현하게 되면 사회가 혼란에 빠지게 될 것을 두려워하여, 자신의 지옥에 대한 생각을 단지 마음에만 담아두고 있는 사람들이 점점 늘어나기 시작하였다.[16]

그렇다면 18세기에는 어떠한 일이 일어났을까? 17세기가 전통적인 교리들 중에서 단지 지옥 교리에만 도전하는 이론들이 제기되기 시작한 세기라고 한다면, 18세기는 계몽주의에 따라 기존 전통 신학이 고수하여왔던 신학 이론 전반에 대해 의구심들이 제기된 세기라고 볼 수 있다. 제랄드

---

16) 위와 동일 자료

R. 크래그(Geral R. Cragg)는 "18세기는 영적으로 보면 세속화되었고, 모든 교회의 분야들에서 파괴적인 흐름들이 나타나기 시작한 세기라고 볼 수 있다. 이 때에 신의 존재를 의심하는 회의론이 점차 그 고개를 들기 시작하였다. 18세기는 신의 존재에 대해 의문을 품은 많은 지성인이 4세기의 성 어거스틴(St. Augustine) 이후 유럽을 줄곧 지배해 왔던 신학적 전통 사조들에 대해 저항하기 시작한 세기였다. 이들은 하나님 없이도 인간의 힘만으로 무엇이든지 이룩할 수 있다고 생각하였고 인간의 진보와 완전성을 주장하고 나섰다."라고 지적하였다.[17] 이러한 18세기 진보주의자들의 주장들은 회개하지 않는 사람들에게는 지옥만이 기다리고 있다는 전통 기독교의 기존 지옥 사상과 극명한 대조를 이루었다.

철학자들 중 어떤 이들은 성경에 기록된 지옥에 대한 서술이 단지 은유적인 표현일 뿐이라고 주장하였다. 토마스 홉스(Thomas Hobbes)는 리바이어던(Leviathan) 이라는 그의 저서를 통해, "지옥이 영원히 지속되긴 하지만, 지옥은 회개하지 않는 사람들에게 영원토록 고통을 주는 곳은 아니다."라고 하였다. 이와 관련된 토마스 홉스의 글을 직접 대면하여보자.

> 악인들을 위해 예비된 지옥은 영원한 불구덩이다. 그곳에 들어간 사람은 몸뿐만이 아니라 마음도 고통을 당한다. 부활 심판 후에 지옥은 영원히 지속된다. 지옥의 불은 영원히 꺼지지 않으며 그곳에서의 고문도 영원히 계속된다. 그러나 지옥 불에 던져진 사람들이 지옥 불에서 영원토록 태움을 당하며 고문당하는 것은 아닐 것이다. 그리고 그들이 그곳에서 죽지도 않고 없어지지도 않는 것은 아닐 것이다.[18]

볼테르(Voltaire)를 비롯한 많은 계몽주의 철학자들이 전통 기독교 신학을 전체적으로 다 부정하였는데 그들은 단지 지옥 신학만을 따로 떼어내어 부정한 것이 아니었다. 그들은 기독교의 모든 조직신학들을 부정하

---

17) Gerald R. Cragg, The Church and the Age of Reason, 1648-1789(London: Penguin, 1960), 234.
18) Thomas Hobbes, Leviathan(Cambridge: Cambridge Univ. Press, 1904), 335.

였고, 기독교에서 주장하는 하나님의 계시란 아예 존재하지도 않는 것이라고 믿었다. 그다음 세기(19세기)에 들어서서는 문제가 더욱 심각해졌다. 즉 전통 기독교에 대해 일어났던 계몽 사상가들에 대한 교회 밖으로부터의 도전은, 19세기가 되자 교회 안에서부터 제기되기 시작하였다. 영국의 경우, 이러한 위기는 빅토리아 여왕 시대 때부터 일기 시작하였다.

지옥은 소문일 뿐 : 빅토리아 시대의 신앙 위기

감상에 젖기를 좋아하는 사람들은 빅토리아 시대(19세기 영국 빅토리아 여왕에 의해 다스려지던 시대를 지칭하며, 정확히는 1838-1901년이다; 역자 주)는 위대한 믿음의 시대였고 기독교가 왕성한 시대였다고 회상하곤 한다. 빅토리아 여왕은 기독교에 헌신된 사람으로 교회의 일들에 많은 관심을 표명하였던 대영 제국의 여왕이었다. 그 당시 대영 제국의 기독교는 정치와 깊은 연관을 맺고 있었다. 또한, 그 당시 대영 제국의 기독교는 해외 선교에 적극적이긴 하였지만, 이는 대영 제국의 식민지 개척 야욕과 맞물려 있었다. 그 당시 영국의 수도 런던의 수많은 가난한 서민들에게는 기독교가 유일한 희망이었다. 그들은 이 세상에서 아무리 노력해도 부자가 될 수 없는 처지에 처해있었기에, 매일 매일 오직 하나님 나라만을 사모하며 살아갔다.

빅토리아 시대는 많은 사람이 열심히 교회에 다녔던 시대였다. 시골이건 도시건 가릴 것 없이 교회의 예배 참석률이 최고였다. 그리고 찰스 스펄전(Charles Spurgeon) 목사가 시무하는 메트로폴리탄 타버나클(Metropolian Tabernacle) 교회처럼 수천 명이 한꺼번에 예배드리는 대형 교회들이 적지 않았다. 그러나 그럼에도 찰스 스펄전이 지향하고 있던 전통 보수적 교리들에 대한 일부 세력들의 저항도 만만치 않았다.

한편, 존 케블(John Keble)은 1833년 옥스퍼드 대학에서 행한 그의 유명한 '심판에 관한 설교'에서, "장례식과 같은 이 실망스러운 시대에 신앙은 완전히 죽었거나, 죽어가고 있습니다."라며 자신이 살고 있는 시대의 난맥상을 한탄하였다.[19] 많은 사람은 19세기의 영국은 기독교가 강성하였고 보수 신학이 굳건히 지켜지고 있었던 세기라고 평가하였다. 그러나 이러한 주장과는 반대로, 야로슬라브 펠리칸(Jaroslav Pelikan)같은 사람은 그 시대가 '과격한 의심' 과 '교리 부정' 의 시대였다고 주장하였다.[20]

영국에서 빅토리아 여왕이 통치했던 (빅토리아)시대에 살았던 사람들은 지옥을 철저하게 의식하며 살았다. 그러나 한편 사회의 지식층을 중심으로 지옥에 관한 부정적 의식 역시 꽤 많이 퍼져 있었다. 심지어는 복음주의 교회 지도자이며 또한 정부의 각료였던 윌리암 글래드스톤(William Gladstone)은, "지옥은 이제 그리스도인의 마음 한쪽 구석에만 처박혀 있다. 지옥은 깊은 잠에 빠져있는 것이다. 우리처럼 계몽되어 있고 급속도로 발전하는 시대에서 지옥은 더 이상 소용이 없다."[21]고 말하였다.

19세기 대서양 양쪽에 위치한 나라들에서 일어난 기존 기독교 신앙의 소실을 연구하던 학자들은 빅토리아 시대에 있었던 '신앙의 위기' 에 대해 깊은 우려를 표명하였다. 가령, 19세기에 일어났던 기독교 신앙 붕괴의 조짐에 대해 A. N. 윌슨(A. N. Wilson)은 "서구 유럽의 사람들이 기독교를 버리기 시작했을 때인 지금으로부터 100년 내지 150년 전에 살았던 사람들 중에, 세상이 줄 수 없는 천국의 평강을 소유하고 살았던 소수의 사람들만이 기독교가 상실한 부분이 무엇인지를 정확히 알고 있었습니다."[22]라고 논평하였다.

빅토리아 시대에 살았던 사람들에 의해 시작된 기독교에 대한 의심들은 20세기에도 그대로 전수되었다. 버지니아 울프(Virginia Woolf)의 아버지였던 레슬리 스테반(Leslie Stephen)은 영국 교회의 성직자로 안수 받았

---

19) Cited by Jarosalv Pelikan, "Christian Doctrine and Modern Culture(since 1700)," in The Christian Tradition: A History of the Development of Doctrine, vol. 5(Chicago: Univ. of Chicago Press, 1989), 177.
20) 위와 동일 자료, 178
21) Cited in Geoffrey Rowell, Hell and the Victorians: A Study of the Nineteenth-Century Theological Controversies Concerning Eternal Punishment and the Future Life(Oxford: Clarendon, 1974), 212.
22) A. N. Wilson, God's Funeral: A Biography of Faith and Doubt in Western Civilization(New York: Random House, 1999), 4. 기독교 신앙을 저버린 윌슨의 분석은 매우 신랄하다.

던 사람이었다. 그러나 그는 기독교에 대한 자신의 신앙을 전부 상실하였기에, 성직자이기를 거부하고 글 쓰는 사람으로만 살았다. 레슬리 스테반의 이러한 배교의 이야기를 통해서, 우리는 그 당시와 그 후 백 년 동안 살았던 신앙인들의 삶에서 어떠한 일들이 일어나게 되었는지를 쉽게 추측해 볼 수 있다. 레슬리 스테반은 유니테리안 주의(Unitarianism)와 그 외 다른 여러 철학 사조들을 받아들인 결과 기독교에 대해 자신이 갖고 있던 신앙을 포기할 수밖에 없었던 것이다. 즉 레슬리 스테반은 빅토리아 시대의 믿음이 위선에 불과하다고 생각하였던 것이다. 이제 레슬리 스테반에 대한 윌슨의 글을 읽어보자.

 나의 시대에 살았던 케임브리지 대학 출신의 사람들은 기독교인이면서도 또한 이성적으로 생각할 줄 아는 정직성과 감각성이 뛰어난 사람들이었다. 그들은 정통 교리를 받아들이기 힘들만큼 냉철한 이성을 발휘한 사람들이었다. 그들은 지옥의 존재를 믿지 않았고 성경의 '축자영감설'도 믿지 않았다. 그리고 성찬식의 떡과 포도주가 실제로 주님의 살과 피라는 가르침도 받아들이지 않았다. 그들은 그런 것들은 골동품들에 지나지 않기 때문에 그런 신학들을 받아들이는 것은 어리석은 짓이라고 생각하였다. 그들은 그런 것들에 대해 이야기를 나눌 때에 비록 경멸하는 조로 말하지는 않았을지라도, 그런 것들에 대해서는 별로 관심이 없다는 듯한 표정을 짓곤 하였다. 그럼에도, 그들은 어떤 신앙적 요소들은 진실한 신자들에게는 반드시 필요한 가치 있는 요소라고 생각하였다.[23]

지옥을 추하고 버림받은 교리 정도로 생각하여 지옥 교리를 거부하였던 사람들은 레슬리 스테반 외에도 꽤 많았다. 문필가들도 그와 같은 생각을 갖고 있는 사람들이 많았고, 그들 중 일부는 오히려 레슬리 스테반보다 더 지옥 교리를 거부하였다.

가령, 영국 목사 아들로서 찰스 루트비지 덕슨(Charles Lutwidge

---

23) 위와 동일 자료, 9.

Dodgson)이 본명이었던 루이스 케롤(Lewis Carroll)의 경우가 그런 경우였다. 그는 이상한 나라의 엘리스를 비롯한 여러 인기 있는 책의 저술가로서 활동하였던 사람이다. 한 전기 작가는 젊은 덕슨이 신실한 영국 국교도이었음에도 지옥은 영원한 심판의 장소라는 교리에 대해 '신랄하게 비판'하였다고 진술한 바 있다.[24]

독일 성경학자들의 성경 고등 비판 이론에 영향을 받은 덕슨은, "만일 성경에서 말하는 지옥이 영원한 형벌의 장소라면 나는 차라리 성경을 포기하겠다."[25]라고 말하였다. 자신의 유작 '영원한 형벌'이라는 미공개 글에서 덕슨은 지옥에 대한 자신의 견해에 대해 자세하게 밝혔다.[26]

이 글에서 그는 하나님은 선하신 분이라는 것이 기독교의 진리일진대, 지옥에 관한 성경의 기록은 오류이고, "축자영감설은 오늘날과 같은 사회에서는 수정돼야만 하는 이론이다."라고 주장하였다.[27] 그는 또 계속해서, "만일 지옥이 하나님께서 악인들에게 내리시는 영원한 형벌의 장소라면, 하나님에 대한 신앙은 무효화되어야 하고, 그 대신 무신론이 받아들여져야 한다."라고 역설하였다.[28]

빅토리아 시대가 끝날 무렵, 시인 토마스 하디(Thomas Hardy)는 자기 자신을 하나님의 장례식을 지켜보는 감독자로 자처하였다. 빅토리아 시대에 일어난 이러한 일련의 신앙의 위기는 귀족들과 식자들 그리고 신학자와 설교자들 사이에 널리 퍼져 나갔고, 이들은 성경의 교리들은 수정되어야 한다며 한목소리를 내었다. 이들이 수정되어야 한다고 주장하는 교리들의 가장 핵심에는 지옥의 교리가 자리 잡고 있었다.

역사학자인 게오프리 로웰(Geoffrey Rowell)은 빅토리아 시대의 사람들에게(성경에서 그대로 따온 과거에만 통했던) 지옥에 관한 전통 교리들

---

24) Donald Thomas, Lewis Carroll: A Biography(London: Heath, 1996), 320.
25) The Letters of Lewis Carroll, 엮은이 Morton N. Cohen(New York: Oxford Univ. Press, 1979), 747. 에 실린 Mary Brown에게 1889년 6월 28일자 편지를 보라.
26) The Lewis Carroll Picture Book, 엮은이 Stuart Dodgson Collingwood(London: T. Fisher Unwon, 1899), 345-55. 에 실린 글 Lewis Carroll, "Eternal Punishment,"
27) 위와 동일 자료, 353.
28) 위와 동일 자료, 349.

을 주입식으로 집어넣어, 지옥에 대한 두려워하는 마음을 불러일으키도록 하는 것은 잘못된 것이라고 주장하였다. 그래서 게오프리 로웰은 그런 잘못된 지옥 교리는 가르쳐서도 안 되고 받아들여서도 안 된다고 주장하였다. 게오프리 로웰의 주장을 들어보자.

기독교 정통 교리들을 지지하기 위하여 발표된 논문들 중에서 빅토리아 시대의 교회 지도자들이 받아들이기 가장 힘들었던 주장은 죄인들은 지옥에서 영원토록 벌을 받아야 한다는 주장들이었다. 지옥이 불타는 곳이라는 실감 나는 묘사에 대해 그 당시의 사람들은 별로 동감하지 않았다. 새 지식의 축적에 의해 옛 신앙들은 부식해 갔고, 급속히 변화하는 사회와 더불어 발전해 가는 긍정적 신학으로 인해, 옛 신학들은 설 곳을 잃어만 갔다. 독일의 비평 신학과 새로 나온 과학 이론들에 의해 하나님의 권위로 가득 찼었던 성경은 그 힘을 잃게 되었고 당연시 여겨졌던 정통 기독교 신학은 더 이상 사람들에게 확신을 주지 못하게 되었다.[29]

빅토리아 시대에 가장 인기가 있었던 설교가들 중의 한 사람이었던 브라이톤의 F. W. 로벗슨(F. W. Robertson)은 자신이 담임으로 있는 교회의 회중들에게, "당신들은 지옥이 참을 수 없는 고문을 당하는 곳이라는 주장을 더 이상 믿지 않고 있지요. 그런 말을 들으면 여러분들께서는 그저 씩 웃기만 하시는 군요."[30]라고 말하며 회중들의 견해에 동조하는 듯한 설교를 하기도 하였다. 그러나 이러한 점에 있어서는, 로벗슨과 그 교회의 교인들만 그런 것이 아니었다.

빅토리아 시대에 일기 시작한 지옥은 실제로는 존재하지 않고 단지 소문으로만 존재할 뿐이라는 생각들에 대해, 영국 교회의 성직자이며 기독교 사회 운동을 주도한 F. D. 모리스(F. D. Maurice) 만큼 앞서나간 사람도 드물 것이다. 모리스는 정통 기독교의 교리들을 끊임없이 공격하였는데,

---

29) Geoffrey Rowell, Hell and the Victorians: A Study of the Nineteenth-Century Theological Controversies Concerning Eternal Punishment and the Future Life(Oxford: Clarendon, 1974), vii. 2) Martin E. Marty, "Hell Disappeared. No One Noticed. A Civic Argument," HTR 78(1985): 381-98.

30) 인용: Michael Wheeler, Heaven, Hell, and the Victorians(Cambridge: Cambridge Univ. Press, 1994), 187.

그중에서도 특히 전통 지옥 교리를 중점적으로 공격하였다. 모리스는 하나님만이 영존하시는 분이시므로, 지옥이 영원히 존재한다는 것은 있을 수 없고, 따라서 지옥은 영원히 벌을 받은 곳이 될 수 없다고 하였다. 그래서 그는 지옥에 대해 형벌이 영원토록 심판받는 곳이 아니라, 단지 죽음의 상태만이 영원히 지속되는 곳이라고 주장하였다.[31]

웨스터민스터 대성당의 참의회 의원이었고 수년간 빅토리아 여왕의 신앙 자문 담당 목사로 일한 바 있었던 F. W. 파라(F. W. Farrar)는 전통적인 지옥 교리는 '자비로우신 하나님에 대한 모독'[32]이라고 말하였다. 여기에 있는 그의 글 일부를 읽어보자.

> 저는 이 자리에서 하나님을 증인으로 요청합니다. 기존 교회의 지옥 교리는 진리가 아닙니다. 무지하고 증오스럽고 노예적으로 '문자만을 숭배(letter-worship)' 하는 사람(성경에 쓰여 있는 글자 그대로 믿는 사람이라는 뜻; 역자 주)들이 꿈꿔왔고 가르쳐 왔던 지옥의 교리로부터 내가 단 한 명만이라도 구해낼 수만 있다면, 나는 나의 목숨을 바쳐서까지 라도 그렇게 하겠습니다.[33]

이와 같은 파라의 표현으로부터, 우리는 그 당시의 신학 분야와 사회 분야에 매우 빠른 변화가 있었다는 사실을 어느 정도 감지할 수가 있다. 그 전 시대에 활동하였던 설교가들의 주된 관심사는 사람들을 지옥의 형벌로부터 구원해 내는 것이었다. 그러나 파라와 뜻을 같이하는 사람들의 주된 목표는 교인들을 지옥에 대한 두려움으로부터 구원해 내는 것이었다. 빅토리아 시대에 품위있게 행동하려고 애를 썼던 사람들은 자신의 삶과 사고의 영역에서 지옥을 축출하여 버렸다. 빅토리아 시대에 지식층을 자처하는 사람들은 기존 지옥 교리를 고집하는 사람들을 더 이상 품위가 있는

---

31) Fredrick Denison Maurice, "Eternal Life and Eternal Death," in Theological Essays(London: Macmillan and Co., 1892), 377-407.
32) Fredrick W. Farrar, Eternal Hope: Five Sermons(London: Macmillan & Co., 1904), 68-69.
33) 위와 동일 자료, 202.

사람들로 인정해주지 않았다.

파라는 지옥에 관한 전통적 교리는 수용할 수 없는 교리라고 생각하였음에도 불구하고, 하나님의 심판에 관해서는 불가지론적인 입장을 취하였다. 그래서 그는, "하나님은 우리에게 죄 안에서 죽은 사람들의 마지막 상태에 대해 분명하고도 확정적인 계시를 주신 적이 없기 때문에, 우리는 이에 대해 정확히 알 수 없다."[34]라고 피력하였다. '문자만을 숭배' 하는 신앙—성경의 내용을 있는 그대로 믿는 신앙—을 저버린 사람에게는, 성경의 교리가 아무 소용이 없다. 그런 사람들은 기독교의 기존 교리들을 자기들 입맛대로 완전히 무너뜨려 버려도, 이에 대해 아무런 죄책감도 느끼지 못하는 사람들이라는 것이 필자의 생각이다.

빅토리아 시대에 관해 우리의 주목을 끄는 것이 또 하나 있는데, 그것은 그 시대에 살았던 일부 그리스도인들은 하나님 아버지를 사랑이 많으시고 사람들의 경외를 받을 만한 좋으신 아버지로 보는 시각을 갖기 시작하였다는 사실이다. 그런 시각으로 하나님을 보는 그리스도인들이 지향하는 하나님 아버지는, 자녀를 훈육하긴 하지만 너무 심하게 야단치시지는 않는 아버지로서의 하나님이었다. 고로 이들은 하나님 아버지가 지옥을 영원한 형벌의 장소로 만들어, 자기가 만든 인간들을 영원하도록 벌을 주는 분이라고 생각하지 않았다.

아버지에 대한 이러한 입장을 견지한 대표적인 사람은 바로 남아프리카 국의 케이프타운 주교였던 J. W. 콜렌소(J. W. Colenso)였다. 콜렌소는 모세오경과 여호수아서의 기록이 역사적으로 정확하지 않다고 주장하였던 사람이었다. 그는 자신이 저술한 로마서 주석을 통해 하나님의 심판 기간은 개인마다 다르다고 주장하며, 영원한 지옥 심판에 대한 전통적 교리는 부정하였다. 이제 그가 쓴 글을 직접 대면해 보자.

> 하나님의 심판은 아버지로서의 심판이다. 사랑에 가득 찬 진실한 세상의 아버지들은 자녀가 잘못하였을 때 자녀에게 벌을 주려고 법조문을 찾아서

---

34) 위와 동일 자료, 86.

법에서 명시하는 양의 형벌을 주지 않는다. 그 대신 잘못을 범한 자녀를 교정해주기 위한 목적에서, 자녀가 어떠한 잘못을 범했느냐에 따라 또는 상황에 따라 적절한 양의 형벌을 내린다.[35]

빅토리아 시대의 사람들은 길버트(Gilbert)와 설리반(Sullivan)이 노래한 미카도(The Mikado)라는 노래에 나오는 가사처럼, "벌의 정도는 죄의 정도에 따라 달라져야 한다."라고 생각하였다. 빅토리아 시대에 일어났던 지옥에 관한 이와 같은 많은 논쟁들은 20세기에 들어서면서 더욱더 강렬해졌다.

빅토리아 시대의 사람들은 사회의 도덕적 질서가 유지되기를 간절히 원했다. 그래서 지옥을 무서운 것으로 사람들에게 각인시킴으로써, 반사회적인 범죄를 줄일 수 있다고 믿었다. 그래서 빅토리아 시대에 전통 지옥 교리를 신학적인 차원에서는 더 이상 받아들이지 않으려는 저항이 있긴 있었지만, 사회의 질서유지를 위해서는 전통 지옥 교리가 필요한 교리라고 생각하는 것이 대세였다. 이러한 지옥에 대한 이중적인 태도는 빅토리아 시대의 사람들에게서 심심치 않게 발견되었다. 한 예로, 로웰은 "지옥은 도덕적 법적 규제를 위해 필요한 개념이다. 지옥 이론이 좀 거칠고 왜곡된 이론처럼 보이긴 해도, 지옥 이론을 통해 사람들의 도덕성을 종국적으로는 높일 수 있게 된다. 따라서 지옥 이론을 버려서는 안 된다."라고 하였다.[36]

이러한 신학적 사조의 변화는 미국에서도 관찰된다. 이신론자(deist, 理神論子; 하나님께서는 세상을 창조한 이후로, 인간사에 전혀 관여하지 않는다는 이론을 따르는 사람; 역자 주)들과 유니테리안들은 하나님께서 심판자라는 이론을 받아들이지 않았다. 그리고 이와 때를 같이하여, 성경이 하나님의 계시를 실은 책이 아니라는 성경 고등 비평가들의 주장을 그대로 수용하는 사람들이 점점 늘어나기 시작하였다. 그 결과 교회의 성직자들조차도 지옥은 단지 은유적 표현에 불과할 뿐, 지옥은 존재하지 않는

---

35) J. W. Colenso, St. Paul's Epistle to the Romans(New York: Appleton, 1863), 219.
36) Rowell, Hell and the Victorians, vii.

다고 생각하게 되었다. 또한, 자유주의 신학이 미국에 파고 들어와 모리스(Maurice)와 파라(Farrar)의 주장과 흡사한 주장들이 미국의 신학교와 자유주의 교회에서 활개를 치게 되었다.

이러한 자유주의 물결로 인해 정통 신학이 비판의 도마에 오르게 된 것은 당연하다고 말하지 않을 수 없다. 이러한 추세와 맞물려 윌리암 R. 허친슨(William R. Hutchinson)은, "초월론(transcendentalism)이 후퇴하고 우주내재론(immanence)이 득세하였다."라고 주장하였고,[37] 헨리 와드 비쳐(Henry Ward Beecher)와 같은 사람은 빅토리아 시대의 사상을 표방하는 미국의 설교가는 지옥에 관한 전통 신학은 '영적인 야만'이며 '소름끼치는 교리'에 불과하다며[38] 지옥 전통 교리를 강하게 비판하였다.

빅토리아 시대에 제기되었던 기존 신학에 대한 도전은, 단지 지옥은 영원 형벌의 장소라고 전하는 전통 지옥 교리에만 국한된 것은 아니었다. 이 당시 서구의 국가들이 자신들의 이익을 극대화하기 위하여, 지구상의 다른 나라들을 식민화시켜나갔다. 이를 통하여 그들은 식민지화된 비서구 나라의 사람들은 서구의 사람들과는 전혀 다른 세계관을 가지고, 자기들의 신을 자신들의 방식으로 섬긴다는 사실을 목격하게 되었다. 이러한 새로운 경험을 통해, 빅토리아 시대의 자유주의 신봉자들은, 하나님은 우주 어디에나 계신다는 사상을 갖게 되었다. 이와 아울러, 오직 예수 그리스도만이 구원의 유일한 통로라는 정통 기독교에 수정을 가하려고 갖가지 시도들이 일어나게 되었다. 그 결과, 미국과 영국의 신학계에 다양한 형태의 만인구원론(universalism, 보편 구원론)과 포괄주의(inclusivism)가 자리를 잡게 되었다. 그리고 독일에서는 인간은 종교를 만들어 낼 수밖에 없는 존재로 보는 '종교 역사학파(history of religion)'가 생겨나, 기독교를 사람이 만들어낸 여러 종교 중의 하나에 불과하다는 시각이 대두되었다.

시간이 지나자, 빅토리아 시대의 사람들은 하나님을, 각 개인이 하나

---

37) William R. Hutchinson, The Modernist Impulse in American Protestantism(New York: Oxford Univ. Press, 1976).
38) 위와 동일 자료, 79

님에게 얼마나 진지하게 반응하고 살았는지에 따라 각각 다른 판단을 내리시는 자비의 하나님으로 보고자 하는 경향을 점점 더 많이 갖게 되었다. 기독교는 여러 종교로 대변되는 여러 빛 가운데 가장 강한 빛이라는 시각이 강했던 것이다. 역사학자 제임스 터너(James Turner)의 "하나님은 박애주의자여야만 한다."[39]라는 말은 그 시대의 신학 사상를 잘 대변하였다. 이러한 하나님을 박애주의자로 보는 사상으로 인해 20세기의 신학은 특히 조직신학 분야에서 강하게 도전받아 기존의 (조직)신학이 재구성되지 않으면 안 되게 되었다.

신화로서의 지옥 : 21세기 신학과 악에 관한 문제

루돌프 불트만(Rudolf Bultmann)은 "신약 성경에 기록된 우주론(cosmology)은 근본적으로 설화(신화) 그 자체다."라며, "이 성경 설화에서 우주는 3층짜리 건물에 비유되었고, 중앙 층에는 지구가 있고, 그 위층에는 천국이 있고, 그 아래층에는 아래 세상이 있으며, 천국은 하나님과 천상의 존재인 천사들이 있는 곳이고, 아래 세상에는 고통의 장소로 알려진 지옥이 있는 것으로 비유되었다."라고 서술하였다.[40]

불트만은 과학적인 세계관에 익숙해진 현대인들이 많은 부분이 신화적인 이야기들로 이루어진 성경을 이해하기는 결코 쉬운 일이 아니라고 생각하였다. 그래서 불트만은 이에 대해, "신화적 세계관으로 가득 찬 성경은 과학적으로 생각하는 데 익숙해진 현대인들이 받아들일 수 없는 책이다. 이제 신화적인 세계관은 더 이상 존재하지 않는다."[41]라고 서술하였다. 불트만은 현대인의 세계관으로 볼 때, 성경에 기록된 용어들은 신화적

---

39) James Turner, Without God, Without Creed: The Origins of Unbelief in America(Baltimore: Johns Hopkins Univ. Press, 1985), 71.
40) Rudolf Bultmann(and five critics), Kerygma and Myth, ed. Hans Werner Bartsch(New York: Harper & Row, 1961), 1.
41) Rudolf Bultmann, Jesus Christ and Mythology(New York: Charles Scribner's Sons, 1958), 36.

인 용어들이므로, 이 용어들은 비신화적 용어들로 수정되어야 하며, 그중에서도 특히 지옥을 인간에게 고통을 주는 무서운 실제의 장소로 표현된 용어들이 가정 먼저 수정되어야 한다고 주장하였다.

그는 또한 성경에서 신화적인 요소들을 제거하는 작업(demythologization, 탈신화화)을 통해 성경에서 진실만을 뽑아내려고 하였다. 가령, 그는 방안의 전기 스위치를 자기 뜻대로 조작하고 전기면도기를 사용할 만큼 현대화된 시대에 사는 현대인이 성경에 기록된 지옥(천국도 동일함)을 기록된 글자 그대로 믿을 수는 없는 노릇이라고 생각하였다. 그래서 그는 성경에서 신화적 요소는 모조리 제거하고, 실제로 일어났고 존재한다고 믿는 부분만 남겨놓으려고 하였다. 즉 그는 성경을 비신화(탈신화)화함으로 현대인이 가진 악에 대한 두려움을 없애보려고 하였던 것이다. 20세기 초에는 낙관주의가 태동하여 급작스럽게 성장하긴 하였지만, 20세기 전체를 놓고 살펴보면 전쟁으로 인한 대량 학살이 가장 많았던 세기였다고 할 수 있다. 그래서 20세기를 살아가는 사람들은 죽음에 대한 두려움이 특별히 많았다. 이러한 사실을 잘 알고 있었던 불트만은 사람들에게서 두려움을 없애주고자 성경에서 지옥과 같이 믿어지지 않는 신화와 같은 부분들을 모조리 빼내 버리려는 섣부른 시도를 하였던 것이다.

끝이 보이지 않았던 긴 고랑과 같은 제1차 세계 대전은 인류의 대량 학살에 대한 문을 열어주었다. 제1차 세계 대전의 결과, 사람들은 국가 간의 충돌이 상상을 초월할 수 없을 만큼의 사상자를 낼 수도 있다는 사실을 철저하게 깨달았다. 제1차 세계 대전으로 인하여, 19세기에 태동하여 20세기로 건너왔던 인간에 대한 희망의 신학은 여지없이 산산 조각나고 말았다. 대영제국의 외상 에드워드 그레이(Edward Grey)는 제1차 세계 대전이 발발하자, 인간이 이 세상을 전진시킬 수 있다는 소망이 물거품처럼 사라진 것에 대해, "유럽 전역에 걸쳐 등불들이 꺼지고 있다. 우리가 죽을 때까지는 다시 등불이 켜지는 것을 볼 사람이 아무도 없을 것이다."[42]라며 안타

---

42) Cited in Eric Hobsbawm, The Age of Extremes: A History of the World, 1914-1991(New York: Pantheon, 1994), 22.

까워하기도 하였다.

　사람들을 편안하게 해주는 말들로 가득 찼던 빅토리아 시대의 토양은 20세기가 들어서자 허무주의라는 불안정한 토양으로 빠르게 바뀌어갔다. 제1차 세계 대전이 파괴할 수 없었던 것을 제2차 세계 대전이 물려받아 무참하게 짓밟고 파괴시키는 일이 일어났던 것이다. 수많은 전쟁의 희생자로 인해 악명을 떨쳤던 제1차 세계 대전의 버둔과 잎레스에서의 전쟁은 그 악명에 관한 일인자의 자리를 제2차 세계 대전에서 20세기의 대량 학살의 장소로 악명을 떨친 다차우와 아슈비츠에게 넘겨주게 되었다.

　서양에서는 기술혁명이 일어나게 되었고, 이로 인해 엘리트들을 주축으로 일어난 과학적 사실주의의 수용이 서구 사회 전반으로 확산되었다. 그 결과 종교계 전반에 걸쳐 변혁이 있어났고, 이러한 변혁은 기독교라고 결코 예외일 수가 없었다. 서구 사회의 기술적 진보와 경제적인 부의 증가와 더불어 관념적이고도 상징주의적인 사색가들이 나타나기 시작하였다. 즉 20세기는 하늘의 천국이 땅으로 내려온 세기이기도 하지만, 또한 땅속에 있었던 지옥이 세상의 땅으로 기어올라온 세기라고 말할 수 있다.

　나치의 유대인 말살 정책과 유대인 대량 학살 사건들은 현대를 표방하는 20세기에, 땅속에 숨어 있던 지옥이 세상 위로 올라온 것을 단적으로 말해주는 사건들이다. 그러나 그 반대로 20세기 사람들이 비로소 누리기 시작한 물질적 풍요는 이 세상에 천국도 도래하였다는 사실을 말해주었다.

　신정통주의 신학자인 칼 바르트(Karl Barth)와 디트리히 본회퍼(Dietrich Bonhoeffer)는 독일 나치에게서 나오는 거대한 악이 가져다주는 위협을 미리 감지하였던 사람들이었다. 독일의 고백 교회는 나치의 독재 정치에 과감히 반대하였음에도 불구하고 칼 바르트는 "결국 악은 존재하지 않게 된다(Das Nichtige)."라며 희망을 주는 신학을 천명하였고 '하나님의 승리는 전 우주의 구속과 화해로 이어질 것'이라는 희망적인 메시지를 추구하였다. 이 말은 결국 지옥은 더 이상 존재하지 않게 될 것이라는 말이다. 라인홀드 니버(Reinhold Niebuhr)는 미국 대도시의 빈민들이 밀집해 사는 슬럼가에서 지옥을 보았다. 자유주의 신학자들은 라인홀드 니버가 그러했듯이, 지옥은 다른 곳에 있는 것이 아니라 전 세계에서 아무런 힘이 없어서 억압당하는 수백만 사람들의 처참한 삶의 현장이 바로 성경에서 말하는 지옥이라고 생각하였다.

유르겐 몰트만(Jurgen Moltmann)은 마르크스주의자의 세상 종말관과 기독교의 세상 종말관을 혼합하여, '희망의 신학'이라고 불리는, 이 세상을 중심으로 보는 새로운 종말관을 만들어내었다. 그는 자신이 만들어 낸 희망의 신학에 근거하여, "구원은 저 멀리 다른 세계에 있는 것이 아니며, 우리가 사는 이 세상은 결국 좋은 세상으로 변하게 되고, 이 땅에 사는 사람들을 자유롭게 하는 것의 싹은 이미 돋아났다."[43]고 주장하였다. 세상에 존재하는 정치 경제적인 억압으로부터의 해방이 곧 천국이요, 그렇지 못한 것이 곧 지옥이라는 것이다. 즉 유르겐 몰트만은 천국과 지옥을 인간의 역사 안으로 끌어당겨 집어넣어 버렸다.

로마 천주교는 처음부터 줄곧 키프리안(Cyprian)의 엑스트라 엑셀레시아 눌라 살루스(extra eccelesia nulla salus)—구원은 단지 교회에만 있고 로마 가톨릭 교회만이 교회다—만을 공식적인 입장으로 받아들여 왔었다. 그러나 제2차 바티칸 공의회에서 로마 천주교는 "교회의 교리 헌법은 다음과 같이 선포한다. 교회를 모르고 그리스도의 복음을 몰랐다 하더라도, 신실한 마음으로 양심이 지시하는 바에 따라 행동을 취해온 허물이 없는 삶을 살아온 사람이 있다면, 그 사람 역시 영원히 구원받는다."[44]라는 선언을 함으로 그들의 기존 신학에 많은 것이 수정되어야 하게 되었다.

교황 요한 바오로 2세는 1999년 바티칸에서 있었던 일반 공식 알현에서, "지옥은 하나님께서 외적으로 가하시는 고통스러운 형벌의 장소가 아니라, 사람이 살면서 자신이 취한 태도와 행동의 결과물로 얻는 인간의 내적인 상태다."라고 지옥을 자기 마음대로 재정의하여 선포하였다.[45] 즉, 요

---

43) Jurgen Moltmann, Experience in Theology: Ways and Forms of Christian Theology(Minneapolis: Fortress, 2000), 241-42.

44) "Dogmatic Constitution of the Church," in Vatican II: The Conciliar and Post-Conciliar Documents, ed. Austin Flannery, O.P.(Collegeville, Minn.: Liturgical, 1975), 367.

45) Pope John Paul II, "General Audience," Wednesday, July 28, 1999, the Vatican News Service가 공개

한 바오로 2세 교황은 이러한 선포를 통해 하나님께서는 지옥을 통해 죄인들에게 형벌을 가하신다는 사실을 부정하였고, 지옥은 단지 하나의 '고통스러운 마음의 상태'일 뿐이라고 하였던 것이다. 요한 바오로 2세 교황은 이러한 선포에 덧붙여, "지옥은 물리적인 장소 이상이다. 지옥은 하나님과 분리되어 자기 마음대로 삶을 살아감으로 인해 생명과 기쁨이 소실된 사람의 내적 상태이다. 고로 영원한 지옥 형벌은 하나님의 작품이 아니라 각자가 취한 행동의 결과일 뿐이다."라고 하였다.[46]

제2회 바티칸 공의회 이후 가톨릭 신학은 줄곧 이런 방향으로 이끌어져 왔었던 것이 사실이다. 칼 라너(Karl Rhaner)와 한스 우르스 폰 발싸사르(Hans Urs von Balthasar)와 같은 신학자들은 구원과 종말론을 자기네들 식으로 다시 정의하여, 비그리스도인들이 그리스도의 구원과 종말 사상에 쉽게 접근할 수 있도록 고쳤고, 지옥에 대해서는 사람들이 별로 신경을 쓰지 않고 살도록 만들었다. 즉 이들은 그리스도에 대한 확실한 믿음이 없어도, 단지 신실한 태도만 가지고 있으면 구원받은 것이라고 주장하였다. 특히 칼 라너는 '익명의 그리스도인들'이라는 개념을 만들어 지옥은 거의 텅텅 비어 있다고 주장하였다. 이들의 이러한 왜곡된 주장에도 불구하고 보수주의적인 노선을 지향하는 가톨릭은 꿈쩍도 하지 않았다. 그 한 예로 어떤 사제는, "요즘 지옥이 사람들의 관심을 끌지 못하고 있는 것은 사실입니다. 그러나 아무리 그렇다고 해도 지옥에 갈 사람은 너무도 많이 있고, 지옥은 만원입니다. 만일 단테가 시적 상상력을 가지고 지금 지옥을 방문한다면 그는 지옥이 열려 있고 사람들이 가득 차있는 곳임을 발견하게 될 것이 분명합니다."[47]라고 서술하였다.

신교의 경우, 저명한 신학교들에서 교편을 잡고 있던 자신들을 소위 '주류' 신학자라고 주장하였던 자유주의 신학자들은 로마 가톨릭의 잘못된 주장에 대해, 근본적으로 동의하였다. 이들은 기독교 구원의 궁극적인 목적은 정치적인 자유를 누리고 심리적인 자유를 누리는 것이라며, 바른

---

46) 위와 동일 자료
47) David Watt, "Is Hell Closed Up & Boarded Over?" New Oxford Review 66(February 1999): 28.

믿음을 가진 그리스도인이라면 절대로 받아들여서는 안 되는 신학을 받아들였다. 이들 자유주의 신학자들은 현시대에는 초자연적인 세계관이 더 이상 힘을 쓰지 못하고 있다고 주장하며, 영원히 형벌을 받는 지옥은 존재하지 않는다고 말하였다. 그들은 지옥이 있다고 믿지도 않고, 지옥을 받아들이지도 않고, 지옥에 대해 언급하는 것조차도 싫어하였다. 그들에게 있어서 지옥은 인간을 기분 나쁘게 하는 상징성만을 지닌 추상 명사에 불과하였던 것이다.

복음주의자들의 주장 — 지옥의 실체

빅토리아 시대에 살았던 엘리트들은 지옥이 존재한다는 사실을 더 이상 믿지 않았다. 그럼에도, 복음주의자들은 지옥의 존재를 믿었고 또한 복음주의 목회자들은 지옥에 대해 설교하였다. 그 당시 유명한 설교자였던 찰스 스펄전(Charles Spurgeon)도 역시 지옥과 지옥의 고통이 영원히 존재한다고 믿었기에 다음과 같이 설교하였다.

> 나는 이제 설교를 마치면서 이렇게 말합니다. 불쌍한 죄인들에게 돌아갈 지옥들 중의 지옥은 영원히 존재합니다. 지옥에 간 사람들은 하나님의 보좌 위에 "영원하다!"라고 쓰여 있는 문구를 보게 됩니다. 뜨거운 쇠가 얼굴에 닿으면 그들은, "영원하다!"라고 소리를 지를 것입니다. 그들이 고통 속에 지른 "영원하다!"라는 소리는 지옥 전체에 메아리 되어 울려 퍼집니다.[48]

스펄전을 비롯한 빅토리아 시대의 복음주의자들은 지옥을 부정하고자 하는 일련의 움직임들이 있었던 사실에 대해 익히 잘 알고 있었다. 그 당시 조지 엘리옷(George Eliot)과 찰스 킹슬리(Charles Kingsley)와 같은

---

48) Charles H. Spurgeon, "Paul's First Prayer," 1855년 3월 25일 London에 있는 Exeter Hall에서 행해진 설교, The New Park Street Pulpit(London: Passmore and Alabaster, 1856), 124.

사람들이 쓴 소설에서 지옥을 풍자적으로 해석해버렸다. 또한 빅토리아 시대의 일부의 복음주의자들은 성경의 지옥 묘사가 단지 은유적 표현이라고 생각하였다. 그 결과 사람들 속에 있었던 지옥에 대한 두려움이 점차 사라지게 되었다. 그러나 그 시대에 행해졌던 스펄전의 다음과 같은 설교를 들어보면, 스펄전은 이러한 세태에 대해 추호의 요동함도 없었음을 우리는 잘 알 수 있다.

지옥은 단지 은유적 표현일 뿐 존재하지 않는다는 말을 내가 믿을 성싶습니까? 만일 어떤 사람이 단지 은유적 표현으로 내 머리를 가격한다고 내 머리가 상처를 입나요? 얼마든지 내 머리를 은유적 표현으로만 표현해 보십시오. 나는 끄덕도 하지 않습니다. 사악한 사람들이 뭐라고 말하든 상관없습니다. 우리는 지옥에 대한 은유적 표현에는 관심조차 없습니다. 여러분, 지옥은 정말로 존재합니다. 이는 마치 당신이라는 존재가 실재하는 것과 같은 이치입니다. 이 세상에 불이 실제로 존재하는 것처럼, 지옥에 불이 실제로 있습니다. 그러나 이 불은 세상 불과 달라서, 지옥에 간 사람들의 몸을 태워 없애버리는 불이 아니라, 계속 고통만을 주는 불입니다.[49]

스펄전의 지옥에 관한 위와 같은 설교에 대해 19세기 빅토리아 시대의 지식인들은 기분 나빠하였다. 그러나 대서양 양쪽에 위치한 나라들에 살았던 복음주의적 설교가들은 이에 상관하지 않고, 지옥에 관한 설교들을 많이 하였다. 그리고 무엇보다도, 예수님께서는 지옥에 대해 사람들에게 확실하게 말씀하시지 않았던가? 또한 신약 성경은 지옥이 영원히 불타는 곳이라고 분명하게 말하고 있지 않은가?

20세기 첫 수십 년 동안에, 복음주의자들 중에 극히 제한된 숫자가 지옥에 관한 전통적 신학에 조금씩 수정을 가하기 시작하였다. 이러한 초기의 움직임이 1980년대에 이르러서는 기존의 기독교 교리를 거역하는 가장

---

[49] Charles H. Spurgeon, "The Resurrection of the Dead," 1856년 2월 17일 Southwark의 New Park Street Chapel에서 행한 설교(London: Passmore and Alabaster, 1857), 104.

심각한 도전으로 발전하였다. 그리고 2000년대가 시작되자, 지옥의 존재와 지옥이 주는 형벌에 대한 논쟁이 최고조에 달하게 되었다.

1974년에 유명한 영국 복음주의 신학자이며 브리스톨에 있는 틴데일 홀의 부총장인 존 웬함(John Wenham)은 지옥에 관한 기존의 교리가 수정되어야 할 필요가 있다며 분명한 소리를 내기 시작하였다. 그는 '하나님께서 지으신 우주에 대한 궁극적인 공포가 지옥'이라며 다음과 같이 주장하였다.[50]

> 성경이 말하고 있고 하나님의 섭리가 가져다주는 고통은 그 강도가 아무리 크다고 하여도, 그리고 그것의 불의함 정도가 아무리 세다고 하여도, 이 세상에서만 느끼는 잠시적인 고통일 뿐이요, 죽음으로 종결되는 고통이다. 그러나 이에 비해, 지옥이 주는 두려움은 죽음마저 뛰어넘는다. 한 인간이 죽은 후, 천국이 주는 즐거움을 빼앗긴 채, 아무 희망도 없이 영원히 고통받아야 한다는 생각에서 나오는 두려움은 이 세상에서 받아야 하는 잠시 잠깐의 고통에 대한 두려움보다 더 가혹한 두려움이다.[51]

이러한 웬함의 글에 대해서 모든 복음주의자가 동의할 것이다. 실제로 많은 복음주의자 웬함의 지옥에 관한 위와 같은 서술에 동조하였다. 그러나 웬함은 여기에서 머무르지 않고 한 걸음 더 나아가, "신학자들은 지옥에 관한 전통적인 가르침에 수정을 가하는 작업에 열심을 내기 시작하였다."[52]라고 말함으로써, 현대인들은 지옥이 영원한 형벌의 장소로 보는 전통 교리에 동조하고 있지도 않을 뿐 아니라, 지옥이 있다고 믿지도 않는다는 사실을 은근히 강조하려고 하였다.

이러한 전통 지옥에 대항하는 일련의 시도들은 결국 만인구원론으로 치우치게 되었다. 초기의 웬함은 만인구원론은 성경적 근거가 약하다고 보고, 조건적 불멸론(conditional immortality, 영혼소멸론)쪽으로 기울려

---

50) John Wenham, The Goodness of God(Downers Growv, Ⅲ.:InterVarsity Press, 1974), 27.
51) 위와 동일 자료.
52) 위와 동일 자료, 33.

고 하였지만, 그래도 이를 잘 참아내며, "영원한 죄와 영원한 고통에 대한 생각을 피해보려는 인간들의 외침은 참으로 방대하다. 성경에서 분명하게 기록되어 있는 지옥에 관한 기록들을 왜곡해서 보려는 인간들의 시도는 지대하다. 인간들은 무의식적이면서도 이성적으로 그러한 시도들을 하고 있다."[53]라고 그러한 시도들에 대한 비평을 가하였다. 그리고 그는 자기의 저서에서, 이에 대해 더 많은 연구가 앞으로 수반되어야 한다며 마무리를 맺었다.

그러나 1991년이 되자 웬함은 조건적 불멸론의 적극적 옹호자로 갑자기 돌변하였다. 그 결과 그는, "하나님은 인간을 만들 때 영원히 살 수 있는 가능성이 있는 존재로 만드셨다. 고로 하나님께서 주시는 은혜를 받아들여 신자가 되므로 신의 성품에 참예하는 자가 될 때에만, 인간은 불멸하게 되는데, 그 이유는 인간이 유일한 불멸의 속성을 갖고 계신 하나님을 믿음으로 하나님의 불멸성을 받기 때문이다."라고 주장하였다.[54] 그의 말에 따르면 오직 믿음을 통해서 그리스도 안에 있게 된 자만이 하나님의 선물로 불멸을 받게 된다는 것이다. 그러나 그리스도 안에 있지 않는 자들은 불멸의 선물을 받지 않기에, 죽으면 하나님의 최후 심판을 받은 후에는 조만간 존재가 없어진다는 것이다.

웬함의 이런 조건적 불멸론은 웬함 자신이 성경적인 근거가 빈약하여 수용하기 어려운 이론이라고 말한 만인구원론과는 구별되는 이론이다. 그는 지옥에 대한 전통적 교리를 고수하는 사람들이 자신의 이견에 대해 올바른 반박을 하지 못하고 있다고 말함으로써 자신의 주장과 전통적인 주장의 판단자로 행세하려고 하였다. 그는 한 번은 "나의 주장이 틀릴까봐 무척 두려워한다."[55]라고 말한 적도 있다. 그러나 그럼에도 웬함의 지옥에 대한 전통적 교리에 대한 반박은, 다음에 실린 그의 글에서 알 수 있듯이, 냉혹하리만큼 철저하였다.

---

53) 위와 동일 자료, 37-38.
54) John Wenham, Facing Hell: An Autobiography(London: Paternoster, 1998), 230. 1991년은 Wenham이 Edinburgh에 있는 Rutherford House에 글을 전달했던 해이다.
55) 위와 동일 자료, 256.

지옥에서 죄인들이 끝없이 고통받도록 내버려 두시는 하나님은 정의의 하나님이 아니라 병적 잔혹성을 가진 하나님에 불과하다. 나는 하나님의 사랑과 영광을 포기하지 않는 한, 그런 하나님을 인정하는 전통 지옥 교리를 절대로 설교할 수 없다. 터툴리안(Tertullian)으로부터 시작된 그러한 잘못된 전통 지옥 이론은 사람의 공상으로부터 나온 것일 뿐이다. 전통 지옥 이론은 종교 재판관에게만 그럴 듯하게 보일 뿐, 실체와 일반 상식에 벗어난 이론이다.[56]

감정적이고 신경질적이기까지 한 웬함의 이와 같은 표현은, 지옥에 대한 전통 교리를 전부 버리지 않고서는 자신의 신앙을 유지할 수 없었던 그의 고뇌를 잘 말해주고 있다. 어찌 보면 신선해 보일 수도 있는 이러한 웬함의 주장에 여러 복음주의자들이 영향을 받기 시작하였다.

그 결과 존 웬함은 복음주의 신학자들 사이에서 결코 무시 못 할 존재가 되었다. 그러나 20세기 복음주의 기독교에서 지도자로 가장 큰 인정과 존경을 한몸에 받아왔던 존 스타트(John Stott)의 주장은 웬함의 주장과 정면으로 대립하였다. 존 스타트는 영국 국교의 저명한 자유주의 신학자인 데이빗 에드워즈(David Edwards)와의 논쟁을 통해, 자신의 지옥에 대한 주장을 명백하게 표현하였다. 이 논쟁은 후에 책으로도 출판되었는데, 이 책을 살펴보면 존 스타트의 주장이 얼마나 훌륭한지를 잘 알 수 있다. 데이빗 에드워즈와 존 스타트와의 논쟁의 어느 한 시점에서, 데이빗 에드워즈는 전통 지옥 교리는 하나님을 '인간에게 영원히 고문을 가하는 고문집행자'로 만드는 '하데스 교리'라며, 전통적 복음주의자들의 전통 지옥 교리를 신랄하게 비판하였다.

이러한 데이빗 에드워즈의 도전적인 발언에 대해 존 스타트는 지옥에 대한 전통적인 교리는 교회 역사 전체를 통해 줄곧 인정됐었고, 심지어 종교 개혁자들과 그의 후손들도 이 교리를 받아들여 왔다고 주장하면서, "내가 데이빗 에드워즈의 주장에 동의하냐고요? 마음으로는 그러고 싶습니

---

56) 위와 동일 자료, 254.

다. 지옥에서 죄인들이 마취제를 맞지도 않는 채, 엄청난 고통 속에 영원히 지낸다는 기존 지옥 개념이 이해하기도 힘들고 받아들이기도 힘든 것이 사실입니다."[57]라고 하였다. 그러나 그럼에도 존 스타트는 자신은 자신의 생각을 믿지 않고 성경의 증거를 믿어야 한다고 강하게 주장하였다.

그러다가 존 스타트는 자신의 입장을 조금씩 바꾸어서, 결국 영혼소멸론을 지지하는 입장을 취하게 되었고, 종국에는 전통 교회들이 오랫동안 성경을 잘못 해석해왔었다고 주장하기에 이르렀다. 그 예로 존 스타트는 마태복음 18장 28절에 나오는 그리스어인 아폴리미(apollymi)는 일반적으로 '파괴하다(to destroy)'로 번역되는데, 그 단어의 바른 뜻은 '완전히 파괴해버리다'라는 뜻이기에, 지옥에 간 사람은 완전히 파괴되어 소멸되어 버리는 것이지, 지옥에 영원히 존재하여, 지옥에서 영원히 형벌 받는 것은 아니라고 하였다.

존 스타트는 여기서 한 걸음 더 나아가, 성경에 나오는 '불못(계 20:14-15)'이라는 상징적인 표현에 대한 것을 전통 신학에서는 잘못 이해 했다고 말하면서, 성경에 기록된 '세세토록 밤낮 괴로움을 받으리라(계 20:10)'는 표현은 밤낮을 가리지 않고 영원히 고통을 당한다는 표현이긴 하지만, 이 무한한 고통을 회개하지 않는 유한한 인간에게 적용해서는 안 된다고 주장하였다. 또한, 그는 하나님께서는 정의로운 분이기에, 인간의 유한한 죄에 대해 무한한 형벌을 적용하시지 않는다고 주장하며, "한시적으로 범한 의식적인 죄에 대해 의식적으로 느낄 수 있는 영원한 고통이 주어지는 것은 사리에 맞지 않는다."[58]고 하였다.

마지막으로 존 스타트는 성경에서 말하는 하나님의 최종 승리는 하나님께서 모든 인류를 다 구원시키신다는 뜻의 승리가 아니라, 하나님께서 악과 죄를 결국은 이기시고 마신다는 뜻의 승리로 보아야 한다고 하였다. 이러한 주장을 펴게 된 존 스타트였기에, 그는 또한, "지옥은 파괴의 장소

---

57) David L. Edward and John R. W. Stott, Essentials: A Liberal-Evangelical Dialogue(Downer Grove, Ill: InterVarsity Press, 1988), 314.
58) 위와 동일 자료, 318.

이다. 그래서 회개하지 않는 죄인은 지옥에서 파괴된다. 그리고 파괴된 후에는 더 이상 존재하지 않게 된다. 그래서 지옥이 무시무시한 장소라는 성경의 묘사와 하나님께서는 종국적으로 우주를 통치하시는 승리자라는 성경의 기록은 둘 다 진리이다."[59]라고 말하게 되었다. 흥미로운 사실은, 스타트는 영혼이 소멸된 죄인은 궁극적으로 영원히 존재하지 않게 되기 때문에, 지옥이 있다는 성경의 말도 사실이고, 그 지옥이 회개하지 않는 죄인에 대한 영원한 심판의 곳이라는 성경의 표현도 맞는다고 주장하였다.[60] 그러나 존 스타트가 지옥의 존재에 대해서만은 비록 긍정적인 입장은 표방하였을지언정, 그의 말을 따르면 지옥에서 죄인은 벌을 받아 사멸되기에, 지옥은 결국 아무도 없는 텅 빈 곳이 되고 만다.

신약학 신학자인 F. F. 부르스(F. F. Bruce)는 "영혼소멸론은 신약 성경의 안목으로 보면 받아들여도 될 만한 적합한 이론이다."라고 말하였던 바, 존 스타트는 이러한 F. F. 부르스의 말이 자신의 주장을 뒷받침하여 주는 말이라고 하였다. 그러나 F. F. 부르스는 지옥에 관한 문제에 대해서는 불가지론적인 입장을 취하였던 사람이었다.[61] 사람들이 나중에 존 스타트에게 지옥에 관한 원래의 전통적 입장을 끝까지 고수하지 않은 것에 대해 수군대기 시작하자 그는 "나는 지난 50년간 나의 입장을 한결같이 고수하고 있습니다."라고 반박하였다.[62]

1980년도 중반에 이르자 영혼소멸론을 주장하는 복음주의자들이 꽤

---

59) 위와 동일 자료, 319.
60) 다음을 보라. John R. W. Stott, "The Logic of Hell: A Brief Rejoinder," ERT 18(January 1994): 34.
61) 위와 동일 자료. John Stott의 전기를 썼던 Timothy Dudley-Smith(티모씨 두들리-스미스) 감독(Bishop)은 F. F. Bruce가 1989년 10월 26일에 Stott에게 보내던 편지에서 다음과 같은 글을 발췌하였다: "지옥이 사람들로 하여금 영원토록 고통받게 하는 장소라는 사실은 하나님의 속성과 잘 맞아떨어지지 않습니다. 저는 차라리 만인구원론자가 되고 싶습니다. 사도 바울의 글은 나의 견해를 잘 밑받침해주고 있습니다(참고: 롬 11:32, 고전 15:22). 그러나 두렵건대, 바울은 문맥을 잘못 파악하고 그런 말들을 한 듯이 보입니다. 그러나 우리 주님의 가르침은 너무도 간략하고도 명확합니다. 그분의 가르침에 따르면, 회개하여 돌이키기를 끝까지 거부하는 자들이 있는 것이 확실합니다. 그런 자들은 그들에게 허락된 구원을 마지막까지도 거부하는 자들입니다." 다음을 보라. Timothy Dudley-Smith, John Stott: A Global Ministry, "The Later Years,"(Downers Grove, Ill.: InterVarsity Press, 2001), 234-55.

증가하였다. 그래서 영국 국교의 복음주의자인 피터 툰(Peter Toon)은 "보수주의자들 사이에 지옥에 대한 전통 교리에 대해 언급하려는 사람들은 점점 적어지고 있습니다. 그 반면에 영혼소멸론 쪽으로 가는 사람들은 점점 많아지고 있습니다."라고 지적하였다.[63]

그 당시 미국의 양상도 영국과 동일하여서, 미국의 복음주의자들 사이에서 가장 존경받는 인물인 F. H. 헨리(F. H. Henry)와 케네스 S. 켄저(Kenneth S. Kantzer)가 주축이 되어, 1989년에 복음주의자 전국 연합(National Association of Evangelicals)과 트리니티 복음 신학교에서 「복음주의의 확신(Evangelical Affirmations)」이라는 것을 발표하도록 큰 도움을 주었다. 기존 복음주의 신학의 붕괴에 대해 여러 복음주의 신학자들이 위협을 느꼈고, 그 결과 그들이 뭉쳐서 자신들이 믿는 것에 대한 핵심적인 진리들을 집약했기 때문에 '복음주의의 확신' 이라는 것이 도출된 것이다.

「복음주의의 확신」이라는 발표문이 도출되는 과정에서, 협의회 위원으로 활동하게 되었던, 복음주의 진영에서 가장 존경받는 신학자중의 하나인 제임스 패커(J. I. Packer)는 지옥과 지옥이 주는 의미에 대해 직접적으로 언급하였다. 패커는 "어떤 복음주의자라고 할지라도 마음 깊숙한 곳에서는 만인구원론이 진리였으면 하고 바라는 마음은 다 있습니다. 이 세상 그 누구인들 한 인간이 영원히 구원 못 받은 상태로 살아가는 것을 바라겠습니까? 만일 당신이 사람들이 저주받는 것을 원한다면, 당신은 뭔가 잘못된 사람임이 분명합니다."라며, 복음주의자들도 만인구원론이 진짜였으면 하는 마음들은 다들 갖고 있다고 하였다.[64] 그러나 그럼에도 패커는 성경은 만인구원론에 대해 문을 닫고 있다는 점을 분명하게 받아들였기에, 성경은 조건적 불멸론조차도 전혀 지지하지 않고 있다며 다음과 같이 주장하였

---

62) 위와 동일 자료, 354. Dudley-Smith는 케임브리지에 있는 Trinity College(트리니티 대학)에서 John Stott와 Philip E. Huge를 가르쳤던 Basil Atkinson을 깊이 신뢰하였다. Basil Atkinson은 지옥에 관한 자신의 견해에 대해 학생들에게 많은 영향을 끼쳤다. 그 대학에서 그 당시 Atkinson은 대학에서 도서관 사서로 일하면서 학생들에게 인기있는 학생들을 위한 성경 공부를 인도하고 있었다.
63) 위와 동일 자료, Heaven and Hell(Nashville: Thomas Nelson, 1986), 174.
64) J. I. Packer, "Evangelicals and the Way of Salvation," in Evangelical Affirmation, 엮은이 Kenneth S. Kantzer and Carl F. H. Henry(Grand Rapids: Zondervan, 1990), 117.

다.

나는 조건주의자들의 수준 높은 듯한 지옥 감지력에 큰 저항을 느낍니다. 그들은 '두려운', '무서운', '끔찍한', '소름끼치는', '참을 수 없는' 등과 같은, 지옥에 대한 형용사적인 표현들에만 집착하여, 그런 끔찍한 것이 계속되는 지옥은 있을 수 없다고 주장합니다. 그들은 마치 지옥에 대한 전통적인 입장을 취하며 살아왔던 사람들은 지옥이 그런 무시무시한 곳이라는 것에 대해서는 생각해본 적도 없었던 사람들인 것 마냥 취급하고 있습니다.[65]

패커는 또한 존 스타트에 의해 제기된 성경적인 주장들에 대해서도, "그 주장들은 내가 보기에는 호소력이 없는 미약한 주장입니다."라고 하였다. 그러면 여기서 패커의 주장을 직접 들어보자.

사람들은 조건주의가 진리였으면 하고 바란다. 그러나 그렇게 바라는 것은 높은 수준의 영적 감각이라고 보기보다는 세속적인 감상주의라고 보아야 한다. 세속적인 감상주의로 인해 천국에 있는 사람들은 지옥에 간 사람들의 상태에 대해 마음 아파해야지만 마땅하다고 생각한다. 그러나 반면, 세상에서 생각하는 하나님의 정의가 천국에서는 더 심도있게 펼쳐지고 있다는 사실은 미처 깨닫지 못한다. 물론 이 땅에 살면서 영원한 고통이 있는 지옥에 갈 사람들에 대해 생각하는 것은 별로 즐거운 일이 되지 못하는 것은 사실이다. 그러나 그렇다고 해서 성경에 분명히(있다고) 나와 있는 지옥을 없다고 말하는 것은 옳지 못하다. 그런 식으로 지옥에 대한 우리의 불편한 마음을 없애버리려고 하는 것은 옳지 못한 태도이다.[66]

"영원 형벌에 관한 기존의 전통 교리는 복음주의와 비 복음주의를 구별하는 중요한 분수령이 되어왔다."[67]라고 말해왔던 존 엥커버그(John Ankerberg)와 존 웰돈(John Weldon)은 패커의 위와 같은 주장에 대해 다

---

65) 위와 동일 자료, 125-26.
66) 위와 동일 자료, 126.

음과 같은 평가를 내어놓았다: "존 스타트, 필립 에드콤 휴즈(Philip Edgcombe Hughes), 클락 피녹(Clark Pinnock), 존 웬함, 바실 애킨슨(Basil Atkinson)을 비롯한 저명한 복음주의 지도자들이 지옥에 관한 전통적인 견해를 거부하게 된다면, 교회가 그동안 갖고 있었던 기존 교리들의 기초가 심각하고도 치명적으로 흔들리게 될 것이다."[68]

1995년 감독회의에 의해 제출된 공식 보고서인 '구원의 신비(Mystery of Salvation)'라고 명명된 보고서를 살펴보면 위와 같은 우려는 사실로 드러나고 있음을 알 수 있다. 이 보고서는 "하나님은 사랑이라는 기독교의 근본적인 확증과, 하나님께서 수없이 많은 사람을 단지 지옥에 보내기 위해 이 세상에 태어나게 하였다는 사실은 서로 양립할 수가 없다."[69]라고 주장함으로써 만인구원론을 지지하였다. 즉 이 보고서는 만인구원론과 포괄주의(다른 종교에도 구원이 있다는 이론; 역자 주)는 받아들이지만 정통 기독교의 배타주의(exclusivism, 구원은 오직 기독교에만 있다는 이론; 역자 주)는 전적으로 거부하였다.

이 보고서는 종말론에 관한 부분에서, 영국 기독교인의 단지 69퍼센트만이 사후 세계가 존재한다고 믿었고, 일반인들은 42퍼센트만이 사후의 세계를 믿는다는 통계를 근거로, "이제 기독교도들은 세상의 종말에 관해 일관된 의견을 가져야 할 필요가 있게 되었다."[70]라고 하였다. 이 말은 이 보고서를 작성한 위원회의 교회 소위원회는 그동안 교회가 지향해 왔던 종말에 관한 이론과 지옥에 관한 이론에 대해 일관성 없이 가르쳤다고 생각한다는 말이다. 교리 위원회의 위원들의 다음 서술을 살펴보면 그들은 기존의 종말 교리를 버려야 한다고 생각하였음을 어렵지 않게 알 수 있다.

지난 이백 년 동안 서구의 교회에서는 지옥은 영원한 형벌의 장소라는 기

---

67) John Ankerberg with John Weldon, "Response to J. I. Packer," in Evangelical Affirmations, 140.
68) 위와 동일 자료, 140-41.
69) The Mystery of Salvation, The Story of God's Gift: A Report by the Doctrine Commission of the General Synod of the Church of England(London: Church House Publishing, 1995), 180.
70) 위와 동일 자료, 188.

존 지옥 교리에 관한 주목할 만한 변화가 일어났다. 이런 현상이 일어난 이유에 대한 여러 해석이 있을 수 있겠으나, 가장 큰 이유는, 교회 안의 사람들이건 교회 밖의 사람들이건 할 것 없이, 모든 사람들이 더 이상 종교적 두려움에 시달리지 않게 되었다는 사실과, 사람들 사이에서 기독교도들이 믿는 하나님이 진정 사랑의 하나님이라면, 그 하나님은 절대로 수백만의 사람들을 지옥에서 영원토록 고통받게 하는 하나님일 수 없다는 자각이 일었기 때문이다. 그러나 이러한 확신과 자각에도 불구하고 인간은 누구든 자유의지로 지옥과 천국을 선택할 수 있다는 것이 우리들의 생각이다. 그러나 지옥은 영원한 형벌의 장소가 아니라, 하나님을 거역한 자들이 마지막까지 회개하지 않는다면 어쩔 수 없이 가야만 하는 곳일 뿐이다. 그곳에 간 사람은 마침내 그 존재가 완전히 소멸하여 없어지고 만다.[71]

위의 말은 지옥은 인간 자유의지적 선택의 결과로 가게 되는 곳이지만, 그곳은 영원히 형벌 받는 곳이 아니라는 말이다. "만일 하나님께서 인간에게 자유의지를 주셨다면 인간은 자신이 선택한 것에 대해 책임을 져야한다. 생명을 선택하지 않은 인간은 그에 대한 응분의 대가를 치러야 한다. 누가 지옥에 갈지는 오직 하나님만 아신다."[72]라고 기록된 동일 보고서에는 또한, "지옥에서 영혼이 소멸되기에 지옥은 하나님의 심판의 장소임이 분명하다. 그러나 결국 누가 소멸될지는 하나님만이 아신다."라고 기록돼 있다.

불행하게도 복음주의자들 사이에서 지옥에 대한 이해는 분명하지도 않고 통일을 이루고 있지도 않다. 그 한 예로, 복음주의자들의 연합과 진리를 위한 복음 연합 위원회(Evangelical Alliance Commission on Unity and Truth Among Evangelicals; ACUTE)가 발간한 지옥의 실체(The Nature of Hell)라는 제하의 보고서에는 지옥이 있다는 것은 복음주의자들 사이에 이

---

71) 위와 동일 자료, 199.
72) 위와 동일 자료. 프랑스의 저명한 복음주의자 Jacques Ellul은 인간의 자유의지론을 적극 지지하였다. 그는 저주받게 되는 인간의 의지는 하나님께서 허락하시는 의지가 아니라고 주장하였다. 다음을 보라. Jacques Ellul, What I Believe(Grand Rapids: Eerdmans, 1989), 192.

견이 없지만, "현재 복음주의자들 사이에 일고 있는 지옥에 관한 세부적인 사항들, 가령 지옥의 기간, 성질, 지옥의 종말, 지옥의 목적 등과 같은 것에 대한 이견은 엄연히 존재한다. 그러나 이러한 사소한 이견들은 주요한 논쟁거리가 될 수 없다."[73]라고 기록돼 있다.

미국 신학계에서 영혼소멸론을 가장 적극적으로 옹호하는 두 사람을 꼽으라고 한다면 클락 피녹(Clark Pinnock)과 에드워드 퍼지(Edward Fudge)를 꼽을 수 있다. 이 두 사람 중에서도 특히 클락 피녹이 더 과격하다.[74] 클락 피녹은 기독교 신학을 완전히 재구성하여, 구속의 교리를 부정하였을 뿐 아니라 칭의의 교리와 성경 무오설조차도 거부하였다. 그리고 그는 하나님의 예지 능력과 전능성마저 부정하였다.

구원론에 관하여서는 기독교적 포괄주의를 주장하였던 피녹은, "하나님의 구원은 우주적으로 균등하게 적용돼야 하기 때문에, 모든 사람들이 종국적으로 다 구원받는다."라고 주장하였다.[75] 주목할 만한 사실은, 피녹은 만일 전통적인 지옥 교리가 틀렸다면, 그 대안들 중의 하나가 만인구원론이 될 수 있음을 암시하는 글을 다음과 같이 서술하였다. 따라서 그의 주장은 만인구원론을 절대적으로 지지한 것은 아니라고 보아야 한다.

지옥이 영원히 고통받는 장소라는 과거의 주장들에 대한 반발로 만인구원론이 득세하게 되었다. 만일 지옥이 영벌의 장소라는 주장과 만인이 결국은 다 구원받는다는 만인구원론 중에서 택일하라고 사람들에게 요구한다면, 대부분의 사람들은 당연히 만인구원론을 선택할 것이다. 지각이 있는 사람이라면 이 두 주장 중에서, 어거스틴이나 조나단 에드워즈가 믿었던 지

---

73) The Nature of Hell: A Report by the Evangelical Alliance Commission on Unity and Truth Among Evangelicals(Carlisle, UK: ACUTE/Paternoster, 2000), 128. 이 보고서를 통해 우리가 알 수 있는 하나의 흥미로운 사실은, 1846년에 복음주의 연합(Evangelical Alliance)이 창설되자, "그 당시 일기 시작했던 자유주의적 이론인 만인구원론에 대항하기 위하여, 지옥의 영원한 형벌과 관련된 문구를 교리의 초안에 추가로 삽입하였다"(3)는 사실이다.
74) Fudge의 주장을 보려면 그의 다음 저서를 참고하라. The Fire That Consumes(Houston: Providential, 1982).
75) Clark H. Pinnock, A Wideness in God's Mercy: The Finality of Jesus Christ in a World of Religions(Grand Rapids: Zondervan, 1992), 157.

옥이 영원 형벌의 장소라는 주장은 분명히 선택하지 않을 것이다. 하나님께서는 아무리 죄인이라고 해도 영원히 형벌 받도록 하시는 무자비한 하나님이 절대로 아니시다. 만일 지옥이 영원 형벌의 장소라면 그런 지옥 교리는 기독교 신학에서 마땅히 사라져야 한다.[76]

1990년도에 발표된 피녹의 논문에 보면, 그는 전통적인 지옥 교리는 무시무시한 교리라며 다음과 같이 반박하였음을 알 수 있다.

나는 감히 이 자리를 빌어 지옥이 몸과 혼에 영원토록 고통을 가하는 장소라는 전통적인 교리는 나쁜 교리이고 그런 교리는 수정돼야만 한다는 사실을 밝힌다. 아무리 죄를 많이 지었다고 해도, 어떻게 선한 하나님께서 자신이 창조한 인간을 지옥에서 영원히 고통받도록 내버려 둘 수 있는 그런 하나님일 수 있단 말인가? 아무리 낮게 생각한다고 해도 도덕적인 기준으로 보건 복음적인 안목으로 보건, 그런 하나님은 하나님이 아니라 사탄이다.[77]

복음을 생전에 한 번도 듣지 못하고 죽은 사람은 사후에 어떻게 되느냐라는 질문에 대해 피녹은, 복음을 듣지 못하고 죽은 사람은 사후에 기회가 다시금 주어진다면서 다음과 같이 주장하였다.

죽은 모든 사람들은 그리스도와 대면한다. 하나님께서는 모든 인류를 다 사랑하시기 때문에 복음을 듣지 못하고 죽은 사람이라고 할지라도, 최종적으로 지옥으로 보내지기 전에 하나님의 은혜로 인해 반드시 복음을 제시받는 기회가 주어진다. 모든 사람은 죽은 후에 반드시 한번은 부활하신 주님을 대면하기 때문에, 이때가 바로 하나님을 찾을 수 있는 마지막 기회이다.[78]

---

76) 위와 동일 자료, 156-157. 이 글은 도덕 우위적 입장에서 영혼소멸론을 적극적으로 옹호하는 글이다. 이 글에서 나온 '지각있는 사람'이라는 표현은 지옥에 대한 전통적 입장을 반박하기 위해 의도적으로 사용된 표현이다. '지각있는 사람'이라는 표현은 교회사를 통해서 지옥은 영원히 고통받는 곳이라는 식의 올바른 교리를 신실하게 설교한 수많은 올바른 설교가들과 교사들을 모두 몰인정하고도 몰지각한 사람으로 치부하는 표현이라고 하지 않을 수 없다.
77) Clark H. Pinnock, "The Destruction of the Finally Impenitent," CRT 4(1990): 246-47.

피녹의 이와 같은 주장은 로마서 10장 8-17절이 말하고 있는 바와 정면으로 대치된다. 신약 성경은 복음이 빨리 전파되어 지옥에 가는 사람이 없도록 해야 된다고 주장하고 있는데, 피녹의 주장대로 죽어서도 예수 믿을 기회가 주어진다는 것이 사실이라면, 애써 복음 전파하여야 할 필요성이 없어지게 된다. 따라서 피녹의 주장은 신약 성경이 말하는 복음 전도의 필요성을 백지화시키는 주장이라고 아니할 수 없다. 이에 대해 피녹은, "물론 성경에 나의 주장을 뒷받침해 줄 만한 근거가 많지 않은 것은 사실이다. 그러나 신학적 바른 사고는 나의 주장을 지지한다. 죽은 후에도 천국 갈 기회가 주어진다는 생각은 훌륭한 생각이다."[79]라고 반박하였다.

피녹은 로버트 브로(Robert Brow)와 공저한 책에서 '21세기를 위한 복음 신학'[80]을 표방하면서 현재의 복음주의 신학이 재조정되어야 할 필요가 있음을 역설하였다. 이 책은 브로가 크리스채너티 투데이(Christianity Today)라는 기독교 저널에 발표한 선언적 글을 근거로 하고 있다. 이 글에서 브로는 복음주의 운동을 받쳐주는 신학은 재조정되어야 한다며, '복음주의적 대변환'을 주창하였다. 즉 그는 복음주의를 위해 기존 교리 곧 대속의 교리, 오직 믿음으로만 의롭다함 받는다는 칭의의 교리, 하나님의 진노에 관한 교리를 포함한 '옛 모델'들을 거절하고 '새 모델'을 만들어야 한다고 하였다. 브로는 기존 교리에서 사용하였던 교리적 단어들을 그대로 사용하면서도 이에 단어들에 대한 의미는 다르게 사용하였는데, 그는 이런 것들에 대해 '다른 엑센트'라고 불렀다. 세상이 그전보다 진보하였으므로 이제는 언어에 대한 정의도 새로워져야 한다고 그는 주장하였던 것이다. 브로는 하나님께서는 사람들을 지옥에 보내지 않는다고 일관되게 주장하였다. "하나님의 진노가 영원한 지옥에 사람들을 보내는 것으로 해석되어져서는 안 된다."[81]는 것이 그의 주장의 핵심이었다.

---

78) Pinnock, Wideness, 168-69.
79) 위와 동일 자료, 169.
80) Clark H. Pinnock and Robert C. Brow, Unbounded Love: A Good News Theology for the 21st Century(Downers Grove, Ill.: InterVarsity Press, 1994).
81) Robert Brow, "The Evangelical Mega Shift," ChrT 34(February 19, 1990), 13.

브로는 신학 사조의 변화는 자기 쪽으로 조금씩 기울어 왔고, 시간이 지나면 모두가 자기의 편이 될 것이라고 예견하였다. 이에 그는 "신학자들이 옛 언어들을 계속 사용할 수도 있지만, 우리의 마음은 이미 예전 마음과 같지 않다."82)라고 피력함으로 복음주의 신학의 변화가 필수적임을 강조하였다.

피녹과 브로는 지옥은 받아들였지만, 그 지옥은 전통적 교리에서 이야기하는 지옥은 아니었다. 그 이유는 이 두 사람은 '창조적 사랑의 신론(creative love theism)'을 주창하였기 때문이다. 창조적 신론에 관한 그들의 주장을 직접 들어보자.

> 창조적 사랑 신론에 지옥의 교리가 포함된다. 그러나 지옥은 하나님께서 영원히 복수하시는 그런 지옥은 아니다. 하나님께서는 복수를 즐기시는 학대음란증 환자가 아니다. 성경의 복음에 따르면 하나님은 사랑의 하나님이다. 전통 기독교가 주장하듯이 지옥을 복수하는 장소로 만들어놓으신 하나님은 결코 참 하나님이 될 수 없다. 하나님께서는 복수심에 불타는 철면피의 심판자가 아니라, 자신의 원수까지도 사랑하셔서 그들을 위해 스스로 죽기까지 하신 하나님이시다.83)

20세기 마지막 10년 동안 복음주의의 정체성과 복음주의적 확신에 대한 많은 이야기가 언급되었다. 이 10년 동안 개혁을 주장하는 복음주의자들은 과거 세대에 살았던 복음주의자들의 기존 신학을 배격하고, 기존 복음 신학을 과격하리만치 재조정하고자 하였다. 이런 현상은 아직도 계속되고 있다. 그러나 그렇다고 해서 모든 복음주의자들이 현재 그들의 주장을 따르고 있는 것은 아니다. 지금 지옥은 논쟁으로 인해 뜨겁게 달궈지고 있다.84)

---

82) 위와 동일 자료, 14.
83) Pinnock and Brow, Unbounded Love, 89-90.
84) 다음을 보라. R. Albert Mohler Jr., "Reformist Evangelicalism: A Circle without a Circumference," in A Confessing Theology for Postmodern Times, 엮은이 Michael S. Horton(Wheaton, Ill: Crossway, 2000), 131-52.

지옥, 무엇이 문제인가?

오스 기니스(Os Guinness)는 현대 사회의 흐름에 대해, "서구사회의 사람들은 둘 중의 하나를 선택해야만 살 수 있는 이중 택일의 시대에 살고 있다. 현대 사회에서 선택이란 것은 현대인의 가치관을 한마디로 표현하는 단어일뿐 아니라, 현대인의 삶에서 중추적인 비중을 차지하는 명제이다. 현대에 산다는 것은 선택과 변화의 끊임없는 흐름 속으로 들어간다는 것을 의미한다. 변화 없이는 살 수 없는 세상을 우리가 현재 살고 있는 것이다"[85]라고 피력한 바 있다. 선택해야 할 것이 그 어떤 것이든, 끊임없이 선택해야지만 살아남을 수 있는 현대인의 삶에 대해 피터 버거(Peter Berger)는 '이단적 강요'[86]라고 표현하였다. 이렇게 매우 급하게 변해가는 현대라는 조류에서 교회에 출석하는 사람들의 생각이 변하기 때문에, 신학도 어쩔 수 없이 빠르게 변화하고 있는 것이다.

이러한 변화는 그 변화 안에 사는 사람조차도 감지하지 못하고 있다. 심지어 신학적 조류의 변화를 이끌어가는 사람조차도 이런 빠른 변화가 가져다주는 해악을 눈치채지 못하고 있다. 이에 대해 데이빗 에프 웰(David F. Well)은 "과거 복음주의자들의 영혼에 물을 공급해 주었던 전통적인 교리의 흐름은 기독교에 침투한 세속적 사상들에 의해 막혀버렸다. 그러나 많은 사람이 자신이 주장하는 주장이 세속적 주장이라는 사실을 전혀 모르고 있다."며, 다음과 같이 기술하였다.[87]

전통 교리가 무오 할 수도 없고, 결점 및 약점이 없을 수도 없다. 그러나 나는 전통적인 교리가 가져다주는 억압으로부터 자유함을 받았기에 성경이 더 확실하게 다가오게 되었다는 복음주의자들의 잘못된 주장을 전적으로

---

85) Os Guinness, The Gravedigger File(Downers Grove, Ill.: InterVarsity Press, 1983), 92.
86) Peter L. Berger, The Heretical Imperative: Contemporary Possibilities of Religious Affirmation(New York: Doubleday, 1980).
87) David F. Wells, No Place for Truth: Or Whatever Happened to Evangelical Theology?(Grand Rapids: Eerdmans, 1993), 11.

배격한다. 절대로 그렇지 않다. 복음주의자들의 잘못된 주장으로 인해, 이 시대에 들어와서, 사람들이 과거의 생각과는 다른 생각들을 수용한 결과, 성경의 신뢰도는 자꾸 줄어들었고, 진리에 대한 사람들의 관심도 줄어들었으며, 하나님의 말씀에 대한 깊이와 이해도 빈약해진 것이 사실이다.[88]

이 시점에서 우리가 우리 자신에게 물어야 할 질문은, 도대체 무슨 일이 일어났기에 소위 자신들을 복음주의자라고 주장하는 사람들이 만인구원론, 포괄주의, 사후 복음주의(postmortem evangelism), 그리고 조건적 불멸론 및 영혼소멸론을 주장하게 되었는가 하는 질문이다. 과거에 복음주의자들이 받아들였던 지옥에 관한 기존 전통 교리를 어째서 지금의 복음주의자들은 받아들이지 않게 되었는가?

이에 대한 대답은 문화 사조들이 신학계와 교계에 미친 영향력과 기독교 신학에 침투한 세계관을 살펴봄으로 가능하다. 계몽주의가 나타난 이후, 신학자들은 자신들의 믿음을 방어하지 않으면 안 될 위치에 처하게 되었다. 세상의 가치관들은 기독교가 주장하는 초자연적 계시를 거부하였고 기독교가 주장해왔던 유일한 진리들을 더 이상 유일한 진리로 받아들이지 않게 되었다. 이와 동시에 여러 종교의 주장들은 단지 개인의 의사 선택에 달린 동일한 진리를 담은 주장들로 보게 되었다. 그 결과 기독교의 공격적 진리 수호의 성질은 그 힘을 잃게 되었고, 기독교 진리가 많은 여러 영적 진리들 중의 하나로 전락하게 되었다.

이와 아울러 현대인과 포스트모더니즘을 따르는 사람들은 기독교의 전통 이론을 근본적으로 싫어하였다. 즉 지옥에 관한 전통적인 교리―곧 지옥은 영원한 형벌이 지속된다는 교리―는 사람들의 구설에 오르게 된 것이다. 현대적 감각을 지닌 기독교인들은 자신이 전통적 지옥 교리를 수용하는 기독교인인 것을 못마땅하게 생각하게 되었다. 이와 관련하여, 프레드릭 슐라이어마허(Fredrich Schleiermacher)는 '종교를 싫어할 수밖에 없는 문화에 적응된 사람'은 지옥의 교리를 너무도 싫어한다고 표현하였다.

---

88) 위와 동일 자료, 11-12.

신교의 자유주의와 로마 가톨릭교에서는 기존 지옥 교리에 대한 사람들의 공격을 피하기 위해 그들의 신학을 변화시켜야만 하게 되었다. 그 결과 무시무시한 형벌의 불덩어리에 대한 설교는 점점 들을 수 없게 되었고, 지옥에 대한 변화와 논쟁의 짐은 복음주의자 신학자들이 짊어져야 할 짐이 되어버렸다. 즉 복음주의자들은 지옥에 관한 것을 논하는 마지막 주자가 되게 된 것이다. 그런데 지금의 상황은 너무도 많이 바뀌어, 복음주의자들 가운데서 가장 존경받는 신학자들마저도 영혼소멸론과 그에 상응하는 주장들을 수용하고 있고, 지옥에 관한 전통적인 교리는 거절하고 있다. 어째서 이렇게까지 되어버렸는가? 이에 대한 대답은 신정설(theodicy, 神正說, 악이 존재하는 것은 하나님의 뜻이라고 하는 주장; 역자 주)에서 찾아볼 수 있다.

현대의 세속주의는 하나님의 존재를 주장하는 사람에게, 그들의 주장에 대한 근거를 대라고 요구하고 있다. 이러한 상황에서, 신정설을 주장하는 사람들은, 하나님이 계신다면 어째서 이 세상에 악이 존재하도록 허락하시고, 사람들이 죄를 짓도록 방관만 하시는가에 대한 세상 사람들의 의문으로부터 하나님을 보호하고자 하였다. 즉 대량 학살과 낙태의 문제가 극대화되고 있고 테러조직이 날뛰는 오늘날, 하나님께서 계시다는 사실을 입증하기 위하여 인간을 위해(즉 인간의 성숙을 위해) 악이 필요하기 때문에 이 땅에 악이 지속되도록 하나님께서 허락하신다는 신정설을 주장하지 않으면 안 되게 된 것이다.

이러한 질문들이 제기되게 된 배경에는 문화적, 신학적 그리고 철학적 변화들이 관여되어 있다. 이러한 문화적, 신학적 그리고 철학적 변화들에 대해 바른 이해를 하고자 우리가 물어야 할 질문은, "지옥에 관하여 복음주의의 생각에 어떠한 변화가 생겼나?"라는 질문이다.

이 질문에 대한 대답은, "복음주의자들의 하나님에 대한 생각에 변화가 생겼다."는 것이다. 성경에 기록된 하나님은 사람들을 너무도 구속하고 사람들의 감각에 역행하는 하나님이기에 사람들로부터 거부를 당하게 되었다. 이러한 상황이 도래하자, 여러 복음주의자들이 하나님의 사랑을 재조명하였다. 그 결과 거룩한 하나님, 죄를 미워하시는 하나님은 멀리하게 되었고, 하나님의 주권은 인간의 자주성을 해치지 않는 범위에서만 인정되게 되었다. 심지어 최근 몇 년 동안에는 하나님께서는 아시는 것만 아시지, 인간이 어떤 선택을 할지에 대해서 하나님이라고 할지라도 절대로 미리 알 수는 없다는 이론이 나올 정도로까지 하나님의 실체와 능력이 평가절하되었다.

복음주의적 수정론자(evangelical revisionist)들은 하나님께서는 두려움을 주시는, 위협하시는 하나님이 절대로 될 수 없다고 생각하여, 회개하지 않는 죄인이라도 영원히 불타는 하나님의 위협과 두려움이 가득한 불구덩이 지옥으로는 절대로 보내시지 않는다며, 자기 나름대로의 하나님을 재창조하였다. 이들은 이런 잘못된 일을 행하면서도 그것을 깨닫지 못하고, 자신들이 전통적인 교리에 묶여 있던 하나님을 전통 교리라는 감옥에서부터 구해내고 있다고 자처하였다. 이들 복음주의적 수정론자들은 하나님께서는 아무리 악한 죄인일 지라도 죄인들을 영원한 고통과 아픔이 있는 곳으로 보내도록 심판하시는 냉혹한 하나님은 절대로 될 수 없다고 주장한 것이다.

신학자인 게하더스 보스(Geerhardus Vos)는 하나님의 사랑이 기독교의 근본 진리이긴 하지만 하나님의 사랑을 지나치게 강조한 나머지 하나님에 관한 중요한 다른 속성들을 간과해서는 안 된다고 지적하면서, "진리의 한쪽 측면만을 너무 강조하게 되면, 신학은 균형을 잃고 휘청거리게 된다."[89]고 하였다. 그의 말은 옳다. 이에 덧붙여, 하나님의 사랑을 지나치게 강조하는 경우에는 더욱 심한 불균형을 초래하여, 그 결과 기독교가 더욱 더 휘청거리게 된다. 그 이유는 하나님의 사랑의 측면을 지나치게 강조하게 되면, 비성경적이고도 감상적인 결론에 도달하게 되어, 하나님께서는 죄를 싫어하시는 분이라는 진리를 무시하게 되기 때문이다.

---

89) Geerhardus Vos, "The Scriptural Doctrine of the Love of God," in Redemptive History and Biblical Interpretation: The Shorter Writings of Geerhardus Vos, 엮은이 Richard B. Gaffin(Grand Rapids: Baker, 1980 [1902]), 426.

이 시점에서 수정론자들이 사용한 다음과 같은 표현들을 주목하여야 할 필요가 있다. 그들은 전통적 교리에서 주장하는 인간을 지옥에 보내시는 하나님께서는 '보복하시고', '악랄하시고', '하나님이라고 하기보다는 차라리 마귀라고 해야 할' 하나님이라고 하였다. 클락 피녹은 하나님에 관한 교리를 현대인의 입맛에 맞게 재구성하였던 자로서, "내가 믿기론, 하나님에 대한 우리의 시각이 변화되지 않는다면, 점차 하나님은 사람들에게서 인기를 잃어가게 될 것이다."[90]라고 하였을 뿐 아니라, "오늘날의 사람들은 영원불변하시고 폐쇄적인 전통적인 교리에 나오는 하나님을 믿기보다는 개인적이고 역동성이 넘치는 하나님을 받아들이길 소원하고 있다."[91] 라고도 하였다.

사람들에게 어필할 수 있는 하나님은 조나단 에드워즈나 찰스 스펄전이 외쳤던 인간에게 가혹한 벌을 내리는 하나님이 아니라, 인간을 영원한 형벌의 장소로 보내지 않는 맘 좋은 하나님이어야 한다는 것이다. 그렇다면 이러한 상황에서 하나님을 올바로 믿고자 하는 우리는 어떻게 해야 하는가? 하나님에 대한 전통의 교리를 고수해야 하는가 아니면 현대의 사람들의 입맛에 맞게 복음주의 신학을 바꾸어야 하는가? 이미 언급한 바와 같이 현대인들은 하나님께서 박애주의자이기를 심히 바라고 있고, 자신들이 믿는 하나님께서는 인간이 제시한 의와 사랑을 수정하지 않고 그대로 갖고 있는 하나님으로 국한되기를 원하고 있다. 오늘날의 상황은 현대인들이 하나님 비평에 대해 올바로 변호할 분은 하나님 자신일 수밖에 없는 상황이 되어버리고 만 것이다.

두 번째로 언급해야 하는 것은, 하나님의 정의에 대한 관점의 변화에 관한 것이다. 현대 사회가 도래하기 훨씬 이전에서부터 하나님은 정의로운 분이고 불의에 대해 보복하시는 하나님이라는 생각이 존재해 왔다.

---

90) Clark H. Pinnock, "Systematic Theology," in The Openness of God: A Biblical Challenge to the Traditional Understanding of God, 엮은이 Clark H. Pinnock et al.(Downers Grove, Ill.: InterVarsity Press, 1994), 101.

91) 위와 동일 자료, 107.

따라서 하나님의 정의에 관한 개념에서 하나님의 징벌의 개념을 배제시킬 수는 없다. 그럼에도 서구 사회의 현대인들은 보복하는 경향이 있는 하나님은 받아들이길 원하지 않는다. 그 결과 그들은 지옥의 교리에 수정을 가하지 않으면 안 되게 된 것이다.

존 스투어트 밀(John Stuart Mill)이나 제레미 벤탐(Joeremy Bentham)과 같은 실용주의 철학자들은 징벌은 정의에 포함되어서는 안 된다고 생각하였다. 그렇게 함으로써, 이들은 도덕에 관한 절대적 기준을 무너뜨려 버렸다. 이들은 올바른 정의란 징벌이 아니라 화해라고 주장하였다. 그 결과 범죄자를 악인으로나 벌을 받아야 할 자로 규정짓는 경향은 약화되는 대신에, 교정을 받아야 할 필요가 있는 자로 보게 되었다. 죄인들이 최종적으로 도달해야 할 점은 회복이요, 교정이라는 것이다. 이들의 주장에 따른다면, 감옥은 벌 받는 장소가 아니라 회개의 장소가 되어야 한다. C. S. 루이스(C. S. Lewis)는 이러한 이들의 견해는 정의를 파괴할 뿐이라며, 이들의 주장에 대해 강력하게 반박하였다. 이제 이와 관련된 C. S. 루이스의 말을 직접 들어보자.

> 우리가 만일 정의에는 관심이 없고 치료에만 관심이 있다면 우리는 잘못하고 있는 것입니다. 만일 우리가 범죄자를 대할 때 그 범죄자가 마땅히 받아야 할 벌에 대한 것에는 전혀 관심이 없고, 단지 어떻게 하면 그 범죄자를 고쳐볼까 하는 것에만 관심이 있다면, 그 범죄자에게 정의를 결코 심어줄 수가 없게 됩니다. 그렇게 하는 것은 범죄자를 하나의 인격체로 보지 않고 병든 환자로 보는 처사에 불과합니다.[92]

점차적으로 형법에 변화가 왔다. 공개처형제도가 없어지고 사람들은 범죄자들을 박애주의의 입장에서 바라보게 되었다. 독일의 범죄학자 피터 슈피렌버그(Pieter Spierenburg)는 이런 현상에 대해, '인간으로 인간을 정

---

92) C. S. Lewis, "The Humanitarian Theory of Punishment," in God I the Dock: Essays on Theology and Ethics, 엮은이 Walter Hooper(Grand Rapids: Eerdmans, 1970), 288.

의 하는 사조'라고 평가하였다.[93] 이러한 사조는 범죄자를 측은히 여기는 사조이다. 그 결과 사람들은 범죄자를 정죄하기보다는 동정하는 위치에 자신을 놓게 되었고, 범죄자에게 은혜를 베푸는 횟수가 증가하게 되었다. 다음에 기록된 한 19세기의 영국인이 어떤 사람에게 보낸 편지를 보면, 이러한 범죄에 대한 사람들의 생각의 변화가 감지된다.

> 징벌이 없는 정의가 오늘날 사회적으로나 정치적으로 볼 때, 너무도 많은 계층의 사람들에게 광범위하게 퍼져 있습니다. 그래서 하나님을 악인을 벌하시는 주권적인 하나님이라고 가르치는 사람들조차도, 교정 없는 징벌이 하나님의 정의라고 가르치는 것은 이교도적인 발상법이라고 생각하고 있을 정도입니다.[94]

정의와 범죄 방지에 대한 실용주의 노선을 지지하는 이와 같은 입장은 당시 사람들의 문화와 시대사조와 잘 융합하였다. 미국의 헌법은 '비정상적이고 잔혹한 처벌'을 금지하였고, 미국의 법정은 처벌 방식을 제한할 수 있는 권한을 갖게 되었다. 때론 사형제도가 인정되기도 하였고 때론 거부되기도 하였다. 지금에 와서 이러한 처벌 방식은 미국 국민의 여론을 반영하며 결정되고 있다.

현대인들에 의해 법적 조치와 법과 관련된 문화에 변화가 도래하였다. 죄인에 대한 징벌은 점점 사라지고, 그 대신 죄인을 사회 복귀시키기 위해 죄인들을 재활훈련하여야 한다는 개념은 강화되었다. 일부 신학자들은 자신들의 지옥에 관한 신학에 정의에 관한 이와 같은 새로운 이론들을 첨가하였다. 로마 가톨릭은 연옥을 갱생원 정도로 이해하였고, 일부 복음주의자들은 지옥을 영원한 곳으로 보지 않고 단지 유한적인 장소로 이해함으

---

93) Pieter Spierenburg, The Spectacle of Suffering: Executions and the Evolution of Repression(Cambridge: Cambridge Univ. Press, 1984), cited in Kendall S. Harmon, "Finally Excluded From God? Some Twentieth-Century Theological Exploratons of the Problem of Hell and Universalism with Reference to the Historical Development of These Doctrines"(D.Phil. Thesis, Oxford University, 1993), 110.
94) 위와 자료에 인용된 1849년 11월 16일자로 Fenton J. A. Hort가 F. D. Maurice에게 보낸 편지

로 시대사조에 합류하였다.

일부의 신학자들은 유한한 죄에 대해 무한한 형벌을 가한다는 것은 정의롭지 못한 처벌이라고 항변하였다. 같은 의미이기도 하지만, 이들은 또한 의미를 조금 달리하여, 영원한 형벌은 한정적인 죄에 어울리지 않는다고 주장하였다. 그러나 이들의 주장과는 반대로, 전통적인 지옥 교리를 고수하는 사람들은 무한하신 하나님에 대해 저항하는 죄는 무한한 형벌이 가해져야 옳다고 주장하였다. 그러기에 이들은, 믿음으로 그리스도를 영접하지 않는 죄(이것은 무한하신 하나님에게 거역한 죄임)를 진 죄인은 영원한 지옥으로 보내져야 옳다고 주장하였다.

거대 문화 사회에서 일어난 세 번째의 변화는 사람들의 세계관의 변화 (즉 인본주의적 심리학의 태동; 역자 주)이다. 잘못 행동한 것에 대한 본인의 책임을 부인하거나 감소시키려고 하는 인본주의적 입장에서 본 심리학이 발달한 결과, 인간 행동에 대한 시각이 재조정되었다. 인간이 죄를 범하는 이유는 인간 자신이 나빠서라기보다는 외부적인 여건들, 생물학적인 요인들, 행동 결정 요인들 및 유전적인 요소 및 무의식의 요인들에 의해 결정된다는 것이다. 그러나 이에 대해 필자는 이러한 여러 외적 요인들에 대해서만 관심을 갖게 되면 죄인들에 대한 문제의 핵심을 놓치게 된다고 말하고 싶다.

이와 아울러 인간의 자주성이 강조되었고, 인간의 범죄와 잘못은 인간이 성장하는 동안 당연히 거쳐야 하는 과정쯤으로 인식하게 되었다. 수치심과 죄책감을 공적인 모임에서 언급하는 것이 자제되는 분위기가 형성되었다. 이와 같은 시대적 문화적 상황에서 지옥, 하나님의 심판, 영원한 지옥 고통 등에 대해 화두를 꺼내는 것은 정말로 어려운 일이 되게 되었다.

네 번째로 일어난 변화는 구원관의 변화이다. 과거 수백 년 동안 서구 사회에서는 대부분 남녀가 눈을 떠서 잠들 때까지 지옥을 의식적으로 인식하였기에, 지옥에 가는 것을 무척이나 두려워하며 생활할 수 있었다. 그러나 죄가 하나님의 영광에 대한 모독으로 여겨지는 것에서부터 점차 자존심의 결핍증쯤으로 여기는 경향이 점점 강하게 되자, 구원을 단지 내적 외적인 억압으로부터의 자유쯤으로만 여겨지게 되었다. 그리고 복음은 영원한 지옥으로 가는 것으로부터 건짐 받는 것이, 단지 나쁜 습관으로부터 자유함 받는 것쯤으로 그 의미가 축소되어 이해되어졌다.

　복음주의자들이 살아있을 동안에 그리스도를 믿어야만 구원을 받게 되고 오직 믿음으로 인해서만 의롭게 되는 것이라고 강력하게 주장하자, 신정론에 관한 것들이 이슈로 등장하게 되었다. 현대인의 지각으로 보면 이러한 복음주의적인 주장은 불공평하고 차별적인 주장에 불과해 보였다. 그래서 어떤 복음주의 신학자들은 기존 자신들의 구원론에 수정을 가하지 않으면 안 되게 되었다. 그 결과 지옥은 텅 빈 곳이 되거나 지옥의 무서움이 축소되었다. 이러한 양상에 대해 어떤 가톨릭 사람이 지옥에 에어컨이 설치되게 되었다고 꼬집어 이야기하였다.

　지금까지 설명된 이러한 여러 변화는 전체적인 변화들의 단지 부분에 불과하다. 지옥에 대한 기존 신학에 대한 가장 큰 도전은 신정설이었다. 현대인들에게 과거의 지옥 교리는 너무도 악랄하고 은혜적 여유성이 전혀 없는 어리석은 교리처럼 여겨졌다. 과거 기독교 역사에 있어서 확고하게 받아들여졌던 지옥 교리에 대해 현대인들은 더 이상 달가워하지 않았다. 그리고 일부의 복음주의자들에게 기존 지옥 교리는 너무도 무거워질 수 없는 짐에 불과하였다.

　우리는 이 시점에서 지옥을 부드럽게 만들려는 시도가 단지 역사 형성에 관여한 일부 사람들에게 국한되지만은 않았다는 사실을 주시하여야 한다. 현재 기존의 지옥에 대한 전통적인 입장을 지지하는 신학 논문들은 거의 발표되지 않고 있고, 지옥 설교는 교회에서 자취를 거의 감추어버렸다. 이렇게 된 주요 요인은 시대사조의 변화였다.

　키몬 호우렌드 사전트(Kimon Holland Sargeant)는 '구도자에게 민감한 교회에 관한 연구'를 통해, "오늘날은 다원주의의 만연으로 인해, 지옥과 같이 사람들이 싫어하는 것들은 교회가 건드리지 않고, 그리스도 안에서 행복해지라는 설교 곧 사람들이 좋아하는 설교들을 주로 많이 하고 있다."[95]고 날카롭게 지적하였다. 지옥에 관한 교리의 사라짐에 대한 이유는 그렇게 간단하지가 않다. 그러나 주요 요인은 문화적 시대사조의 변화인 것만은 확실하다.

지옥에 대한 기존 교리를 재구성하거나 버림으로 인한 피해는 그야말로 지대하다 아니할 수 없다. 즉 조직신학 전체가 이로 인하여 수정되지 않으면 안 되게 되었다. 현재 이러한 엄청난 피해에 대해 지옥을 부드럽게 만든 사람들은 발뺌하고 있는 형국이다. 근본적으로 이들로 인해 지금 하나님과 복음이 위태로운 지경까지 처하게 된 것이다. 이 일을 어찌하여야 하는가?

지옥에서 영원한 형벌을 제거하려는 유혹이 있다는 사실만은 이해가 간다. 그러나 이러한 유혹이 복음주의 전체로 퍼지는 것은 극히 경계해야 한다. 이것은 절대로 간단히 보아 넘길 문제가 아니다. 이러한 현상에 대해 어떤 사람은, "아무리 좋은 의도로 지옥에 에어컨을 설치해놓았다고 하더라도, 마땅히 지옥에 있어야 할 사람들을 지옥에서 쫓아내고, 지옥을 텅 빈 곳으로 만든다면 지옥에 설치한 에어컨이 무슨 소용이 있단 말입니까?"[96] 라고 일침을 놓는 말을 하였다.

복음주의자들은 이제 신학적 및 성경적으로 바른 자세와 관점으로 지옥을 볼 수 있어야 한다. 인간이 아무리 지옥을 부정한다고 해도 하나님께서 만든 지옥은 절대로 사라지지 않을 것이다.

---

95) Kimon Howland Sargeant, Seeker Churches: Promoting Traditional Religion in a Nontraditional Way(New Brunswick, N.J.: Rutgers Univ. Press, 2000), 198.
96) "Hell Air-Conditioned," New Oxford Review 58(June 1998): 4.

제 2 장

구약에 나타난 지옥

다니엘 I. 블록
(Daniel I. Block)

구약 성경은 지옥에 대해 어떻게 말하고 있는가? 간단히 대답해서, 구약 성경은 지옥에 대해 거의 언급하지 않고 있다. 물론 구약 성경의 70인 역본(Septuagint)에는 하데스(hades, 저승, 지옥)를 지칭하는 '스올(Seol)'[1] 이라는 단어가 나온다. 그러나 스올은 신약 성경에서 언급된 지옥 즉 게헨나(Gehenna)와는 그 의미가 많이 다르다. 신약 성경에 기록된 지옥에 관한 뜻을 바로 이해하려면, 구약 성경에서는 사후 심판에 대해 어떻게 말하고 있고, 구약 시대에 살았던 고대 이스라엘 사람들은 사후 문제에 대해 어떤 생각들을 갖고 있었는지를 바로 이해하고 있어야 한다. 이런 이유에서, 이 에세이는 아래의 네 가지 질문에 대해 바른 대답을 제시할 것이다. 그 결과 구약 성경에 나타난 사후 세계(netherworld, 신약의 지옥과 대비되는 표현으로 저승 또는 사후 세계라고 번역할 수 있음; 역자 주)에 관한 올바른 이해가 가능해질 것이다.

1. 구약 성경은 죽은 사람이 머무는 곳에 대해 어떻게 기록하고 있는가?
2. 사후 세계(저승, netherworld)에는 누가 가는가?
3. 어떤 조건이 만족하여야 저승에 갈 수 있는가?
4. 지옥을 영원한 형벌의 장소로 이해하고 있는 그리스도인들에 대해 구약은 어떠한 증거들을 제시하고 있는가?

---

1) 칠십인 역본에서는 이 단어가 유일하게 잠 23:14에서만 thamatos("죽음")이란 단어와 같이 사용되었다.

사후 세계에 관한 구약 성경의 표현들

고대 시대의 사람들이 죽음과 죽은 후의 존재에 대해 얼마나 관심을 갖고 있는지는 그들이 죽은 후에 가는 장소와 관련된 표현들의 의미와 다양성을 조사해보면 쉽게 알 수 있다. 또한, 고대 시대 장례 예식에서 사용된 사후 존재에 대한 표현들을 조사해보는 방법도 있다. 어떤 방법으로 조사 하건, 사후 세계에 대한 표현이 무덤을 표현하는 말인지 아니면 죽은 사람이 거하는 장소를 표현하는 말인지를 구별하는 것 또한 중요하다. 이제 사후 세계에 관한 구약 성경의 표현들에 대해 알아보자.

무덤(퀘베르, qeber)

망자가 머무르는 곳을 단순히 퀘베르(무덤, qeber)라고 불렀다. 창세기 23장에서, 아브라함이 죽은 자기의 아내 사라에게 묻힐 장소를 제공해 주길 원하여, 그가 하였던 말에 퀘베르라는 단어가 사용되었다. 즉 아브라함은 "내게 매장지를 주어… 나로 내 죽은 자를 장사하게 하시오" (창 23:4) 라고 말하였다. 여기서 매장지가 바로 퀘베르이다. 여기서 퀘베르는 구체적으로 막벨라 굴을 지칭한다. 고대 이스라엘에서는 부자가 죽으면 석회 암으로 된 바위에 굴을 파서 그곳에 시체를 안치하였다. 그리고 그 굴은 대부분 가족들이 묻히는 가족묘였다. 따라서 퀘베르라는 말은 죽음을 뜻하는 완곡한 표현으로, 죽은 가족들이 '한 무덤에 같이 묻힌다(왕하 22:20; 대하 34:28)' 라는 표현, '조상에게 합쳐진다(삿 2:10)' 라는 표현과, '백성에게 합쳐진다' [2]라는 표현 등에 사용되었고, '조상들의 무덤' [3]으로 표현될 때에도 사용되었다. 부자는 굴에 안치하였지만, 가난한 사람은 맨 땅에 구덩이를 파서 시체를 묻었다(왕하 23:6; 렘 26:23).

---

2) 창 25:8; 25:17; 35:29; 49:29, 3; 민 27:13; 31:2; 신 32:50.
3) 삼하 2:32; 17:23; 19:38; 왕상 13:22; 느 2:3-5; 대하 35:24; 참고. 삿 8:32; 16:31; 삼하 21:14.

구덩이(보르, bor)

평지나 석회암에 빗물을 저장하려고 사람이 인위적으로 판 구멍을 보르라고 한다.[4] 그러나 보르가 때론 죽은 사람이 거하는 곳[5]으로 표현되기도 한다. 특별히 보르(성경에서는 무덤으로 해석되어져 있다; 역자 주)는 스올과 대비될 때 사용되었다(시 30:3-4; 잠 1:12; 사 14:15; 38:18; 겔 31:16). 또한 샤하트(함정; 시 7:15-16; 사 38:17-18)와 대비될 때 사용되기도 하였다.

함정 또는 구덩이(샤하트, sahat)

샤하트는 에스겔 19장 4절과 8절에서 나오는 단어로 사람이나 동물을 포획하려고 설치한 웅덩이라는 뜻이다.[6] 그러나 대부분은 죽은 사람이 머무르는 곳이란 뜻으로, 사람이 죽었다는 표현을 '구덩이로 내려가다'[7]라고 표현하거나, '구덩이로 가까이 가다(욥 33:22)', '구덩이에 떨어져 죽다(사 51:4)' 라는 식으로 표현할 때, 그리고 '구덩이를 통과하다(욥 33:28)', '구덩이를 보다/경험하다(시 16:10; 49:9-10)' 라고 표현할 때 사용된 단어였다.

땅 또는 저 세상(에레츠, eres)

대개 에레츠는 하늘(천국)과 대비되는 곳 즉 땅을 표현하는 말로 사용되었다(창 1:1; 겔 8:3을 보라). 구약의 여러 곳에서는 에레츠가 '저 세상

---

4) 마른 우물은 썩기 쉬운 음식물의 저장 장소로 사용되었고 심지어는 범죄자들의 은신처로 사용되었으며(출 12:19; 참고: 창 37:24; 렘 37:16), 위험으로부터 보호하기 위한 곳으로 이용되었다(렘 38:6). 관련이 있는 단어 ber("well"; 예: 창 21:19, 25)와 비교하라.

5) 시 28:1; 30:3-4; 4:2-3; 88:4-5; 143

6) 참고: N. J. Tromp, Primitive Conceptions of Death and the Nether World in the Old Testament(BibOr 21; Rome: Pontifical Biblical Institute, 1969), 69-71; M. H. Pope, "The Word sahat in Job 9:31," JBL 5(1964): 269-78; 같은 저자, "A Little Soul-Searching," Maarav 1(1978): 25-31. 참고: M. Held, "Pits and Pitfalls in Akkadian and Biblical Hebrew," JANES 5(1973): 173-90.

7) 욥 33:24; 시 30:10; 55:24; 겔 28:8.

(netherworld)'이라는 의미로 사용되었다.[8] 이런 의미는 '깊음의 곳(에레 츠 타티욧, eres tahtiyyot; 겔 32:18, 24; 비교 26:20)' 또는 주로 에스겔서 에서 '낮은 세계(에레츠 타티트, eres tahtit; 비교 겔 31:14, 16, 18)'라고 표현할 때 사용되었고, 또한 '깊음의 땅(에레츠 타티요트, eres tahtiyyot)'이라고 표현할 때 사용되었다.[9] 이에 비해 '산자가 거하는 곳'을 에레츠 하하임(eres hahayyim)이라고 하였다.[10]

스올(Sheol, Seol)

스올[11]은 분명히 히브리어지만 그 어원은 분명하지 않다. 죽은 자의 영혼과 만나 대화하는 강신술과 관련된 단어[12]로 추정되는 '질문하다'라는 뜻을 가진 사알(saal)이라는 단어에서 스올이라는 단어가 파생된 것으로 짐작된다. 어떤 사람들은 스올을 무덤으로 번역하기도 하고, 다른 사람들은 스올을 죽은 사람이 거하는 곳 '저 세상' 등으로 번역하기도 한다. 구약 성경에서 망자는 '스올의 문(사 38:10)'을 거치거나, '죽음의 문(욥 38:17; 시 9:14; 107:18)'을 거쳐 스올 안으로 들어가는 것으로 표현되었다.

죽음, 죽음의 곳(마웨트/못, mawet/ mot)

마웨트 또는 못은 대부분, 죽음을 장악하고 있는 어떤 힘이나 죽음을 경험하는 것들과 관련되어, 시적인 표현이나 신비한 표현을 구사할 때

---

8) 사 26:19; 시 22:30; 욘 2:6. 우가리트어인 rs와 비교하고 아카디아어의 동일 어원을 가진 단어 ersetu와도 비교하라.
9) 사 44:23; 시 63:9; 139:15; 참고: bor tahtit, 시 88:6; 애 3:55.
10) 시. 27:13; 52:7; 116:9; 142:6; 욥 28:13; 사 38:1; 렘 11:19; 겔 26:20; 32:23, 24, 25, 26, 27, 32. 저 세상과 관련된 이와 같은 단어들에 대하여서는 다음을 보라. L. J. Stadelmann, The Hebrew Conception of the World: A Philological and Literary Study(AnBib 39; Rome: Pontifical Biblical Institute, 1970), 167.
11) 이 단어는 구약 성경에서 66번 나온다(사 7:11 포함). 다음의 자료를 참고하라. A. Even-Shoshan, A New Concordance of the Bible(Jerusalem: Kiryat Sepher, 1981), 1098.
12) 참고: 신 18:11; 삼상 28:6; 대상 10:13. 이러한 표현에 대한 어원학적인 중요성에 관하여서는 다음을 보라. T. L. Lewis, "Dead, Abode of the," ABD, 2:101-5.

쓰였던 단어이다. 우가리트(Ugaritic text)에서는 대부분 못으로 표현되었다.[13] 어떤 경우에는 마웨트/못은 죽음의 곳으로 표현되었다.[14]

음부(abaddon, 아바돈)

아바돈은 '멸망하다'라는 뜻을 가진 아바드(abad)라는 히브리어에서 파생되었고, '멸망' 또는 '지옥'으로 해석될 수 있는데, 구약 성경에서는 주로 '음부'로 해석되었다. 아바돈이라는 말은 '죽은 자가 거하는 곳'들을 표현하는 말 중에서 가장 부정적인 표현이라고 할 수 있다(욥 26:6; 28:22; 31:12; 시 88:12; 잠 15:11; 27:20). 욥기 28장 22절에서는 아바돈을 의인화하여 표현되었고, 이 의인화된 표현으로부터 인간을 심연의 나락으로 떨어지게 하는 천사(이 천사를 칠십인 역본에서는 '아폴레이아'로 표현하였음)를 표현하는 아폴론(Apollyon)이란 단어가 유래하였다. 아폴론은 요한계시록 9장 11절에도 나온다(개역 성경에는 '무저갱의 사자'라고 표현되어 있다; 역자 주).

'저 세상'에 있는 자들

구약 성경에는 죽어서 저 세상(netherworld, 음부)으로 간 사람들을 지칭하는 표현들이 몇 가지 있는데, 가장 많이 사용된 단어는 하메팀(hammetim 망자)[15]이다. 하메팀이라는 표현 외에 이스라엘 사람들은 가나안 족속들과 함께, 스올로 내려간 망자에 대해 르파임(rpaim)이라는 표현을 썼다. 르파임은 '그늘진 곳에 있는 자'라는 뜻을 가지고 있다. 르파임은 어원학 상으로 보면 '치료하다'는 동사, 라파(rapa)에서 나왔다. 그러나

---

13) 욥 18:13-14; 28:22; 시 49:15; 아 8:6; 사 28:15, 18; 호 13:14; 합; 다음을 참고하라. 사 5:14; 14:17; 잠 1:12; 27:20; 30:15-16.

14) 욥 38:17; 시 6:5[6]; 9:14; 107:18; 잠 7:27.

15) 신 18:11; 시 88:5; 10[6, 11]; 106:28; 115:17; 143:3; 전 4:2; 9:3, 5; 사. 8:19; 26:14, 19; 59:10; 애 3:6; 겔 24:17. 산 자가 죽은 자들의 의견을 묻는 것과 관련하여서는 신 18:11 및 사 8:19를 참고하라.

동사 라파와 명사 르파임 사이에 어떤 상관관계가 있는지에 대해서는 알려진 바가 없다. 르파임이라는 명사는 구약 성경에서 75번 쓰였다. 이 단어의 대부분은 역사서에서 관찰되었는데, 특히 고대 팔레스타인 지역에 거주하는 무섭고 장대한 블레셋 사람들을 지칭하는 명사로 사용되었다.[16]

우가리트 언어에서는 히브리어 르파임과 상응하는 명사로 르품(rpum)이라는 명사가 사용되었는데, 르품이라는 단어는 특별히 신격화되었던 왕과 같은 인물이 죽은 자가 되었을 때, 그 죽은 자를 지칭하는 말이었다.[17] 히브리어 르파임도 구약 성경의 몇 곳에서 왕족의 죽음과 관련되어 사용됐다. 특히, 이사야서 14장 9절에 '세상에서의 모든 영웅'을 '음부'가 영접한다는 표현이 나오는데, '이 세상의 모든 영웅을 음부가 영접한다'가 영어 성경에는 '바벨론의 왕들을 스올로 영접한다'라고 표현하고 있다. 여기서 나오는 '세상의 모든 영웅들(콜 말케 고임, kol malke goyim)'은 '세상의 영웅들(콜 아투드 아레스, kol-attude ares)'이라는 표현과 대비를 이루고 있는데, 이러한 표현들이 바로 르파임과도 또한 대비되어 다음과 같이 표현에 사용되었다.

아래에 있는 스올은
당신을 영접하기 위해 만반의 준비를 하고 있다.

---

16) 창 14:5; 15:20; 신 2:11, 20a, 20b; 3:11, 13; 수 12:4; 13:12; 17:15; 대상 20:4(참고: 6절, 8절에서는 단수 rapa). 예루살렘의 남서쪽에 있는 르파임(Rephaim) 골짜기와 관련이 있고, 힌놈 골짜기와 관련이 있는 구절들로는 다음을 보라. 수 15:8; 18:16; 삼하 5:18, 22; 23:13; 대상 11:15; 14:9; 사 17:5. 르파임은 때론 Anakites, Emites, Zamzummites와 같은 두려움을 주는 민족들과 관련이 있다.

17) (신격화되었던?) 저 세상의 거주자들이라는 단어 rpum은 때론 mlkm("왕들") 그리고 심지어는 ilnym("신적인 존재들")이란 의미를 내포하기도 한다. mlkm과 연관되어서는 다음을 보라. B. Levine and J. M. Tarragon, "Dead Kings and Rephaim: The Patrons of the Ugaritic Dynasty," JOAS 104(1984): 649-59; J. F. Healey, "MLKM/RP'UM and the Kispum," UF 10(1978): 89-91. ilnym과 연관되어서는 다음을 보라. H. Rouillard, "Rephaim," in K. van der Toorn, B. Becking, and P. W. van der Horst, eds., Dictionary of Deities and Demons in the Bible(Leiden; New York: Brill, 1995), 692-95. repaim 이란 단어에 대한 고전적인 해석은 "the shades(그림자적인 존재들)"인데, 이러한 해석은 우가리트 문학서들에게서 발견되며, 서거한 왕의 죽음을 애도하는 장례 예식에서는 rpum을 zlm("shadows, 그림자들")이라고 불렀다. 이와 관련하여서는 KTU 1.161.를 보라. 이와 관련된 논쟁이 어떠하였는지를 알려면 다음을 보라. M. Dietrich and O. Loretz, "Neue Studien zu den Ritualtexten aus Ugarit(II) - Nr. 6 - Epigraphische und inhaltliche Probleme in KTU 1.161," UF 15(1983): 17-24.

이 세상의 영웅들을 영접하기 위해
그림자(르파임)를 드리우고 있다.
만국의 왕 모두를 그들의 보좌에서 떠나가게 하고 있다.[18]

여기서 르파임 공동체는 죽은 모든 귀족들을 환영한다. 죽은 귀족들이 무덤에 있건 아니면, 마고트의 침대에 누워 있건 별 관계가 없다. 분명하진 않지만, 이러한 르파임은 이사야 26장 13-14절의 다음과 같은 표현에도 동일하게 사용되었다.

여호와 우리 하나님이시여
주 외에 다른 주들이 우리를 관할하였사오나,[19]

우리가 주만 의뢰하고
주의 이름을 부르리이다.
그들은 죽었은즉(그림자가 되었은즉, 르파임) 다시 살지 못하겠고
사망하였은즉 일어나지 못할 것이니,
이는 주께서 벌하여 멸하사
그 모든 기억을 멸절하셨음이니이다.

위와 같은 이사야서의 묵시적인 표현들에서는 왕족 망자 '르파임'과 일반 '죽은 자(메팀, metim)'의 구별을 철저히 하고 있다. 메팀은 이사야와 같은 시대에 살았다가 죽은 동족 이스라엘인들을 지칭하고 있는 것 같다. 그리고 이 죽은 자들은 에스겔서 37장 1-14절의 에스겔이 본 환상에서 이스라엘이 다시 세워질 때 모두 부활하는 것으로 묘사되어있다.

구약 성경의 다른 곳에서는, 르파임이 죽어서 스올에 거하는 모든 사

---

18) 특별한 언급이 없으면 모든 성경 인용은 개역성경을 사용하였다.
19) "주 외에 다른 주들"(adonim zulateka)을 이스라엘 백성을 장악하고 있었고(ba al), 그 백성이 섬겼던 바알들(Baals)로 해석하기도 하는 사람들이 있긴 하지만(Rouillard, "Rephaim," 696), 여기서는 이방의 군주들로 해석하는 것이 더 합리적인 해석이다. 이와 관련하여서는 다음을 보라. J. N. Oswalt, The Book of Isaiah Chaters 1-39(NICOT; Grand Rapids: Eerdmans, 1986), 481.

람들을 지칭하는 뜻으로 쓰였다. 이러한 양상은 시편 88편에서 더욱 확실히 관찰되었다. 시편 88편에서 시편 기자는 여호와께 임박한 죽음에서 자신을 건져달라며 호소하였다. 시편 기자는 여기에서 살아있는 자만이 하나님의 구원과 신실한 계약을 송축할 수 있으니, 자신을 죽음에서 구해달라고 다음과 같이 호소하였다.

> 1절_ 여호와 내 구원의 하나님이여
>   내가 주야로 주의 앞에 부르짖었사오니,
> 2절_ 나의 기도로 주의 앞에 달하게 하시며
>   주의 귀를 나의 부르짖음에 기울이소서.
> 3절_ 대저 나의 영혼에 곤란이 가득하며
>   나의 생명은 음부에 가까웠사오니,
> 4절_ 나는 무덤에 내려가는 자와 함께 인정되고
>   힘이 없는 사람과 같으며,
> 5절_ 사망자(메팀) 중에 던지운 바 되었으며
>   살륙을 당하여 무덤에 누운 자 같으니이다.
>   주께서 저희를 다시 기억지 아니하시니
>   저희는 주의 손에서 끊어진 자니이다.
> 6절_ 주께서 나를 깊은 웅덩이 어두운 곳
>   음침한 데 두셨사오며,
> 7절_ 주의 노가 나를 심히 누르시고
>   주의 모든 파도로 나를 괴롭게 하셨나이다(셀라).
> 8절_ 주께서 나의 아는 자로
>   내게서 멀리 떠나게 하시고,
>   나로 저희에게 가증되게 하셨사오니
>   나는 갇혀서 나갈 수 없게 되었나이다.
> 9절_ 곤란으로 인하여
>   내 눈이 쇠하였나이다.
>   여호와여 내가 매일 주께 부르며

주를 향하여 나의 두 손을 들었나이다.
10절 주께서 사망한 자(메팀)에게
기사를 보이시겠나이까?
유혼(르파임)이 일어나 주를 찬송하리이까?(셀라)
11절 주의 인자하심을 무덤에서,
주의 성실하심을 멸망 중에서 선포할 수 있으리이까?
12절 흑암 중에서 주의 기사와 잊음의 땅에서
주의 의를 알 수 있으리이까?(시 88:1-12, 개역 성경)

잠언의 세 곳에서도 르파임은 망자를 표현하고 있다.

그 집은 사망으로,
그 길은 음부(세상을 뜬 자, 르파임)로 기울어졌나니,
누구든지 그에게로 가는 자는 돌아오지 못하며
또 생명 길을 얻지 못하느니라(잠 2:18-19, 개역 성경).

오직 그 어리석은 자는 죽은 자(르파임)가 그의 곳에 있는 것과
그의 객들이 음부 깊은 곳에 있는 것을 알지 못하느니라(잠 9:18, 개역 성경)

위의 구절들은 '사악한 여성의 집으로 들어가는 사람은 죽음을 맞이하는 것과 같다' 는 것 즉 '그녀의 문 안으로 들어감으로 저 세상으로 들어가게 된다' 는 사실을 경고하고 있다. 이러한 구절은 창녀와 같은 음란한 계집에게 속지 말 것을 청년들에게 경고하고 있는 구절이다. 잠언 21장 6절의 다음과 같은 표현은 이러한 경고를 적절하게 표현하고 있다.

명철의 길을 떠난 사람은 사망의 회중에 거하리라(잠 21:16, 개역 성경)

위의 표현에서 죽은 사람들은 '사망의 회중(비크할 레파임, qhal rpaim)' 에 거하게 된다는 표현은 주목할 만하다.[20]

이러한 표현들은 고대 이스라엘인들이 '저 세상'에 어떤 존재들이 있는지를 표현하는 일반적인 표현들이다. 그러나 죽은 자와 관련된 구약 성경의 표현 중에서 에스겔서에 기록된 표현은 다른 표현들에 비해 매우 독특하다. 물론 성경이 아닌 곳에서도 이러한 에스겔의 표현 곧 요 더 보르 (yor de bor)라는 표현이 발견되긴 한다. 그러나 성경에서는 에스겔서에서만 독특하게 관찰된다. '요 더 보르'라는 뜻은 '구덩이에 내려가는 자들' 이라는 뜻이다.[21]

할레-헤레브(halle-hereb)는 숙어로 '칼에 죽임당한 사람들'이라는 말로서, 스올로 내려가는 사람들이란 의미를 갖고 있다. 할레-헤레브라는 말이 구약에서 어떤 경우에는 전쟁터에서 전사한 군인들이나[22] 폭동에 의해 죽임을 당한 희생자들을 지칭하는 말로 쓰였다. 그러나 에스겔서에서는 처형을 당한 살인자들이나 악행자들의 시체가 매장지 근처에 더미로 쌓여 있거나 땅 위에 방치된 것을 표현할 때, 할레-헤레브라는 표현이 쓰인 것으로 보아, 이러한 표현은 영광스런 죽음을 뜻하는 표현은 아님이 분명하다.[23]

에스겔서 31장 18절에는 '할례받지 않은'을 뜻하는 카렐림(carelim)이라는 단어가 사용되었다. 그리고 32장 17-32절에서는 이러한 표현이 스올에 거하는 사람들을 표현하는데 10회 이상 사용되었다. 에스겔은 '할례받지 않는 자'를 그 당시의 풍습에 맞게 사용한 은유적 표현이기에, 은유적으로 사용한 것이 분명하다. 이스라엘 사람들에게 있어서, 할례를 받았다

---

20) 죽은 자가 가는 곳 즉 저 세상이라는 주거지와 관련하여, 구약 성경에서 유독 사 19:3에서 단어 ittim이 관찰된다. ittim을 "주술사"라고도 해석할 수 있으나, NRSV의 "죽은 자의 영들"(spirits of the dead)라고 해석해야 옳다. 다음의 자료들도 NRSV의 해석 방법이 옳다고 하였다. L. Koehler, W. Baumgartner, and J. J. Satmm, The Hebrew and Aramaic Lexicon of the Old Testament(Leiden: Brill, 1994-1999), 37.
21) 겔 26:20a, 20b; 31:14, 16, 32:18, 24, 25, 29, 30. 참고: 시 28:1; 30:3[4]; 88:4[5]; 143:7; 잠 1:12. 에스겔은 어떤 곳에서는 죽은 자에 대해 "스올로 내려간다"라는 표현을 썼고(31:15, 16, 17; 32:27), 또 어떤 곳에서는 단순히 "내려간다"라고 표현하였다(32:18, 19, 21, 24, 30; 참고: 26:20; 31:18). 겔 31:16, 18에서 에스겔 선지자는 스올에 있는 자에 대해 "에덴의 모든 나무들"이라는 표현을 썼다.
22) 사 22:2; 렘 14:18; 애 4:9; 겔 35:8.
23) 겔 31:17, 18; 32:30, 31, 32. 정식 매장을 거부당하는 치욕과 시체가 파헤쳐지는 치욕에 대하여서는 신 28:25-26; 왕상 13:77; 14:10-11; 렘 16:4를 보라. 이 표현과 관련되어서는 다음을 보라. O. Eissfeldt, "Schwertschlagene bei Hesekiel," in Studies in Old Testament Prophecy(Festschrift for T. H. Robinson; ed. H. H. Rowley; New York: Schribner's, 1950), 73-81.

는 것은 자신들이 형성한 공동체의 일원으로 받아들여졌다는 것을 의미하였고(창 17), 나중에는 할례받은 것이 특권으로 인식되기까지 하였다. 따라서 '할례받지 않은' 자라는 칭호는 불명예스러운 말이요, 모욕적인 말로 인식되었다. 그들에게 있어서 할례받지 않았다는 것은 죽었을 때 가족묘지에 안장될 수 없다는 것을 뜻하였다. 에스겔서에서 '할례받지 않은 자'라는 표현은, 죽더라도 음부 중에서도 가장 사악하고 더러운 사람들이 모여 있는 곳으로 보내어지도록 조치되어진다는 것을 의미하는 말로 사용되었다.[24]

에스겔은 또한 32장 12절에서 '생존 세상에서 사람들을 두렵게 하던 자'라는 표현을 쓸 때 히티트 베레스 하임(hittit beres hyyim)이라고 하였다. 히티트(hittit)라는 단어는 에스겔서에서만 관찰되는 단어로서, 32장 17-32절에서만 무려 7번이나 쓰였다(비교 26:21). 이 단어의 어원이 되는 단어는 '공포심을 느낀다'라는 뜻이 있고, 힘센 적의 공격을 받을 때 느껴지는 억압감을 표현한다. 그러나 에스겔 32장 17-32절에서, 다른 나라들을 공격하여 그 나라 사람들에게 공포심을 주었던 이방 나라의 사람들이 결국은 죽음을 맞이하게 된다는 내용을 서술할 때 히티트라는 단어가 쓰였다.

에스겔 26장 20절에서 에스겔은 두로가 암 올람(am olam, 영구한 자)과 합쳐지게 된다고 표현하였는데, 암 올람은 메테 올람(mete olam, 오래 전에 죽은 자)과 관련을 맺는 표현이다. 메테 올람은 시편 143장 3절과 예레미야애가 3장 6절에 나오는 숙어적인 표현으로 '죽어 이 세상을 떠나 오래 전부터 흑암의 곳에 머물러 왔던 자'를 뜻한다. 그리고 올람(olam)은 '영원함(eternity)'을 뜻하는 명사, 더욱 정확히 말해서 '저 세상'을 뜻하는 명사이다. 그리고 전도서 12장 5절에서 베트 올람(bet olam)은 '영원한 집'을 뜻한다. 고로 '암 올람'이라는 말은 '영원한 집에 거하는 사람', 곧 '저 세상에 거하는 사람들'이라는 말이다.[25]

---

24) 근동지역에서 행해진 이스라엘 인들의 할례에 대한 최근의 연구를 알려면 다음을 보라. R. C. Steiner, "Incomplete Circumcision in Egypt and Edom: Jeremiah(9:24-25) in the Light of Josephus and Jonckeere," JBL 118(1999): 497-526.

에스겔 39장 11절, 14절에는 '곡의 매장지(the place of Gog's burial)' 라는 뜻이 있는 게 하 오베림(ge ha obrim)이라는 호기심을 불러일으킬 만한 표현이 사용되었다. 학자들은 이 표현을 여러 가지로 해석할 수 있는데, 가장 주된 해석은 '여행자들의 골짜기'라고 해석할 수 있다고 말하였다. 이것은 아베림(Abarim)의 다른 표현이며, 새로운 이름인 하몬곡의 골짜기 (the Valley of Hamon-gog) 곧 힌놈 골짜기(the valley of Hinnom)로 표현될 수 있다. 그러나 시체 안치소에서의 예배 의식에 관한 기록인, 우가리트 KTU 1:22 I:12-17를 증거로, 어떤 학자들은 하 오베림(ha obrim)이 '저 세상에 거주하는 사람'을 지칭한다고 주장하였다. 이들은 이 같은 시체 안치소에서의 예배 기록을 살펴보면, 브림(brim)은 mlkm이란 단어와 함께 쓰여 있는데, 이 표현은 다른 곳에서는 rpwm 또는 rpym 즉 이 세상을 하직한 왕들을 지칭할 때 쓰인 표현이기도 하다고 주장한다. 이 주장에 따르면, 하 오브림은 죽은 영웅들과 관련이 있는 말로, '시체들의 버려지는 장소로 사용된 골짜기'라는 뜻을 담는 것이 확실하다.

　　에스겔은 사망한 영웅을 표현하는데 있어서, 다음의 추가적인 표현들을 사용하였다. 32장 11절에서 에스겔은 직역하면 '강한 자들의 무리'라는 뜻으로 해석되는 엘레 기보림(ele gibborim)이라는 표현을 썼다.[26] 32장 27절에서는 이들 강한 용사들에 대해, '옛적부터 이미 엎드러진 용사들(깁보림 노페림 메아렐림, gibborim noplim meolam)'이라고 표현하였다.[27] 이와 관련하여, 창세기 6장 4절에는 '하나님의 아들들'과 사람의 딸들 사이에 태어나 살았던, 노아 홍수 이전에 살았던 사람들인 네피림에 대해 말하면서, '용사'이면서 '고대에 유명한 사람'이라는 표현이 나온다. 이 표현도 히브리어로는 기보림 노플림 메올람(gibborim noplim meolam)으로 위의 경우와 동일하게 표현되었다. 에스겔서 32장 21절에서는, 이러한 영

---

25) 아카디안(Akkadian)에서는 이와 상응한 뜻의 표현으로, subat darati 또는 subat darat("영구히 지속되는 거주지")가 있고 또한 salali kimah tap-suhti subat darati("잠자는 곳, 쉬는 무덤, 영원히 지속되는 거주지) 라는 표현들이 발견되었다.
26) 시 88:4-5에서는 동일 어근으로 "힘없는 자"라는 뜻을 지닌 geber en yal이라는 표현이 사용되었다.
27) LXX. MT에서는 "할례 받지 않은 자들로부터"라는 뜻의 me relim이라는 표현이 사용되었다.

웅적 인물들이 스올(음부)에서 말하는 것으로 묘사되고 있는데, 이러한 표현은 칼에 찔려 죽거나 할례받지 못하고 죽은 사람들이 가는 '가장 안 좋고 멀리 떨어져 있는 구덩이'를 뜻하는 야르케테 보르(yarkete bor, 겔 32:23; 참고: 사 14:15)라는 표현보다 훨씬 더 신사적인 표현이다. 에스겔서 32:27의 표현으로 보건대, 이들은 실제로 격조 높게 매장되었다. 그들은 자신들이 사용하던 무기들과 같이 묻혔다. 즉 그들이 사용하였던 칼은 머리 쪽에 놓인 상태에서, 그리고 방패는 뼈 위에 놓인 상태에서 매장되었다. 고대에서는 사회적 신분이 높은 사람들이 죽었을 때에는 그 시체와 함께 그들이 사용하였던 신분을 상징해 주는 부장품들과 함께 매장되었다. 고로 에스겔서의 이러한 표현들은 적절한 표현이라고 할 수 있다.[28]

'저 세상'의 상태와 조건

망자들이 거하는 곳을 표현하는 단어들을 조사하여 봄으로써, 고대 이스라엘 사람들이 '저 세상'에 대해 어떠한 생각들을 갖고 있었는지를 알 수가 있다. 이들 고대 이스라엘 사람들은 이웃 나라 사람들이라고 할 수 있는 근동지방의 이웃들과 동일하게, 우주는 삼 층으로 구성되어 있다고 생각하였다. 이것을 간단한 도식으로 나타내면 다음과 같이 나타낼 수 있다.[29]

하늘: 신이 거하는 곳
땅: 살아있는 사람이 거하는 곳
스올: 죽은 사람이 거하는 곳

---

28) 그 당시의 매장 문화에 관하여서는 다음 책을 참고하라. Bloch-Smith가 지은 Judahite Burial Customs(유대 지역 거주인들의 매장 문화), 72-93면.
29) 다음의 시편 115:16-18를 보면 이들의 우주 삼 층 구조관에 대해 어느 정도 이해할 수 있다.
   하늘은 여호와의 하늘이라도, / 땅은 인생에게 주셨도다.
   죽은 자가 여호와를 찬양하지 못하나니, / 적막한 데 내려가는 아무도 못하리로다.
   우리는 이제부터 영원까지 / 여호와를 송축하리로다.
   삼층 구조 간의 관계에 대해 알고 싶으면 다음을 보라. B. Lang, "Life After Death in the Prophetic Promise," Congress Volume: Jerusalem 1986, 엮은이 J. A. Emerton(VTSup 40; Leiden: Brill, 1988), 145-48.

고대 이스라엘 사람들은 살다가 죽으면 땅에서 스올로 옮겨간다고 생각하였다.

다음에 기록된 메소포타미아 지역에 살았던 고대 이시타르(Ishtar)의 후손들이 쓴 시를 살펴보면, 이스라엘 주변 지역에 살았던 사람들은 '저 세상'에 대해 이스라엘 사람들보다 훨씬 더 시적인 이해를 하고 있었음을 알 수 있다.

> 돌아올 수 없는 땅 크루누구로,
> 이시타르의 죄의 딸은 떠나갔다.
> 죄의 딸은 분연히 떠났네,
> 에르칼라의 신이 거하는 곳인 어둠의 집으로,
> 그 집에 일단 들어가면 절대로 나올 수 없네,
> 그 집으로 가는 길은 일방통행이네,
> 그 집으로 들어간 자는 광명을 빼앗기네,
> 그곳에서는 먼지가 마루이고, 진흙이 음식이네,
> 그곳에 들어간 자들은 빛이 없기에 암흑에서 살고,
> 마치 새처럼 깃털로 된 옷을 입네,
> 문과 문어귀에는 먼지만이 가득한 곳이네.[30]

위의 시는 길가메쉬(Gilgamesh)의 서사시에서 발췌한 망자의 운명에 관한 엔키두(Enkindu)의 다음과 같은 표현을 떠오르게 한다.

> 나는 그가 급작스럽게 죽는 것을 지켜보았네.
> 그는 침대에 누워 물 한 모금 마셨지.
> 나는 그가 전쟁터에서 죽는 것을 보았네.
> 그의 부모는 그를 기렸고, 그의 아내는 그 주검 앞에서 울었지.
> 그는 자기의 시체가 공터 위에 버려진 걸 보았네.

---

30) 번역자 S. Dalley, COS 1:381; S. Dalley, Myths from Mesopotamia: Creation, The Flood, Gilgamesh and Others(Oxford: Oxford Univ. Press, 1989), 155.

> 그의 혼백은 땅에서 편히 잠들 수 없지.
> 그의 혼백은 아무에게서도 도움받을 수 없다네.
> 그의 혼백은 사람들이 먹다 남긴 음식 찌꺼기를 주워 먹고,
> 사람들이 버린 빵 조각으로 허기를 채운다네.[31]

고대 메소포타미아 사람들은 이 세상을 떠난 사람들은 어둡고 음침한 곳, 대접받을 수 없는 곳, 불행이 가득한 곳으로 간다고 생각하였고, 특히 전쟁터에 나가서 죽었거나 제대로 매장되지 못한 사람들은 더욱더 그렇다고 생각하였다. 가나안 지역에 거주했던 사람들은 저 세상은 못(Mot)이 다스리는 영역이라고 생각하였는데, 이 못은 히브리 사람들의 죽음을 뜻하는 무트(mut)와 동일 어원을 갖고 있다. 즉 가나안 사람들은 '못'이 '저 세상을 다스리는 죽음의 신'이라고 생각하였던 것이다. 못이 다스리는 영역을 아르스(ars)라고 하였는데, 아르스는 '아래 세상' 또는 '저 세상'이라는 뜻이며, 히브리의 에레츠(eres)로부터 유래된 말이다. 이 당시의 사람들은 아르스는 두 산의 아래쪽에 자리 잡고 있는, 산 자들이 사는 지역과는 구별되는 지역이며, 산자가 죽음을 맞게 되면 문을 통해 이 지역 안으로 들어가게 된다고 생각하였다. 다음의 글을 읽어보면 바알 신이 자기의 사자(messenger)들에게 못의 거주지에 대해 어떤 설명을 하고 있는지를 잘 알수가 있다.

> 이제 너희는 트르그즈(TRGZZ) 산과
> 쓰르므그(THRMG) 산이 있는 곳으로 가거라.
> 그 두 언덕은 세상 끝이다.
> 그 산을 너의 손에 올려놓고,
> 그 언덕을 너의 손바닥 위에 올려놓아라.
> 그리고 '자유'의 집 곧 지옥에 들어가,[32]
> 지옥 후손들의 하나로 여김 받아라.

---

31) 번역자 Dalley, Myths from Mesopotamia, 124.
32) 지옥은 원래 감옥과 같은 곳인데 자유의 집이라고 표현한 것은 반의법적 표현이다.

그러면 너는 못 신을 위하여,
신의 도시 핏(Pit, hmry; 물 있는 웅덩이라는 뜻)으로 가게 될 것이다.
그 신이 앉아 있는 곳은 낮은 곳이고,
그 땅은 더러운 땅이다.[33]

다음 글에서 '못'은 거대한 입을 갖고 있고 엄청난 식욕을 갖고 있는 괴물로 묘사되어있다.[34]

조심하거라, 신의 종들이여:
못 신에게 너무 가까이 가지 말아라.
잘못 다가가다가는 양이 그의 입에 들어가듯 잡아먹힐 것이다.
그전에 어린 아이가 그 목구멍 속으로 들어간 적이 있거든….

내가 너를 여러 조각으로 찢어발겨,
네 옆구리, 창자, 팔들을 먹어버리겠다.
너는 못 신의 목구멍을 타고 내려갈 것이다.
너는 엘(El)의 사랑받는 자 곧 영웅의 목구멍 속으로 들어가거던….
………
한 입술은 지옥으로, 한 입술은 천국으로,
혀는 별들이 있는 곳으로,
바알이 그의 창자 속으로 들어가고,
그의 입안에서, 그는 마른 올리브 열매처럼 내려가지,
올리브 열매는 땅의 소산이고 나무의 열매이지.[35]

---

33) 번역자 M.S. Smith, Ugaristic Narrative Poetry, 엮은이 S. B. Parker(SBL Writings from the Ancient World Series; Atlanta: Scholars Press, 1997), 138-39.
34) 잠언의 다음 두 곳에서 "못"의 성향과 맥을 같이 하는 내용들이 발견되었다.
음부같이 그들을 산 채로 삼키며,
무덤에 내려가는 자 같게 통으로 삼키자(잠 1:12, 개역 성경)
거머리에게는 두 딸이 있어 다오 다오 하느니라.
족한 줄을 알지 못하여 족하다 하지 아니하는 것 서넛이 있나니,
곧 음부와 아이 배지 못하는 태와, 물로 채울 수 없는 땅과,
족하다 하지 아니하는 불이니라(잠 30:15-16, 개역 성경).

논쟁하는 식으로 기록된 구약 성경의 죽음과 관련된 기록을 조사해 보면, 구약 기자들 중 어떤 이들은 죽음에 대한 이방인들의 생각이 어떠하였는지 이미 알고 있었음이 분명하다. 또한, 성경 기자들의 저 세상에 대한 표현들은 이방인들의 표현보다 훨씬 더 시적이지 않았다. 성경 기자들은 단지 죽은 자들이 가는 곳에 대해, '스올의 문'을 지나거나(사 38:10), '사망의 문들'을 지나(욥 38:17; 시 9:14; 107:18) 스올로 들어가는 정도로만 표현하였을 뿐이다. 그리고 성경 기자들은 죽음이란 신적 호흡(ruah, 루아)이 육체(basar/apar, 바사르/아파르)를 떠나는 것으로 보았다.[36] 구약 성경은 죽은 자의 상태에 관해 단지 제한적으로만 설명하고 있을 뿐이다. 따라서 구약 성경을 읽는 각자가 죽은 자와 죽은 자의 상태에 관한 구절을 접할 때, 그것이 단지 무덤을 뜻하는 단어나 표현인지 아니면 죽은 자가 거하는 어떤 거주지를 뜻하는 것인지를 판단하여야 할 필요가 있다.

이방 나라들을 대적하는 에스겔서의 표현들을 잘 살펴보면, 우리는 그 표현들 속에서 죽은 자들의 저 세상에서의 상태에 대해 어느 정도는 알 수가 있다. 에스겔서 32장 22-23절을 통해, 에스겔은 거대한 사이즈의 무덤 단지에 대해 기술하고 있다. 그 무덤들은 국가별로 나열되어 있다. 그리고 그 무덤 단지의 중앙에는 왕의 무덤이 있으며, 왕의 무덤을 중심으로 신하들의 무덤들이 둘려져 있다. 그리고 무덤에 묻힌 자들은 자기들의 침대(miskab, 미스카브)에 눕혀져 있다. 에스겔서의 이 문맥에서 사카브('누워 있다')라는 동사가 7번에 걸쳐 나온다.[37] 두로인들이 이 땅의 낮은 곳에서 머물고 있다는 사실을 표현한 에스겔 26장 20절에는, 스올이 전쟁에서 죽임당하고 버림받은 사람들이 쓰레기더미처럼 쌓여 있는 곳으로 서술되어 있다.[38] 야르크데 보르(yarkte-bor, '가장 멀리 떨어져 있는 구덩이')라

---

35) Smith, 위와 동일 자료, 139, 140, 141.
36) 특히 다음을 보라. 욥 10:9; 12:10; 27:3; 32:8; 33:4; 34:15; 시 104:29; 전 12:7.
37) 물론 에스겔만이 죽었다는 표현을 '누워있다'라고 완곡하게 표현한 것은 아니다. "'누구'가 그의 조상들과 함께 잠이 들었다./ 누웠다."라는 표현이라든지 "'누구'가 그의 조상 '누구'와 함께 묻혔다."라는 식의 표현은 신명기와 역대서를 통해 수십 차례 관찰되고 있다. 다음을 보라. 왕상 11:21, 43; 14:20, 31; 15:8, 24; 16:6, 28; 22:40, 50; 왕하 8:24; 10:35; 13:9, 13;14:22, 29; 15:7, 22, 28; 16:20; 20:21; 21:18; 24:6; 대하 9:31; 12:16; 14:1; 16:13; 21:1; 26:2, 23; 27:9, 28; 28:27; 32:33; 33:20.

는 표현으로부터, 우리는 그 당시의 사람들은 스올도 좀 괜찮은 스올이 있고, 몹시 나쁜 스올이 있다고 생각하였고, 가장 나쁜 스올은 가장 멀리 떨어져 있는 스올로서, 사람들로부터 버림받아 죽은 사람들이 간다고 생각하였다는 사실을 알 수가 있다. 그들은 또한 할례받지 못하고 죽은 사람들이나 칼로 죽임당한 사람들은, 자신들이 쓰던 칼들과 함께 묻히는 존경받던 사람들과는 달리, 스올의 다른 곳으로 보내진다고 믿었다. 그러나 그들은 망자들이 가는 스올이 수평적으로 구별되는 곳으로 생각하였는지, 아니면 수직적으로 구별되는 곳으로 생각하였는지에 대해서는 확실하지 않다. 그러나 에레츠 타티욧(eres tahtiyyot, '깊음들의 땅')이 복수형인 것으로 보아, 그 당시의 사람들은 스올을 수직적으로 구별되는 곳으로 이해하였다고 추측된다.

에스겔의 스올에 대한 서술로부터 우리는 고대 매장 문화에 관해 다음의 두 가지 사실을 알 수 있게 되었다. 첫째로, 묘지 단지의 배열은 왕들의 묘지 단지와 흡사하다. 곧 왕의 무덤(때론 여왕의 무덤)을 해부해 보면, 왕의 석관은 무덤의 한 가운데에 있고, 귀족들의 관은 왕의 석관을 중심으로 둘러서 나열되어 있다. 이러한 관찰을 통해 잘 알 수 있듯이, 무덤에 관한 에스겔의 서술은 계획적이고 의도적 서술임이 분명하다. 피라미드 무덤을 살펴보아도 이와 같아서, 바로의 무덤을 중앙으로 하여 귀족들, 신하들과 고관들의 무덤이 둘러쳐져 있다. 이러한 피라미드의 나열 형태는 에스겔의 서술과 잘 일치하고 있다.[39] 이제 죽은 자들이 '침대에 누워 있다'라고 표현한 부분에 대해 설명해 보자. 고대인들은 무덤 단지에 묻혀 있는 죽은 자들은 더 큰 안식을 누리기 위해, 머리 쪽 방향을 향해 서로 경쟁을 하고 있다고 생각하였다.[40]

---

38) 이러한 표현들은 너르갈(Nergal)의 제목들 중에서, sar seri("쓰레기 땅의 왕")에 나오는 표현들과 흡사하다. 저 세상을 쓰레기의 땅으로 묘사한 것에 관하여는 다음을 보라. J. Pedersen, Israel: It's Life and Culture(London: Oxford Univ. Press, 1926), 464; C. Barth, Die Errettung vom Tode in den indivuellen Klage- und Dankleidern des Alten Testaments(Zurich: Zollikon, 1947), 86-87.
39) 이집트의 매장 형태에 관하여는 다음을 보라. P. Montet, Eternal Egypt(New York: New American Library, 1964), 199-234; 특히 212-23; C. Aldred, "Grablage, Auszeidmung durch," Lexikon der Aegyptologie, ed. W. Helck and E. Otto(Wiesbaden: Otto Harrassovitz, 1977), 2:859-62.

그 당시의 사람들은 스올을 죽은 자들이 누워있는 곳이 침대(잠자리)로 인식하였기에, 죽은 자들을 죽은 것이 아닌, 잠을 자고 있는 것으로 표현한 그 당시의 글을 읽는 것은 그리 놀라운 것이 아니다. 사망한 것을 잠 자는 것으로 묘사한 시편 기자는, 시편 13장 3절에서 하나님께 이렇게 간구하였다.

> 여호와 내 하나님이여 나를 생각하사 응답하시고 나의 눈을 밝히소서.
> 두렵건대 내가 사망의 잠을 잘까 하오며,[41](개역 성경)

예레미야는 바벨론에 대해 다음과 같은 갑절의 저주를 퍼부었다: '영원히 잠자고 깨지 못하게 되어라(wyasnu snat-olam welo yaqisu, 웨야쉐누 쉐나트-올람 웰로 야귀추, 렘 51:39, 57)'. 그리고 욥은 욥기 14장 12절에서 예레미야와 비슷한 표현을 이렇게 구사하였다.

> 사람이 누우면 다시 일어나지 못하고
> 하늘이 없어지기까지 눈을 뜨지 못하며
> 잠을 깨지 못하느니라(개역 성경).

그 당시의 사람들은 죽은 것을 자는 것으로 보긴 하였지만, 이것을 살아 있는 자가 잠을 자는 것과 마찬가지로, 죽은 자가 스올에서 잠을 자는 것으로 생각하였다고 볼 수는 없다. 그런데도 제칠일 안식교인들은 죽은

---

40) 유대지역의 모관(bench)식 매장에 관하여는 다음을 보라. E. Bloch-Smith, Judahite Burial Practices and Beliefs about the Dead(JSOTSup 123; Sheffield: Sheffield Academic Press, 1992), 25-62. 비교: 이스라엘인들의 복잡한 가족묘의 구성에 관해서는 다음을 보라. G. Barkay and A. Kloner, "Jerusalem Tombs from the Days of the First Temple," BAR 12/2(1986): 22-39.
41) 다음도 보라. 시 76:5-6(num sena, "to sink into sleep [잠에 떨어지다]"; nirdam, "to sleep deeply [깊은 잠 들다]"); 90:5(실질 명사 sena, "sleep [잠]")
42) 안식교도들이 믿는 "기본 믿음"에는 "죽은 자는 선인이건 악인이건 구별없이, 죽은 후 부활 될 때까지 무덤 속에 무의식의 상태로 머문다"는 믿음이 포함되어있다. 이에 관하여는 다음을 보라. Seventh-day Adventists Answer Question on Doctrine(Washington: Review and herald, 1957), 13. 이에 관한 토론을 읽으려면 다음을 보라. Millard J. Erickson, Christian Theology(Grand Rapids: Baker, 1985), 1171-78.

자가 정말 잠을 자는 것으로 믿고 있다.[42] "실은 죽은 자는 다른 세상에서 깨어나기 위해, 살아있는 사람의 눈으로 보면 자고 있는 것처럼 보일 뿐이다."[43] 나(필자)는 죽은 자에 대한 예레미야와 욥의 표현을 빌미로 죽은 자의 상태에 대해서 그 어떤 교리를 창출하려는 어리석음을 범해서는 안 된다고 생각한다. 여기서 예레미야의 경우는, 야훼께서 바벨론이 다시는 야훼의 백성을 억압하지 못하도록, 바벨론에 대해 극단적인 조치를 취할 것이라는 것에 대한 과격한 표현을 한 것 뿐이고, 욥의 경우는 아이러니칼하게도 자신의 삶이 너무도 두렵고 고통스러우므로 차라리 잠들었다가 깨어나지 않았으면 하는 마음의 표현을 극렬하게 한 것 뿐이다.

이 세상을 하직하고 저 세상으로 간 사람들의 상태는 어떠한가? 이에 대한 구약 성경(더 정확히 말한다면, 구약 성경에 등장하는 인물들)의 서술은 그리 단순하지 않다. 에스겔은 두로를 저주하는 표현을 통해 죽은 자의 존재는 더 이상 없다고 하였다. 에스겔은 에스겔 서의 세 곳에서, "내가 너를 망하게 할 것이고, 너는 더 이상 존재하지 않게 될 것이다."라는 식의 표현을 썼다(겔 26:21; 27:36; 28:19). 그리고 26장 21절에서는 사람들이 죽은 너를 찾으려고 애를 썼지만 무위로 끝나고 말았다는 표현을 첨가하였다. 이러한 표현들이 죽은 자의 실제적 상태를 나타내는 문자 그대로의 표현으로 이해되어서는 안 될 것이다. 그 이유는, 이 표현들은 죽은 자는 절대로 이 세상으로 다시 돌아올 수 없다는 것에 대한 서술적이고도 현상적인 표현임에 불과하기 때문이다.

욥기의 경우, 욥은 자신이 받고 있는 부당한 재앙과 죽음 후의 상태에 대해 에스겔과는 조금 다르게 서술하였다. 욥은 자신이 받고 있는 고통이 끝나도록 하기 위해 죽기를 애원하는 표현을 두 번에 걸쳐 하였다. 욥기 3장 11-19절에서, 욥은 이렇게 외치고 있다.

---

43) C. A. Briggs, A Critical and Exegetical Commentary on the Book of Psalms(ICC; Edinburgh: T. & T. Clark, 1906), 101.

어찌하여 내가 태에서
죽어 나오지 아니하였었던가?
어찌하여 내 어미가 낳을 때에
내가 숨지지 아니하였던가?
어찌하여 무릎이 나를 받았던가?
어찌하여 유방이 나로 빨게 하였던가?
그렇지 아니하였던들 이제는
내가 평안히 누워서 자고 쉬었을 것이니,
자기를 위하여 거친 터를 수축한 세상 임금들과
의사들과 함께 있었을 것이요.
혹시 금을 가지며 은으로 집에 채운
목백들과 함께 있었을 것이며,
또 부지중에 낙태한 아이 같아서 세상에 있지 않았겠고
빛을 보지 못한 아이들 같았을 것이라.
거기서는 악한 자가 소요를 그치며
거기서는 곤비한 자가 평강을 얻으며,
거기서는 갇힌 자가 다 함께 평안히 있어
감독자의 소리를 듣지 아니하며,
거기서는 작은 자나 큰 자나 일반으로 있고
종이 상전에게서 놓이느니라(개역 성경).

욥기 10장 18-22절에서 욥은 자신의 아픔을 하나님에게 이렇게 호소하였다.

주께서 나를 태에서 나오게 하셨음은 어찜이니이까?
그렇지 아니하였다면 내가 기운이 끊어져 아무 눈에도 보이지 아니하였을 것이라.
있어도 없던 것 같이 되어서,
태에서 바로 무덤으로 옮겼으리이다.

내 날은 적지 아니하니이까?
그런즉 그치시고 나를 버려두사 잠시나마 평안하게 하옵시되,
내가 돌아오지 못할 땅
곧 어둡고 죽음의 그늘진 땅으로 가기 전에 그리하옵소서.
이 땅은 어두워서 흑암 같고 죽음의 그늘이 져서 아무 구별이 없고
광명도 흑암 같으니이다(개역 성경).

욥의 첫 번째 호소에서 욥은, 자신이 죽게 되면 더 이상 고통스러울 일도 생기지 않게 되고, 부하건 가난하건, 자유자건 노예건, 편안하게 잠잘 수 있기에, 오히려 죽게 해달라고 호소하였다. 욥의 두 번째 호소에는 죽은 자들의 장소는 깊은 어둠의 장소로 묘사되어있다.[44] 위의 욥의 두 호소에서 묘사된 저 세상이 실제로 존재하는 곳에 대한 정확한 묘사인지의 여부는, 다음의 두 가지 이유로 의문을 가져 볼 수 있다. 첫째로, 욥의 두 호소가 자신의 육체적 감정적 고뇌에서 나온 호소에 불과하다는 것이다. 두 번째로, 이 두 호소에 사용된 언어들은 단지 현상적 언어에 불과하다는 것이다. 즉 첫 번째 호소에서는 죽은 자가 단지 관속에 편안히 누워있는 현상을 묘사하였고, 두 번째 호소에서는 관속이 있는 깊은 어둠의 현상에 대해 묘사한 것뿐이다.[45] 욥은 두 번의 호소를 통해 자신이 현재 살아서 고통을 느끼기보다 차라리 죽음으로 편안해지고 싶음을 나타내었다.

구약 성경의 어떤 곳에서는 자리에 누워있는 죽은 자가 자신의 주변을 의식할 수 있고, 저 세상에 누워있는 죽은 자가 자신의 장소적 위치를 인식

---

44) 21-22절에는 다음과 같은 표현들이 반복적으로 사용되었다. eres hosek wsalmawet, "암흑과 깊은 암흑의 땅"; eres epata kemo opel, "어둠이 짓게 깔린 음침한 땅" (ep는 여기 말고는 단지 암 4:13에서만 나오는 표현이다. 암 4:13에서 ep는 sahar("blackness")와 짝을 이루고 있다); salmawet welo sdarim, "무질서한 깊은 어둠의 장소" wattopa kmo-opel, "빛이 흑암처럼 어둠이 깊은 장소"
45) 구약 성경의 다음의 곳들에서도 죽은 자들이 머무는 곳이 흑암의 곳으로 묘사되었다:
원수가 내 영혼을 핍박하며
내 생명을 땅에 엎어서 나로 죽은 지 오랜 자 같이
흑암한 곳에 거하게 하였나이다.(시 143:3, 개역 성경)
나로 흑암에 거하게 하시기를
죽은 지 오랜 자 같게 하셨도다.(애 3:6, 개역 성경)
참조: 시 88:11-12에서는 스올이 "망각의 땅"으로 묘사되었다.

할 수 있는 것으로 묘사되고 있다. 가령 이사야가 바벨론의 왕을 조사하는 글이 실린 아래의 이사야 14장 4-21절이 그런 경우이다.

> 너는 바벨론 왕에 대하여 이 노래를 지어 이르기를
> 학대하던 자가 어찌 그리 그쳤으며 강포한 성이 어찌 그리 폐하였는고!
> 여호와께서 악인의 몽둥이와
> 패권자의 홀을 꺾으셨도다.
> 그들이 분 내어 여러 민족을 치되 치기를 마지 아니하였고
> 노하여 열방을 억압하여도 그 억압을 막을 자 없었더니,
> 이제는 온 땅이 평안하고 정온하니,
> 무리가 소리 질러 노래하는도다.
> 향나무와 레바논 백향목도 너로 인하여 기뻐하여 이르기를,
> 네가 넘어뜨리웠은즉 올라와서 우리를 작벌할 자 없다 하는도다.
> 아래의 음부가 너로 인하여
> 소동하여 너의 옴을 영접하되
> 그것이 세상에서의 모든 영웅을 너로 인하여 동하게 하며
> 열방의 모든 왕으로 그 보좌에서 일어서게 하므로,
> 그들은 다 네게 말하여 이르기를
> 너도 우리같이 연약하게 되었느냐 너도 우리같이 되었느냐 하리로다.
> 네 영화가 음부에 떨어졌음이여 너의 비파 소리까지로다.
> 구더기가 네 아래 깔림이여 지렁이가 너를 덮었도다.
>
> 너 아침의 아들 계명성이여 어찌 그리 하늘에서 떨어졌으며
> 너 열국을 엎은 자여 어찌 그리 땅에 찍혔는고!
> 네가 네 마음에 이르기를 내가 하늘에 올라 하나님의 뭇별 위에 나의 보좌를 높이리라
> 내가 북극 집회의 산 위에 좌정하리라.
> 가장 높은 구름에 올라
> 지극히 높은 자와 비기리라 하도다.

그러나 이제 네가 음부
곧 구덩이의 맨 밑에 빠치우리로다.
너를 보는 자가 주목하여 너를 자세히 살펴보며 말하기를,
이 사람이 땅을 진동시키며 열국을 경동시키며,
세계를 황무케 하며 성읍을 파괴하며,
사로잡힌 자를 그 집으로 놓아 보내지 않던 자가 아니뇨 하리로다.
열방의 왕들은 모두
각각 자기 집에서 영광 중에 자건마는,
오직 너는 자기 무덤에서 내어쫓겼으니
가증한 나뭇가지 같고,
칼에 찔려 돌구덩이에 빠진 주검에 둘려싸였으니
밟힌 시체와 같도다.
네가 자기 땅을 망케 하였고 자기 백성을 죽였으므로
그들과 일반으로 안장함을 얻지 못하나니,
악을 행하는 자의 후손은
영영히 이름이 나지 못하리로다 할찌니라.
너희는 그들의 열조의 죄악을 인하여
그 자손 도륙하기를 예비하여,
그들로 일어나 땅을 취하여
세상에 성읍을 충만케 하지 못하게 하라(개역 성경).

　　위와 같이 그림 언어를 통하여 보여지는 실감나는 표현은 가히 놀랄 만하다. 이사야 선지자는 야훼께서 바벨론 왕을 죽이시어 스올로 보내었고, 바벨론 왕이 그곳에 이미 와있던 자들의 환영을 받는 장면들에 대해 잘 묘사하였다. 먼저 스올에 와있던 자들은 바벨론 왕이 스올에 오게 되므로 인해, 땅에 사는 사람들에게 찾아온 복락에 대해 언급하였다. 그리고 스올에 이미 와 있던 이미 죽은 열국의 왕들이 바벨론 왕이 나타나자, 자기의 왕좌들에서 일어나 바벨론 왕을 환영하긴 하였지만, 그들은 또한 바벨론 왕이 지렁이와 구더기들로 득실거리는 침대 위에 눕게 될 것이라고 하였

다. 그리고 마지막 부분에서(사 14:19), 그들은 바벨론 왕이 불명예스럽게 죽었다는 사실을 인식하였다.

에스겔도 에스겔서 32장 17-32절에서 죽은 자들의 상태에 대해 이사야처럼 그림 언어들을 사용해가며 생생하게 묘사하였다. 에스겔은 극악무도하게 통치하였던 왕—이 경우는 아시리아의 왕—의 죽음에 대해 다음과 같이 서술하였다. 아시리아의 왕이 스올로 내려가자 이미 그곳에 와있던 일단의 무리가 그를 둘러쌓다. 에스겔의 이와 같은 서술을 통해 우리는 인간이 죽은 후의 상태에 대해 다음과 같은 몇 가지 사실들을 알 수 있다. 첫째로, 스올에서 죽은 자들은 영만을 가진 인간이 아니고, 산 자처럼 머리와 뼈를 가진 인간이며 또한 산 자들의 그림자이다. 둘째로, 우리가 앞서 살펴보았듯이, 죽은 자들은 자기의 자리에 국가별로 구분 지어, 구역별로 누워 있다(겔 32:21, 27, 28, 29, 30, 32). 셋째로, 스올에 거주하는 자들은 잠들어 있는 상태에 있는 것이 아니라, 완전한 의식을 갖고 있다.[46] 그래서 그들은 서로서로를 알아볼 수 있고, 자신들의 위치가 어디인지도 인식할 수 있다. 또한 그들은 자신들이 살아생전에 행했던 바에 따라 스올에서의 위치가 결정된다는 사실도 인식하고 있다. 그리고 어떤 죽은 자들은 살았을 적에 가졌던 자신의 지위와 권력을 그리워하기도 하고(겔 32:31), 죽은 자들 가운데 자신의 불명예스런 매장에 대해 슬퍼하기도 하였다(32:24, 25, 30). 이러한 에스겔의 죽은 자들의 상태에 대한 서술을 통해 알려진 바는, 무덤은 죽은 자들이 머무는 영원한 장소가 아니라고 믿었던 이스라엘 사람들의 장례 문화와 일맥상통하고 있다. 이스라엘 사람들은 사람이 죽으면 육체는 썩어 없어져 버리지만, 존재는 지하의 거대한 묘지 속으로 들어가 마치 '살아 있는 죽은 자' 처럼 살아간다고 믿었다.[47]

---

46) 죽음에 대한 욥의 소망을 기록한 욥 3:13, 18; 7:9과 비교해 보라. 그리고 현상적 언어의 사용에 관하여는 다음 구절들을 살펴보라. 단 12:2; 마 9:24; 요 11:11, 고전 11:30; 15:51; 살전 4:14; 5:10.

47) 참조: R. E. Cooley, "Gathered to His People: A Study of a Dothan Family Tomb," in The Living and Active Word of God: Studies in Honor of Samuel J. Schultz, 엮은이 M. Inch 외 여러 명, Winona Lake, Ind: Eisenbrauns, 1983), 47-58.

그리스도인의 지옥 교리에 대한 구약 성경의 근거

구약 성경은 악한 자와 선한 자의 사후의 상태에 차이가 있다는 사실에 대해서는 그 어떤 것도 말해주고 있지 않다. 이미 살펴보았듯이, 죽어서 자신의 존재가 없어지기를 간절히 호소하는 어떤 한 사람의 경우를 제외하고, 구약 성경의 표현들은 모두가 다 죽은 자들은 사망한 후 계속해서 생존한다는 사실을 공통분모로 깔고 있다. 고로 사망 후에도 살고 있다는 고대인들의 인식으로부터 부활 신앙이 나왔을 것으로 얼마든지 상상해 볼 수 있다. 부활관에 대해 구체적으로 논하는 것은 이 에세이의 목적이 아니다.

이스라엘 백성의 인간에 대한 관점을 조사하면, 그들 각자는 세상 종말에 부활이 있을 것이라는 것을 믿고 있었음을 알 수 있다. 이미 언급한 바와 같이 히브리인들은 인간이란 육체에 하나님의 생명을 주는 호흡이 결합해서 '살아있는 존재(네페스 하야, nepes hayya)' 가 되었다고 믿었다(창 2:7; 3:19). 그리고 그들은 죄를 짓는 인간에 대한 하나님의 심판이 바로 죽음이라고 생각하였다. 그들에게 있어서 죽음이란 육체와 하나님의 생명인 호흡의 분리를 의미하였기에, 죽음을 네페스 하야가 없어지는 것으로 보았다(욥 34:14-15; 시 104:29; 전 3:18-21; 12:7). 그들에게 있어서 사망을 이기고 다시 산다는 것은 서로 분리되었던 육체와 하나님의 생기가 서로 다시 결합하는 것을 의미하였다. 이에 관해서는 에스겔이 보았던 환상에 너무도 상세하게 기록되어 있다(겔 37:1-14). 이 환상에서 에스겔은 죽었던 이스라엘 민족들이 다시 살아나는 것을 보았다. 에스겔이 보았던 이스라엘 민족에 대한 환상을 통해 우리는 고대 이스라엘인들의 죽음과 부활에 대한 일반적인 생각들을 어느 정도는 파악할 수 있다.

죽은 자들이 종국에는 다시 부활한다는 기독교 교리는 엘리야와 엘리사가 행하였던 죽은 사람을 살리는 기적을 통해서도 어느 정도 보이고 있다(17-24; 왕하 4:18-37; 13:20-21). 물론 이때 살아난 시체들은 죽은 지 얼마 되지 않아 뼈에 살이 아직 붙어 있는 상태의 시체였고, 이 시체들은 선지자에 의해서 살아나긴 하였지만, 이 기적들이 기독교인들의 부활 신앙의 근저가 된 것은 확실하다. 시편 기자의 경우, 자신의 목숨이 경각에 달렸을 때의 상태를 스올에 잡혀 있는 것과 같다고 묘사하였고, 자신이 위험한 상황에서 구출되었을 때의 상태를 다시 살아난 것에 비유하였다(시 16:11-12; 49:15-16). 여기서 시편 기자는 스올로부터의 종말론적인 구원을 말하는 것이 아니라, 자신이 처한 위기상태에서의 조속한 구출을 이야기한 것이다. 그러므로 여기서 시편 기자가 사용한 언어들로부터 부활의 신앙을 도출해 낼 수가 있는 것은 분명하다. 마지막으로 말하건대, 초기 선지자들은 에스겔의 환상을 통해 이스라엘 민족의 부활을 예견하였다. 호세아서 6장 1-3절도 이점에는 어느 정도 동일하지만, 특히 이사야서 26장 19절에서는 이에 대해 매우 확실한 것을 우리에게 보여준다.[48]

인간은 죽은 후에 그 어떤 형태로든—영으로라도—죽은 자가 존재해야만 부활의 교리가 타당하게 받아들여질 수 있다. 그 이유는 사망 후 존재 자체가 없어졌다가 부활시 다시 존재로 재창조된다고는 생각할 수 없기 때문이다. 구약 성경의 여러 곳에서 죽은 자는 스올에서 르파임(rpaim)으로 존재한다고 하고 있긴 하지만, 그곳이 지옥이나 죽은 자들이 영원히 고통받는 곳으로 묘사되어 있지는 않다. 그리고 구약 성경의 스올에 대한 기록들은 선인과 악인을 구별하고 있지 않다. 에스겔서에서 에스겔은 죽어 같은 스올에 간 죽은 자들 사이에도 구분이 있다는 사실을 그림 언어적으로 암시 정도는 하고 있지만, 이러한 암시를 스올이 선인과 악인을 구분하는 묘사로 받아들여서는 안 된다. 에스겔서에 기록된 스올은 단지 불명예스럽게 살았던 사람들이 저주받아 와 있는 곳으로만 묘사하고 있을 뿐이다. 그럼에도 우리는 구약 성경의 두 곳, 곧 이사야 66장 24절와 다니엘 12장 2절에서 저 세상, 즉 의로운 사람들이 죽은 후에 가는 아름다운 곳에 대비되는 저 세상이 영원한 형벌의 시간이요, 장소라고 신약 성경이 말하고 있는 지옥과 흡사한 곳임을 발견할 수 있었다. 그러면 이제 성경의 이 두 곳을 각각 살펴보도록 하자.

---

48) 구약에 나타난 부활에 관한 성격과 뿌리에 대해 더 확실하게 공부하길 원하면 다음을 보라. Daniel I. Block, "Beyond the Grave: Ezekiel's Vision of Death and Afterlife," BBR 2(1992): 13-41. 여기에서 부활에 관계되는 더 많은 도서 자료 목록을 얻을 수 있다.

이사야 66장 24절

이사야서는 66장 24절로 끝이 난다. 다시 말하면 이사야 66장 24절은 주목할 만한 구절이며 이렇게 쓰여 있다.

그들이 나가서 내게 패역한 자들의 시체들을 볼 것이라 그 벌레가 죽지 아니하며 그 불이 꺼지지 아니하여 모든 혈육에게 가증함이 되리라
(사 66:24, 개역 성경)

이 구절을 히브리어순으로 나누어 보면 다음과 같다

웨아체우(weyasu) – 그리고 그들은 나갈 것이다
웨라우 베피그레이 하아마심(werau bpigre hamasim) – 그리고 시체를 쳐다볼 것이다
합포쉐임 비(hopos im bi) – 내게 패역한 자들
키톨라이 탐 로 타무르(kitola tam lo tamut) – 그들의 벌레들은 죽지 않는다
베이솨암 로 티크베(wessam lo tikbeh) – 그들의 불은 꺼지지 않는다
베하유 헤라온 레콜 바사르(wehayu deraon lekeol-basar) – 모든 육체가 그들을 혐오한다

이사야 66장 24절을 제대로 이해하기 위해서는, 이 구절 앞의 문맥들을 잘 이해하고 있어야 하기에,[49] 이사야서 66장에 대한 이해가 필수적이다. 이사야서 66장에서 이사야 선지자는, 자신이 현재 처해 있는 시대적 상황을 넘어서 세상 종말시 펼쳐질 새로운 하늘과 땅을 보았다. 그때가 도래하면 모든 민족과 나라들이 시온으로 나와, 하나님의 거룩한 산에서 하나

---

49) 이사야 66장에 대한 더 자세한 해석을 위해서는 다음의 자료들을 보라. J. N. Oswalt, The Book of Isaiah, Chapters 40-66(NICOT; Grand Rapids: Eerdmans, 1998), 680-93; J. A. Motyer, Isaiah: An Introduction and Commentary(TOTC; Downers Grove, Ill.: InterVarsity Press, 1999), 400-408; B. S. Childs, Isaiah(OTL; Louisville: Westminster John Knox, 2001), 532-47.

님을 경배할 것이다. 이러한 이사야의 종말에 대한 환상은 만민 구원론자들의 생각과는 완전히 거리가 멀다. 이사야서 66장의 처음부터 이사야 선지자는 선인과 악인을 확실하게 구분 지었다. 한쪽은 눈물로 회개하고 하나님의 말씀을 떠는 심령으로 받는 겸손한 자들이고(사 66:2), 다른 한쪽은 예배에는 형식적으로만 참여하고 하나님의 말씀은 거부하며 악한 행위를 버리지 않는 자들이다(66:3-6, 특히 4절). 전자는 야훼의 은혜를 받지만(2절), 후자는 그들의 반역에 대한 보응을 받는다(4절, 6절). 전자는 흥하고 시온에서 기뻐하지만(7-14절), 후자는 하나님의 직접적인 진노를 온통 받는다(14절 후반부-17절).

이사야 66장은 야훼께서 자신의 영광을 사람들에게 나타내고, 열방들에게 하나의 표적(십자가의 싸인)을 나타내는 장면으로 떠오른다. 이때에 열방들은 하나님에게 바치기 위해 선물을 갖고 시온으로 모여든다. 그리고 그들이 예배를 마치고 시온을 떠날 때에 시체 및 쓰레기 야적장 옆을 지나가는데, 이때 그들은 하나님을 거역하였던 자들—이들은 하나님의 진노를 받아서 그렇게 된 것이다(사 66:16)—을 태우는 꺼지지 않는 불과, 제대로 매장되지도 못하고 그곳에 내팽개쳐 버려진 시체들을 영원히 파먹는 구더기(톨라트, tolat)들을 목격하게 된다. 이때 그들은 자신을 대적했던 적의 시체들이 타고 있는 장면들을 보고 기뻐하지도 않았고 적들의 나쁜 짓들을 회상하지도 않았다. 그 반대로 오히려 하나님의 은혜를 바랐다.

어떤 사람들은 이사야가 본 환상 중에 나오는 이러한 시체가 타는 장소를 지옥으로 해석하여, 예수님께서 누가복음 12장 5절에서 말씀하신 게헨나(Gehenna, eis ten geennan, 아이스 텐 게헨난, 게헨나로 들어간다)와 마태복음 5장 22절의 불타는 게헨나(eis ten geennan tou pyros, 아이스 텐 게헨난 투 포로스, 불의 게헨나로 들어간다) 및 마가복음 9장 43절의 꺼지지 않는 불의 게헨나(eis ten geennan, eis to pyr to asbeston, 아이스 텐 게헨난, 아이스 토 푸르 토 아스베스톤, 불과 유황의 게헨나로 들어간다)와 동일시하였다.[50] 그러나 그렇게 해석하는 것은 무리하게 해석하는 것이다. 왜냐하면, 예배자들이 예루살렘에서 경배를 끝내고 나오자마자 본 것이

시체 타는 것이었기 때문에, 이 시체 태우는 곳을 지옥으로 해석해서는 안 되기 때문이다. 여기서 시체 타는 묘사들은 생생한 묘사긴 하지만, 이 땅에서 일어날 일을 예견한 것이지 지옥에서 일어날 일을 묘사한 것은 아니다.

유대의 역사를 살펴보면 이 힌놈 골짜기는 우상을 섬기는 의식 특히 어린아이들을 몰렉에게 바치려고 불 가운데로 지나가게 하는 의식과 관련되어 있음을 알 수 있다.[51] 그리고 그 골짜기는 쓰레기 소각장으로 사용되었다. 그 소각장에서는 하나님께 거역한 시체들을 태우는 불이 항상 타올랐고, 또한 그곳에는 버려진 죽은 짐승의 사체를 파먹는 구더기들이 항상 득실거렸다. 예루살렘에서 살았던 이사야 선지자는 분명히 이 힌놈 골짜기의 이런 장면들을 눈으로 직접 목격하였고 시체들을 태우는 연기의 냄새를 맡아본 적이 있음이 분명하다. 또한 이사야가 여기서 기록한 장면들은 전쟁과 관련이 있는 장면임이 분명하다. 그 이유는, 전쟁에서 죽은 시체들이 쌓여있고 이 시체들에 불을 붙이는 것은 분명 전쟁과 관련이 있는 장면이기 때문이다.

이사야는 이 장면을 악인들이 영원히 고통받는 지옥으로 나타내기 위해 서술한 것은 아니다. 그러나 그럼에도, 신약 시대와 구약 시대 사이의 기간에 살았던 사람들과 신약 시대의 사람들은 이 장면에 대한 서술들을 지옥에 대한 것으로 이해하였는데, 그 이유들은 다음과 같다.

첫째, 힌놈 골짜기에서 이방 신 몰렉을 섬긴 이단적인 집단들은 저 세상을 지배하고 있는 신의 존재를 믿고 있었기 때문에,[52] 이사야의 힌놈 골짜기에 대한 서술들이 실제 이 땅에 있는 특정 장소에 대한 서술임에도 불구하고, 이 서술을 저 세상에 대한 서술로 보기 쉽기 때문이다. 둘째, 이사야 선지자가 환상을 통해 본 것은 현실이나 가까운 미래와 거리가 먼, 종말

---

50) "게헨나"는 히브리어 힌놈 골짜기라는 뜻을 가진 "게-힌놈"(ge-hinnom)에서 왔다. 다음을 보라. D. F. Watson, "Gehenna", ABD, 2:926-28; idem(동일 저자, 동일 자료), "Hinnom," ABD, 3: 202-3.
51) 다음 성구들을 보라. 왕하 16:3; 21:6; 23:10; 대하 28:33; 33:6; 렘 7:31; 19:4-5; 32:35.
52) 어떤 사람들은 게헨나에서는 경배의 대상이 몰렉이라는 사실과 저 세상은 몰렉이 통치하는 영역이라는 사실을 근거로 ge-hinnom / gehenna 라는 표현을 저 세상으로 확대 해석하려고 하였다. 다음을 보라. L. R. Bailey, "Gehenna: The Topography of Hell," BA 49(1986): 189-91.

론적인 환상이기 때문이다. 셋째, 문맥상으로 살펴보면, 의인들(이 의인들은 하나님의 말씀을 두려운 마음과 회개하는 심령으로 받는 겸손한 자들임, 사 66:2)의 최후와 악인들(이들은 하나님의 진노의 불을 받는 자들임, 사 66:2)의 최후가 명확하게 대비되고 있기 때문이다. 넷째, 성경의 다른 곳에서 스올이 종말론적인 심판과 관련되어 서술된 적은 전혀 없긴 하지만, 구약 성경에서 불이 하나님의 심판으로 묘사되었다는 사실은 확실하기 때문이다. 이사야가 이 장면을 기록할 때 지옥을 마음에 그리고 기록하진 않았을 것이다. 그러나 후에 이것이 지옥 장면으로 인식되었는데, 이는 아마도 예수님께서 그렇게 서술하셨고, 그 후에는 신약 성경의 저자들이 이사야 선지자의 이 장면 기록을 자신들의 목적을 위하여 이용하였기 때문일 것이다.

다니엘 12:1-3

다니엘 12장 1-3절은 다음과 같다.

그때에 네 민족을 호위하는 대군 미가엘이 일어날 것이요 또 환난이 있으리니 이는 개국 이래로 그때까지 없던 환난일 것이며 그때에 네 백성 중 무릇 책에 기록된 모든 자가 구원을 얻을 것이라.
땅의 티끌 가운데서 자는 자 중에 많이 깨어 영생을 얻는 자도 있겠고 수욕을 받아서 무궁히 부끄러움을 입을 자도 있을 것이며, 지혜 있는 자는 궁창의 빛과 같이 빛날 것이요, 많은 사람을 옳은 데로 돌아오게 한 자는 별과 같이 영원토록 비춰리라(개역 성경).

이 구절들을 히브리어 성경의 어순으로 나열해보면 다음과 같다.

우바에트 하히 야 아모드 미카엘(ubaet hahi ya mod mikael) — 그때 미카엘이 일어난다

핫솨르 학가돌 하오메드 알베네 암메카(hassar haggadol haomed albene ammeka) - 네 백성을 담당하고 있는 왕자

웨하예타 에트 아라(wehayeta et sara) - 환란이 있게 될 것이다

아쉐르 로_니예타(aser lo nihyeta) - 이제껏 보지 못했던

미혜요트 이고 아드 하에트 하히(mihyot goy ad haet hahi) - 그 나라가 생긴 이래로

우바에트 하히 임말레트 암메카(ubaet hahi yimmalet ammeka) - 그 때 너의 백성이 구원을 받을 것이다

콜-한니므차 카투브 바쎄페르(kol-hannimsa katub basseper) - 책에 이름이 기록된 모든 자들

워라빔 미이쉐네이(werabbim miyyesene) - 잠을 자고 있는 자 모두는

아드마트-아파르 아키추(admat-apar yaqisu) - 땅의 먼지 속에서 깰 것이다

엘레 라하라포트 레하예이 올람(elleh laharapot lediron olam) - 어떤 이들은 영원한 생명을 얻고

웰레 라하라포트 레디르온 올람(welleh laharapot lediron olam) - 어떤 이들은 수치와 영원한 모멸을 얻고

워함마시킬림 아즈히루(wehammaskilim yazhiru) - 그리고 지혜자들은 빛날 것이다

케조하르 히라키아이(kezohar haraqia) - 위에 있는 하늘의 밝음처럼

우마츠디케 히라빔(umasdiqe harabbim) - 그리고 많은 사람이 의로 돌아온다

카코카빔 레오람 와에드(kakkokabim leolam waed) - 별처럼 영원 영원히

다니엘서 12장 1-3절에는 다니엘이 인질로 잡혀간 나라에서 고관으로 뽑히게 된 다니엘이, 이사야 선지자가 이사야서의 마지막 구절에서 묘사한 부분을 한번 더 언급하였다.[53] 이사야서 12장 24절에서처럼, 다니엘서

12장 2절을 먼 미래에 일어날 종말론적 사건으로 해석하지 말고, 그 당시의 상황과 결부시켜 해석해야 문맥상 제대로 해석하는 것이다. 다니엘서 12장 1-2절의 내용은 장차 일어날 일의 예언들에 대한 클라이맥스에 해당되는 부분이기에, 11장과 12장은 서로 연결되어져 한 문맥으로 보아야 한다. 때문에 다니엘 11장 45절과 12장 1절을 끊어 놓고 해석하는 것은 내용을 불분명하게 만드는 처사이기 때문에 별로 바람직하지 못하다. 다니엘은 여기서 매우 힘든 일이 있을 것이라고 예언하고 있다. 그렇지만, 이스라엘을 수호하는 미카엘 천사가 나타나서 이스라엘을 수호할 것이고, 이때 생명 책에 이름이 올라와 있는 자들은 반드시 구원받게 될 것이라고 예언하였다(12:1).

다니엘 12장은 '그때에'로 시작된다. 그렇다면 '그때' 란 언제를 지칭하는가? 이 질문에 대한 해답은 다니엘 11장에 나오는 다음과 같은 표현들에서 찾아보면 된다. '마지막 때(단 11:35)', '작정 된 때(11:35)' 및 '마지막 때에(11:40)' 라는 표현들이 바로 질문에 대한 답이다. 이러한 확증적인 대답에도 불구하고 어떤 사람들은 다니엘서 11장 36-40절의 내용을 살펴 볼 때, 이 마지막 때를 안티오쿠스 4세 에피파네스(Antiochus IV Epiphanes)의 때로 해석해야 한다고 주장하였다. 물론, 문맥에 기록된 일련의 역사적 사건들에 대한 예언을 볼 때, 문맥상에 기록된 왕은 사악한 셀루시드 왕(Seleucid king)이 분명한데, 이 왕을 갑자기 먼 미래에 도래할 적 그리스도로 확대해석한다는 것이 무리이긴 하다. 그러나 그럼에도, 다니엘서 11장 36-40절에 기록된 일련의 사건들을 몇몇 인물들과 사건들에 국한시켜 해석하는 마카비어스 사람(Maccabean)들의 역사 상황적인 해석보다는 더 큰 안목으로 멀리 보고 해석하는 것이 타당하다.

예수님께서 다니엘서의 이 구절들과 다른 구절들을 인용하여 말씀하셨던 바와 같이(마 24:5-31; 막 13:5-27; 눅 21:8-28), 우리는 마지막 때에 적그리스도의 출현을 목격하게 될 것이다.[54] 다니엘서 12장 1-3절의 다니엘

---

53) 다니엘 12:1-2와 이사야 66:24의 두 문맥 모두에서 deraon("멸시, 혐오") 단어가 나온다는 사실은 우리의 주장이 타당함을 더 잘 증거하여 준다.

선지자의 기록을 볼 때, 우리는 이 세상 역사의 종말부에 전무후무한 환란을 경험할 것이고, 이때에 하나님의 사람들은 엄청난 핍박을 받아 순교까지도 당하게 될 것이다.

다니엘 12장 2절의 기록은 주목할 만하다. W. S. 타우너(W. S. Towner)는 "다니엘서 12장 2절에는 구약 성경 전체를 통해 이중 부활에 대해 처음으로 확실하게 묘사되었다."라고 주장하였다.[55] 여기서 그가 말하는 '이중 부활'이란 의로운 자들의 부활과 악인들의 부활을 합쳐서 일컫는 말이다. 이 두 그룹(악인 그룹과 의인 그룹)의 서로 다른 운명에 관하여 다음과 같은 표를 만들어 볼 수 있다.

양 상	의 인 들	악 인 들
숫자	많이(라빔, rabbim)	많이(라빔, rabbim)
상태	티끌에서 잠	티끌에서 잠
경험	깨어남	깨어남
종착점	영생	수욕과 영원한 부끄러움

다니엘서 12장 2절의 표현은 분명히 죽은 자들 모두가 마지막에 부활한다는 사실을 증거해주고 있다. 그러나 사실 다니엘이 여기서 중점을 두는 점은 '많은 자'들이 부활한다는 사실이다. 한편으론, 적 그리스도와 그의 세력에 항거하다가 의롭게 순교 당한 많은 자들이 부활하고, 다른 한편

---

54) 더 자세하게 알기를 원하면 다음을 보라. J. Baldwin, Daniel: An Introduction and Commentary(TOTC; Downers Grove, III: InverVarsity Press, 1978), 198-201; T. Longman III, Daniel(NIVAC; Grand Rapids: Zondervan, 1999), 280-83.

55) W. S. Towner, Daniel(Interpretation; Atlanta: John Knox, 1984), 166. J. E. Goldingay(Daniel〔WBC 30; Dallas: Word, 1989〕308. 이 자료는 "다수"를 소수로 해석해야 한다고 주장하였고, 수많은 이스라엘의 믿음의 사람들이 스올에 그냥 남아있는 반면에 단지 소수의 환란 중에 목숨을 잃게 된 사람들만이 깨어난다고 주장하였다.

56) 다니엘이 사용한 "많이"(rabbim)는 사 66:16의 "여호와께 살육당한 자가 많으리니"(Werabbu halele yhwh)에서 영감을 얻은 듯하다. 다니엘의 "많이" 뒤에 나온 전치사 min은 부분사 min으로 해석되어야 하고, 그 결과 "잠자고 있는 자들로부터 분리가 된다"(separated from those who sleep)로 해석되어져야 한다. 다음의 자료를 보라. E. J. Young, The Prophecy of Daniel: A Commentary(Grand Rapids: Eerdmans, 1949), 246; Baldwin, Daniel, 204.

으론, 의로운 자들의 대적으로 행세하다가 죽은 많은 자들이 부활한다.[56]

다니엘은 의인과 악인 모두에 대해 공히 '티끌 가운데서 잠들었다(미이쉐네이 아드마트-아파르, miyyesene admat-apar)' 라고 표현하였다. 이것은 죄를 지은 모든 인간들이 결국은 흙으로 돌아가게 된다는 사실을 풍부한 어체로 표현한 것이다.[57] 이미 언급하였듯이, 죽음(예: '산자의 땅'을 떠남)을 '잠들었다' 라고 표현한 첫 번째의 사람이 다니엘은 아니다. 일반적인 상황하에서는, '잠든 자(죽은 사람)' 는 '죽은 자의 땅(스올)' 에서 다시 깨어난다고 이해되었다. 그러나 다니엘의 서술은 특이하여, '깨어남' 은 티끌의 장소(스올)를 떠나는 것으로 해석되었다. 이를 보건대 다니엘은, 야훼께서 무덤을 여신 후 그 속에 누워있는 자신의 백성에게 살리는 영(루아, ruah)을 다시 집어넣는 것을 묘사한 에스겔서 37장 12-14절을 이미 읽고, 이를 토대로 본문(단 12:1-2)을 서술하였음이 분명하다. 본문에서는 선인과 악인이 모두 티끌에서부터 일어나는 것으로 묘사되었다.

본문(단 12:1-2)에서, 의인들이 다시 영원한 생명을 얻었다는 표현은 인간이 창조되었을 때 가졌던 자유와 하나님과의 교제를 다시 회복하는 것을 의미하고, 하나님의 형상으로 창조되었기에 가질 수 있는 모든 특권과 하나님께서 지으신 동식물들을 다스릴 수 있는 책임의 회복을 의미한다. 그에 반해, 악인들은 부활하여, 수욕(하라포트, harapot)과 부끄러움(데라온, deraon)을 당한다. 수욕을 당한다는 말은 지나가는 사람들로부터 비웃음과 조롱을 당한다는 말이요, 사람들에 의해 혐오스런 존재로 취급받고 싫어 버린 바 된다는 말이다. 여기서 나온 데라온(deraon)이라는 단어는, 죽은 지 오래된 짐승의 시체에 구더기가 득실거리고 썩은 냄새가 나는 것을 묘사한 구절인 이사야 66장 24절를 제외하고는 구약의 그 어디에서도 발견되지 않는 단어이다. 다니엘은 본문에서 부활한 악인들이 누구에 의해 수욕을 받는지는 명시하지 않았다. 그러나 짐작컨대, 부활한 악인들을 혐오하는 사람들은 부활한 사람들과 및 미카엘 천사장과 하나님 자

---

57) 이러한 표현은 창 3장 19절의 '티끌에서 나왔으니 티끌로 돌아갈 것이다(ki-apar attta wel-apar tasub)' 라는 표현을 생각나게 해준다.

신으로 대변되는 하늘나라 궁정에 살고 있는 사람들일 것이다.

사람이 죽으면 그 시체는 비교적 빠른 속도로 썩는 것이 일반적인 현상이다. 사체는 한동안은 역겨운 냄새를 내며 썩어나가다가 세월이 지난 후에는 흙(먼지)으로 돌아가고, 그때쯤에서는 부패 과정이 종결된다. 그러나 본문의 경우는 그렇지 않다. 본문에서 다니엘은 의인이 영원한 생명을 갖기 위해 깨어나는 것처럼, 악인도 영원한 수욕과 부끄러움을 받기 위해 깨어난다고 명시하였다. 구약 전체를 통해서, '영원한 생명'과 '영원한 수욕과 부끄러움' 이라는 단어는 오직 본문에서만 사용되었다. 본문에서 올람(olam)은 시간의 끝(종말)을 뜻하는 것이 아니라, 끝없는 시간(영원)을 뜻한다.[58] 하나님께서 영원하시듯이(시 90:2) 하나님의 형상을 따라 피조된 인간도 영원하다. 영원하다는 표현을 통해 다니엘은 전도서 12장 5절을 통해 무덤을 인간의 영원한 집(베트 올라모, bet olamo)으로 표현한 쿼헬레쓰(Qoheleth)의 비관적 관점[59]과는 달리, 무덤은 그 어떤 죽은 자—악인이든 선인이든—의 종착점이 아니라고 말하고 있다.

결론

이 시대를 살아가는 독자들은 구약 성경에 등장하는 선지자들이나 구약 성경의 기자들의 사후의 삶, 특히 저 세상에서의 삶에 대해 관심이 많았기 때문에, 사후 상태에 대해 직접적이고도 확실한 표현들을 구사하였을 것으로 생각하는 경향이 뚜렷하다. 그러나 실제로 성경 기자들이나 고대 이스라엘 사람들은 저 세상보다는 현세 곧 지금 자신들이 살아가는 삶에

---

58) 이 단어에 대한 훌륭한 토론이 다음에 실려있다. E. Jenni, "olam" TLOT, 2, 2:852-62.
59) 노화와 죽음에 대한 쿼헬레쓰(Qoheleth)의 비관적인 태도는 자신의 미래를 "악의 날들"(yeme haraa)이라고 한 표현과 젊은 시절의 즐거움에 대하여 "나에게는 그것들에 대해 아무 즐거움이 없다"(en-li bahem hepes)라고 한 표현들에 잘 나타나 있다(전 11:7-12:1). bet olam은 분명히 이집트에서 유래된 말이다. 그러나 이 말은 Palmyrene 및 Punic의 새겨진 글씨에도 나타난다. 다음을 보라. J. S. Crenshaw, "Youth and Old Age in Qoheleth," HAR 10(1986): 9 n. 33.

더욱더 지대한 관심이 있었다. 그들은 삶의 목적은 하나님의 보호하심 속에서 하나님의 축복에 대한 약속을 받아내어 삶을 최대로 누리는 것이었다. 그들은 뭇 인간들이 자녀 생산을 통해서 자신의 생명의 영속성을 갈구하였듯이, 자신들이 낳은 자녀의 삶을 통해 영원히 살게 된다고 생각하였다. 그래서 '전통에 화살이 가득한 자(시 127:3-5)', 곧 많은 자녀를 둔 자가 가장 축복을 받은 자로 여겨졌고, 자식이 없는 자는 저주받은 자로 여겨졌었다. 이제 우리는 너무 심하게 단순화할 수도 있다는 위험성에도, 이스라엘 사람들이 죽음에 대해 가졌던 기본 관념들이 무엇이었는지에 대해 다음과 같이 명시하고자 한다.

(1) 고대 이스라엘 사람들은 우주는 다음과 같은 삼 층의 구조로 되어 있다고 생각하였다: 하나님께서 거하시는 하늘과 하늘 궁정; 인간과 모든 다른 피조물들이 살고 있는 땅; 죽은 자들이 거하는 스올.

(2) 죽으면 산 자들이 사는 땅을 떠나 죽은 자들이 거하고 있는 스올로 가게 된다. 죽어서 땅에서 스올로 옮겨가는 것을 '산 자들의 곳'에서 잠들어, 저 세상에서 깨어난다고 표현하였다.

(3) 죽으면 육체는 썩지만 죽은 자는 '살아있는 시체'로서 스올에 계속 존재한다. 수사학적으로 볼 때 구약의 어떤 부분은 죽으면 무존재가 되는 것으로 서술된 것이 사실이긴 하지만, 그 당시의 사람들은 현대의 일부 사람들이 주장하는 영혼소멸론을 철저히 거부하였다. 그래서 그들은 의인이건 악인이건 사후에도 존재하는 것으로 믿었다.

(4) 죽은 자들은 그림자와 같은 존재(르파임, rpaim)가 되어 스올에서 거주하고, 완전한 의식이 있기 때문에, 땅에서 살았을 때 본인의 행위들로 인해 스올에서의 거주 지역과 거주 상태가 결정된다고

생각하고 있었다. 따라서 야훼 숭배자들은 완전히 정의로우신 하나님께서 죽은 자들에 대해 각자에 맞는 스올의 구역에 배치하신다고 믿었다.

(5) 구약 초기의 시인들과 선지자들은 선한 하나님의 백성은 부활하게 된다는 생각들을 갖고 있었지만, 선인과 악인들이 같이 부활하게 된다는 것을 명시한 것은 다니엘 12장 2절이 처음이다.

(6) 다니엘서 12장 2절 전에는 그 어디에서도 악한 자가 영원히 고문당하고 심판받는 지옥이나 지옥에 상응하는 곳에 간다는 것이나 이와 관련된 그 어떤 묘사도 찾아볼 수 없었다. 구약 성경에 비해 신약 성경에서는 지옥에 대한 개념이 훨씬 많이 발전되고 있다. 그럼에도 신약 성경을 통해 발전되고 창출된 지옥에 대한 교리적 개념들은 구더기들과 꺼지지 않는 불과 같은 생생한 그림언어들로 묘사된 이사야서 66장 24절을 그 출발점으로 하고 있다.

제 3 장

지옥에 관한 예수님의 가르침

로버트 W. 야브로
(Robert W. Yarbrough)

기독교의 교회 역사를 돌아볼 때, 예수님께서는 단순히 기쁜 메시지만을 가르치시거나 설교하셨던 것이 아니라, 엄중한 경고성 메시지도 선포해 왔음을 알 수 있다. 즉 예수님께서는(구속함을 받기 위하여 주님을 찾지 않으므로) 하나님을 대적하였거나 복음을 거부하는 자들은, 죽음 후 어떤 시점에 지옥으로 보내져 그곳에서 끊임없는 고통을 당한다고 분명하게 경고하셨다. 지옥이 어떤 곳이냐는 물음에 대한 답을 얻기 위한 작업에서, "기독교의 전통은 지옥에 관한 예수님의 가르침에 무게를 두어왔다."라고 말한 존 G. 스택하우스 주니어(John G. Stackhouse Jr.)[1]의 말처럼, 주님은 결코 지옥에 대한 가르침을 경시하지 않으셨다.

최근 영국에서 모인 복음주의자들의 연합과 진리를 위한 복음 연합 위원회(Evangelical Alliance Commission on Unity and Truth Among Evangelicals; ACUTE) 모임에서는, '지옥은 그곳에 간 사람들이 영원히 지속되는 고통으로 괴로워하는 장소' 라는 견해에 모든 교회들이 의견 일치를 보았다.[2] 그리고 이러한 견해는 기독교가 전통적으로 고수해 왔던 것이기에 이러한 견해에 대해 '역사적 관점'이라는 이름표를 달아주어도 전혀 이상할 것이 없다. 따라서 우리는 이 글에서 이러한 견해를 '역사적 관점'이라고 표현할 것이다.

---

1) John G. Stackhouse Jr., ed., No other Gods before Me?(Grand Rapids: Eerdmans, 2001), 199.
2) The Nature of Hell: A Report by the Evangelical Alliance Commission on Unity and Truth Among Evangelicals(Carlisle: Acute/Paternoster, 2000), 134.

삼위일체의 성부 하나님과 성령 하나님을 포함하여 예수 그리스도는 기독교의 핵심이 되어 왔다. 따라서 예수 그리스도의 지옥에 관한 가르침이 교회의 지옥에 관한 가르침의 핵심을 차지하여 왔음은 당연하다. 예수님의 지옥에 대한 가르침이 '역사적 관점'과 일치하는가? 아니면 현재 많은 사람이 주장하듯이, 악인들이 사후의 어느 시점에서 존재 자체가 없어지기 때문에 그 이후부터 악인은 더 이상 고통받게 되는 일이 없어진다고 예수님께서 가르치셨는가?

예수님의 가르침을 제대로 이해한 사람이 있는가?

계몽주의 사상이 꽃을 피운 18세기 말부터 기독교 문학계와 신학계를 중심으로 사복음서의 진실성에 대한 의문이 서서히 제기되기 시작하였고, 이 의문은 일반인에게까지 점점 확대되어 나아가기 시작하였다.[3] 이러한 복음에 대한 진실성이 의문시되는 일이 늘어나자, 1990년대에 북아메리카에서는, 역사적으로 실존했던 나사렛 예수의 성경에 기록된 가르침과 말씀들은 아주 작은 부분만이 진실이라고 주장하는 학자들이 교단과는 상관없이 독립적으로 모여 '예수 세미나(Jesus Seminar)'라는 모임을 가지기 시작하였다. 이 예수 세미나는 자주 언론의 취재대상이 되곤 하였다.[4] 왜냐하면 이들 예수 세미나에 참석했던 신학자들의 주장은 전체적으로 신빙

---

3) 이러한 움직임과 관련된 핵심적인 에세이를 보려면 다음을 보라. Gregory W. Dawes, ed., The Historical Jesus Quest(Louisville: Westminster John Knox, 2000)
4) 이와 관련하여 특별히 다음의 방대한 자료들을 참고하라. Robert W. Funk, Roy W. Hoover, and the Jesus Seminar, The Five Gospels(New York: Macmillan, 1993); Robert W. Funk, Honest to Jesus(San Francisco: HarperSanFrancisco, 1996); Robert W. Funk and the Jesus Seminar, The Acts of Jesus(San Francisco: HarperSanFrancisco, 1998).
5) 예를 들어 다음과 같은 자료들을 보라. This Jesus: Martyr, Lord, Messiah(Edinburg: T. & T. Clark, 1994); Michael J. Wilkins and J. P. Moreland, eds., Jesus under Fire: Modern Scholarship Reinvents the Historical Jesus(Grand Rapids: Zondervan, 1995); Luke Timothy John, The Real Jesus(San Francisco: HarperSanFrancisco, 1996); Raymond E. Brown, An Introduction to the New Testament(New York: Doubleday, 1997), 817-30.

성이 없는 주장임에 불과했기 때문이다.[5] 그러나 지난 2세기에 걸쳐 복음의 신빙성에 가해진 상처로부터의 회복은 그리 쉽게 일어나지 않고 있다.[6]

예수님의 가르침에 대한 성경 기록의 신빙성 여부를 놓고 벌어지는 논쟁들은 결코 새로운 것이 아니다. 일부 복음주의 신학자들은 말할 것도 없고 신학교들조차 성경의 권위를 지키려고 하는 전통 기독교 신학자들의 노력들에 대해 찬물을 끼얹고 있는 경우가 적지 않다.[7] 복음서를 옹호하는 최근에 발간된 그 어떤 책조차도 전략적인 이유를 들어 성경의 영감설, 무오설과 성경의 완전한 권위에 대해 제대로 서술하고 있지 않았고[8], 지옥이 영원한 형벌의 장소라는 사실조차도 별로 강조하질 않았다. 이러한 현상에 대해 어빙 헥스햄(Irving Hexham)은 포스트모던주의와 타종교들로부터 가해지는 압박에 항거하여 복음주의자들이 기존의 기독교 교리들을 지키려는 의지력이 예저에 비해 상당히 결여되어 있다며, 사태를 이 지경으로까지 만든 복음주의자들을 신랄하게 비판하였다.[9] 또한 그는 현재 북미의 복음주의는 예수님의 지옥에 관한 가르침에 대해서는 언급하기를 꺼리면서, 사람들이 좋아하는 축복의 메시지만 전하며 사람들의 기분만 좋게

---

6) 이에 관하여서는 다음의 자료에 잘 나와 있다. Robert B. Strimple, The Modern Search for the Real Jesus(Phillipsburg, N.J.: Presbyterian and Reformed, 1995).

7) 이에 관한 초기의 분석에 관하여는 다음을 보라. James Davison Hunter, Evangelicalism: The Coming Generation(Chicago: Univ. of Chicago Press, 1987); 영원한 삶과 영원한 저주에 관한 교리의 무너짐에 관하여는 같은 책 34-40면을 보라. 이에 관해 최근에 발간된 저서를 보려면 다음을 보라. Iain H. Murray, Evangelicalism Divided(Edinburgh/Carlisle: Banner of Truth Trust, 2000), 173-40; 참고: chapters by D. G. Hart and R. Albert Mohler Jr. in Michael S. Horton, ed., A Confessing Theology for Postmodern Times(Wheaton Ill.: Crossway, 2000). 현재 일고 있는 이와 관련된 최근의 논쟁에 관하여는 다음을 보라. Corwin Smidt and James M. Penning, Evangelicalism: The Next Generation(Grand Rapids: Baker, 2002).

8) John N. Akers, John H. Armstrong, and John D. Woodbridge, eds., This We Believe(Grand Rapids: Zondervan, 2000). 이 책의 저자들은 성경을 그대로 믿는 강한 믿음의 소유자들인 것만은 틀림없는 사실이다. 복음서의 권위를 온전히 인정하는 이 책의 주장과 다음의 책의 주장은 서로 대비된다. The Fundamentals: A Testimony for the Truth(16-17면에는 This We Believe에 대한 비판이 실려 있다.) This We Believe에서는 성경의 진실성에 대한 명확한 기록된 증거들을 제시한 것이 아니라 결론 부분에서 단지 "무오한 성경"이라는 단어를 삽입함으로(241면), 성경의 진실성을 예측하고 있을 뿐이다. 그리고 This We Believe의 핵심부분인 "확증과 부정(Affirmation and Denials)" 부분(244-48면)에는 성경에 관한 아무런 확증도 서술되어 있지 않다. 그렇게 한 이유는 아마도 포스트모던 시대를 살아가는 오늘날의 독자들의 성경의 권위에 대한 의구심을 건드리지 않기 위함일 것이다. 이러한 조류들로 보아 성경의 권위에 대한 미래의 전망이 그리 밝지 못함을 어느 정도 알 수 있다.

9) Irving Hexham, "Evangelical Illusions," in Stackhouse, ed., No Other Gods before Me? 137-60.

하고 있다고 비판하였다.[10]

이제 데이빗 포위스(David Powys)의 저서 '지옥': 어려운 질문에 대한 심사숙고('Hell': A Hard Look at a Hard Question[11])에 대해 살펴보자. 이 책은 대체로 복음주의를 폭넓게 수용하는 출판사에 의해 판매되었고, 영국에서는 온건한 입장을 고수하는 저명한 신학자들에 의해 추천된 책이다. 그럼에도 이 책에서 저자 포위스는, "신약 성경의 기록들을 조사해 보면 초대교회가 겪었던 어려움에 대해 어느 정도 알 수 있긴 하지만, 그보다는 예수님의 생애, 그분의 사역 및 그분의 가르침에 대해 더 잘 알 수가 있다."며 일반적으로 수용되어왔던 복음서들에 대한 전통적 주장들에 이의를 제기하였다.[12] 이 책이 주장하는 핵심은 다음 두 가지로 요약될 수 있다: (1) 신약 성경의 기록만을 가지고서 예수님의 사역과 가르침에 대해 온전한 신뢰를 할 수는 없다. (2) 신약 성경의 기록은 단지 초대 교회의 상황과 초대 교회들 내에 있었던 논쟁에 대해서만 정확하게 알 수 있을 뿐이다.

즉 포위스는 자신의 저서를 통해 복음서에 기록된 지옥에 관한 예수님의 가르침과 예수님께서 지옥에 대해 실제로 말씀하셨던 것과는 차이가 있다는 것을 주장하였다. 그의 주장은 그의 위에 언급된 저서 중 '공관복음에 나타난 불의한 자의 최후 운명(The Fate of the Unrighteous in the Synoptic Gospels)'이라는 장을 읽으면 쉽게 이해가 된다. 이 장에서 포위스는 복음서의 기록을 통해서는 예수님의 실제 생각과 표현들을 알기가

---

10) 참고: Tony Lane, "The Wrath of God as an Aspect of the Love of God," Nothing Greater, Nothing Better: Theological Essays on the Love of God, ed. Kevin Vanhoozer(Grand Rapids: Eerdmans, 2001), 153-54.

11) David Powys, "Hell": A Hard Look at a Hard Question(Paternoster Biblical and Theological Monographs; Carlisle: Paternoster, 1998).

12) 내가 이해하기로는, 포위스는 이 책 전체를 통해 십여 개나 되는 과거의 확신들에 대해 의문을 제기하였고, 그 중의 하나가 이 책의 419면에 실린 "지옥"에 대한 의문 제기이다. 그는 이 책에서 예수님께서 실제로 행하였던 사역 및 말씀과, 복음서에 기록된 것과는 차이가 있다며, 성경의 무오성에 대해 의문을 제기하였다. 그러나 274면에서와 295면에 기재된 다른 저자들의 인용문구들을 통해서는, 오히려 복음서와 예수님의 실제 사역의 일치됨을 강조하기도 하였다. 또한 295면의 n. 4에서 포위스는, "예수님의 실제 말씀과 공관 복음서에서의 기록은 일치하지만, 그렇다고 해서 공관 복음서의 기록이 예수님께서 말씀하신 것을 편집없이 그대로 기록한 것은 아니다"라고 하였다. 이와 같은 성경 기술 방식에 대한 인간적인 해석 방법에 대해 많은 주석가들은 강력하게 반발하여, 이런 인간적 해석 방법으로 인한 피해를 줄이는데 온갖 힘을 기울이고 있다.

어렵다고 주장하였다.[13]

　더 나아가 포위스는 "공관 복음에서는 불의한 자들이 받는 심판과 운명에 관해 한 차례도 언급된 적이 없다."는 말도 안 되는 서술을 하였다.[14] 복음서의 기자들이 복음서를 통해 여러 번에 걸쳐서 예수님께서 직접 영원한 심판에 관해 말씀하셨다고 기록한 것이 엄연한 사실이지 않는가(이에 대하여서 필자는 곧 복음서별로 구체적으로 언급할 것이다)? 이와 같은 질문에 대해 포위스는 "복음서에서 예수님께서 말씀으로 기록된 지옥의 심판에 관한 기록들은 실제로는 예수님께서 말한 것이 아니고, 단지 복음서 기자들이 사람들이 나쁜 짓을 하지 못하도록 도전을 주기 위해, 예수님께서 말한 것처럼 기록한 것뿐이며, 실제로 지옥은 복음서에 기록된 것과 같은 그런 곳은 아니다."라고 대답하였다.[15] 그러나 여기서 포위스는 자신의 주장에 대해, 모두가 이해할 수 있는 타당한 설명을 제시하지는 않았다. 단지 그는 "복음서는 지옥이 파괴의 장소라고 말하지만, 형벌의 장소라고는 말하지 않는다."라고만 말하였다.[16] 따라서 포위스가 그의 저서에서 "불의한 자의 최후 운명에 대해 기존의 주장들을 확신할 만한 아무런 근거도 없다."고 결론 내린 것은 당연하다고 할 수 있다.[17] 그의 책을 읽은 독자라면 그가 지옥에 관한 전통적 이해를 거부함으로 기존의 교리를 버리는 사람들의 편을 들려고 하였다는 사실을 어렵지 않게 알 수 있다.

　이러한 왜곡된 조류에 휩쓸린 사람들은 복음서에 기록된 예수님의 가르침 중 일부만이 예수님께서 실제로 가르쳤던 것이라는 주장을 편다. 그런 사람들은 성경에 기록된 예수님의 지옥에 대한 가르침은 실제론 초대교회의 성경 기자들이 예수님의 말씀을 수정하여, 임의로 기록하였기 때문에, 성경에 기록된 예수님의 가르침은 단지 비유적으로만 해석해야 한

---

13) 어찌 보면 반드시 그런 것만도 아니다. 왜냐하면, 포위스의 저서 274, 277 및 279면을 보면 알 수 있듯이, 포위스는 복음서를 연구함으로 예수님께서 실제 말했던 부분을 복원할 수 있다고 주장하였기 때문이다.
14) 위와 동일 자료, 293.
15) 위와 동일 자료. 참고: 비교: 295면 n. 2에 나와 있는 저자의 주장을 뒷받침 해주는 Walle의 인용문.
16) 위와 동일 자료.
17) 위와 동일 자료, 417.

다고 주장한다. 또 이들은 지옥은 시간과 공간에 대한 인간의 인식 능력을 뛰어 넘은 곳의 상황이기 때문에, 복음서에 기록된 지옥 묘사는 재해석되어야 한다고 주장한다.[18] 또 어떤 이들은 기독교는 이제 과거의 절대적이며 전통적인 해석의 굴레를 벗어났기 때문에, 지옥 해석에 있어서 자유로워야 한다고 주장한다. 또 다른 어떤 이들은 과거의 저차원적인 성경 해석 - 가령, 지옥이 영원한 형벌의 장소라는 해석 - 방법을 버린다고 해도 기독교의 핵심은 전혀 변하지 않고, 오히려 기독교의 중심 메시지를 보강하여주므로 전혀 염려할 것이 없다고 주장한다. 다른 어떤 사람들은, 성경은 지옥에 대해 분명히 서술을 해주고 있지 않기 때문에, 그리스도인 각자가 지옥에 대한 자기 나름대로의 해석을 내려도 무방하다고 주장하기도 한다(참조: 롬 14).[19]

그러나 성경 기자가 기록한대로 예수님께서 죽은 자의 사후 상태에 관해 여러 차례 언급한 것이 사실이기에, 우리는 예수님의 이러한 언급을 우리 마음대로 변경하여 기독교의 중심 메시지에 해악을 가해서는 안 된다. 우리가 이렇듯 지옥에 관한 예수님의 가르침 - 지옥은 영원한 형벌의 장소라는 가르침 - 을 잘못 해석한다면 결국 기독교의 핵심에 악영향을 끼치게 된다.

이 장은 성경의 신뢰성과 권위에 대해 서술하기 위해서거나 기독교의 핵심적인 가르침들을 어떻게 하면 잘 수호할 수 있는지를 서술하기 위해 마련된 장이 아니다. 그럼에도 우리는 예수님의 지옥에 관한 가르침을 왜곡하려는 경향에 저항하여, 지옥을 비롯한 성경에 기록된 예수님의 모든 가르침을 온전히 수용하고 인정하여야 한다. 이와 관련하여 E. J. 슈나벨(E. J. Schnabel)은 다음과 같이 서술하였다.

---

18) 이러한 주장은 다음 자료에 실려 있다. "Hell," New Dictionary of Biblical Theology, ed. T. D. Alexander and Brian S. Rosner(Downers Grove, Ill.: InterVarsity Press, 2000), 544. 비교: ACUTE, The Nature of Hell, 125.
19) 이것은 ACUTE, The Nature of Hell, 123-26과 관련된 문구이다.

이신론자(deist, 理神論子)들은 인간의 이성으로 하나님을 이해하고자 시도하였다. 그 결과 18세기에 성경 비평론(biblical criticism)이 나타나기 시작하였다. 19세기에 들어서는 여러 종교에 대한 신비로운 견해들이 신적 계시로 만들어진 기독교의 진리보다 위에 놓기 시작하였다. 종교 다원론적인 사상과 범신론적인 사상(예: 뉴에이지)들이 기독교도의 생각과 성경 해석 방식에 영향을 미치게 되었다. 다른 종교들에서 경험되어지는 종교적 체험들도 기독교에서의 종교적 체험과 동일하게 중요하고, 성경을 통해 들리는 진리의 소리는 다른 많은 소리 중의 하나일 뿐이라는 주장이 팽배해졌다. 이러한 주장들이 난무하는 이 시대에 사는 우리는 더욱더 힘을 발휘하여 성경만이 하나님의 말씀이라는 기독교의 전통적인 견해를 고수해야만 한다.[20]

결론적으로 말해서, 우리는 자기의 욕구를 채우기 위하여 자신의 입맛대로 성경을 해석하고자 하는 오늘날의 사조에 적극적으로 대항함으로, 성경을 물 타기 하려는 세력의 유혹에 넘어가지 않아야 하고, 이와 아울러 오랫동안 지속되어온 바른 성경 해석방법을 무너뜨리려는 시도들에 대해 예의 주시하여야 한다. 성경을 정의롭게 해석하겠다고 나서는 사람들조차도 예수님의 말씀을 기존 해석법과 달리 자기 멋대로 재해석하고 있기에 우리는 정신을 바짝 차리고 있어야 한다. 이와 관련하여 스캇 맥나이트(Scot McKnight)는, "복음서에 기록된 지옥에 관한 예수님의 가르침과는 상관없이, 그리스도인들은 자기 나름대로 지옥을 만들어 온 것이 사실이다."라고 말하였다.[21] 이런 식으로 지옥에 관한 전통적인 교리를 무력화시키려는 일을 계속한다면, 예수님의 모든 가르침은 결국 별 볼일 없게 되어버리는 일이 일어나게 될 것이다. 이러한 일들이 현재에도 일어나고 있는 것을 지금 우리의 눈으로 직접 확인하고 있다. 따라서 이러한 시점에서 필자는 지옥이 영원한 형벌의 장소라고 말씀하신 예수님의 말씀을 다시 한 번 살펴보고자 한다.

---

20) "Scripture", New Dictionary of Biblical Theology, 42.
21) Scot McKnight, A New Vision for Israel(Grand Rapids: Eerdmans, 1999), 139.

지옥에 대한 예수님의 가르침들

이제 예수님이 지옥에 대해 말씀하신 것이 기록된 모든 복음서들을 조사해 보자. 우리는 예수님께서 가르치신 지옥에 관한 9가지 중요한 점들에 대해 살펴볼 것이고, 특히 지옥의 지속 기간에 대해 알아볼 것이다. 정말 지옥은 영원히 고통을 느끼는 장소인가, 아니면 예수님께서는 천국은 영원하지만 지옥은 영원하지 않다는 말씀을 하신 적이 있으신가?

1. 산상 수훈

예수님의 지옥에 관한 언급을 이해하는 가장 좋은 교재는 마태복음이다. 예수님께서는 마태복음 5장에서 7장까지 기록된 산상 수훈에서 사람들에게 화내지 말라고 말씀하시면서, 상대방에게 '이 바보야!'라고 말하는 사람은 지옥 불에 떨어지게 된다고 말씀하셨다(5:22). 그리고 예수님께서는 몸의 지체들 중에서 하나가 없어질지언정 온 몸이 지옥에 던져지지 않는 것이 낫다는 말씀을 하시면서, 음란한 마음을 갖고 사람들을 쳐다보면 그 눈을 빼어 버리고, 손이 죄를 지으면 손을 잘라버려야 하는데, 그 이유는 한쪽 눈 없이 그리고 한쪽 팔 없이 천국에 들어가는 것이 양 눈 양팔 다 갖고 지옥에 가는 것보다 낫기 때문이라고 말씀하셨다(5:29-30). 많은 사람은 예수님의 이러한 언급이 과장법적인 언급이라고 해석하곤 한다. 그럼에도 우리는 예수님의 이러한 말씀을 통해, 예수님께서는 죄짓는 것을 매우 심각하게 생각하셨다는 사실을 알아야만 한다. 예수님께서는 나중에 다른 곳에서 이에 상응하는 말씀을 하셨다(18:9). 어쨌거나 우리는 예수님의, "만일 네 손이나 네 발이 너를 범죄케 하거든 찍어 내버리라 불구자나 절뚝발이로 영생에 들어가는 것이 두 손과 두 발을 가지고 영원한 불에 던지우는 것보다 나으니라"(18:8)는 말씀을 통해 지옥이라는 곳이 끊임없이 불타는 곳이라는 사실을 알 수 있다.

예수님의 이와 같은 표현은, 예수님께서 지옥은 실제로 존재하는 곳이요, 무서운 곳이며 영원한 곳으로 이해하고 계셨다는 사실을 나타내준다.

우리는 이제 예수님께서 직접 자신의 입으로 말씀하신 '영원한 불' 이라는 표현이 무엇을 의미하는지 구체적으로 알아볼 것이다. 예수님께서 지옥을 명시할 때 지옥이 영원히 지속되는 곳이라는 것을 명시하지는 않으셨다.[22] 예수님께서 지옥과 관련된 말씀을 하신 이유는, 사람이 지옥의 끔찍함을 조금이라도 느껴봄으로, 지옥 가게 되는 일이 없도록 하기 위함이었다.

2. 제자들을 파송하였을 때

예수님께서 제자들을 파송하셨을 때, 예수님께서는 그들이 장차 모욕을 당하고 멸시를 당하고 핍박을 받게 될 것이라는 사실을 이미 알고 계셨다. 파송 받는 제자들이 겁을 먹게 되는 일과 세상과 타협하도록 유혹받는 일들이 일어날 수도 있다는 사실을 익히 알고 계셨던 예수님께서는 제자들에게, "제자가 그 선생보다, 또는 종이 그 상전보다 높지 못하나니…, 집 주인을 바알세불이라 하였거든 하물며 그 집 사람들이랴"(마 10:24-25)라고 말씀하시면서, 불 같은 시련을 당해도 '두려워하지 말라'며 용기를 북돋아주셨다. 그리고 또한 하나님의 눈 밖에 나면, 사람들로 인한 어려움보다 더 큰 어려움을 당하게 된다고 말씀하시면서, "몸은 죽여도 영혼은 능히 죽이지 못하는 자들을 두려워하지 말고, 오직 몸과 영혼을 능히 지옥에 멸하시는 자를 두려워하라"(10:28)고 말씀하셨다. 예수님께서 이러한 식으로 말씀하신 것은 제자들에게 용기를 주시기 위함이었다.

예수님의 이러한 말씀들은 제자들에게 그 어떤 고통을 당하고, 손실을 입고, 파멸 당하는 일이 일어나더라도, 그리스도를 섬기는 일을 마다하지 말라는 의미의 긍정적 동기부여를 하기 위함이었다. 우리가 그리스도인이기 때문에 이 땅에서 받는 잠시 잠깐의 어려움은 지옥에 감으로 받는 고통에 비하면 아무것도 아님을 말씀하신다.

---

22) ACUTE, The Nature of Hell, 43.

3. 예수를 대적한 자들이 최종적으로 가는 곳에 관한 예수님의 가르침

주님에 대해 신실하지 못하고 실패의 삶을 계속해서 사는 사람들은 설사 제자들이라고 할지라도 천국 대신에 지옥을 확실히 받게 된다.[23] 그러나 예수님은 제자들뿐만 아니라 자기의 메시지를 거부하는 자들에게도 똑같은 일이 일어나게 된다고 하셨다. 예수님의 메시지를 거부하는 자들은 종교적인 문제에서 백성에게 권력을 행사하였고 예수와 끊임없이 마찰을 일으켰던 자들로서, 예루살렘과 유대에서 거주하는 종교 지도자들이었다. 예수님께서는 이들을 '위선자들'이라고 불렀는데, 그 이유는 그들이 예수님께서 제시한 천국을 일반 백성이 들어가는 것을 막았기 때문이었다(마 23:13). 예수님께서는 그 종교 지도자들이 사람들로 하여금 주님께서 힘써 전하신 하나님 나라의 메시지를 받아들이지 못하도록 함으로, 사람들이 하나님 나라에 들어가지 못하도록 하고, 그들로 하여금 두 배나 더 지옥 자식(아들)들이 되게 한다고 말씀하시며, 그들의 잘못을 적나라하게 지적하셨다(23:15).

성경에서 누구의 '아들(자식)'이라는 표현은 대부분의 경우 육신의 자녀를 뜻한다. 그러나 때론 이러한 표현이 비유적으로 쓰이기도 하였다. 즉 특정인이나 특정 존재의 속성을 어떤 사람이 갖고 있을 때, 그 사람을 특정인이나 특정 존재의 아들이라고 표현하였다. 가령 예를 들어보자. '우레의 아들들'은 난폭하고 충동적인 젊은이들을 가리키는 말이다(막 3:17; 비교: 눅 9:54). '빛의 아들들과 낮의 아들들'(살전 5:5)이라는 표현은 삶에서 하나님의 도덕성과 거룩성을 한껏 내뿜는 사람들을 가리킨다(비교: 요일 1:5). '천국의 아들들'은 그리스도의 천국 복음을 경청하여 받아들이는 자들을 나타내고, '악한 자의 아들들'(마 13:38)이라는 표현은 마귀에게 충성하는 자들을 각각 가르치는 표현들이다. '귀신의 왕'(마 9:34; 12:24)

---

[23] 예수님의 제자들이 처음부터 예수님에게 헌신했던 것은 아니었다. 초창기에 그들은 예수님의 씨 뿌리는 자의 비유의 처음 세 경우들에 해당되는 사람들에 불과했었다(막 4:13-19). 이에 관한 근간의 가르침을 알려면 다음을 보라. Thomas R. Schreiner and Ardel B. Candeday, The Race Set Before Us(Downers Grove, Ill.: InterVarsity Press, 2001).

이나 '이 세상 임금' (요 12:31, 14:30; 16:11)이라는 표현은 마귀(사탄)를 나타내는 표현들이다.

따라서 마태복음 23장 15절에 나오는 '지옥의 자식(아들)'들이라는 표현은 사람들로 하여금 예수님을 메시아로 받아들이지 못하게 하거나 받아들이지 않는 사람들을 가리키는 말이라고 보면 된다. 이러한 예수님의 지옥에 대한 언급을 통해, 지옥은 회개와 헌신을 통한 예수님의 부르심에 신실하게 응하는 사람들에게는 영향력을 전혀 발휘하지 못하지만, 자신들이 만든 도덕과 종교로 사람들을 묶는 일들을 하는 사람들에게는 강력한 영향력을 발휘함을 알 수가 있다. 그 때문에 지옥은 악인들이 가는 종말론적인 종착지이다. 또한, 지옥이 있다는 사실을 확실하게 인지한 이 세상에서 현재를 살아가는 사람들은 그만큼 지옥에 가지 않기 위해 복음을 받아들이게 된다.

4. 마가복음과 누가복음

지옥에 관한 예수님의 가르침은 주로 마태복음에 집중되어 있다. 그러나 다른 복음서들에도 주님의 지옥에 대한 가르침은 마태복음의 내용과 거의 다를 바 없다. 가령 마태복음 10장 28절에 기록된 주님의 지옥에 대한 언급은 누가복음 12장 5절의 언급과 같이 거의 동일하다. "내가 너희들에게 누구를 두려워해야 할지 말해주겠다. 너를 죽인 후에 너를 지옥에 던질 수 있는 능력을 가지신 분을 두려워해라. 내가 너에게 말하노니, 그분을 두려워해라." 예수님은 또 한 번 누가복음에서 부자와 나사로의 이야기하실 때 지옥에 대해 말씀하셨다. "그가 지옥에서 고통 가운데에 있으면서 눈을 들어 나사로와 함께 있는 아브라함을 바라보았다"(눅 16:23). 이 부자와 나사로의 이야기는 단지 우화적인 이야기이기 때문에 이 이야기를 근거로 지옥이 어떻다고 생각하는 것은 무리가 있다고 주장하는 사람들이 있다. 그럼에도, 악한 죄인이 물 없는 지옥에서 목마름으로 고통당하고, 자기의 육신의 형제들이 자기처럼 지옥에 올까봐 끊임없이 지옥에서 걱정하는 모습에 대한 묘사로 알 수 있는 지옥에 관한 정보는, 마태복음에 나타난 그리스도의 지옥 묘사들로 알 수 있는 정보들과 별반 다를 바 없다. 따라서 누가복음에 나타난 주님의 지옥에 대한 묘사와 마태복음의 지옥에 대한 주님의 가르침과는 서로 차이가 난다는 주장은 별로 신빙성이 없다. 여기서 명시된 지옥이 끊임없는 고통의 장소라는 사실은 다른 여러 곳에서 발견되는 지옥에 대한 동일한 여러 명시 중의 하나일 뿐이다.

마가복음에서 요한은 예수님의 이름으로 귀신을 내쫓긴 하지만 열두 제자들 중에 속하지 않은 사람들에 대해 어떻게 해야 할지에 대해 예수님께 질문하였다. 이 질문에 대해 예수님께서는 다음의 세 가지 점에서 산상수훈의 설교와 동일한 지침을 내리셨다. 첫 번째로, 예수님의 제자들은 자기 이익을 위해 살다가 '불이 결단코 꺼지지 않는 곳인 지옥' (막 9:43)에 가지 말고, 다른 사람들과 화평하기 위해 온 힘을 다해 노력해야 한다(비교: 막 9:50). 우리는 '불이 꺼지지 않는 곳' 을 고통이 끊임없이 계속되는 곳이라는 의미도 포함되어 있다는 식의 무리한 해석은 하지 않는 것이 좋다. 두 번째로, 예수님께서는 "두 발을 가지고 지옥에 던져지는 것보다 절름발이가 되어 생명으로 들어가는 것이 더 낫다" (막 9:45)고 말씀하셨다. 마지막으로, "한 눈으로 천국에 들어가는 것이 두 눈을 다 가지고 벌레들이 죽지 않고 불이 꺼지지 않는 지옥에 던져지는 것보다 낫다" (막 9:47-48)고 말씀하셨다.

위의 마가복음에 기록된 지옥에 관한 언급을 통해 주님께서는 지옥의 고통스러운 상황을 강조하셨음이 분명하다. 우선 예수님께서는 '꺼지지 않는 불' 이라고 말씀하셨다. 그 후에 이사야 66장 24절을 인용하셨다. 이사야 66장 24절에는 구약 성경 전체를 통틀어 '영원한 형벌의 장소(비교: 단 12:2)' 에 대한 명시가 되어있는 두 곳 중의 하나이다.[24] 그리고 마가복음 9장에서 예수님께서는 지옥에서 당하는 고통이 지속적이고 결코 끝나는 법이 없다고 말씀하셨다. 지옥에 대한 예수님의 관점은 그 옛날 기원전 8세기 경에 활동하였던 이사야의 관점과 매우 흡사하다. 따라서 "고대 이

---

24) Paul Achtemeier, ed., The HarperCollins Bible Dictionary(San Francisco: HarperCollins, 1996t), 901.

스라엘 사람들은 사후의 삶이 존재한다는 것을 전혀 믿지 않았다."는 주장[25]은 과장된 주장이다. 적어도 고대 이스라엘 사람들 중 일부는 사후에 고통스러운 경험을 하는 어떤 곳이 있다는 것을 믿었던 것이 사실이다. 그 때문에 우리가 성경을 이사야나 다니엘과 같은 하나님께서 택하신 선지자들을 통해 하나님의 영감으로 기록된 하나님 말씀의 책이라는 성경 영감설을 믿기 때문에, 지옥에 대한 구약의 개념도 하나님으로부터 나왔다고 보아야 한다. 그리고 예수님께서는 제자들에게 지옥에 대해 언급하심으로 지옥에 대한 이사야서의 서술이 옳음을 확증하셨다.[26]

5. 요한복음

신약 성경에서 네 번째의 복음서인 요한복음에는 '지옥' 이란 단어가 나오지 않는다. 그러나 "아들을 믿는 자는 영생이 있고 아들을 순종치 아니하는 자는 영생을 보지 못하고 도리어 하나님의 진노가 그 위에 머물러 있느니라"(요 3:36, 개역 성경)라는 표현에서 알 수 있듯이, 요한복음에는 분명히 하나님의 진노의 결과로 받게 되는 영원한 고통에 대한 말씀이 명시되어 있다. 이제 곧 우리가 다루어본 내용이지만, 성경에서 '영생' 이란 표현은 하나님의 임재 안에서 누리는 끝없는 축복을 의미한다. 그러나 어떤 사람들은 하나님의 진노에 관한 경험이 제발 영원하지 않기를 바란다. 때문에 위의 성경 구절에서 '머물러 있느니라' 라는 표현을 고통스러운 경험이 아니라고 해석하려는 경향이 있어왔다. 그러나 요한복음에 나온 그리스 원어 표현을 보면 지옥의 고통은 영원히 지속됨을 분명히 알 수 있다 (예: 6:27, 56; 8:35; 12:34). 그럼에도 어떤 사람들은 그리스도를 모르고 죽은 사람들은 마지막에는 파괴되어 없어지므로 결국은 존재하지 않게 된다고 주장한다. 그러나 이러한 주장은 요한복음에 나타난 예수님의 표현을 볼 때 결코 옳은 주장이 아니다.

---

25) 위와 동일 자료, 310.
26) 이점에 관하여는 다음 자료에서 자세히 기록되어있다. John Wenham, Christ and the Bible, 3rd ed.(Grand Rapids: Baker, 1994).

특별히 예수님의 지옥과 관련된 표현들은 예수님의 '영생'이란 표현과 짝을 이루고 있을 뿐 아니라, '영생'이라는 표현은 '멸망한다' (요 3:16; 10:28), '저주받는다' (3:18; 5:24, 28), '심판' (5:22, 30), '사망' (5:24) 및 '죽는다' (6:50)는 표현들과 함께 사용되었다. 영생을 누리는 자가 경험하는 축복된 상태는, 지옥으로 간자가 경험하는 영원히 저주받은 상태와 정반대의 상태이다. 그러므로 구원으로 인해 천국에서 누리는 기쁨이 실제라면, 지옥에서 느끼는 고통도 실제이어야 한다.

지옥에 관한 '멸망한다', '저주받는다', '심판' 및 '죽음'이라는 표현들이 반드시 그곳에서 느끼는 고통을 가리키는 것으로만 해석할 수는 없지만, 반드시 고통을 느끼지 않는다는 것으로만 해석할 수도 없는 노릇이다. 예수님께서는 지옥에 대해 언급할 때 신파조로 말씀하심으로 그 어떤 효과를 보려고 한 것은 아니셨다. 그분께서는 다른 공관복음에서와 마찬가지로 사망 이후에 겪을 수도 있는 지옥의 영원한 고통을 있는 그대로 표현하신 것이다. 그러므로 영원한 심판을 받음으로 겪게 되는 영원한 고통에 관한 예수님의 표현과 멸망, 죽음, 파괴와 같은 표현은 모두 동일하게 지옥이 고통스러운 곳임을 말해주는 표현들로 보아야 한다. 즉 멸망, 죽음 및 파괴와 같은 표현이 지옥이 고통스러운 장소임을 말해주지 않는다고 주장하는 것은 잘못된 주장이다.

지옥에 대한 요한의 기록들은 마태, 마가 및 누가의 지옥에 관한 기록들과 일치한다고 보아야 한다. 따라서 요한은 예수에 대해 공관복음 기자들과는 근본적으로 다르게 이해했다고 생각하는 것은 바른 이해 방법이 아니다.

6. 주님의 가르침에서 '영원한'이라는 말의 의미

'영원한(eternal)'이라는 단어가 천국과 관계되어서는 '지속되는 의식적인 경험'을 의미하지만, 지옥과 관계되어서는 '단지 겁만을 주려는 표현'이라고 주장하는 사람들이 있는데, 이러한 주장은 별로 좋은 주장이 아니다. 이런 주장을 펼치는 사람들은, 불신자는 결국 파괴되어 무 존재가 된다는 영혼소멸론을 고수하고 있는 사람들이다. 영혼소멸론은 이미 수 세기 전부터 나타나기 시작하였다.[27] 1830년에 이미 성경의 고대 언어들을 충분히 연구한 바 있는 북미의 초기 성경학자인 모세스 슈튜아르트(Moses Stuart)는 영혼소멸론에 맞서 다음과 같은 명쾌한 주장을 펼쳤다.

철학적으로 관찰해보건 주석학적으로 살펴보건 결과는 다음과 같이 명확하다. 만일 하나님과 그분의 영광, 찬양 및 그분이 주시는 행복 등이 영원한 것도 아니고 의인들이 가는 세계도 영원한 세계가 아니라면, 악한 사람들이 가는 형벌의 지옥도 영원하지 않아야 한다. 그러나 반면에, 천국이 영원하다면 지옥도 영원하여야만 한다. 둘 중의 하나만 영원하다고 하는 것은 잘못된 해석이다. 성경을 이런 식으로 잘못되게 해석하면 성경 기자를 욕 먹이는 것이라고 말할 수밖에 없다. 우리는 반드시 지옥을 영원한 불행의 장소로 보아야 하고 또한 천국을 영원한 행복의 장소로 보아야 한다.[28]

위와 같은 주장은 최근에 활동하고 있는 D. A. 카슨(D. A. Carson)이나 머레이 해리스(Murray Harris)와 같은 신학자들에 의해 적극적으로 옹호되고 있고, 이전 세대에서는 H. 싸쎄(H. Sasse)에 의해 옹호되었다.[29] 위에 인용된 글은 지옥에서의 형벌이 영원하냐 아니냐를 놓고 벌이는 논쟁에 대해 종지부를 찍었다.[30]

---

27) 다음 자료들을 참고하라. D. P. Walker, The Decline of Hell: Seventeenth-Century Discussions of Eternal Torment(Chicago: Univ. of Chicago Press, 1964); Powys, Hell," 17-60; D. A. Carson, The Gagging of God: Christianity Confronts Pluralism(Grand Rapids: Zondervan, 1996), 특히 515-36; David George Moore, The Battle for Hell: A Survey and Evaluation of Evangelicals' Growing Attraction to the Doctrine of Annihilationism(Lanham, Md.:Univ. Press of America, 1995); Larry Dixon, The Other Side of the Good News(Wheaton, Ill.: Crossway, 1992); Jon Braun, Whatever Happened to Hell?(Nashville: Thomas Nelson, 1979)

28) Moses Stuart, Exegetical Essays on Several Words Relating to Future Punishment(Philadelphia: Presbyterian Publication Committee, 1867 [reprint of 1830 edition]), 62; Stuart의 주장이 일방적으로 펼쳐졌음

29) 비교: D. A. Carson, The Gagging of God, 523(n. 23에서 Carson은 Harris and Sasse의 글을 인용하였다.)

30) "Hell," New Dictionary of Biblical Theology, 54.

7. 예수님의 지옥 가르침

예수님께서는 사후 상태와 관련하여 다음과 같은 가르침들을 주셨다. 죽은 모든 자 곧 선인과 악인 모두가 부활한다(요 5:28-29). 선한 사람(그리스도의 천국 복음을 받아들임으로 구원을 얻은 사람)은 천국에 들어간다. 천국은 축복의 장소이며 하나님께서 계신 장소이기에 영원한 기쁨을 경험하는 곳이다. 악한 사람(예수 그리스도의 메시지를 받아들이지 않은 사라)은 "저희는 영벌에, 의인들은 영생에 들어가리라"(마 25:46, 개역 성경)는 말씀처럼 지옥으로 간다. 예수님의 천국과 지옥의 비교는 너무도 간단명료하다. 이에 대해 맥나이트(McKnight)는 "예수님께서는 개인 각자의 결정에 따라 어떠한 영원한 삶을 사느냐가 결정된다고 말씀하셨다."라고 중거하였다.[31] 또한 맥나이트는 "예수님께서는 이스라엘 백성에게 영원하고도 고통스러운 심판이 실존한다고 확실히 가르치셨다."라고 주장하였다.[32]

최근에 이루어진 방대한 연구의 결과 기독교 이전에 있었던 유대주의 가르침은 예수님의 가르침—영원한 축복을 거절한 사람은 모두가 영원하고도 의식적인 죽음의 상태 같은 저주를 받게 된다는 가르침—과 일맥상통하고 있다는 사실이 밝혀졌다.[33] 초대교회가 생기고 나서 처음 수십 년 동안, 사도들을 비롯한 그리스도의 무리는 예수를 믿으면 천국 가고, 믿지 않으면 영원토록 고통받는 지옥으로 간다는 이 간단한 메시지를 먼 곳도 마다하지 않고 가서라도 전하였다.

이제 우리는 예수님께서는 지옥이 확실히 있고 그곳은 영원하고 무서운 곳이라고 가르쳤다는 사실을 알았다. 주님의 가르침에는 '사람들에게 바른 선택과 삶을 통해 지옥 가지 말라'는 의미에서의 가르침도 포함되어 있고, '이 땅에서 사는 동안에도 지옥과 같은 경험을 할 수 있다'는 의미의 가르침도 포함되어 있다. 현대인들은 지옥이 영원한 형벌의 장소인가에 대해 의문을 품는다. 그러나 예수님은 지옥이 영원히 지속할 것에 대해 분명하게 말씀하셨다.

---

31) McKnight, A New Vision for Israel, 38.
32) 위와 동일 자료.
33) Mark A. Elliott, The Survivors of Israel(Grand Rapids: Eerdmans, 2000).

8. 복음서 이외의 곳에서 예수님의 지옥 가르침과 관련된 곳들

예수님의 지옥 가르침은 주로 복음서에 집중되어 있다. 그러나 복음서 이외에서 관찰되고 있는 지옥에 관한 표현들도 사실은 예수님의 가르침에 영향을 받았다. 예를 들어 바울의 지옥에 대한 이해(여기에 관하여는 다음 장에 자세히 기록되어 있음)는 예수님의 지옥 가르침과 직접적으로(ex: 고전 11:23) 또는 간접적으로(ex: 롬 15:19, 고전 2:10, 7:40; 엡 3:5; 살전 1:5; 딤전 4:1) 연결되어 있다. 만일 혹자가 사복음서에 나오는 지옥에 관한 예수님의 가르침을 무효화되어야 한다면, 그 사람은 사복음서를 제외한 곳에서 나오는 예수님을 추종했던 사람들에 의해 기록된 신약 성경에서의 지옥에 대한 가르침도 무효화하여야 할 것인데, 그렇게 하기는 불가능하다. 왜냐하면, 예수님 추종자들의 지옥에 대한 가르침은 그들이 조작한 가르침이 아니라 분명히 예수님으로부터 배운 가르침이기 때문이다. 예수님의 초기 추종자들은 예수님의 가르침과 동일하게 가르쳤다. 그러나 신약 성경에서 히브리서나 요한계시록 같은 후기의 기록들에서는 예수님의 가르침을 확대 팽창시켰다.

9. 예수님의 지옥에 관한 가르침의 뿌리

예수님의 사후에 관한 가르침은 구약 성경의 사후에 대한 가르침과 맞물려 떨어진다. 이스라엘 조상과(마 22:31), 아브라함(요 8:56), 모세(5:46) 및 이사야(12:41)의 미래에 대한 소망을 예수님께서 자신의 입으로 직접 언급하셨다. 이러한 사실로 보아, 예수님의 영원한 삶과 영원한 죽음에 대한 이해는, 구약의 인물들의 영원성에 대한 이해와 연결되어 있음이 확실하다. 영원한 삶과 영원한 불행에 대한 예수님의 언급들은 구약 성경의 증거들과도 일치한다(요 5:39). 그리스도께서는 구약의 사후에 관한 가르침을 구체화하였고 더욱더 굳건하게 만드셨으며 또한 잘 적용하셨기에, 그분께서는 구약을 완성하셨다고 말하거나 구약의 한계를 뛰어넘으셨다고 말해야 옳다. 즉 그분께서는 사후에 관한 구약의 가르침에 반대하지 않으셨던 것이다.

따라서 예수님의 지옥에 관련된 가르침들은 근본적으로 구약을 그 뿌리로 하고 있다. 하나님을 우리에게 계시해 주시려고 하늘나라에서 내려오신 예수님께서는(요 4:13), 구약 성경에 대해 왜곡되게 이해하고 있었던 사두개파 사람들을 비롯한 종교적인 사람들에게 장차 도래하게 될 세상에 대해 설명을 잘 해주셨다. 근본적으로 예수님께서는 구속과 심판에 대한 구약 성경의 구절들을 여러 세기 동안 왜곡되게 해석해왔던 일부 유대인들에게 바른 가르침을 주셨던 것이다.

예수님께서는 구약 성경에 예언된 메시아의 도래로 사람들로 하여금 영원한 삶을 살 수 있도록 하기 위하여 천국에 영원한 거처를 마련하고 간다고 말씀하셨다(참고: 요 14:2-3). 그리고 바로 그 예수님께서는 지옥에 가지 말 것을 경고하시는 자리에서 지옥은 영원한 처벌의 장소라고 분명하게 말씀하셨다.

예수님의 가르침에 대한 상반된 이해

에드워드 W. 퍼지(Edward Fudge)는 악한 사람이 죽으면 영원히 고통을 받는 것은 아니고 단지 그 사람에게 처해진 처벌 선언만 영원하다는 이론을 옹호하는 대표적인 사람이다. 이러한 이론을 사람들은 조건적 불멸론(conditional immortality), 조건론(conditionalism) 또는 영혼소멸론(annihilationism)이라고 부른다.[34] 지옥은 실제다. 그곳은 인간의 상상력을 초월하리만큼 무서운 곳이다. 그곳에 일단 들어 간 사람은 절대로 못 나온다.[35] 그러나 지옥에 간 사람들은 고통을 영원히 겪는 것이 아니라 단지 그곳에서 없어질 뿐이라고 영혼소멸론자들은 주장한다. 분명히 예수님께서는 천국이 영원하듯 지옥도 영원하다고 사람들에게 경고하시며 말씀하셨

---

34) 참고: ACUTE, The Nature of Hell, 4-5.
35) 다음에 실린 Fudge의 표현임. Edward W. Fudge and Robert. A. Peterson, Two Views of Hell(Downers Grove, Ill.: InterVarsity Press, 2000), 19.

다. 이제 퍼지의 주장을 들어보자.

> 성경은 영원한 심판에 대한 전통적인 견해를 지지하지 않음이 확실하다. 성경 그 어느 곳에서도 하나님께서 영원히 고문을 가하시는 분이라는 문구는 찾을 수 없었다. 성경 그 어느 곳에서도 저주받은 사람은 고문으로 인해 끊임없이 몸부림을 친다거나 지옥에서 들리는 고통의 소리로 인하여 천국이 영원히 황폐화된다는 말은 찾을 수 없었다. 지옥을 영원히 고통받는 곳으로 단정하는 처사는 나사렛 예수님의 삶에서 나타나는 아름다운 성품을 가지신 하늘 아버지 하나님에 대한 모독이요, 성경을 왜곡시키는 엄청난 실수임이 분명하다.[36]

위에 언급된 퍼지의 표현들은 과격하다. 지옥에 관한 전통 기독교 신학은 하나님을 '영원히 고문만을 가하는 악랄한 존재'로 보지 않았고, 지옥을 하나님의 불공평한 고문이 가해지는 곳으로 보지도 않았다. 그 대신, 성경에 근거하여 지옥을 구원의 메시지를 특별한 이유 없이 거부한 악인들에게, 그 구원의 메시지를 거부한 대가로 하나님의 공의로운 형벌이 가해지는 장소로 보았다.[37] 하나님은 세상을 공의롭게 심판하시는 분이 아니신가?(창 18:25) 하나님의 인간에 대한 분노를 어찌 공의롭지 못한 분노라고 할 수 있단 말인가…? 그럴 수는 없다. 만일 하나님께서 공정하지 못하다면 어찌 그분이 세상을 심판할 수 있겠는가?(롬 3:5-6) 성경은 하나님의 영원한 분노에 대해서 명백하게 말하고 있다. 성경의 명백한 서술은 사람을 영원히 고문하시는 하나님의 불공정성과 잔인성에 대해 말하고 있지 않다. 성경은 단지 하나님을 우리가 두려워해야 할 하나님으로 나타내고 있을 뿐이다.

---

36) 위와 동일 자료, 20; 82도 보라.
37) 이러한 견해는 오랫동안 유지되고 있는 견해이다: "지옥에 간 사람들에게 가해지는 것은 'retribution' (응징)이지 'punishment' (처벌)이 아니다. 그 이유는 성경은 우리에게 악인에게는 자신의 무죄를 변호할 수 있을 때까지의 잠시 동안만 형벌이 가해지는 것이 아니라 자신들이 저지른 죄에 대한 응당한 징벌이 가해지기 때문이다." (W. C. Procter, "What Christ Teaches Concerning Future Retribution," The Fundamentals [Chicago: Testimony Publishing Company, n.d.], 9:85-86).

분명히 말하건대, '천국의 영광'은 절대로 '지옥에서 들리는 악인들의 고통에 찬 소리들로 인하여 영원히 황폐화' 되지 않는다. 하나님의 대적들을 심판할 때 피어오르는 연기가 하늘의 찬양을 잠식시키지 않는다(계 14:11; 19:3). 더군다나 천국에는 죽음도 없고 곡하는 것도 없고 우는 것이나 고통도 없다. 왜냐하면, 이전 것은 다 지나갔기 때문이다(계 21:4). 천국에서 축복을 누리는 사람들은 지옥에서 형벌을 받는 사람들로 인해 영향을 받지 않는다. 퍼지와 퍼지의 견해에 동조하는 사람들은 지옥에 간 사람들의 고통을 천국에 간 사람들이 외면한다면, 천국에 있는 사람들이 지옥에 있는 사람들에 대해 너무도 냉혹하게 대하는 것이라고 주장하였다.[38] 그러나 성경은 그렇지 않다고 분명히 못을 박고 있다.

마지막으로, "지옥을 영원히 고통받는 곳으로 단정하는 처사는…. 아름다운 성품을 가지신 하나님에 대한 모독이요, 성경을 왜곡시키는 엄청난 실수임이 분명하다."라는 퍼지의 표현은 이제까지 우리가 살펴보았던 성경 구절들을 토대로 점검하여 볼 때 도에 지나친 표현임이 분명하다. 퍼지는 하나님을, 지옥에 간 사람들에게 영원하도록 고통을 가하시는 하나님으로 보는 것은 하나님에 대한 모독이라고 주장하였지만, 성경은 분명히 지옥에 관한 '전통적인 견해'가 옳음을 확증하고 있다.

퍼지의 주장에 대해 우리는 다음과 같이 반응한다. 첫째로, 성경에 기록된 예수님의 가르침을 보건대, 예수님은 이 땅에 태어난 모든 사람들이 사후에도 계속 존재한다는 사실을 이미 숙지하고 계셨다. 특히 지옥에 대한 예수님의 이해는 그분께서 공생애를 시작하시기 전에 자신이 하나님의 선택된 자(God's Chosen One)라는 사실에 대한 인식과 그가 자라온 유대교적 전통을 고수하였던 가정과 회당에서의 경험 및 그의 구약 성경에 대한 예리한 이해로부터 나왔음이 분명하다.[39] 이제 복음서의 중요 구절들을 살펴봄으로 우리의 지옥에 대한 예수님의 가르침을 좀 더 깊게 이해해 보도록 하자.

---

38) 참고: 예: Two View of Hell, 21. 여기서 Fudge는 다음과 같이 논평하였다: "복음주의자들이 지옥이 영원한 형벌의 장소라는 전통적인 교리로부터 점점 이탈해 나가는 것은 그들이 감상적이거나 사회와 타협해서가 아니라 성경의 권위에 전적으로 헌신하기 때문이다."

예수님의 지옥 서술에 대한 바른 이해

지금까지 우리는 예수님께서 지옥을 영원히 지속되는 두려움의 장소로 가르치셨던 성경의 여러 곳을 살펴보았다.[40] 이제부터 우리는 성경에서 다섯 곳을 뽑아 예수님의 지옥 서술에 대해 집중적으로 이해해보고자 한다. 이 다섯 곳은 예수님께서 지옥에 대해 명시한 중요한 부분이다. 우리는 먼저 이 다섯 곳의 성경 구절을 명시하고, 그다음에 이 구절에 대한 퍼지(Fudge)의 해석을 요약한 다음, 이 구절에 대한 우리의 올바른 해석에 대해 말할 것이다.

1. 마태복음 5장 22절 "미련한 놈이라 하는 자는 지옥(게헨나) 불에 들어가게 되리라"는 구절에서 퍼지는 게헨나라는 히브리어를 주목하였다.[41] 게헨나는 원래 예루살렘 근처에 있던 쓰레기 소각장을 일컫는 말이었었다.[42] 이 게헨나를 근거로 퍼지는 이 구절에서 지옥 불(게헨나 불)은 실제로 게헨나라는 예루살렘 바깥 곳의 연기를 내면서 쓰레기를 태우는 쓰레기 소각장의 불을 지칭한다고 주장하였다. 물질세계에서는 물건이 불에 타면 일정시간이 지난 후에는 다 타서 그 존재가 없어져 버리는 것이 사실이다. 이러한 물리적 측정을 근거로, 퍼지는 그의 저명한 저술에서[43] 지옥의 불은 게헨나의 불처럼 그곳에 간 죽은 자들을 태워 없애기 때문에, 지옥에 간 사람들은 지옥 불에 의해 일정시간이 지나면 존재 자체가 파괴되어 없어진다고 주장하였다. 즉 퍼지의 주장에 따르면, 마태복음 5장 22절에 나타난 예수님의 지옥에 대한 표현의 본래 의도는, 죽음을 초래할 정도의

---

39) 이 점에 관하여서는 McKnight가 다음의 자료에서 올바로 강조하고 있다. McKnight, A New Vision for Israel, 3.
40) 다음의 Fudge가 쓴 부분을 보라. "The Teachings of Jesus" in Fudge and Peterson, Two Views of Hell, 36-52.
41) 위와 동일 자료, 42-43.
42) 그러나 Peter Head는 다음과 같이 서술하였다: "예루살렘 근처의 게헨나에 쓰레기 소각장이 있었다는 확실한 증거는 없다." ("Duration of Divine Judgment," in Eschatology in Bible and Theology, ed. Kent E. Browner and Mark W. Elliot [Downers Grove, Ill.: InterVarsity Press, 1997], 223).

분노와 미움을 간직한 자는 타는 듯한 고통을 느끼게 될 것이므로, 단지 화내지 말라는 의도였다는 것이다.

퍼지는 게헨나라는 단어에 너무 집착하였다. 그 결과 그는 하나님께서 그를 대적하는 사람들을 위해 마련해 놓은 극한 처벌의 장소인 지옥을 예루살렘 근처에 있는 쓰레기를 태우는 힌놈 골짜기로 대체해 버리는 실수를 범하였다.[44] 그 결과 그는 죽은 자의 상태에 대한 잘못된 결론에 도달하게 된 것이다. 그러나 이 구절에서 예수님께서는 유대인들의 쓰레기 소각장에 대해서 말씀하신 것이 아니라 지옥에 대해 말씀하셨다.

이 구절에 대한 바른 해석은 예수님께서, 혐오스러운 표현이긴 하지만, 그 당시의 사람들에게 익숙한 장소적 표현을 통해서, 사람들로 하여금 그 어떤 희생을 치르더라도 제발 지옥에 가지 말라고 촉구하셨다는 해석이다. 육신을 가진 인간은 천국의 아름다움을 온전히 표현하거나 그려볼 수 없기 때문에(참고: 고전 2:9), 천국을 금으로 장식된 거리라고 표현한 것이다(참고: 계 21:21; 22:2). 그러나 이러한 천국 표현도 천국에 대한 아름다움을 충분히 나타낸 표현이라고 할 수 없다. 이와 마찬가지로, 지옥을 게헨나로 설명한 것은 지옥에 대한 묘사임이 확실하지만 그래도 지옥에 대한 충분한 표현은 아니다. 모든 인간들은 잠을 잘 동안 의식이 없다. 그러나 예수님은 여기서 말씀하신바 지옥의 상태는 단지 의식을 잃은 상태 정도가 아니라, 의식이 있는 가운데서 느끼는 지속적인 고통의 상태를 나타내고 있음이 분명하다.

퍼지는 이 구절을 제대로 해석하기 위해서는 다음의 마태복음 5장 29-30절의 구절에 대한 바른 해석이 우선되어야 한다고 주장하였다. 나도 그의 의견에는 동의한다. 그러면 이제 마태복음 5장 29-30절을 해석해보도록 하자.

---

43) Edward W. Fudge, The Fire That Consumes, rev. ed.(Carlisle: Paternoster, 1994). 또한 다음을 보라. Fudge and Peterson, Two Views of Hell, 37-39.

44) 참고: D. A. Carson, Exegetical Fallacies, 2nd ed.(Grand Rapids: 1996), 63-64. 또한 다음을 보라. G. B. Caird, The Language and Imagery of the Bible(Grand Rapids: Eerdmans, 1997), 8-12.

2. 마태복음 5장 29-30절 "만일 네 오른 눈이 너로 실족케 하거든 빼어 내버리라. 네 백체 중 하나가 없어지고 온몸이 지옥에 던지우지 않는 것이 유익하니라. 또한, 만일 네 오른손이 너로 실족케 하거든 찍어 내버리라. 네 백체 중 하나가 없어지고 온몸이 지옥에 던지우지 않는 것이 유익하니라." 퍼지는 이 구절이 예수님께서 사람들에게 '자기 상실'에 대해 경고를 하신 것이라고 해석하였다.[45] 그는 이 구절에서 '지옥에 던지운다'를 '자기를 상실하는 상태'로 규정하였고,[46] 또한 '거절, 추방 및 쫓겨남'의 상태로 규정하였으며, '불로 인한 손실'로 간주하였다. 그러나 지옥에 대한 이런 해석은 지옥에 대한 예수님의 원래 표현을 약화시키는 해석이다. '지옥에 던지운다'는 표현을 단지 '거절, 추방 및 쫓겨남'으로 해석하는 것은 잘못된 해석이다. 지옥은 적극적인 응징의 장소이다. 단지 재판관이 죄인에 대해 등을 돌리는 상태가 지옥이 아니고 또한 외딴곳에 추방된 죄인의 상태나 상실에 대한 슬픈 상태도 지옥은 아닌 것이다. 지옥을 '자기 상실의 상태'로 보는 것은 지옥을 단지 추방당한 자의 심리 상태로 보는 처사라고 할 수밖에 없다. 지옥은 극적인 불운과 고통이 한꺼번에 어우러지는 곳이다. 예수님께서는 "신체 일부를 제거당하더라도 지옥에는 안 가는 것이 낫다"는 적극적인 표현을 하셨다. 따라서 지옥은 자기 인식에 대한 상실 이상의 곳이다. 왜냐하면 자기 상실의 슬픈 마음의 상태가 자신의 지체의 일부를 제거당하는 것보다 더 낫기 때문이다.

퍼지는 '불로 인한 상실'이라는 그의 표현을 사람들이 잘 이해하기 위해서는 성경의 다른 구절을 볼 필요가 있다고 하였다. 우리는 그의 이 부분에 대한 언급에 동의한다. 그럼 이제 다른 구절들로 넘어가 보자.

3. 마태복음 10장 28절 "몸은 죽여도 영혼은 능히 죽이지 못하는 자들을 두려워하지 말고 오직 몸과 영혼을 능히 지옥에 멸하시는 자를 두려워하라." 퍼지는 이 구절에서 '죽인다'는 표현과 '멸한다'는 표현은 같은 의

---

45) Fudge and Peterson, Two Views of Hell, 43.
46) 위와 동일 자료

미라고 보았다. 그는 '멸한다' 는 것은 존재가 소멸되는 것이라고 하였다. 그래서 예수님께서는 이 구절을 통하여, 혼과 몸을 더 이상 존재하지 않게 할 수 있는 하나님께서 사람들에게 조심하라는 경고를 한 것뿐이라고 퍼지는 주장하였다.[47]

물론 하나님께서는 전능하시기 때문에 그 어떤 존재든지 무 존재로 만드실 수 있으시다. 그러나 이 구절이 의미하는 바는 하나님께서 악인을 지옥에서 무 존재화 시킨다는 의미가 아니다. 이 구절이 말하고 있는 예수님의 경고를 다른 각도에서 보자. 마태복음 10장은 예수님께서 열두 제자들을 파송하는 장면을 기록한 장이다. 이제 예수님의 제자들이 예수님에 의해 각 곳으로 파송돼 나가면, 그들은 어려움도 당할 것이고 배반당하는 일도 경험하게 될 것이고 심지어는 채찍에 맞는 일까지도 당하게 될 것이다(10:17). 제자들 중에 어떤 제자들은 그런 어려움을 당하지 않기 위해, 겁쟁이로 편안히 살아가는 것이 차라리 낫지 않을까라는 생각을 하였을 것이다. 이러한 제자들의 생각을 아신 주님께서는 이 구절을 통해 육신의 죽음만 있는 것이 아니라, 두 번째 죽음이 있는데 그 죽음은 육신의 죽음보다 훨씬 더 무서운 죽음이라고 말씀하신 것이다. 나는 이 두 번째 죽음이 바로 지옥의 고통스러운 경험을 지칭한다고 확신한다. 이러한 나의 주장의 근거는 다음의 두 가지 사실에 있다.

첫째로, 예수님께서는 여기 말고 다른 곳에서 죽음에 대해 말씀하실 때 '멸한다' 는 표현을 쓰지 않으시고 그 대신 '영원한' 이라는 표현을 쓰셨다(이에 대해서는 이미 설명하였고, 앞으로도 또 설명할 것이다). 따라서 예수님이 죽음에 대해 '영원한' 이란 표현을 썼다면 그것은 '잠시적인' 이라는 말이 아니다. 고로 위의 구절에서 '멸한다' 를 '영원하지 않은 잠깐 멸함' 으로 해석하는 것은 잘못된 해석이다.

둘째로, 예수님의 '멸한다' 라는 표현은 때로는 영원히 지속되는 고문으로 해석되어야 한다. 예를 들어, 귀신들이 예수님에게 자신들을 멸하지

---

[47] 위와 동일 자료, 43-44.

말아 달라고 호소하였을 때(막 1:24; 누가복음 4:34) 사용된 단어가 바로 아포루미(apollymi, 멸하다)였다. 여기서 이 '멸하다'는 '끊임없이 고통이 가해진다'라는 의미(바사니조, basanizo; 마 8:29; 막 5:7; 눅 8:28)로 이해 돼야 한다. 다른 말로 표현히자면, 동사 아포루미(apollymi, 멸하다)는 마태복음 10장 28절에서 육신의 죽음을 말하는 아포크타이노(apokteino, '죽이다')와 대칭을 이루고 있다. 그러나 다른 구절들에서 아포루미(멸하다)는 바사니조(basanizo, '고문하다', '고통을 주다')와 대칭을 이루고 있기 때문에, 이 경우에 아포루미는 이 세상이 아닌 곳에서 처하는 가혹한 고통을 지칭한다고 보아야 한다. 예수님께서 자신의 사역을 제쳐두고 매번 귀신들을 쫓아다니며 그들에게 고통을 가하거나 멸할 수는 없는 노릇이다. 그래서 귀신들은 이 땅에서 예수에 의해 고문당하거나 멸해지는 것을 두려워하였던 것이 아니고, 귀신들이 예수님에게 자신들을 멸하지 말라고 두려움에 떨면서 애원하였다는 사실은, 그들을 마귀와 그들이 추종하는 무리가 들어가 있는 영원한 형벌의 장소(계 14:11)로 보내지도 말고, 그곳에서 영원한 고통에 처하지 않도록 해달라는 말이다.

마태복음 10장 28절만으로는 결론이 나지 않기 때문에 퍼지의 해석은 신빙성이 없다. 예수님을 영혼소멸론자로 보는 퍼지의 견해는 복음서에 대한 모독이다. 이제 두 곳을 더 살펴보자.

4. 마태복음 18장 8-9절 "만일 네 손이나 네 발이 너를 범죄케 하거든 찍어 내버리라 불구자나 절뚝발이로 영생에 들어가는 것이 두 손과 두 발을 가지고 영원한 불에 던지우는 것보다 나으니라… 한 눈으로 영생에 들어가는 것이 두 눈을 가지고 지옥 불(게헨나)에 던지우는 것보다 나으니라." 퍼지는 이 구절을 '완전히 멸해진 상태가 영원히 지속되는 것'에 대한 예수님의 경고의 말씀이라고 주장하였다.[48] 그는 또한 게헨나는 '이 세상에 속하지 않았고 장차 올 세상에 속하였기 때문'에 게헨나를 영원한 곳

---

48) 위와 동일 자료, 44.

으로 묘사된 것뿐이라고 주장하였다. 이것은 그가 시간의 영원성에 대한 개념을 플라톤적인 이해(Platonic understanding)[49]의 관점에서 받아들였다는 말인데, 사실 그는 이제껏 플라톤(Plato)의 혼은 절대로 죽지 않는다는 플라톤의 주장을 반대해오지 않았던가?[50] 이제껏 퍼지는 플라톤적인 이해로 인해 영원한 형벌의 견해가 심각하게 타격받았다고 주장해 왔었다며, 플라톤의 영혼 이해에 반대해 왔었다. 그런데 지금은 정작 플라톤적인 이해를 하려고 하고 있지 않은가?

지금 퍼지는 자기의 주장에 대한 심각한 모순에 봉착하였다. 만일 이 구절에서 나오는 '게헨나'가 퍼지가 주장한 대로 단순히 힌놈 골짜기도 아니고, 힌놈 골짜기에서 벌어지는 일들을 지칭하지도 않고[51] 또한 '영원한 불'로 파괴되어 '다시는 볼 수 없는' 소돔[52]을 지칭하지도 않는다고 주장하였다. 그러나 다른 곳에서 퍼지는 '게헨나'가 힌놈 골짜기의 쓰레기 소각장을 지칭한다고 주장하였다. 그 때문에 그는 동일한 '게헨나' 표현을 서로 다르게 해석하는 자기모순을 범하였다. 대부분의 성경 주석가들은 이 게헨나 표현이 이 땅을 초월한 장소를 지칭하고 있다는 사실에 동의하고 있다. 그러나 유독 퍼지만은 그렇게 하지 못 했다. 그는 게헨나를 힌놈 골짜기에 국한시켜 해석하려는 오류를 범하였다(마 5:22). 그리고 이 구절에서 퍼지는 정작 게헨나를(자신의 종전 주장과는 달리, 힌놈 쓰레기 처리장이 아닌) 지옥으로 해석하는 오류를 재차 범하고 있는 것이다. 나의 주장이 맞는다는 사실은 18장 8절의 '영원한 불'이라는 표현과 18장 9절의 '지옥의 불'이라는 표현을 서로 대비시켜 보면 금방 알 수가 있다.

예수님께서는 18장 8-9절의 두 절을 통하여 사람들에게 '영생(영원한 생명)'을 얻는 것과 '지옥에 던져지는 것'을 극명하게 대비하여 보여주셨

---

49) 참고: Oscar Cullmann, Christ and Time, rev. ed., trans. by Floyd Filson(Philadelphia: Westminster, 1964), 61-68.
50) 참고: Fudge and Peterson, Two Views of Hell, 22, 43, 62, 187.
51) 참고: 위와 동일 자료, 42.
52) 위와 동일 자료, 44 그리고 유다서 7절

다. 이를 통해 예수님께서는 사람들을 실족시킨 사람은 사후에 영원하신 재판관 앞에 선다는 사실을 주지시키신 것이다. 어떤 사람들은 이 심판자 앞에 서고 나서 영생에 들어간다(참고: 마 25:31-46). 그들이 들어가는 영생은 천국을 지칭한다. 천국에서 누리는 영생이 영원하다는 것에 대해서는 퍼지도 동의하고 있다. 그렇다면, 같은 문맥에서의 예수님의 지옥에 관한 언급 곧 '영원한 불(게헨나)'이라는 언급도 영원한 지옥을 말하고 있다고 보아야 마땅하지 않겠는가? 이 질문에 대해 퍼지는 대답할 말을 상실하였다. 그가 대답할 말을 잃은 이유는 자기 이론이 억지이고 모순이라는 것이 이 구절을 통해 명백하게 드러났기 때문이다.

5. 마가복음 9장 47-48절 "만일 네 눈이 너를 범죄케 하거든 빼어 버리라 한 눈으로 하나님의 나라에 들어가는 것이 두 눈을 가지고 지옥에 던지우는 것보다 나으니라 거기는 구더기도 죽지 않고 불도 꺼지지 아니하느니라." 마가복음 9장 47-48절은 마태복음 18장 8-9절 같은 내용이다. 고로 위 구절(막 9:47-48)은 지옥과 관련된 예수님의 표현에 대해 추가로 우리에게 지옥에 관한 정보를 제공해주는 구절이 된다.

이 구절에 대해 퍼지는 다음과 같이 말하였다[53] : "구더기가 득실거리고 불이 꺼지지 않는다면 분명히 지옥에 간 죽은 자는 구더기에게 먹힘 당하고 불에 타기 때문에 결국에는 그 존재가 사라지고 만다. 그래서 파괴의 상태가 완전하게 되어 무 존재가 되게 되면, 그 완전한 파괴 상태만이 영원히 계속되는 것이다." 그리고 그는 시체는 썩어 없어져 가지만 불은 꺼지지 않고 벌레는 죽지 않는다는 이사야 66장 24절을 근거로, "지옥의 벌레는 결코 죽지 않고, 불은 절대로 꺼지는 법이 없다."고 주장하였다.[54]

그러나 그의 이사야서 66장 24절 해석은 잘못된 것이다. 그의 해석에는 무리수가 많다. 위에 실린 그의 해석 중에는 '불에 타기 때문에 반드시 그 존재가 사라진다'는 표현이 등장한다. 만일 그렇다면, 다 태우고 난 불

---

53) 위와 동일 자료, 44.
54) 위와 동일 자료, 32-33.

은 더 이상 태울 것이 없기에 반드시 꺼지고 말아야 한다. 즉 그의 말대로라면, 그의 주장은 예수님과 이사야의 주장과 정반대이다. 그 이유는 예수님과 이사야는 불이 절대로 꺼지지 않는다고 말했기 때문이다. 둘 중 하나이다. 즉 예수님과 이사야의 말이 맞거나 아니면 퍼지의 말이 맞거나 이다.

한 걸음 더 나아가 말하건대, 퍼지의 주장처럼 '파괴의 상태가 완전하게 되어 무 존재가 되게 되면, 존재는 없어지지만 파괴의 상태는 영원히 계속되는 것' 이 아니라, 파괴의 상태도 더 이상 존재하지 않아야 옳다. 퍼지는 예수님(또는 이사야)의 말씀에 대한 해석을 자꾸 파괴(파멸) 쪽으로 몰고 가려고 한다. 그러나 그렇게 하는 것은 말씀의 근본 의도를 잘못 파악하고 있기 때문이다. 마가복음에서의 예수님의 의도는 파괴로 인한 무 존재를 강조하기 위함이 아니라, 무시무시하고 황폐하게 만드는 지옥에 대한 묘사를 통해 지옥의 실체를 강조하기 위해 말씀하신 것이다. 이 점은 이사야도 마찬가지이다. 피터 헤드(Peter Head)는 이사야 66장 24절의 표현은, 구약의 외경인 유디트서(Judith)의 에녹 1서(1 Enoch)와 씨빌의 예언(Sibylline Oracle)을 통해 잘 알 수 있듯이, 이사야 선지자는 제2성전 시대의 유대인들과 같은 생각을 가졌음을 나타낸다고 서술하였다.[55]

한편 J. 알렉 모티어(J. Alec Motyer)는 이사야의 벌레 표현은 '끊임없는 부패'를 말하고 이사야의 불 표현은 '그치지 않는 거룩한 분노'를 말한다고 주장하였는데[56], 나는 그의 주장이 옳다고 생각한다. 로버트 건드리(Robert Gundry)는 마가복음 9장 48절에 나타난 예수님의 표현을 볼 때, 예수님은 이사야와 더불어 영혼소멸론적인 생각을 전혀 하고 있지 않았던 것이 분명하다며, 다음과 같이 서술하였다. "이러한 표현들을 살펴볼 때, 구더기와 불은 저주받은 자들의 몸에 붙어 끊임없이 기생하고 끊임없이 타는 것으로 묘사된다."[57] 신약 성경이 나오기 전 시대에 쓰인 구약의 외경에 해당하는 유디트서 7장 17절의 '불과 벌레들' 이 '고통으로 영원히 울

---

55) Peter Head, "Duration of Divine Judgment," in Eschatology in Bible and Theology, ed. Browner and Elliott, 223-34.
56) J. Alec Motyer, The Prophecy of Isaiah(Downers Grove, Ill: InterVarsity Press, 1993), 544.
57) Robert Gundry, Mark(Grand Rapids: Eerdmans, 1993), 526.

부짖는' 열방의 시체들이란 표현은 로버트 건드리 알렉 모티어의 주장이 옳음을 확증해 주고 있다. 퍼지는 유디트서의 이런 표현에 대해, "이 표현은 이방인인 그리스인들의 불멸 사상에 불과하다고 말한다. 그 때문에 이런 사상을 갖고 이사야의 표현을 해석하면 안 된다."고 주장하였는데,[58] 그의 주장은 근거가 박약하다. 유디트서가 표현하는 바나 이사야가 표현하는 바는 같다. 예수님은 이사야의 표현을 영원한 심판의 표현으로 이해하신 것이다. 그러나 이사야 66장 24절(그리고 단 12:2도 마찬가지임; 이전의 글들을 참고하라)의 표현은 그리스 사상의 영향을 받은 것은 사실이다.

이것에 관해서는 구약 성경을 통해서 우리가 전장에서도 이미 살펴보았다. 그리고 우리는 예수님께서는 지옥을 영원히 고통받는 곳으로 이해하고 계셨다는 사실을 신약 성경의 복음서 다섯 곳을 살펴봄으로 자세히 이해하였다. 이로 보건대 고대의 사람들이건 후대의 사람들이건 성경을 제대로 이해하는 사람들은 지옥이 영원한 고통의 장소로 이해하였음이 분명하다. 퍼지는 결국 복음서에 나타난 예수님의 지옥에 대한 가르침에 대한 바른 이해를 뒤집을 수 없었다.[59]

예수님의 가르침 : 플라톤의 영향을 받았나?

지금까지 우리는 예수님께서는 지옥을 영원히 아픔을 느끼는 고통의 장소라고 이야기하신 적이 없다고 주장한 퍼지의 논리가 잘못되었음을 밝혔다. 예수님은 분명히 지옥을 영원한 고통의 장소라고 못 박아 말씀하심으로써 우리에게 지옥에 대해 확실한 가르침을 주셨다. 그럼에도, 퍼지는

---

58) Fudge and Peterson, Two Views of Hell, 35.
59) 이 제한된 장에서 복음서에 나온 지옥에 관한 모든 서술들을 다 언급할 순 없다. 복음서 그 어디에서도 우리의 주장과 상반된 구절들을 우리는 발견하지 못하였다. 예수님의 회개 촉구의 말씀, 믿음 촉구의 말씀 및 그분의 하나님 나라와 사탄 그리고 귀신 및 축사에 관한 가르침, 또한 그분의 십자가 죽음과 무덤에 안치되심을 통해 지옥의 권세를 이기려 하심 등, 이 모두는 연합하여, 우리로 하여금 그 무서운 지옥 -우리가 주장했던 영원한 고통이 있는 지옥- 에 가지 못하게 하기 위함으로 귀결될 수 있다. 고로 예수님의 모든 사역과 행적은 우리의 주장이 옳음을 확증시켜준다.

영혼 불멸을 믿는 그리스 사상(플라톤의 사상)에 영향을 받은 어거스틴과 같은 고대 사상가들이 지옥에 간 사람들은 영원히 죽지 않고 그곳에서 끝없는 고통을 받는다고 주장하여, "지옥이 끊임없는 고문의 장소라는 전통 수호자들의 생각은 사실 알고 보면 비성경적인 가르침에 영향을 받은 결과이다."[60]라고 하였다. 퍼지의 주장을 다른 말로 바꾸면, 플라톤을 비롯한 그리스의 사상가들은 '인간은 일단 태어나면 절대로 그 존재가 없어지지 않는다'고 믿었고, 그 후 교회의 사상가들이 그러한 플라톤의 사상에 영향을 받아 성경이 죽은 자의 영존성을 가르친다고 해석하였다는 것이다. 고로 우리는 먼저, 성경이 만들어지고 나서 등장한 초창기의 복음서 주석가들이 정말로 지옥을 영원한 고통의 장소로 생각했는지를 살펴볼 것이다. 그리고 실제로 그들이 그렇게 생각한 것으로 밝혀지면, 그다음으로는 우리가 그들의 그런 생각이 퍼지가 주장하는 것처럼 그리스의 영혼 불멸 사상의 영향을 받았기 때문인지에 대해서 살펴볼 것이다.

초창기의 기독교인 작가들은 지옥의 처벌은 영원하다고 믿었다. 우리는 어거스틴을 문제 삼지 않아야 한다. 그 이유는 어거스틴(서기 354-450년)보다 300년 앞선 사람들도 그렇게 믿었기 때문이다. 우리는 이 문제를 철학적인 관점에서 보아서는 안 되고 성경적인 관점에서 보아야 한다. 서기 70-100년 사이에 쓰인 것으로 추정되는 바나바서(Epistle of Barnabas)에는 다음과 같은 기록이 발견되었다. "흑암으로 가는 길은…. 심판으로 점철된 영원한 죽음의 길이다."[61] 바나바는 육체의 부활을 확실히 믿고 있었다(바나바서 5:6). 이에 비해 헬레니즘 사상가들은 육체의 부활을 믿는 사람들을 경멸하였다(참고: 행 17:32). 바나바서가 복음서를 여러 차례 인용하였지만, 플라톤을 비롯한 헬라 작가들의 영향을 받았다는 증거는 전혀 보여주고 있지 않다. 더군다나 바나바서에 기록된 인용문구들은 대부분이 구약 성경으로부터의 인용이라는 사실을 볼 때, 바나바서가 플라톤

---

60) Fudge and Peterson, Two Views of Hell, 185.
61) ANF 1.149, 이것은 다음 자료에 인용됨: David W. Bercot, ed., A Dictionary of Early Christian Beliefs(Peabody, Mass.: Hendrickson, 1998), 242.

의 영향을 받았다는 주장은 별 근거가 없는 주장이라고 할 수밖에 없다.

1세기가 끝나기 전에 사도 요한으로부터 직접 가르침을 받았던 히에라폴리스의 파피아스(Papias of Hierapolis)는 요한계시록에 나오는 천년왕국을 믿었던 사람으로서, 천년왕국과 관련된 영원한 상급에 대한 신앙을 갖고 있었다.[62] 이에 히에라폴리스의 파피아스가 그의 스승인 사도 요한이 쓴 요한복음과 요한계시록에서 분명하게 명시된 영원한 형벌 장소로서의 지옥을 부정하였다고 주장하는 것은 설득력이 없다. 현재 발견된 파피아스의 일부 기록들을 살펴보면 파피아스는 비록 헬라 사상이 넘쳐났던 피리지아(Phrygia)에서 자라나긴 하였지만, 헬레니즘의 사상이 있지 않았고 플라톤의 영향을 받지도 않았으며, 오히려 예수님의 가르침을 전적으로 수용했던 것으로 밝혀진다. 유세비우스(Eusebius)는 요한계시록의 저자인 사도 요한을 천년왕국의 신앙으로부터 멀리 떨어뜨려 놓았으며 사도적인 부분을 요한으로부터 제거하고 장로로서의 요한만을 남겨놓았다. 즉 유세비우스는 사도 요한을 자신이 만든 유세비우스의 신-플라톤적인 사상으로 끌어들이려고 하였던 것이다.[63] 그러나 파피아스는 플라톤과는 너무도 멀리 떨어져 있기 때문에 유세비우스에게 조차도 가까이 갈 수가 없다. 분명히 말하건대, 파피아스의 종말론은 플라톤의 냄새가 전혀 나지 않는다. 파피아스는 요한계시록에 기록된 바와 같은 영원 형벌의 지옥을 믿었기에, 그의 사상은 예수님의 가르침과 사도들의 가르침과 맥을 같이하고 있지만, 플라톤의 철학과는 거리가 멀리 떨어져 있다.

서기 2세기의 기독교 저술가들도 지옥을 영원한 형벌의 장소로 생각하였다. 서기 315년경에 쓰인 폴리갑의 순교(Martyrdom of Polycarp)라는 책에 보면 다음과 같은 말이 기록되어 있음을 알 수 있다: "그들은 영원한 심판으로부터 구속함을 받았다고 믿었기에 세상이 주는 그 어떤 고문들도 한껏 비웃을 수 있었다…. 그들은 꺼지지 않는 영원한 불의 형벌을 받지 않

---

62) Ireanaeus, Against Heresies 5.33.3, 4; Eusebius, Church History 3.39; Jerome, De vir. illust. 18. 다음을 보라. J. B. Lightfoot, The Apostolic Fathers(London: Macmillan, 1891), 527-34.

63) 참고: Robert Yarbrough, "The Date of Papias: A Reassessment," JETS 26(1983): 181-91. 다음도 보라. Glenn F. Chesnut, The First Christian Histories(Macon, Ga.: Mercer Univ. Press, 1986), 164-66.

는다고 믿었기에 자유로울 수 있었던 것이다."⁶⁴⁾ 저스틴 마터(Justin Martyr)가 서기 160년경에 쓴 글에는 이런 문구가 발견되었다: "우리는 이사야서를 통해 범법자들이 벌레들과 꺼지지 않는 불에 의해 처벌받는다는 사실을 알게 되었다."⁶⁵⁾ 타티안(Tatian)은 서기 160경에 집필한 것으로 추정되는 그의 글에서 다음과 같이 밝혔다: "육적으로는 죽을 수밖에 없는 인간은 사망 후에도 영생한다. 문제는 기쁨의 영생을 하느냐 아니면 고통스러운 영생을 하느냐이다."⁶⁶⁾ 죽음에 대한 이와 같은 이해는 아쎄나고라스(Athenagora, 서기 175년경), 테오피우스(Theophius, 서기 180년경), 이레니우스(Irenaeus, 서기 180년경) 및 터툴리안(Tertullian, 서기 197년경)의 경우에서도 마찬가지였다.⁶⁷⁾ 이들과 예수와의 거리(저스틴의 경우는 이사야까지 거슬러 올라감)는 시간적으로나 생각으로 매우 가깝다고 볼 수 있다. 따라서 이들 거리 사이에 플라톤의 사상과 헬레니즘적인 신학이 많이 끼어들 여지는 거의 없다.

　　서기 330년경에 가서야 영혼은 소멸하게 된다는 조건론(conditionalism)과 같은 사상은, 아노비우스(Arnobius)의 '영혼 소멸을 지지해주는 최초의 장소는 불신자의 영혼이 가는 지옥이다' 라는 표현을 통해 처음으로 나타나게 된다. 그러나 아노비우스는 초대 교회의 교부들 중에서 성경적인 기반이 제일 약한 교부였다. 더군다나 아노비우스의 이러한 견해는 553년에 열렸던 콘스탄티노플의 제 2차 평의회(Second Council of Constantinople)에서 이단 사상으로 정죄를 당했고 1513년에 열린 라테란 평의회(Lateran Council)에 의해 이단으로 다시 한번 정죄를 당했다.⁶⁸⁾ 초대 교회의 기독교 저술가들 모두는 복음서에 기록된 예수님의 영원한 형벌에 대한 가르침을 그대로 수용하였다. 그러나 조금 지나서 나타난 아노비우스는 성경에서 벗어난 주장을 하고 말았다. 이로 볼 때 기독교 초기의 기독교 저술가들이

---

64) ANF 1.39, 이것은 다음 자료에 인용됨: Bercot, ed., A Dictionary of Early Christian Beliefs, 242.
65) ANF 1. 264, 265, 이것은 위와 동일한 자료에 인용됨, 242.
66) ANF 1.71, 이것은 위와 동일한 자료에 인용됨, 242.
67) 참고: 위와 동일 자료, 242-45.
68) ACUTE, The Nature of Hell, 62.

예수님을 알지도 못했던 플라톤의 영향을 받았다고 주장하는 것은 옳지 않다. 이단으로 규정된 아노비우스의 외로운 주장을 근거로 그리스도가 주장한 것을 왜곡시키려는 처사는 옳지 않다.

어떤 사람들은 초대 기독교 교부들의 저술을 증서로 지옥이 이렇다 또는 저렇다고 말하는 것은 옳지 않다고 주장하였다. 또한, 그들은 폴리갑의 순교나 「2 클레멘트(2 Clement)」라는 책에는 단지 성경과 동일한 표현들인 '영원한 심판', '영원한 불'이나 '꺼지지 않는 불'이란 표현이 나오긴 하지만, 이러한 성경과 동일한 표현들을 근거로 초대 기독교 교부들의 지옥에 대한 사상은 예수님의 사상과 동일하다고 말하는 것은 문제가 있다고 주장하였다.[69] 그러나 그들의 주장이 신빙성이 있으려면 사후의 존재와 관련되어, 초대교부들의 사상이 플라톤과 같은 고전적 철학가들의 사상에 영향을 받았기 때문에 그들이 지옥에 대해 표현한 문구들이 온전히 그리스도의 가르침에서 온 것이 아니라는 것을 밝힐 수 있어야 한다.

초기 기독교의 저술가들은 그리스어를 사용하였고 그 중 어떤 이들은 헬레니즘 문화권에서 살다가 예수님을 믿게 되었기 때문에, 그리스의 사상이 그들의 저술에 스며들 수도 있을 가능성은 얼마든지 있다. 그러므로 초기 기독교 저술가들의 저술을 근거로 성경의 지옥에 관한 주장을 펴는 것은 무리가 있다고 하는 그들의 주장이 전혀 일리가 없는 주장은 아니다. 그러나 초기 기독교 저술가들이 플라톤의 사상으로 완전 무장하였다고 보는 것은 절대로 옳지 않다. 그 이유는 그들이 취했던 신앙의 근거는 성경이었지 플라톤의 사상이 아니었기 때문이다. 그렇다면 초기 기독교 저술가들이 성경을 근거로 믿었던 신앙은 어떤 신앙인지를 아래에서 살펴보자.

* 예수 그리스도는 하나님인 동시에 인간이었고 또한 하나님의 아들이었다.
* 예수님의 죽음과 부활 사실을 믿음으로 받아들일 때 구원을 얻는다.

---

69) E. Earle Ellis, "New Testament Teaching on Hell," in Eschatology in Bible and Theology, ed., Browner and Elliott, 201 n. 8.

* 그리스도와 모든 사람들의 몸은 죽은 후에 부활한다.
* 모든 것이 무에서 창조되었다는 창조 교리를 믿는다.
* 기독인들로 다스려지는 천년왕국을 믿는다.
* 구약과 신약 성경은 인간의 이성을 뛰어넘는 계시적 권위의 책이다.
* 기독교와 도덕성은 분리할 수 없다(윤리 없는 신학은 신학이 아니다).
* 인간은 하나님의 형상으로 지음 받았다.
* 하나님께서는 먼저 히브리 백성을 선택하셨고 그들을 통하여 구원을 모든 사람들에게 적용시키셨다.
* 인간의 원죄로 인해 모든 사람이 죄인이 되었다는 교리를 믿는다.

그러나 그리스도를 받아들이지 않은 플라톤 학파의 사람들은 그 누구도 초기 기독교 저술가들이 받아들였던 성경에 근거한, 위에 적힌 기독교의 근본 교리들을 받아들이지 않았다. 저스틴과 이레니우스(Irenaeus)는 인간 영혼의 부패에 관련하여 스토아학파의 영향을 받았지 플라톤의 영향을 받은 것은 아니었다고 토니 그레이(Tony Gray)는 주장하였다.[70] 실제로, 저스틴과 이레니우스는 플라톤의 영향을 받았던 영지주의(Gnostics, 초기 기독교 시대에 존재했던 신비주의를 강조하던 기독교의 분파. 나중에 이단으로 정죄 받았음; 역자 주)를 강하게 비판하였다.[71] 첼수스(Celsus)는 기독교를 강력하게 비난하였던 그리스의 철학자로서 플라톤 사상을 적극적으로 옹호했던 사람이었다.[72] 서기 180년경에 쓰인 첼수스의 긴 저술을 조사해본 결과, 플라톤의 가르침과 2세기 경의 교회의 가르침 사이에는 여러 가지 점에서 아무 연관성이 없는 것으로 밝혀졌다.[73]

이러한 여러 가지 이유 때문에 지옥에 관한 가르침에 있어서 초기 교부들이 '플라톤의 영향을 받았다'[74]라는 근거 없는 모함들은 일축되어야 할 필요가 있다. 만일 일부의 주장대로 초기 기독교 교부들이 플라톤 영향

---

70) Tony Gray, "The Nature of Hell," in Eschatology in Bible and Theology, ed. Browner and Elliott, 237.
71) J. N. D. Kelly, Early Christian Doctrines, rev. ed.(New York: Harper & Row, 1978), 35-41.
72) On Celsus's Platonism, 참고: 위와 동일 자료, 20.

을 받았기 때문에, 사후 불멸을 주장하였던 플라톤 학파들의 사상을 전적으로 받아들였다면, 기독교가 주장하였던 심판 받기위해 악인의 육체가 부활해야 한다는 이론은 처음부터 전혀 받아들이지 않았다는 말이 되기 때문에, 그들의 주장은 틀리다고 할 수밖에 없다. 플라톤 및 그와 관련된 가르침들은 이방인들의 신비 종교들[75]과 기독교 영지주의자들에게는 영향을 끼쳤을 수도 있겠지만[76], 초기 교부들의 기독교관에는 그 어떤 영향도 행사할 수 없었다.

그러나 2세기에 활동했던 기독교 사상가(어떤 경우는 일 세기 후반부터 활동했던 사상가)들이 헬레니즘의 영향을 어느 정도 받은 것은 사실이다. 그들은 그리스어를 사용하였고 그리스-로마의 세계에서 살았기 때문에 헬라 문화의 영향을 어찌 받지 않을 수 있었겠는가? 그러나 그럼에도 헬레니즘 문화에서 뿌리를 내리고 살았던 오리겐(Origen)도 성경에 심취한 결과 성경이 말하는 육체의 부활을 믿었고, 그리스의 스토아 사상과는 상반되게, 자살한다고 지옥의 불행을 면하는 것은 아니라는 결론을 내렸다.[77] 저스틴은 그 당시 '플라톤화된 스토아 사상의 냄새가 나는 언어들을 사용'한 것이 사실이지만 그렇다고 그가 플라톤의 이원론 사상을 받아들였다고는 볼 수가 없다.[78] 지옥을 영원히 고통스러운 형벌을 받는 장소로 소개하였다고 해서, 일부 사람들에 의해 비난 받았던 어거스틴(Augustine)은 다른 신학자들이 그러하였듯이, 기독교 외의 영향을 받지 않은 것은 아니지만, 분명히 성경에 충실한 신학자였다.[79]

---

73) Celsus on the True Doctrine, R. Joseph Hoffmann 번역(New York/London: Oxford Univ. Press, 1987). Celsus는 플라톤의 영향을 강하게 받은 사람으로 기독교의 부활을 통렬하게 비판하였다. 그에게서 플라톤은 "철학자" 그 자체였다(위와 동일 자료, 81). 플라톤에 관한 것과 플라톤 학파의 사람들이 교부들이 믿었던 기독교 신앙에 대해 어떻게 평가하였는지를 알려면 77, 88-89면을 보고, 이와 관련된 꼬리말을 보려면 85-88, 92-95, 103-4, 109-11, 113-14를 찾아보라. Celsus는 초기 기독교 교부들의 영원 형벌의 교리에서 그 어떤 플라톤의 영혼 불멸의 사상을 찾아 볼 수 없었다고 하였고, 그 당시의 모든 종교들에게서도 플라톤의 영혼 불멸 사상은 찾아 볼 수 없었다고 하였다. Celsus는 개화된 종교라면 영원한 지옥에 떨어지기 전에 육을 떠난 영혼이 육과 재결합하는 것을 믿을 수 없다고 주장하였다.
74) Ellis, "New Testament Teaching on Hell," 212.
75) 참고: Jack Finegan, Myth and Mystery: An Introduction to the Pagan Religion of the Biblical World(Grand Rapids: Baker, 1989), 169-85.
76) Kelly, Early Christian Doctrines, 22-28.

그래서 초대교회 지도자들의 신학 사상이 플라톤에 의해 지대한 영향을 받았다고 말하는 것이 틀린 주장이듯이, 토마스 아퀴나스(Thomas Aquinas)가 아리스토텔레스(Aristotle)의 영향을 지대하게 받았다고 말하는 것 또한 틀린 주장이다.[80] 일부 학자들의 이와 같은 틀린 주장들이 먹혀들어가려면, 이들은 초기 기독교 시대의 주요 교부들의 글들에서 플라톤의 사상을 받음을 증명해주는 증거들을 찾을 수 있어야만 한다.

지금 우리는 지옥에 간 자들은 영원한 고통 속에서 몸부림을 친다는 성경의 교리에 대한 초기 기독교 교부들의 주장이, 플라톤의 영혼 불멸설의 영향을 받은 결과인지 아닌지를 살피는 중이다. 이단으로 정죄 받은 오리겐과 같은 사람이 플라톤에 의해 많은 영향을 받았다는 것은 사실이다.[81] 그 결과 그는 지옥에서 영원히 고통받는 것은 아니라고 주장하였다. 그리고 우리는 지금까지 초대 교부들의 죽은 자의 상태에 대한 가르침은 복음서에 나오는 예수님의 지옥 서술과 이사야서 66장의 가르침과 거의 동일하다는 사실을 증거했었다. 우리는 예수님의 지옥에 대한 가르침은 수 세기 동안에 걸쳐, 신앙 고백과 교단의 차이에도, 모든 교회들에 의해 일관되게 수용돼 왔다는 사실을 알게 되었다. 물론 조건론 옹호자들과 영혼소멸론 주장자들도 성경을 근거로 자기들의 주장을 펼 수 있는 자유를 가진 것은 사실이다. 그러나 죽은 자의 상태와 관련되어 초기의 기독교가

---

77) ANF 4.294, 295, 이것은 다음 자료에서 인용됨: ed., A Dictionary of Early Christian Beliefs, 246. Origen의 만인구원론적인 교리는 지옥이 영원한 곳이 아니라는 것을 전제로 깔고 있다; 다음을 보라. Kelly, Early Christian Doctrines, 473-74.

78) Kelly, Early Christian Doctrines, 84-85. 참고: p. 170: "때때로 저스틴은 헬레니즘의 냄새를 풍기는 숙어들을 사용하였다. 그러나 그럼에도 그는 자기의 두 발을 기독교의 전례와 성경적 전통에 너무도 충실하였다."

79) Gray, "The Nature of Hell," 238.

80) 플라톤이 첼수스에게 영향을 준 "철학자"였다면(위의 각주 73번을 보라), 아리스토텔레스는 아퀴나스에게 영향을 준 "철학자"였다. 다음을 보라. Vernon J. Bourke, ed., The Pocket Aquinas(New York: Washington Square, 1960), 43, 94, 191, 300, etc. 이 책의 색인에서 "철학자(Philosopher)"를 찾아보면 아리스토텔레스에 관한 것을 알 수 있다(위와 동일 자료, 370). 내가 이해한 바에 의하면, 초기 기독교의 교부들의 글은 영혼 불멸에 관한 플라톤의 글과 별로 다를 바 없다. 그렇지만 초기 기독교 교부들의 영혼 불멸의 사상은 구약 성경의 가르침과 예수님의 견해(그분의 영원한 심판에 대한 가르침) 및 여러 신약 성경 기자들의 가르침을 혼합한 것으로 사료된다.

81) Kelly, Early Christian Doctrines, 74, 128, 131, 213, 230f., 470, etc.

플라톤의 영향을 받았다고 주장하는 혹자들의 근거도 없는 주장을 옳다고 받아들일 아무 이유가 없다. 그들이 자신들의 주장이 옳다는 것을 증명할 확실한 주장을 제시할 때까지, 우리는 그들의 주장들을 받아들일 수가 없다.

교회가 지옥 교리를 수립하게 된 것은 플라톤의 영향을 받아서가 아니라, 성경에 기록된 예수님의 가르침에 영향을 받아서이다. 초기 기독교의 교부들은 물론 어느 정도의 혼란이 있었음에도, 그 당시 풍미했던 플라톤의 인간 불멸 사상에 맞서 기독교의 지옥 교리를 굳건히 지켜냈다고[82] 말한다. 물론 교회는 완전하지 않기에 여러 가지 점에서 가끔은 실수도 하였던 것이 사실이다. 그러한 실수 속에서도 교회는 그동안 성경의 지옥 가르침을 굳건히 수호해왔다. 교회는 성경을 기초로 한 그리스도의 가르침에 충실해 온 것이다.

조건론자들의 윤리관과 9/11 이후의 신앙 및 예수님의 가르침

지옥에 관한 예수님의 가르침을 근거한 오랜 세기에 걸친 굳건한 지옥 교리들은 1988년 복음주의자인 존 스토트(John Stott)의 조건론 관점에 의해 새롭게 도전받기 시작하였다. 그는 존경받는 성경의 수호자였기 때문에, 다음과 같은 발언을 통해 많은 사람의 '감동을 불러일으키는 힘'[83]을 발휘하였다. "나는 지옥에 간 사람들이 영원히 고통받는다는 견해를 받아들일 수 없다. 어떻게 지옥에 간 사람들이 마취도 받지 않은 상태에서 고통을 느끼면서 계속 살 수 있는지 전혀 이해가 되지 않는다."[84]

복음주의자 존 스토트의 이와 같은 생각은 비 복음주의자들이 이미 오랫동안 품어왔었던 생각이었다.[85] 그러나 시대가 너무도 빨리 변하므로 인

---

82) 위와 동일 자료, 466.
83) 이 표현은 Tony Gray의 에세이에서 쓰인 표현이다: "The Nature of Hell," 234
84) 위와 동일한 자료에 인용되어 있음, 233-34; 참고: David L Edwards and John R. W. Stott, Evangelical Essentials: A Liberal-Evangelical Dialogue(Downers Grove, Ill.: InterVarsity Press, 1988), 314.

해 기존 신학이 위기에 처해있던 상황에서, 이러한 위기를 타개할 지도자들 중의 한 사람으로 꼽히고 있던 존 스토트가 위와 같은 발언을 하게 되므로 인해, 복음주의 신학자들의 국제 연합 단체는 큰 혼돈에 빠지게 되었다. 비기독교인이나 동정 어린 고민에 빠진 기독교인들이라면 기존 지옥 교리를 좋아하지 않겠지만, 성경에 충실한 우리는 다음의 사실들을 주지하고 있어야 한다.

첫째, 신약 성경에 대한 올바른 주석서들과 초대 교회 교부들의 글들은 예수님께서 지옥은 영원 형벌로 인해 영원히 고통받는 곳이라는 사실을 증거하고 있다. 예를 들어 예수님께서는 겟세마네 동산에 기도하실 때 극심한 고통 가운데 계셨다. 우리는 그런 사실을 어떻게 알 수 있는가? 겟세마네 동산에서 기도하시는 예수님의 입술과 마음의 상태가 이를 증명해 주고 있다. 그러나 그렇다고 해서 그런 엄청난 고통으로 짓눌려 예수님께서 멸하여졌거나 그런 고통을 피하기 위해 마취제를 맞지는 않았다.

만일 예수님께서 주저함 없이 지옥에 관한 가르침을 주셨다면, 우리도 주님과 같은 강건함을 가지고 두려움 없이 예수님이 전했던 지옥 교리를 전해야 한다. 그러할 때 우리는 예수님의 마음을 갖고 지옥에 갈 사람을 불쌍히 여기는 마음이 충만해져서 담대하게 복음을 전할 힘을 얻게 되고, 그 결과 주님의 명령을 좇아 땅끝까지 가서라도 주님이 가르친 모든 것을 전할 수 있게 되는 것이다(마 28:20). 주님은 우리에게 주님이 가르친 모든 것을 전하라고 하였지, 지옥에 관한 가르침은 빼고 전하라고 말씀하지 않으셨다. 그리고 주님께서는 우리가 모두 주님처럼 자비롭고 겸손해지려면, 너무도 무서워 보이는 지옥 교리만은 살짝 수정하고 나서, 복음을 힘차게 전하라고 지시하지 않으셨다.

---

85) Harry Emerson Fosdick(해리 에머슨 포스딕)은 소년 시절에 벌써 전통 기독교 교리에 대해 의문을 품었었다는 것에 관하여서는 다음을 보라. The Living of These Days(New York: Harper & Row, 1956), 33-36. "시간의 종말에 마지막 심판이 있다는 전통적인 견해는 더 이상 살아남기는 힘들게 되었다"에 관하여서는 다음을 보라. Heinrich Ott, ed., Die Antwort des Glaubens: Systematische Theologie in 50 Artikeln(Stuttgart/Berlin: Kreuz Verlag, 19720, 466. "지옥"은 "하나님에게서 가장 멀리 떨어져 있는 곳"으로 여겨졌다는 것과 관련되어서는 위와 동일한 자료 471면을 보라.

둘째, 존 스토트가 기존 지옥 교리를 사람들의 감정을 무감각하게 만드는 마취성 교리라고 비판하였지만, 알고 보면 기존 지옥 교리를 파기함으로 말미암아 우리는 또 다른 하나의 마취를 당하게 되는 것이다. 성경에서 말하는 하나님은 사랑의 하나님이시지만 또한 질투하시는 하나님이시기에, 악한 사람을 지옥에 보내신다고 명시하였다. 그런고로 이러한 성경의 지옥 교리를 지키지 않고 자기들 편한 대로 살려는 것은 하나님께서 요구하신 도덕적 감각을 갖지 않은 것이기 때문에, 마취를 당하는 것이라고 볼 수밖에 없다. 포스트모던 시대에 살아가는 현대인들은 초월적인 것(지옥)에 대한 감각을 상실하였고, 그 결과 도덕감을 상실하여 선과 악에 대한 구분력이 없이 살아가고 있다. 현재 이 땅에는 도덕성이 마취되어가고 있다는 징표가 곳곳에서 관찰되고 있지 않은가? 우리는 장차 도래할 심판에 날에 대한 감각이 점점 마취되어가고 있는 시대에 사는 것이다. 사람들은 불신자는 지옥에서 영원히 고통받는다는 진리에 대해 심히 불편해하고 있다.

오늘날 곳곳에서 악은 증가하고 있다. 아동 학대, 인터넷 포르노 중독, 에이즈 감염, 불법 낙태, 인종 말살, 소수 민족 등의 문제들이 세계 각처에서 활개를 치고 있다. 물론 이런 문제들 속에 산다는 것은 실제로 지옥에 해당하지는 않지만, 여러 면에서 이런 문제들이 오래 지속되는 가운데서 살면 그것은 지옥과 같은 삶이다. 예수님께서는, "불법이 성하므로 많은 사람의 사랑이 식어지는 때가 도래하게 될 것이다"(마 24:12)라고 하셨다. 현대인은 영원한 고통의 형벌을 내리시는 하나님이 싫어서, 그런 하나님을 하나님의 권좌에서 내려버렸다. 그렇다면 우리는 정녕 악인에게 고통의 심판을 주는 정의롭고 도덕적인 하나님이 싫어서, 그런 하나님을 범인에게 강하게 대하지 못하는 심약한 경찰관으로 대체시켜버렸단 말인가? 이 질문에 대한 우리의 대답은, "그렇다."이다. 우리는 우리를 귀찮게 하는 하나님을 내쫓아버렸다.

2001년 9월 11일 미국의 세계 무역 센터 건물이 무너져 내렸다. 이로 인해 사람들의 안전에 대한 확신도 같이 무너져 내렸다. 이 날 수많은 사람이 텔레비전으로 방송되는 경악스러울 정도의 현장을 보며, 이 세상에 존재하는 악의 실체가 얼마나 위력적인가를 자신들의 눈으로 직접 목격하였다. 이제 사람들은 인간의 무한한 잔인성이 더 큰 살인을 불러오게 되므로 이런 지옥과 같은 현실이 장기화되지 않을까 걱정하고 있다. 우리는 전쟁의 살상을 통해 1억 8천 700만 명의 생명을 앗아갔던 20세기를 막 벗어나고 있다.[86] 그래서 우리는 지옥에 대한 기존 개념을 부드럽게 만들었기에 우리에게 인간 대량 학살이란 것은 있을 수 없고 그런 것은 미개인들의 옛 이야기에 불과하다며 자만하고 있을 수만은 결코 없다. 이제 우리는 예수님의 지옥에 대한 가르침을 그대로 받아드린 옛 사람들을 인간의 고통에 대해 무감각한 사람들이라고 비판만 하며 앉아있을 수만은 없게 되었다. 전통 지옥 교리를 우리의 입맛에 맞게 재구성하였던 우리의 잘못된 인본주의적 감상주의를 우리는 마땅히 탓해야 한다. 더 깨끗한 도덕적 양심으로 성경을 재조명했다던 우리의 자부심은 허구로 판명이 나버리고 말았다.

사람들은 지옥의 영원한 고통이 사실이라면, 하나님께서 너무하신 것이라고 불평한다. 그러나 오늘날 주요 신문들에 게재된 다음과 같은 무시무시한 사건들조차도 우리의 이성을 마비시킬 정도이다. 가령, 이스라엘에서 지난 주말에만 스무 건이 넘는 자폭테러로 인해 수백 명의 사상자가 발생하였고, 뇌암으로 조지 해리슨 사망하였으며, 콜롬비아에서 극좌파 조직원들이 시내버스에서 강제 하차된 15명의 승객의 머리에 기관총을 난사하였다. 어디 그뿐인가 최근에 미국의 북 태평 연안 지역에서 49번의 여성 연쇄 살인 사건이 발생하였다.

탈레반 정권하에서 1998년 7월 카불 스포츠 스타디움에서 벌어진 재판에서 철공소 직원 굴람 파루크(Gulam Farooq)가 도둑질했다는 이유로 재판을 받았다. 이와 관련한 신문 기사를 살펴보자.[87]

---

86) 프랑스의 막스 주의자이며 역사학자의 Eric Hobsbawm의 표현으로 다음 자료에서 인용되었다. Time International 49(December 5, 1994), 93.
87) 2001년 12월 2일자 Chicago Tribune 지의 1면 기사를 보라.

이 일이 일어나지 3년이 지나 26세가 된 지금, 파루크는 의사가 아무 말 없이 그에게 수면주사를 놓으려고 팔에 주삿바늘을 꽂았던 3년 전의 순간을 회상하며 흐르는 눈물을 숨기려 애써 고개를 숙였다.

회교의 율법학자들이 스타디움에서 정의와 코란과 하나님의 뜻에 대해 일장연설을 하였다. 이때 그는 앞으로 끌려나갔고 스탠드 앞쪽에 몇 사람들이 외치는 소리를 들었다.

"그 사람들은 탈레반 사람들에게 그렇게 하지 말아 달라고 외쳤습니다. 그러나 탈레반 사람들은 들은 척도 하지 않았습니다."

두 시간이 지난 후에 파루크는 오른팔과 왼쪽 발이 잘린 채, 카불의 와찌르 아크바른 칸 병원에서 깨어났다. 그는 고통을 참지 못해 소리를 질렀다. 탈레반은 그의 잘린 손과 발을 다른 사람들에게 경고를 줄 목적으로 길거리의 가로등 위에 걸어놓았다.[88]

나는 개인적으로 지옥을 영원히 고통을 느껴야만 되는 것으로 규정한 교리에 반감을 가진 존 스토트의 마음을 충분히 이해한다. 실제로 그런 일들이 벌어지고 있다면 누군들 마음이 즐겁겠는가? 그러나 그런 일들이 실제로 매일 벌어지고 있는 것으로 신문에서 보고되고 있다. 누군들 이런 일들을 이해할 수 있겠는가? 쿨란 파루크가 이해하겠는가? 이스라엘에서 벌어지는 자폭 테러로 희생된 사람들이 이해할 수 있겠는가? 서구에서 벌어지는 연쇄 살인의 피해자는 어떤가? 그 누가 피해자의 어머니와 아버지가 그들에게 왜 그런 일이 벌어졌는지를 이해시킬 수 있겠는가?

이 세상에서 벌어지는 무시무시한 일들과 예수 그리스도께서 말씀하신 종말에 벌어질 무시무시한 일들 사이에 차이가 있는 것이 분명한데, 그 차이는 벌어지는 일들의 종류의 차이가 아니라 심도의 차이일 것이다. 나조차도 그런 일들이 벌어지는 것에 대해 이해를 할 수가 없다. 왜 그런 일들이 벌어져야 하는지에 대해 우리가 모두 문외한 일 것이다. 단지 그리스도만이 알고 계신다.

---

88) 위의 신문 9면에 실린 Paul Watson, "Taliban Justice: Public Executions and Amputations," 제하의 글. 왓슨의 다른 보고들은 더 몸서리치게 하는 보고들이다.

성경을 파고들어 가면 갈수록, 하나님의 사랑과 정의의 문제에 더 매달리면 달릴수록 우리는 점점 더 의문이 많아진다. 고통, 두려움, 낙망시키는 일들을 경험할 때, 우리가 취할 수 있는 방법은 먼저 우리의 생각을 버리고 성경을 통해 성경이 말하는 바를 우리가 섭취하는 것이다. 두 번째 방법은 이 세상을 창조하셨고 현재도 인간 구속을 진행시켜 나가시는 하나님을 경외하고, 하나님께서 세상 사람들에게 보내주신 구원자 예수 그리스도께서 이 땅에 갖고 오신 하나님 나라의 의를 굳건히 세우는 것이다. 우리가 만일 우리의 희망을 오직 구원자이신 예수 그리스도에게만 둔다면, 우리는 그분의 가르침을 물 타기 하지 말고 있는 그대로 정직하게 받아들여야 한다. 그리고 또한 결국은 예수 그리스도께서 모든 것을 자신이 말씀하신 그대로 성취하신다는 사실을 믿어야만 한다.

제 4 장

바울의 지옥 가르침

더글라스 J. 무
(Douglas J. Moo)

적지 않은 수의 사람들이 단지 성경 색인 목록에만 의지하여, 바울의 지옥에 대한 가르침은 신약 성경에서 극히 적다고 주장한다. 영어 성경에 기록된 바울 서신에서는 '지옥(hell)'이란 단어가 단 한 차례도 나오지 않는 것이 사실이다.[1] 바울은 그 어떤 연유로 인해, '지옥'에 해당하는 그리스어인 게헨나(geenna)와 하데스(hades)라는 단어를 전혀 사용하지 않았다. 그러나 이 책은 '지옥'에 관한 단어 해설책이 아니라 성경이 말하고 있는 지옥 교리에 관한 책이다. 비록 바울은 '지옥'이라는 단어는 사용하지 않았던 것이 사실일지라도, 만일 지옥은 악인의 종착역이라는 전통 지옥 교리가 맞는다면 바울 서신서를 통하여, 바울은 지옥 교리에 대해 사람들에게 확실히 가르쳤다고 보아야 한다.

이 장에서 우리는 바울이 지옥에 대해서 무엇이라고 말했는지를 먼저 조사해 볼 것이다. 이 조사를 통해 바울은 예수 그리스도의 복음을 통해 제시된 하나님의 은혜를 받아들이지 않는 사람들은 영원한 심판을 받는다고 분명하게 가르쳤다는 결론을 우리는 얻게 될 것이다. 그다음에 우리는 현재 일고 있는 가장 큰 도전이라고 할 수 있는, 바울이 모든 사람들이 결국은 다 구원을 얻고, 그 결과 지옥은 텅 빈 곳이 된다고 가르쳤다는 만인구원론(universalism)자들의 주장을 반박할 것이다. 그 후에 우리는 영혼소멸론(annihilationism)과 조건적 불멸론(conditional immortality)을 주장하는

---

[1] 롬 8:38의 "powers"(dynameis)를 NLT만은 예외적으로 "지옥의 능력들"(the powers of Hell')이라고 해석되었다.

사람들이 근거로 들고 나오는 바울의 지옥 가르침에 관한 성경 구절들을 우리의 시각으로 해석해 볼 것이다. 이러한 작업들을 통해 우리는 바울이 지옥의 실체와 영원성에 대해, 그리고 지옥의 성격에 대해 어떠한 이해를 하고 있었는지에 대해 차례로 알 수 있게 될 것이다.

지옥의 실체

바울은 성경에서 한 번도 지옥이라는 말에 해당하는 그리스어를 사용한 적이 없기 때문에, 바울이 지옥에 대해 어떻게 생각하고 있었는지를 정확히 알기 위해서는 바울이 악인의 운명에 대해 어떻게 서술하였는지를 먼저 살펴보아야만 한다. 그 첫 단계로, 우리는 먼저 바울은 지옥과 관련하여 사용한 단어들을 살펴보게 될 것이다. 그가 지옥과 관련하여 사용한 단어들은 다음과 같다(제일 많이 쓴 단어 순으로 나열하였음).

1. '사망', '죽다' (일반적으로 아포쓰네스코 [apothnessko] , 싸나토스 [thanatos] 등의 단어들이 사용되었다: 롬 1:32; 5:12, 14, 15, 17, 21; 6:16, 21, 23; 7:5, 9, 10, 11, 13, 24; 8:2, 6, 13; 고전 15:21, 22; 고후 2:16; 3:6, 7; 7:10; 엡 2:1). 죽음과 관련되어 바울이 말한 대표적인 구절들은 우리가 잘 알고 있는 로마서 6장 23절의 "죄의 삯은 사망이요 하나님의 은사는 그리스도 예수 우리 주 안에 있는 영생이니라" 이다.[2]

2. '멸망하다', '멸하다', '파괴' (일반적으로 아포루미 [apollymi], 아포레이아(aploeia) 등의 단어들이 사용되었고, 올레쓰로스 [olethros]는 세 번, 프쏘라(phthora)는 한 번 사용되었다: 롬 2:12; 9:22; 14:15, 20; 고전 1:18; 15:18; 고후 2:15; 4:3; 갈 6:8; 빌 1:28; 3:19; 살전 5:3; 살후 1:9; 2:10;

---

[2] 특별한 언급이 없으면 신약 성경의 인용은 역자가 저자의 "오늘날의 새 국제 번역 성경"(TNIV, Today's New International Version) 인용문을 해석하는 것으로 대체하였다.

딤전 6:9). 멸망과 관련된 바울의 대표적인 구절은 다음의 갈라디아서 6장 8절이다: "자기의 육체를 위하여 심는 자는 육체로부터 썩어진 것을 거두고 성령을 위하여 심는 자는 성령으로부터 영생을 거두리라"

3. "분노" (일반적으로 오르게[orge]가 사용되었고, 씨모스 [thymos]는 단 한 차례 사용되었다: 롬 1:18; 2:5, 8; 3:5; 5:9; 9:22; 엡 2:3; 5:6; 골 3:6; 살전 1:10; 2:16; 5:9). 분노와 관련된 바울의 대표적인 구절은 에베소서 5장 6절의 "누구든지 헛된 말로 너희를 속이지 못하게 하라 이를 인하여 하나님의 진노가 불순종의 아들들에게 임하나니"이다.

4. '저주하다', '저주', '심판하다', '심판' (이 네 단어는 모두 그리스어의 크린 [krin-]으로부터 유래하였다: 롬 2:1, 2, 3, 5, 12: 3:7, 8; 5:16, 18; 8:1; 고전 11:32; 고후 3:9; 살후 2:12; 딤전 5:24). 저주와 심판에 관한 대표적인 구절은 로마서 1장 18절이다: "그런즉 한 범죄로 많은 사람이 정죄에 이른 것 같이 의의 한 행동으로 말미암아 많은 사람이 의롭다 하심을 받아 생명에 이르렀느니라"

5. '저주', '저주받은' 및 '영원히 저주받은' (아나쎄마[anathema], 카타라[katara]; 롬 9:3; 갈. 1:8; 9; 3:10, 13; 참고: 고전 12:3; 16:22).[3] 대표적인 구절은 갈라디아서 3장 10절이다: "무릇 율법 행위에 속한 자들은 저주 아래 있나니 기록된바 누구든지 율법 책에 기록된 대로 온갖 일을 항상 행하지 아니하는 자는 저주 아래 있는 자라 하였음이라."

6. '처벌하다' (에크디코스[ekdikos], 에크디케시스[ekdikesis], 디케

---

3) 저명한 영혼소멸론자인 Edward Fudge는 "anathema"가 구약 성경에서나 옛 히브리어 표현에서는 "파멸되기로 결정되다" (devoted to destruction)이므로, 이러한 해석에 근거하여 그는 악인은 결국 파멸되어 소멸된다고 주장하였다. 다음을 보라. The Fire That Consumes: A Biblical and Historical Survey of Final Punishment(Huston, Tex.: Providential, 1982), 251-53. Fudge는 이 단어의 원래의 뜻을 바울에게 백 프로 다 적용시키려는 무리수를 두었다.

[dike]; 살전 4:6; 살후 1:8, 9). 대표적인 구절은 데살로니가후서 1장 8절의 "하나님을 모르는 자들과 우리 주 예수님의 복음을 복종치 않는 자들에게 형벌을 주시리니"이다.

7. '환란과 곤고' (쏠립시스 카이 스테노코리아 [thlipsis kai stenochoria]). 이 표현은 로마서 2장 9절에 나와있다: "악을 행하는 각 사람의 영에게 환난과 곤고가 있으리니 첫째는 유대인에게요 또한 헬라인에게라"

위의 열거된 성구들에 관해 위의 항목의 순서로 논해 보자. 첫째, 어떤 사람들은 위에 열거된 많은 구절 대부분이 인간의 사후에 관한 것을 말하는 구절들이 아니라고 주장한다(예: 목록 4항목에 나온 롬 5:18 및 목록 1항목에 나온 롬6:23). 그리고 하나님의 진노에 관해 기록된 로마서 1장 18절, 9장 12절 및 에베소서 2장 3절도 이점에서는 마찬가지라고 주장한다. 또한 고린도전서 1장 18절과 고린도후서 2장 15절에 기록된 저주로 인한 고통스러운 경험 및 멸망에 관한 바울의 표현은 이 세상에서의 고통과 아픔을 말한 것이라고 주장한다. 그들의 주장에 일리가 있다. 그럼에도, 이러한 구절들에 나오는 표현들은 바울의 지옥관을 나타내는 표현임이 분명하다. 그 이유는 바울은 이러한 구절들에 나오는 표현과 이 구절들 이외의 표현들을 통해, 만일 사람들이 복음을 거절한다면 그들이 이 땅에서 겪는 고통은 죽음 후에도 계속될 것이라는 사실을 문맥을 통해서 분명히 나타내고 있기 때문이다. 아담의 범죄 결과 모든 사람들이 아담이 받은 '사망', '유죄 판결', '분노' 및 '저주'를 고스란히 물려받았다. 이렇게 물려받은 상태는 성령을 통해 역사하는 그리스도 안에 있는 하나님의 은혜를 받아들이기까지는, 결코 되돌릴 수 없다. 또한 불신자들이 이 땅을 살아가면서 받는 고통은 최후 심판 후에 이들에게 가해지는 고통의 전초전임이 확실하다.

바울은 바울 서신을 통해 이 세상 사람들은 육이 살아있는 상태로 살기는 하지만, 예수 그리스도를 받아들이지 않으면 실상은 죽은 상태이므로, 지옥의 맛을 이 땅에서 불신자로 살면서 이미 맛보게 된다는 사상을 분명히 나타내었다. 그 예로 로마서 1장 18-21절이 그러한 해석을 내릴 수 있는 대표적인 경우이다. 여기서 바울은 "하나님의 진노가 불의로 진리를 막는 사람들의 모든 경건치 않음과 불의에 대하여 하늘로 좇아 나타난다"(1:18)고 하였다. 그리고 이 절이 포함되어 있는 문맥의 결론 부분에서, 바울은 하나님의 의로운 심판이 이루어지는 '하나님의 진노의 날' (롬 2:5)에 '회개하지 않았던 모든 고집불통의 사람들에게 하나님의 형벌이 임할 것' 이라고 경고하였다(2:5; 참고 8-9절). 이러한 하나님의 심판의 날과 관련된 경고성 표현은 바울이 자주 사용하던 표현이었다. 어떤 신학자들은 로마서 1장 18절의 '나타난다(being revealed)' 라는 현재적 표현을 미래적인 표현으로 해석하려고 하였다.[4] 그러나 17절과 18절은 서로 대구법으로 쓰였기 때문에, 로마서 1장 18절의 '나타난다' 는 표현은 현재적 표현으로 해석해야만 한다. 즉 하나님의 진노가 하늘에서부터 현재에도 또한 나타나고 있는 중이다. 따라서 이러한 표현은 하나님의 의로우신 심판이 필요함을 나타낸다.[5]

바울의 지옥 가르침에 대해 올바르게 이해하려면 '이미 시작된 종말론(inaugurated eschatology)' 에 대한 이해를 하고 있어야 한다. 바울은 지옥의 심판이 죽어야 비로소 시작되는 심판이 아닌 이 세상에 살면서 이미 경험되어지고, 죽은 후에는 정도가 더 심해지는 심판으로 생각하였다. 모든 사람들은 이미 아담으로 인한 죄를 가지고 있기 때문에 예수님을 믿지 않은 사람들은 마지막 심판 날에 심판대 앞에 설 때에 중립적인 입장으로 서는 것이 아니다(롬 5:12-21). 그들은 바울이 외쳤던 예수 그리스도에 관한 좋은 소식을 이 세상에서 살 때에 받아들이지 않았기 때문에, 이미 '유

---

4) 특히 다음을 보라. H. J. Ecksten, " 'Den Gottes Zorn wird von Himmel her offenbar werden.' Exegetische Erwagungen zum Rom 1:18," ZNW 78(1987): 74-89; William Sanday and Arthur C. Headlam, A Critical and Exegetical Commentary on the Epistle to the Romans, 5th ed.(ICC; Edinburg: T. & T. Clark, 1902), 41.
5) 하나님의 진노는 불신자의 입장에서 받아도 되고 안 받아도 되는 선택과목이 아니다. 다음을 보라. David Powys, 'Hell' : A Hard Look at a Hard Question: The Fate of the Unrighteous in New Testament Thought(Carlisle: Paternoster, 1997), 309-311. 세 번에 걸쳐 나오는 "하나님께서 그들을 내어버려 두셨다"(God gave them over)라는 표현(롬 1:24, 26, 28)은 하나님께서 악인들에 대해서 이 세상에서 그들이 사는 동안에도 하나님의 진노로 인한 심판을 경험하도록 하셨다는 말이다.

죄' 판결을 받은 상태에서 마지막 심판 날 심판대에 서는 것이다. 그리고 단지 주님을 영접함으로 자신을 예수 그리스도와 동일시한 사람들만이 마지막 심판의 진노를 면하게 된다(롬 5:9, 10).

둘째, 바울이 불신자들의 운명을 서술하기 위하여 사용한 관련성이 있는 단어들은 서로 바꿔가면서 사용하였다. 예를 들면, 어떤 곳에서 바울은 '멸망한다'라는 단어를 '저주한다'라는 뜻으로 사용하였고(살후 2:9-10), '저주'라는 표현을 '사망'이라는 단어로 대체하여 사용하였으며(롬 5:12, 18; 고후 3:6-7, 9), '저주'를 '분노'로 바꿔서 사용하였다(롬 2:1-5). 이뿐 아니라, 바울은 '벌하다'를 '분노하다'나 '멸절시키다' (살후 1:8-10)로, 그리고 '멸망시키다'를 '심판하다' (롬 2:12)로 바꿔 사용하였다. 즉 바울은 같은 의미의 표현을 놓고 서로 다른 단어들은 혼용하여 사용하였던 것이다.

셋째, 사용된 각각의 단어들에 대한 정확한 의미를 뽑아내기 어렵다는 사실은 로마서 5-8장에 나온 바울의 '사망(죽음)'이란 단어에도 동일하게 적용된다. 로마서 5-8장에서 사용된 '죽음'이라는 단어는 창세기 3장의 에덴동산에서의 범죄를 그 배경으로 하고 있다(롬 5:12-21). 여기서 바울은 영적인 죽음과 육적인 죽음을 서로 혼합적으로 사용하고 있기에, 여기서 그가 사용한 '죽음'이라는 표현이 영적인 죽음을 가리키는지 아니면 육적인 죽음을 가리키는지를 구별하는 작업은 쉬운 작업이 아니다. 이러한 현상에 대해 어떤 학자들은 '물리적-영적 죽음을 합친 죽음'이라고 하였다.[6] 그러나 '죽음'과 '저주'의 단어가 병립된 경우에는 '죽음'이 영적인 죽음을 의미하는 것으로 쓰였다(예: 롬 5:12, 18). 신자들은 몸이 죽어도 영원한 생명을 누린다는 사실로 보아, 죽음은 존재의 소멸을 뜻하는 것이 아니라 '인격이 육체로부터 분리 되는 것'으로 간주되어야 한다.[7] 이와 관련하여

---

[6] J. C. Beker, Paul: The Triumph of God in Life and Thought(Philadelphia: Fortress, 1980), 224; 참고: T. Barrosse, "Death and Sin in Saint Paul's Epistle to the Romans," CBQ 15(1953): 449-55.

[7] John W. Cooper, Body, Soul, and Life Everlasting: Biblical Anthropology and the Monism-Dualism Debate(Grand Rapids: Eerdmans, 1989), 214. 이 글은 "사망"으로 모든 것이 종식된다고 주장하는 영혼소멸론자의 주장에 대한 좋은 반박 글이다.

바울은 신약 성경의 다른 기자들도 육체적 죽음을 경험한다고 사람들에게 가르치면서(예: 롬 8:10) 사망을 '마지막 원수'로 규정하였다(고전 15:26). 그러나 신자들은 그리스도와의 연합을 통해서 영적인 죽음이 면제되었기에(에베소서 2장 1절의 과거형 동사를 주목하라. "너희들은 허물과 죄로 이미 죽었다") 비록 육체적 죽음은 어쩔 수 없이 통과해야 하지만 모든 불신자들이 겪어야 하는 '영원한 죽음'은 겪지 않게 된다.

넷째, 그리스어의 크린(krin-)이라는 어원은 바울이 사용한 단어들에서 여러 차례 관찰되나, 어느 단어가 우리의 연구 대상이 되어야 하는지에 대해서는 확실하지 않다. 바울은 어떤 경우, 이 어원을 모든 사람이 직면해야 하는 '심판'이란 의미-긍정적인 의미로 때론 부정적인 의미-로 사용하였다(예: 롬 2:16; 고후 5:10). 우리는 이 중에서 단지 부정적인 판결이나 부정적인 심판의 결과를 나타낼 때만 우리의 연구 대상으로 삼았다.

바울의 지옥 이해에 대한 왜곡된 해석들에도 불구하고, 바울 서신서들에서 바울의 지옥 가르침은 널리 퍼져 있고 또한 확실하게 존재한다. 예수 그리스도의 복음을 받아들이지 않은 사람들은 우리가 지금까지 설명해왔던 고통스러운 운명에 확실히 봉착하게 된다. 그럼에도, 바울 서신을 살펴볼 때, 지옥은 바울의 중심 가르침이 아닌 것이 확실하다. 이에 대한 가능한 해석은 무엇인가? 어떤 사람들은 바울이 지옥에 대해 분명한 명시를 하지 않았다는 것은 그가 지옥 교리를 별로 중요하게 생각하지 않았기 때문이라고 주장하였다. 또 어떤 사람들은 위의 여러 항들에서 언급된 바울의 죽음과 관련된 성경 구절들은 과거의 죽음에 대한 전통적인 생각을 바울이 어느 정도 이어받았다는 사실을 유추할 수 있을 뿐이지, 바울이 그러한 교리를 적극적으로 추구했던 것은 아니라고 주장하였다. 또 다른 어떤 신학자들은 바울과 그의 서신을 읽었던 사람들이 지옥 교리에 대한 이해를 근본으로 깔고 있었기 때문에 바울의 지옥에 대해 구태여 언급할 필요가 없었다고 주장하였는데, 우리는 이 주장이 가장 신빙성이 있는 주장이라고 생각한다.

바울은 어찌 보면 신학적인 면에서 혁신가라고 할 수 있는데, 그 이유는 그가 받은 여러 가지 신학적 전통 위에 새로운 것들을 많이 세웠기 때문이다. 그리고 사실 그의 시대에 많은 신학적인 전통들이 새롭게 시작되었다. 학자들 사이에 논란이 있긴 하지만, 많은 학자들은 구약 성경은 사후의 상태에 관해 그리 많이 설명해주지 않는다는 주장에 동의하고 있다. 구약 성경에서는 단지 두 곳에서만 하나님의 심판을 영원한 심판으로 묘사하였다(사 66:24; 단 12:2).[8]

사후의 삶에 대한 대부분의 견해는 구약과 신약 사이의 시대에 성장 발전하였다. 그 결과 일단의 유대인들은 하나님의 상급과 징벌을 이 세상을 사는 동안에 이미 경험하게 되고, 부활 후에는 하나님의 상급과 징벌의 도가 훨씬 더 세지는 것뿐이라고 생각하였다.

유대의 신학자들은 몸의 부활을 믿었다. 그러나 누가 부활하느냐에 대해서는 이들 간에도 의견을 서로 달리하였다. 대부분의 유대 신학자들은 의인들만 부활한다고 믿었던 반면에 소수의 유대 신학자들은 악인과 의인 모두가 육체의 부활을 경험한다고 믿었다. 그 당시 유대교의 기록들을 살펴보면 대개, 부활을 상과 벌을 받는 전 단계로 이해하였음을 알 수 있다(예: T. Ben. 10:8; 4 Ezra 7:32, 37; 2 Bar 30:2-5; 42:8; 49:1-51:10).[9]

바리새인들도 이 점에는 동일하였다.[10]

바울은 바리새인으로서(참고: 행 23:6; 26:5; 빌 3:5), 일반적인 다른 바리새인처럼 의인과 악인의 부활을 믿었다(행 24:15). 특별히 반대되는 것을 발견하지 않는 이상, 바울의 종말관은 부활 후에 영원한 상을 받거나 영원한 심판을 받는다는 것이었다는 사실을 인정할 수밖에 없다. 그리고 이미 이전 장에서 잘 살펴보았듯이, 예수님은 죽은 후에 심판이 있다는 사실

---

8) 다음을 참고하라. Robert A. Peterson, Hell on Trial: The Case for Eternal Punishment(Phillipsburg, N. J.: Presbyterian & Reformed, 1995), 21-37; 이 책의 2장도 보라.
9) 다음의 조사서를 보라. Murray J. Harris, From Grave to Glory: Resurrection in the New Testament(Grand Rapids: Zondervan, 1990), 69-79.
10) 특별히 다음을 보라. Josephus, War 2.164. Josephus는 자기 시대의 유대인들의 관점을 그리스인들의 일반적인 생각들에 접목시키고자 하였고 여러 모로 많은 호응을 얻었다. 그리고 바울 시대에 살았던 대부분의 유대인들은 사후에 상급을 받거나 벌을 받는 일이 있다고 결론을 내린 다음 자료를 보라. E. P. Sanders, Judaism: Practice and Belief, 63 BCE-66 CE(Philadelphia: Trinity Press International, 1992), 303.

을 가르쳤고, 이 가르침이 기독교에 고스란히 전수되었다는 것이 진리적 사실이다. 그리고 바울은 그러한 가르침들을 그대로 받아들였던 것이다.

바울이 지옥의 실체를 믿었다는 또 다른 증거는 그가 복음을 그토록 힘써 전했다는 사실로부터 유추해 볼 수 있다. 바울은 예수 그리스의 복음을 받아들인 자만이 '구원'과 '생명'을 얻을 수 있다는 사실을 너무도 명확히 제시하였다(참고: 롬 1:16; 10:9-10). 그리고 그는 이러한 사실을 애써서 길게 설명하였으며(참고: 고후 11:22-29), 자신이 전한 메시지에 반응하지 않는 사람들에 대해 애통해하는 마음을 갖고 있었다(참고: 롬 9:3; 10:1). 왜 바울이 그랬을까? 그 이유는 바울은 복음에 응답하지 않는 사람들은 결국 황폐하고 고통스러운 운명을 맞이하게 된다는 사실을 확실히 알고 있었기 때문이었다. 그랬기 때문에 그는 복음을 죽어라고 외쳐댔던 것이다.

지옥의 영원성

거의 모든 성경 주석가들은 바울이 서신서를 통해 사후에 악인들이 심판받는다는 점들을 나타내었다는데 동의하였다. 그럼에도, 적지 않은 수의 오늘날의 신학자들은 이 심판은 영원한 심판이 아니고 잠정적인 심판일 뿐이며, 이 심판 뒤에는 모든 악인들이 하나님과 교제를 회복할 것이고, 신약 성경의 기자들이 지옥을 영원한 심판의 장소로 묘사한 것은 단지 수사적인 용법일 뿐이며, 바울은 지옥을 영원한 심판의 장소로 생각한 적이 없다고 주장하였다.[11]

이러한 주장은 결국 지옥에 가더라도 빠져나올 구멍이 있다는 주장인 셈이다. 이런 주장을 펴는 사람들은 모든 인간들이 결국은 구원을 얻게 된

---

11) 예를 들어 M. E. Boring은 바울의 글에서 두 가지 견해-한 견해는 영원한 심판의 곳을 인정하는 견해이고, 다른 견해는 만인구원론을 확증하는 견해-를 뽑아낸 후, 이 두 견해는 절대로 양립할 수 없는 견해라고 결론을 맺었다("The Language of Universal Salvation in Paul," JBL 105 [1986]: 269-92).

다는 만인구원론(universalism)을 적극적으로 주장하는 사람들이었다.

오늘날 만인구원론이 점점 힘을 얻어가고 있다. 온 세상이 하나의 지구촌으로 형성돼가고 있는 오늘날, 그 어느 때보다도 세상의 모든 종교들이 뒤섞여져 있는 상태에서 사람들은 살아가고 있다. 그 옛날 지구 반대편의 종교를 믿고 있던 사람들이 이제는 바로 이웃집 사람들이 되어 같이 살고 있다. 이런 상황에서 많은 사람은 구원이 오직 기독교에게만 있다고 외치는 사람을 독선적이고 교만한 사람이라고 생각한다. 오늘날이 이러한 다문화의 시대라는 사실 외에도, 오늘날 사람들 사이에 폭넓게 퍼져 나가고 있는 사상은 사람들에게 유익이 되는 것은 어느 종교의 것이던 다 좋다는 포스트모더니즘 사상이다. 이 포스트모더니즘이 바로 기독교의 지옥 교리를 심하게 거부하는 요소가 되고 말았다.

만일 만인구원론이 단지 오늘날의 일시적인 문화 현상에 불과하다면 별 신경 쓰지 않아도 관계가 없을 것이다. 그러나 자칫 잘못 해석하면, 성경의 주요 구절들과 바울 서신서의 대부분이 만인구원론을 지지할 수 있는 것으로 해석될 수 있다는 것은 큰 문제가 아닐 수 없다. 이러한 맥락에서 우리는 먼저 바울 서신서의 주요 구절들을 놓고 기존의 지옥 교리를 수호할 것이다. 정말로 바울이 만인구원론을 지지하는 신학적 입장을 표명하였다면, 그의 종말론에 지옥은 없게 된다. 그럼 이제 우리는 자칫 만인구원론으로 비칠 수도 있는 다섯 곳을 바울 서신서에서 찾아, 바울이 만인구원론 지지했는지 아니면 악인들에게 내려지는 하나님의 영원한 심판과 영원한 형벌을 믿었는지를 조사해 보자.

고린도전서 15장 20-28절

성령으로 충만한 바울은 힘을 다하여 그리스도의 부활을 맨 먼저 언급하였다. "그리스도께서 다시 사신 것이 없으면 너희의 믿음도 헛되고 너희가 여전히 죄 가운데 있을 것이요"(고전 15:12-19) 그리고 20-28절로 가서는 그리스도의 부활은 성도들의 부활의 '첫 열매'이고 종말론적 부활 프로그램의 첫 단계라고 주장하였다. 다른 말로 하자면, 하나님께서 그리스도를 죽음에서 다시 살아나게 하신 것은 그리스도에게 속한 모든 사람들이 '마지막 원수'인 사망을 이기고 부활하게 될 것을 알리는 신호라는 것이다. 그래서 바울은 "그리스도 안에서 모든 사람이 삶을 얻으리라"고 말할 수 있었고(22절), 모든 것들이 종국에는 하나님에게 복종하게 되므로 "하나님께서 만유의 주로서 만유 안에 계시게 된다"(28절)고 자신 있게 선언할 수 있었다.

어떤 주석가들은 본문(고전 15:20-28)을 통해, 세상을 사는 모든 사람들의 궁극적 운명을 긍정적으로 본 바울의 생각을 엿볼 수 있다고 말하였다. 그러나 그는 본문을 통해 유대인들의 묵시 사상을 빌어, 미래의 종국에는 하나님께서 온 세상을 통치하게 된다는 것을 밝힌 것뿐이다. 그러나 어떤 사람은 하나님께서 모든 피조물을 통치하게 된다는 것은 모든 세상 사람들이 하나도 빠짐없이, 죽음을 이기고 새로운 부활 생명을 가진다는 것을 말하는 것으로 해석되어야 한다고 주장하였다.[12]

그러나 본문은 이들의 주장에 동의하지 않는다. 바울은 고린도전서 15장 22절에서, "그리스도 안에서 모든 사람들이 삶을 얻게 될 것이다"라고 표현하였다.

그리고 많은 학자들은 이 표현을 모든 죽은 자들의 부활을 지칭하는 것으로 자주 해석하였다.[13] 그러나 이 표현이 만인구원론을 지지해 주는 표현은 절대로 아니다. 그 이유는 모든 사람이 부활한다는 것은 모든 사람들이 구원받는다는 것을 말하는 것이 결코 아니기 때문이다. 신약 성경은 모든 사람들이 살아난다는 사실을 분명히 밝히고 있다. 그러나 그들 중 어떤 자들은 영원한 생명이 아닌 영원한 저주를 받게 된다고 명시하였다(요 5:29을 보라).

---

12) 다음을 참고하라. Arland J. Hultgren, Paul's Gospel and Mission: The Outlook from His Letter to the Romans(Philadelphia: Fortress, 1985), 104.

13) 참고: Robert D. Culver, "A Neglected Millennial Passage from St. Paul," BSac(1956): 141-52.

따라서 22절을 만인구원론과 결부시키는 것은 잘못된 해석이다. "그리스도 안에서 모든 사람이 삶을 얻게 될 것이다"라는 표현에 대한 해석은 23절의 "각각 자기 차례대로 되리니 먼저는 첫 열매인 그리스도요 다음에는 그리스도 강림하실 때에 그에게 붙은 자다"라는 잣대로 해석되어야 마땅하다. 즉 바울은 여기서 그리스도인의 부활만을 염두에 두고 표현한 것이다. 아담에게 속한 모든 사람이 죽은 것처럼, 그리스도에게 속하게 된 사람들 모두는 부활한다.[14]

그리고 하나님께서 '만유의 주로서 만유 안에 계신다(all in all)' 라는 표현은 결국에는, 이 세상에 태어난 모든 사람들이(한 명도 빠짐없이) 하나님과의 관계가 회복된다는 의미로 해석되어서도 절대로 안 된다. 바울은 본문을 통해 모든 것을 자신의 권세 아래에 굴복시키시는 하나님의 속성을 잘 이야기하였다. 그러나 굴복이 어떠한 것인지에 대해서는 구체적으로 밝히지 않았다.

로마서 5장 18절

고린도전서 15장 22절과 비슷한 표현이 있는데, 그 표현은 바로 로마서 5장 18절의 "그런즉 한 사람의 범죄로 많은 사람이 정죄에 이른 것 같이 한 사람의 의로운 행동으로 말미암아 많은 사람이 의롭다 하심을 받아 생명에 이르렀느니라"라는 표현이다. 본문(롬 5:18)에서 바울은 구속사의 중요한 위치를 차지하고 있는 두 인물인 아담과 그리스도를 대비시켜, 그리

---

14) 특히 다음을 보라. William V. Crockett, "The Ultimate Restoration of All Mankind: 1 Corinthians 15:22," in Studia Biblica 1978: Papers on Paul and Other New Testament Authors(ed. E. A. Livingstone; Sheffield: Sheffield Academic Press, 1980), 83-87; 그리고 다음을 참고하라. Gordon D. Fee, The First Epistle to the Corinthians(NICNT; Grand Rapids: Eerdmans, 1987), 749-51; Anthony C. Thiselton, The First Epistle to the Corinthian: A Commentary on the Greek Text(NIGTC; Grand Rapids: Eerdmans, 2000), 1224-29. Hultgren은 "그리스도 안에서"("in Christ")는 "살려질 것이다"("will be made alive")를 꾸미는 부사구로 서로 해석해야지 "all"("모든 사람")을 꾸미는 형용사구로서 해석하면 안 된다고 주장하였다(Paul's Gospel and Mission, 104). 우리의 판단에 의하면 "in Christ"는 형용사로 쓰이지 않았다. 항상 그러하듯이 "all"은 문맥상으로 파악하면 된다.

스도 안에 있으면 생명을 얻고, 아담 안에 있으면 저주(또는 죽음)를 받는다고 말하였다(5:12도 보라). 그리고 아담의 죄악과 그리스도의 '의로운 행위'가 모든 사람에게 미칠 수 있다는 점도 강조하였다. 그러나 고린도전서 15장 22절과 본문(롬 5:18)의 다른 점은, 본문에서의 '생명'은 부활을 지칭하는 것이 아니라 영적인 생명 또는 영원한 생명을 지칭하는 것이다(참고: 5:17, 21). 어찌 보면 고린도전서 15장 22절보다 로마서 5장 18절이 만인구원론을 더 강하게 지지하는 것처럼 보일 수도 있다. 그러나 영생의 영원성은 저주와 죽음의 영원성과 양립(match)한다는 사실을 주지할 필요가 있다.[15]

바울은 그의 로마서를 통해 단지 예수 그리스도의 복음을 받아들이는 자만이 죄와 죽음을 면할 수 있다는 점을 명확하게 제시하였고, 바울의 메시지에서 만인구원론을 받아들일 만한 그 어떤 근거도 발견할 수가 없었다. 만인구원론을 주장하는 자들도 바울이 오직 예수로만 구원을 얻는다는 복음을 전하였다는 점만은 인정하고 있다. 그럼에도, 그들은 죽은 사람도 복음을 받아들 수 있지 않겠느냐고 반문한다. 그러나 바울은 오직 믿는 자만이 구원을 얻는다고 말하였을 뿐 아니라(예: 롬 1:16-17; 3:21-22), 살아있는 동안 각 사람이 선택한 바에 따라 심판이 결정된다는 사실을 분명히 하였다(예: 고후 5:10). 그리고 로마서 5장 18절 후반부와 17절에서 나오는 바울의 '모든 사람(all)'이라는 표현은 만인을 가리키는 표현으로 해석되어서는 안 된다. 아담 한 사람을 통해서 죽음이 모든 인간을 지배하였다. 그러나 하나님의 은혜를 받는 사람만 구원을 얻는다. 그리스도가 제시하신 하나님의 혜택을 받기 위해서는 반드시 각자가 일대일로 그리스도의 십자가의 복음에 응답하여야 한다.[16]

---

15) 다시 다음을 보라. Hultgren, Paul's Gospel, 82-124; 다음도 보라. C. K. Barrett, The Epistle to the Romans(HNTC; New York: Harper & Row, 1958), 116-17.
16) 롬 5:17의 "받는 자"에서 "받는다"(receive)가 인간의 능동적이고도 적극적인 행위를 지칭하는지 아니면 인간은 그저 주어지는 것을 받기만 하면 되는 피동적 행위를 지칭하는지에 대해 이견들이 있다. 그러나 여기서 "받는다"는 아담의 상황과 대비되어 쓰였기 때문에 능동적 행위로 해석되어야 한다.

그렇다면 '모든 사람'이 생명을 얻을 것이라는 말은 무엇을 뜻하는가? 한 가지 가능한 설명은 바울은 이 표현을 통해 그리스도의 십자가를 통한 구원 사역의 혜택은 모든 사람들에게 열려 있다는 설명이다. 그리스도께서는 모든 사람들에게 '의롭다 함을 받음(justification)'의 문을 열어주셨다.[17]

여기서 '의롭다 함을 받는다'는 바울의 표현은 죄와 죽음의 영역에서 의와 생명의 영역으로 옮기는 것을 의미하고 있다. 고린도전서 15장 22절에서 그랬던 것처럼, 본문에서 18절 후반부의 '모든 사람'은 '그리스도 안에 있는 모든 사람'을 지칭한다.[18] 이러한 해석은 로마서 5장 12-21절을 통해서 보여주는 바울의 의도와 정확히 일치하는 해석이다. 바울은 그리스도인들에게 그리스도는 아담의 죄로 인해 피해를 상쇄시켜주는 것 이상의 일을 하셨다고 말해줌으로, 그리스도의 구원을 확증시켜주었다(5:9-10을 보라). 아담에게 속한 모든 사람들은 저주를 받는다. 그러나 그리스도에게 속한 모든 사람들은 영원한 생명을 받는다. 바울은 모든 사람들이 구원을 얻게 된다고 말하고 있는 것이 아니라, 모든 믿는 자들이 구원을 얻게 될 것이라고 말하였다.

로마서 11장 26절, 32절

바울은 로마서 9-11장을 통해서 이스라엘 백성을 향한 하나님의 신실하심을 적극적으로 변호하였다. 그리고 이 변호는 다음 두 약속의 구절을 통해 절정에 도달한다. 하나의 구절은 "모든 이스라엘 사람들이 구원을 얻을 것이다"(11:26)라는 약속이고 두 번째의 구절은 "하나님께서 모든 사람을 순종치 아니하는 가운데 가두어 두셨는데, 이를 통해 결국 모든 사람이

---

17) 참고: F. Godet, Commentary on Romans(repr.; Grand Rapids: Kregel, 1997), 224-25.
18) 다음을 참고하라. Herman Ridderbos, Paul: An Outline of His Theology(Grand Rapids: Eerdmans, 1974), 340-41.

하나님의 자비를 받게 된다"(11:32)는 약속이다. 두 번째 구절의 말씀이 만인구원론의 입장에서 자주 해석돼 온 것이 사실인데, 만일 반드시 그렇게 해석되어야 한다면, 모든 사람들이 결국 다 구원을 받기에, 지옥은 결국 텅 텅 비어 있는 곳이 되어야 한다. 첫 번째 구절의 말씀이 만인구원론을 지칭한다고 말할 순 없다. 그 이유는 첫 번째 구절은 단지 이스라엘 사람들만 구원을 얻는다고 말하고 있기 때문이다. 그럼에도, 어떤 사람들은 유대인들이 모두 구원받으면 결국 모든 인류들이 다 구원받는다는 말이 아니냐며, 이 구절마저도 만인구원론이 옳음을 증거하는 구절이라며 목청을 돋우었다.

이 두 구절을 올바르게 해석하려면 문맥도 조심해서 보아야 하고, 말씀의 배경도 잘 살펴보아야 한다. 문맥의 시작점이라고 할 수 있는 11장 12절에서 하나님께서는 다수 유대인의 불신과 이방인들의 구원을 이용하셔서 이스라엘을 다시 구원할 것이라는 사실을 알려주심으로, 일부 이방 기독교인들의 교만을 꺾었다. 유대인들이 복음을 거절하자 그 복음이 이방인들에게 향하게 되었다. 이방인들이 복음을 받아들여 하나님의 백성이 된다는 사실이 유대인으로 하여금 시기심을 불러일으키도록 하여, 그들이 기독교인이 되게 하는 것은 하나님의 오묘한 계획이셨다(11:11절과 14절이 신 32:21과 관련이 있고, 롬 10:19에 인용되었다). 어떤 주석가들은 26절의 "모든 이스라엘 사람들이 구원을 얻을 것이다."라는 표현은 '유대인과 이방인을 포함한 모든 하나님의 백성을 지칭' 하는 표현이라고 주장하기도 하였다.[19]

그러나 내가 알기론, 대부분의 주석가들이 여기에서 '이스라엘'을 영적인 의미의 이스라엘이 아닌 실제의 이스라엘 나라로 해석하고 있다. 일부의 사람들은 모든 이스라엘이 구원을 얻는다는 표현을 누적법적으로 해석하여, 교회시대 전체를 통하여 모든 이스라엘 사람들이 결국은 다 구원

---

19) 참고: John Calvin, Commentaries on the Epistle of Paul the Apostle to the Romans(repr.; Grand Rapids: Eerdmans, 1947), 437-38; N. T. Wright, The Climax of the Covenant(Minneapolis: Fortress, 1993), 249-50.

을 얻게 된다고 해석하였고, 또 어떤 사람들은 최절정법적으로 해석하여 예수 재림이 임박한 마지막 날들에 이스라엘 사람들이 한꺼번에 구원받게 된다고 해석하였다. 11절 후반부가 예수 재림을 나타내고 있다고 해석되므로, 전자의 해석보다는 후자의 해석이 더 옳은 것으로 사료된다.[20]

　이 시점에서 '모든 이스라엘 사람들'이라는 표현에 깔린 역사적 배경을 살펴보자. 구약 성경과 유대인의 문학서들을 살펴보면 이 표현은 모든 유대인을 지칭하지도 않고 그 당시에 살고 있던 전 유대인들을 지칭하고 있는 것도 아닌 것으로 밝혀진다. 하나의 예를 들어 보자. 여호수아서 7장 25절에 '모든 이스라엘 사람들'이 아간을 돌로 쳤다는 표현이 나오는데, 여기서 '모든 이스라엘 사람들'이라는 표현이 이스라엘 국적을 가진 모든 사람들이 아닌 것이 명백하다. 이처럼 로마서 11장 26절의 표현도 해석할 수 있기에, 이 표현을 만인구원론의 입장에서 해석하면 안 될 것이다.

　로마서 11장 32절을 제대로 해석하려면 문맥상 흐름의 선상에서 해석해야 한다. 바울은 문맥의 흐름에 맞춰 유대인과 이방인들의 관계를 설명하고 있다. 1장 18-32절을 걸쳐 나오는 '모든 사람들'은 불순종하는 사람들을 지칭한다. 이에 비하여 자비를 받아들이는 여기서 문제가 되고 있는 '모든 사람들'은 '모든 나라들'을 지칭한다.[21]

　따라서 이 절에서 구태여 만인구원론을 적용하고자 한다면―로마서 전체에 만인구원론을 적용하려고 하듯이―이것은 각 개인에 대한 만인구원론이 아니라, 각 민족에 대한 만인구원론이라고 하면 그나마 봐줄 수 있다.

---

20) 오늘날 대다수의 주석가들이 이러한 주장을 펴고 있다. 다음을 보라. Douglas J. Moo, The Epistle to the Romans(NICNT; Grand Rapids: Eerdmans, 1996), 720-22.
21) 특별히 다음을 보라. Stephen Pegler, "The Nature of Paul's Universal Salvation Language in Romans"(Ph. D. dissertation, Trinity Evangelical Divinity School, 2002).

골로새서 1장 20절

골로새서를 통해 바울은, 천사와 같은 존재들의 중보 역할을 중시함으로써 예수 그리스도의 구원을 약화시키려고 하였던 이단의 가르침이 잘못되었음을 알려주었다. 골로새서 1장 15-20절은 그리스도께서는 하늘과 땅 모두에서 최고의 존재라는 사실(1:15-17) 및 그분의 구속(1:18-20) 사실을 노래로 표현한 초대 교회의 찬양 곡의 가사이다. 이 문단의 클라이맥스 부분에서 바울은, 하나님께서는 예수 그리스도를 통하여 "하늘에 있고 땅에 있는 모든 것들이 자기와 화해하도록 하셨다"고 주장하였다. 어떤 사람들은 이러한 표현이 모든 인류들이 종국적으로는 구원을 얻게 되고, 그 결과 지옥은 더 이상 존재하지 않게 된다는 것을 표현한다고 주장하고 있다.

바울은 '화목(reconciliation)'이라는 단어를 단지 구원을 얻은 사람들을 지칭하였을 때만 사용해왔기 때문에(골 1:22, 롬 5:10, 11; 11:15; 고후 5:18-20; 엡 2:16), 골로새서 1장 20절의 '화목'도 구원을 얻은 사람들에게만 적용되어야 한다. 그럼에도, 여기서의 '화목'이 반드시 구원을 얻은 사람들만을 지칭하는 것 같이 보이지 않는다. 이 구절에서 구원의 대상은 '모든 것들(만물들)' (타 판타, ta panta, 여기서 타 판타는 중성 명사를 지칭한다)이다. 여기서 '만물'은 사람을 지칭할 수도 있지만 '곧 땅에 있는 것들이나 하늘에 있는 것들'이라는 표현이 나오기에, 사람을 비롯한 하나님의 모든 피조 세계를 지칭하는 것으로 해석되어야 한다(에베소서 1장 10절의 특별한 표현을 찾아보라).

만일 이것이 사실이라면 바울은 여기서 그리스도를 통해 구원받은 사람들만이 아닌, 그리스도 안에 있는 모든 우주가 하나님과 화평해야 한다는 사실을 지칭하고 있는 것이다.[22]

'땅에 있는 것들이나 하늘에 있는 것들'이라는 표현은 골로새서 1장

---

22) 특별히 다음을 보라. F. F. Bruce, The Epistles to the Colossians, to Philemon, and to the Ephesians(NICNT; Grand Rapids: Eerdmans, 1984), 74-76; Eduard Lohse, Colossians and Philemon(Hermeneia; Philadelphia: Fortress, 1971), 59-61; Peter T. O'Brien, Colossians, Philemon(WBC 44; Waco, Tex.: Word, 1982), 53-57.

16절의 '하늘이나 땅에 있는 모든 것들'을 연상시키기 때문에, 골로새서 1장 20절의 '만물'은 골로새서 1장 16절의 '보좌들과 주관들과 정세들과 권세들'을 반드시 포함해야 한다. 이러한 해석에서 한 걸음 더 나아가 초대 교회의 오리겐(Origen)을 비롯한 몇몇 사람들은 모든 인류들과 모든 영적인 존재들이 결국은 하나님과 화해한다는 아포카타스타시스(apokatastasis)의 개념을 내어놓았다(오리겐과 그를 따르는 사람들은 이 단어를 행 3:21에서 취하였다). 그러나 오리겐과 그의 가르침을 따르는 사람들이 내어놓은 이러한 해석은 하나님을 대적하는 영들에 대한 사도 바울의 기존 가르침들과는 맞아떨어지지가 않으므로, 마귀도 하나님과 결국은 화해하게 된다는 해석은 잘못된 해석이라고 할 수밖에 없다. 이와 관련하여 피터 오브라이언(Peter O'Brien)은 "이러한 영적인 세력들은 자신들이 결코 이길 수 없는 분 앞에 억지로 무릎을 꿇는다. 그들은 억지로 무릎을 꿇음으로 하나님에 의해 강제적으로 화합 당한 것이라고 보아야 한다."라고 주장하였다.[23] 그리스도 안에서 하나님께 모든 만물들의 최종적으로 무릎을 꿇을 때 마지막 날이 도래한다(빌 2:10-11). 그리고 본 구절의 '화평' (pacification)이란 표현은 예수 그리스도의 십자가를 통한 화평을 뜻한다. 하나님께서는 그의 아들이 달려 죽은 십자가를 통하여 모든 만물들을 자기에게 복종하게 되는 근거를 만들어 놓으셨다.

디모데전서 2장 4절

어떤 사람들은 디모데전서 2장 4절의 "하나님은 모든 사람이 구원을 받으며 진리를 아는 데 이르기를 원하시느니라"라는 구절을 만인구원론을 지지하는 구절로 제시한다. 만인구원론을 주장하는 자들은 하나님께서 '원하시면' 그 어떤 것도 이룩할 수 있다는 이론을 펴면서, 만일 하나님께

---

23) O'Brien, Colossians, Philemon, 56.

서 원하시면 산자도 믿음을 통해 구원할 수 있고, 죽은 사람도 그리스도를 통해 구원할 수 있고, 그 어떤 방법을 통해서든 구원하실 수 있다고 주장한다.[24]

그러나 바울은 이 디모데서를 통해 믿음을 가진 자만이 구원을 얻는다는 사실을 분명히 밝히고 있다(1:16; 3:16; 4:10도 보라). 이론적으로 보거나 신학적으로 보거나 하나님께서 원하시면 그 어떤 것도 이룰 수 있다고 주장하는 것은 좀 문제가 있는 주장이다. 초기 교회 시대의 신학자들은 하나님의 '소망(desire)'으로 표현되는 하나님의 '일반적인' 뜻(general will)과 그분의 '실제로 효과를 나타내는' ─ 효과 의지(effective will)의 뜻 ─을 구분하였다. 따라서 성경에 하나님의 '뜻'이라는 표현이 있을 때 이 두 가지 하나님의 뜻 중에서 어느 뜻을 말하는지를 구별하려면, 성경의 표현에 대해 먼저 충분한 이해를 먼저 하고 있어야 한다. 그렇다면, 본 절에서 바울이 의미하는 바는 무엇인가? 이 질문에 관하여 다음의 두 가지 해석이 제기되었다.

(1) 바울의 목회서신들을 통해 바울은 계속해서 교회에 침투한 이단들을 물리치라고 촉구하였다. 따라서 여기서도 바울은 단지 소수만이 구원을 받는다는 이단의 주장에 대항하고자 그와 같이 표현함으로, 하나님의 은혜로 가득 찬 구원은 온 인류에게 열려있다는 것을 말하고자 하였다. 그러나 그렇다고 해서 바울의 이 표현을 모든 사람들이 다 구원의 메시지를 받아들이게 된다는 표현으로 해석해서는 절대로 안 된다.[25]

(2) 바울은 하나님의 구원이 '전 인류'에게 미친다고 주장하고 있다. 바울은 로마서 11장 32절과 디모데전서 2장 1절에서도 여기에서처럼, 그리스어로 보면 동일한 단어인 '모든 사람(everyone)'이라는 비 특정 다수

---

24) 다음을 보라. 예: John Hick, Evil and the God of Love(London: Macmillan, 1966), 378-80.
25) 이러한 해석을 지지하는 최근의 글을 보려면 다음을 보라. I. Howard Marshall(Philip H. Towner와 협력하여 쓴 글), A Critical and Exegetical Commentary on the Pastoral Epistles(ICC; Edinburgh: T. & T. Clark, 1999), 426-27.

를 지칭하는 표현('universal language')을 쓰면서 '모든 사람'을 위하여 기도하라고 촉구하였다.[26]

이 두 가지 해석 중에서 어느 해석이 옳은지를 알아내는 것은 이 글의 목적이 아니며, 또한 쉬운 작업도 아니다. 두 가지 해석 모두 일리가 있는 해석이긴 하지만, 그 어느 해석도 만인구원론을 지지하지는 않는다.

그리고 디모데전서 2장 1절과 로마서 11장 32절 및 본 구절(딤전 2:4)들 중 그 어느 절도 바울이 만인구원론을 주장했다는 증거를 삼을 수 있는 구절이 될 수 없다. 이 세 구절 모두 따로 떼어 놓고 보면, 만인구원론을 주장하는 구절이라고 우길 수도 있다. 그러나 바울의 가르침 전부를 놓고 비교해본다면, 이 세 구절 모두 만인구원론을 주장하지 않는다. 바울은 그의 서신서에서, 모든 인류에게 내려지는 하나님의 진노의 심판은 확실히 있다는 사실과 그 진노를 피하는 유일한 길은 믿음을 통해서 그리스도를 받아들이는 것밖엔 없다는 사실을 명백하게 나타내고 있음은 그 누구도 부인할 수 없는 확실한 사실이다.

존 히크(John Hick)를 비롯한 몇몇 신학자들은 본 구절을 통해 영원한 심판에 대해 경고를 하고 있긴 하지만, 그 경고가 경고로서만 끝날 수도 있기 때문에, 실제로는 심판이 일어나지 않을 수도 있다고 주장하였다.[27]

그러나 그런 주장은 인간의 죄가 하나님 보시기에 얼마나 심각한지에 대한 이해 부족에서 오는 잘못된 주장이라고 아니 할 수 없다. 하나님의 심판으로부터 건짐을 받는 것은 구원을 받아들이는 긍정적인 행위밖에는 없는 것이다. 그러므로 모든 인류가 다 구원을 받아들일 때에만 만인구원론이 맞을 수 있다. 그러나 바울은 한 번도 만인구원론을 믿은 적이 없다. 바울은 믿음과 하나님의 예정(하나님은 구원하실 자를 미리 선택하고 결정하셨다는 것; 역자 주)을 긴밀하게 결부시켰다. 따라서 하나님의 예정이 모든 인류에게 다 미쳤다는 것은 앞뒤가 맞지 않는 이야기이다(특별히 롬

---

26) 예: George W. Knight III, The Pastoral Epistles: A Commentary on the Greek Text(NIGTC; Grand Rapids: Eerdmans, 1992), 307.
27) John Hick, Death and Eternal Life(New York: Harper & Row, 1976), 247-50.

9:22-44를 보라).

바른 이해를 위해 바울이 이러한 서신들을 쓴 배경적 이해가 필요하다. 구약 성경은 하나님의 백성인 이스라엘 백성과 이방인들이 구분을 너무도 명확하게 하고 있다(예: 신 30:15-20). 이와 마찬가지로 유대주의에서는 구원을 받을 자들과 영원히 심판받을 자들의 구별을 너무도 엄격히 하고 있다. A. 외프케(A. Oepke)가 주장하였듯이, 유대의 전통을 너무도 숙지하고 있던 바울에게 모든 죄인들이 결국에는 다 구원받는다는 주장은 정말로 낯설고 말도 되지 않는 주장이었음이 분명하다.[28]

어떤 사람들은 바울이 자신이 고수하였던 전통을 그 어느 순간부터 떠나서 새로운 관점인 만인구원론을 받아들이기 시작하였다고 주장하였다 (예: 롬 5:18; 11:32; 고전 15:20-28). 그러나 그런 주장은 설득력을 상실하였다. 그 이유는 그런 주장은 동일한 서신서에서 유대적인 관점을 강하게 고수하고 있는 구절들에 대해서는 설명해줄 수가 없는 주장이기 때문이다. 만일 바울이 자신의 그토록 중요한 기존 관점을 버리고 다른 관점을 취했다면 그 일은 그의 신앙에서 너무도 중요한 포인트이기 때문에, 그는 서신서에서 그러한 사실을 강하고도 분명한 어조로 표현하고 또한 주장하였어야만 한다. 그러나 그러한 표현과 주장들이 그의 서신서들 어디에서도 발견되지 않았다. 바울은 지옥이 확실히 있다고 가르쳤다. 그 지옥에 가서 영원히 그곳에 있게 될 사람들이 분명히 있다.

지옥의 성격

지옥은 있다. 복음을 받아들이지 않은 사람은 죽은 후 지옥에 간다. 죄의 결과로부터 탈출할 수 있는 기회는 단지 이 땅에서 숨을 쉬며 살아가는 동안만 주어진다. 지옥에 일단 간 사람은 절대로 그곳에서 나올 수 없다.

---

28) A. Oepke, "apokathistemi, apokatastasis" TDNT, 1:392.

그렇다면, 지옥은 어떤 곳일까? 다른 말로 하자면, 그리스도를 믿지 않고 죽은 사람들에게는 어떤 운명이 기다리고 있을까?

지옥의 성격에 관한 기독교의 역사적 관점(historical view; 기독교 역사를 통해 일관되게 유지되었던 전통적 관점; 역자 주)은 지옥에 간 사람은 고통을 의식하고 그 고통은 한없이 이어지는 영원한 고통이며, 그곳에 간 사람은 또한 하나님의 임재를 전혀 느끼지 못하는 심판을 받는다는 관점이다. 이러한 지옥의 성격에 대한 전통적 해석은 기독교 역사를 통해 주기적으로 도전을 받았다. 오늘날은 '영혼소멸론'이 기독교 전통 지옥관에 도전장을 내고 있다. 영혼소멸론이란 그리스도를 이 땅에서 영접하지 않았기 때문에 지옥에 간 사람은 그곳에서 영원한 고통을 경험하지는 않는다는 이론이다. 이 이론에 따르면 지옥에 가더라도 일정 기간 동안만 고통을 경험하고 그 후에는 존재 자체가 없어진다는 것이다. 악인의 최후 상태에 관한 이러한 이론은 지옥의 성격에 관한 또 다른 하나의 관점이라고 볼 수 있는 '조건적 불멸론(conditional immortality)'과 많은 관련을 맺고 있다. 조건적 불멸론을 주장하는 자들은 인간은 원래 영원히 불멸하는 존재가 아니었으나 예수 그리스도를 믿음으로 하나님으로부터 불멸성을 선물로 받았다는 것이다. 그래서 예수님을 영접한 자들은 영원히 존재하지만, 그렇지 않은 불신자들은 비록 지옥에서라도 영원히 존재할 수 없다는 것이다.

이러한 주장을 펴는 사람들은 지옥의 고통이 임시적이라는 자신들의 주장을 뒷받침하는 충분한 역사적 증거와 성경적 증거가 있다고 주장한다. 그러나 바울의 서신서에는 조건적 불멸론을 뒷받침하는 그 어떤 직접적인 증거도 없고, 또한 그 반대되는 이론이 옳다는 것을 주장할 직접적인 증거 또한 없다. 조건적 불멸론자들이 주장하는 바와는 달리, 바울의 그 어떤 가르침도 이들의 주장을 지지하고 있지 않다는 사실은 매우 중요하다.[29] 이제 우리는 바울의 글에서 영혼소멸론을 찾아볼 수 없었다는 증거를 제시할 것이다.

그리고 이러한 증거 제시가 바울의 서신서를 제외한 신약 성경의 다른 구절들과 어우러지게 되면, 바울은 한 번도 영혼소멸론을 가르친 적이 없다는 우리의 주장이 더욱더 정당화되게 될 것이다.

이제 우리는 지옥의 성격을 규정짓기 위하여 다음의 세 가지 즉 바울이 사용하였던 '멸망(destruction)'이라는 단어의 의미에 대하여, 그리고 하나님의 심판과 관련된 '영원한(eternal)'이라는 단어의 중요성에 관하여 및 마지막 세 번째로 바울이 제시한 불멸의 성격에 관하여 집중적으로 논의 하려고 한다. 앞의 두 가지 논의는 지옥에 관한 바울 서신서에서 가장 중요한 구절이라고 할 수 있는 데살로니가후서 1장 8-9절을 중심으로 엮어진다. 데살로니가후서 1장 5-10절에서 바울은 데살로니가 지역에 살고 있는 핍박을 받고 있는 그리스도인들에게 상황이 좋아지는 때가 곧 올 것이므로 참고 견디라는 위로의 말을 전하였다. 주 예수님께서 천사들과 함께 번뜩이는 불로 하늘에서부터 임하실 때(7절), 하나님께서는 이 땅에 정의를 펼치실 것이다. 그때가 되면 핍박받았던 그리스도인들은 자유함을 얻게 되고, 데살로니가 교인들을 핍박하였던 핍박자들은 어려움을 당하게 될 것이다(6절). 그리고 하나님을 모르는 사람들과 또한 우리 주 예수 그리스도의 복음에 순종하지 않았던 자들은 벌을 받아 영원히 멸망 받을 것이고, 주님의 임재와 영광으로부터 영원히 단절될 것이다(8-9절). 이와 관련하여 우리가 물어야 할 질문은 다음 두 가지이다: (1) 누가 처벌을 받는가? (2) 처벌은 어떤 처벌인가?

(1) '오늘날의 새 국제 번역(TNIV; Today's New International Version)'에는 '하나님을 모르는 사람들이요, 또한 우리 주 예수 그리스도의 복음에 순종하지 않았던 사람들'이라고 표현하였다. 이로 보건대 바울

---

29) 나는 편리함을 이유로 불신자는 결국 존재하지 않게 된다는 견해를 말할 때에는 영혼소멸론이라는 표현을 사용할 것이다. 물론 어떤 사람들은 영혼소멸론이라는 표현을 달갑지 않게 생각한다는 사실을 나는 잘 알고 있다. 가령 예를 들어 The Evangelical Alliance Commission on Unity and Truth Among Evangelicals(연합과 진리에 관한 복음주의자 동맹 위원회)가 펴낸 The Nature of Hell(London: Evangelical Alliance, 2000)에서는 영혼소멸론이라는 표현 대신에 "조건주의"(conditionalism)이라는 표현을 선호하였다(72면).

은 이 두 타입의 사람들이 같은 그룹의 사람들이라고 생각한 것으로 보인다. 그러나 다른 신약 성경의 영어 번역본들, 예를 들어 '영어 표준 번역(ESV; English Standard Version)'을 보면 동일한 구절을 '하나님을 모르는 자들과 및 우리 주 예수님에게 순종하지 않은 자들'이라고 표현하였음을 보아 이 두 타입의 사람들은 서로 다른 두 그룹의 사람들인 것으로 해석하였음을 알 수 있다. 그리스 원어 성경에는 '하나님을 모르는 자들'이라는 표현 앞에 관사가 있고, 우리 주 예수님에게 '순종하지 않은 자들(토이스 메 히파쿠우신, tois me hypacouousin)'이라는 표현 앞에도 관사가 있다. 이렇듯 두 타입의 사람들 앞에 각각 관사가 있는 것으로 보아, 영어 표준 번역본의 해석이 오늘날의 새 국제 번역본의 해석보다 더 옳은 해석으로 보게 된다. 이러한 해석을 바울의 관점과 맞물려 해석해 보면, 이 두 그룹의 사람들은 분명히 이방인 불신자 그룹과 유대인 불신자 그룹을 지칭하고 있음이 분명하다. 바울은 다른 곳에서 이방인들을 '하나님을 모르는 사람들'이라고 지칭하였고(특별히 살전 4:15을 보라), 예수님을 받아들이지 않는 유대인들에 대해서는 불순종의 유대인이라며 비난하였다(예: 롬 10:16, 21; 11:30-31).[30] 그럼에도, 바울이 항상 이 두 그룹을 따로 구분하여 표현한 것은 아니다(참고: 롬 11:32). 그리고 본 구절의 문맥상으로 볼 때 바울이 유대인과 이방인을 구별한 것으로 보이지는 않는다.

본 구절이 포함된 문맥은 구약 성경의 영향을 강하게 받았다는 사실로 미루어 볼 때, '하나님을 모르는 자들'과 '복음을 순종하지 않은 자들'이라는 본 구절의 두 표현은 동일한 그룹의 사람을 가리키는 대칭적인 표현임이 확실하다. 즉 여기서 바울은 동일한 그룹의 사람들을 다른 두 측면에서 서술한 것이다.[31]

---

30) 이것과 관련하여서는 다음을 참고하라. I. Howard, 1 and Thessalonians(NCB; Grand Rapids: Eerdmans, 1983), 177-78.
31) 대부분의 주석가들은 이 관점에 동의한다. 이 관점에 관한 대표적인 주석가들의 견해를 자세히 알려면 참고하라. E. Best, A Commentary on the First and Second Epistles to the Thessalonians(London: Adam & Charles Black, 1977), 260; Charles A. Wanamaker, The Epistles to the Thessalonians(NIGTC; Grand Rapids: Eerdmans, 1990), 227; Abraham J. Malherbe, The Letters to the Thessalonians: A New Translation with Introduction and Commentary(AB; New York: Doubleday, 2000), 400-401.

그렇다면 그들은 누구인가? 베스트(Best)는 문맥상으로 볼 때 그 사람들은 그리스도인들을 핍박하는 자들임이 분명하다고 주장하였다.[32]

그러나 다음 두 가지의 이유로 해서, 베스트의 주장은 신빙성이 없다.

첫째, 바울은 데살로니가의 핍박자에 대한 심판 이야기(1:6)에서 옮겨가서, 지금은 구약 성경의 하나님 현현에 관한 구절들로부터 따온 개념들을 근거로, 하나님의 심판에 관하여 이야기하고 있다. 아주 오래전에 크리소쏨(Chrysostom)이 이 구절에 대해 언급하였듯이, 악한 사람들은 데살로니가 교인들을 핍박하였기 때문에 심판을 받는 것이 아니라 하나님 알기를 거부하였기에 심판을 받는 것이다.[33]

둘째, 워나메이커(Wanamaker)가 특별히 이 구절에 관하여 주석하였고 크로케트(Crokett)가 일반적인 사항으로 명시한 바와 마찬가지로, 바울은 사후의 운명에 관하여, 신자들의 운명과 불신자들의 운명이 서로 확실하게 구별된다는 이원론적인 개념을 강하게 가지고 있었다. "8절은 하나님을 알았고 주 예수님의 복음에 순종하고 있었던, 데살로니가후서를 읽었던 데살로니가 교회의 독자들의 관점에서 이해할 때 제대로 주석할 수 있고, 8절이 말하는 바는 하나님을 알았고 주님에게 복종하였던 데살로니가 교인들의 공동체에 소속되지 않는 모든 사람들은 구원에서 배제되고 하나님의 심판의 대상이 된다."[34]

따라서 본 절이 말하고 있는 심판의 표현은 데살로니가 교인들을 핍박하는 사람들에게만 적용되어서도 안 되고, 복음을 듣고 거절한 사람들만 적용되어서 또한 안 된다. 바울은 다른 곳에서 모든 인류에게 하나님을 알 수 있는 기회들이 주어졌지만 많은 사람이 하나님 알기를 거부하고 우상을 만들어 섬겼다고 말하였다(롬 1:19-23). 일반적으로 세상 사람들은 하나님을 모르고 복음에 순종하지 않는다. 그 때문에 본 절에서 바울이 말하고

---

32) Best, First and Second Thessalonians, 261-63.
33) Chrysostom, PG 62:470 quoted in Malherbe, The Letters to the Thessalonians, 400.
34) Wanamaker, The Epistles to the Thessalonians, 228. 이와 같은 주장을 바울 서신서 전체에 걸쳐 논한 자료를 보려면 다음을 보라. William V. Crockett, "Will God Save Everyone in the End?" in Through No Fault of their Own: The Fate of Those Who Have Never Heard, ed. William V. Crockett and James S. Sigountos(Grand Rapids: Baker, 1991), 159-66.

있는 바는 하나님의 아들에 관한 은혜의 복음을 거절하는 모든 사람들은 하나님의 심판을 받는다는 것이다.[35]

(2) 악인들은 어떤 심판을 겪는가? 영혼소멸론을 주장하는 자들은 9절에 나온 '멸망' 이라는 단어와 성경의 여러 곳에서 나온 악인의 운명과 관련된 표현들을 근거로 자신들의 견해가 옳다고 주장한다. 멸망과 관련되는 두 개의 그리스어가 성경에 등장한다. 그 두 단어는 올레쓰로스(olethros; 이 단어는 원어 신약 성경에서 고전 5:5; 살전 5:3 및 딤전 6:9에만 나오는 단어이다)와 아폴루미/아폴레이아(apolymi/apoleia; 롬 2:12; 9:22; 14:15, 20; 고전 1:18; 15:18; 고후 2:15; 4:3; 빌 1:28; 3:19; 살후 2:3, 10; 딤전 6:9; 비교: 갈 6:8에 나오는 프쏘라[phthora]와도 비교해보라)이다. 이 단어들의 정확한 의미에 대해 확정적으로 말할 수 있는 것은 아무것도 없다. 그러나 적어도, '멸망' 을 뜻하는 이 단어들은 그 어느 것도 '존재 소멸' 을 뜻하진 않는다. 본 구절에 대한 논의를 잠시 떠나서 보더라도, 구약 성경과 신약 성경 전체에 걸쳐서 여러 차례 사용된 멸망이라는 뜻의 단어들이 '존재 소멸' 의 의미로 사용된 적은 한 번도 없다.[36]

아니 오히려, 그 단어들은 원래의 기능이나 원래의 성질을 잃어버린 사람이나 물건의 상태라는 의미로 사용되었다.

이 단어들은 심지어 육적인 죽음(예: 고린도전서10:9, 10에서는 아포루미가 사용되었고 유디트서에서는 올레쓰로스가 사용되었다)을 의미할 때에도 사용되었다. 이 세상에서의 삶이 끝나는 것을 의미하는 것으로, '멸망' 을 의미하는 단어들이 사용된 것은 사실이지만, '멸망' 이라는 표현이 존재가 없어지는 것을 의미하는지는 확실하지 않다. 이에 대한 정확한 이해를 하기 위하여서는, 죽음 후의 상태에 관한 그 당시 시대의 가르침을 배경으로 놓고 이해하여야만 할 것이다. 그럼에도, 영혼소멸론을 주장하

---

35) Malherbe, The Letters to the Thessalonians, 401.
36) 실제로 Best는 칠십인 역에서 단지 솔로몬의 지혜서 1:14를 제외하고서는 oletheros가 "소멸"(annihilation)이라는 의미로 사용된 적은 없었다고 주장하였다. 이와 관련하여서는 다음을 보라. The First and Second Epistles to the Thessalonians, 261-62.

는 자들은 멸망이라는 단어가 무 존재를 의미하는 뜻이라고 막무가내로 주장하며, 죽은 후(또는 멸망 후) 잠깐만 존재한다는 말도 안 되는 억지 주장을 펴고 있다. 성경에서 '파멸(destroy)'과 '멸망(destruction)'이라는 단어는 열매 맺지 못하는 것을 뜻할 때에 사용되었고(올레쓰로스, 겔 6:14; 14:16), 기름을 쓸데없이 허비하여 부어버릴 때 사용하였으며(아폴레이아, 마 26:8; 막 14:4), 또한, 포도주를 담는 가죽부대에 구멍이 생겨 더 이상 가죽부대에 포도주를 담을 수 없도록 가죽부대가 망가졌을 경우(아포루미, 눅 15:9) 및 동전을 '잃어버렸다(lost)'고 표현할 경우(아포루미, 눅 15:9), 그리고 대홍수로 인해 지역 거주민들이 더 이상 홍수가 난 지역에 거주하지 않아 땅이 황폐화되었을 경우(벧후 3:6)에 사용하였다. 즉 이 단어들이 대상물의 존재가 무 존재로 되었을 경우 사용된 단어들이 아니라는 것이 이제 명백해졌다. 그 대상물들은 '멸망' 되어도 즉 원래의 상태가 없어져도 계속 존재하는 것이다. 예를 들어 설명해 보자. 우리는 흔히 '태풍으로 집이 파손(멸망)되었다'라고 표현한다. 태풍으로 집은 더 이상 사람이 살 수 없을 정도로 파괴(멸망)되었지만, 그렇다고 하여서 집을 구성하고 있던 물질들의 존재 자체가 없어진 것은 아닌 것이다. 단지 집으로서의 상태를 유지하지 못하게 되었을 뿐이다.

그렇다면 '멸망'이라는 단어가 구약 성경과 신약 성경에서 악인들에 대한 하나님의 심판과 관련되어 쓰인 경우, 어떤 의미를 갖고 있는가에 대해 알아보자. 이 단어를 전부 무 존재라는 의미로 해석할 수 없는 것은 자명한 사실이다. 그러나 어떻게 보면 무 존재라고 풀이 될 수 있을 가능성도 전혀 없는 것은 아니다. 가령 단 레이드(Dan Reid)같은 사람은 구약에서 하나님을 '신적인 용사'로 표현한 경우가 많다고 주장하면서, 그런 경우 하나님께서는 그의 대적들에게 복수하여 멸망시킨다고 표현되었기 때문에(예: 사 66:15-16), 이러한 표현들은 하나님께서 그의 대적들을 소멸시켜

---

37) Daniel G. Reid, "2 Thessalonians 1:9: 'Separation from' or 'Destruction from' the Presence of the Lord?" 이 논문은 2001년 12월에 개최된 미국 콜로라도 주 콜로라도스프링스에서 개최되었던 Evangelical Theological Society의 연례회의의 바울 연구를 위한 소그룹 모임에서 발표되었다.

무 존재로 만든다고 해석하여야 한다고 주장하였다.[37]

여기서 단 레이드는 단지 하나님의 '신적인 용사' 라는 전통적 표현 안에 바울의 표현을 억지로 집어넣으려고 하는 실수를 범하였다.

그러나 그렇게 해서는 안 된다. 신약 성경에 나오는 심판과 관련된 표현들은 그 어원들이 다양하고 표현기법들이 다양하다는 사실을 잊어서는 안 된다. 물론 '멸망' 이라는 단어가 일부 신적인 용사에 관한 전통적인 표현과 관련이 있는 것은 사실이다. 그러나 단지 그러한 해석에만 국한 시켜서는 안 된다. 우리가 그랬던 것처럼, 바울이 사용한 '멸망' 이라는 표현에 대해 정확한 이해를 하려면 그가 멸망이라는 의미들과 관련되어 사용한 다른 표현들도 같이 조사해 보아야 한다. 더군다나 구약 성경에서 멸망이라는 표현은 하나님께서(세상 나라의 용사가 그러하였듯이) 대적들을 소멸시킬 때 사용된 표현이라는 단 레이드의 주장은 신빙성이 없다. 그 이유는 세상의 용사들이 자신들의 대적을 죽이듯이 그런 식으로 하나님께서 자기의 대적들을 죽이시지는 않기 때문이다.

따라서 본 절에서 바울이 사용한 '멸망' 이라는 표현은 '황폐(ruin, 파멸)' 라는 의미로 받아들이는 것이 최상인 것으로 받아들이게 된다. 본 절에서 '멸망' 으로 해석된 올레쓰로스는 악인이 무 존재가 된다는 말이 아니라 황폐화된다는 말이다. 즉 '죽음으로 인해 하데스에 떨어져서 영원히 희망이 없는 상태가 지속된다' 는 말이다.[38]

더군다나 본 절의 '멸망' 을 '황폐' 로 해석하는 것은 악인의 상태에 관한 다른 표현들 즉 진노를 당하고, 영적인 죽음을 경험하고, 환란을 당하고 저주를 받는다는 표현들과도 무리가 없이 조화되기 때문이다.

따라서 문맥상으로 볼 때 다음의 두 가지 이유 때문에, 데살로니가후서 1장 9절의 '멸망' 은 황폐하게 되었다는 뜻으로 해석되어야 한다. 첫째, 본 구절에서 멸망을 '영원한 멸망' 이라고 표현하였다. '소멸' 은 소멸되는 순간 더 이상 존재하지 않는 것을 의미하기 때문에 소멸되는 것은 영원한

---

38) Oepke, "apokathistemi, apokatastasis," 1:396.

것이 아니다. 고로 본 절의 멸망으로 해석된 올레쓰로스(olethros)를 통해 바울이 의미했던 바는 파괴행위로 인한 소멸이 아니라, 황폐된 상태의 지속을 의미하는 것으로 해석되어야 한다. 영혼소멸론을 지지하는 사람들은 '영원한 멸망'이라는 표현에서 '영원'은 그리스어로 아이오니오스(aionios)이기 때문에 이것이 뜻하는 바는 영원한 기간이란 뜻이 아니라 질적으로 영원하다는 뜻이라고 주장한다. 즉 '영원'은 '한 세대(an age)' 동안만 지속하는 한정적인 기간이라는 것이다. 그러나 그들의 주장처럼 '영원'을 '세대'로 해석한다고 하더라도 '세대'는 '앞으로 다가올 세대(the age to come)'를 의미하고, 그 '앞으로 다가올 세대'는 끝없이 지속되는 영원한 세대이다.[39]

그럼에도 오늘날에 활동하고 있는 많은 신학자들이 아이오니오스가 한정된 기간을 뜻하는 세대라고 해석하고 있는 실정이다.[40]

또한 영혼소멸론자들은 아이오니오스가 행위와 관련된 말이 아니고, 행위로 인해 벌어진 상태를 의미하는 말이라고 주장하였다.[41]

즉 파괴의 행위로 인한 결과는 영원히 지속된다는 것이다. 물론 신약성경에서의 '영원한(eternal)'이라는 표현이 행위의 결과를 뜻하는 말로 쓰인 경우가 없는 것은 아니다. 가령 예를 들면 마가복음 3장 29절에서 표현된 '영원한 죄'라는 말의 뜻은 '죄로 인한 결과가 영원히 지속된다'라는 의미를 갖고 있다(히 5:9; 6:2; 유 7절도 보라). 그럼에도 어떻게 파괴의 결과가 영혼소멸론과 관련이 있을 수 있을지 우리는 의문을 제기하여야만 한다. 왜냐하면, 결과가 영원히 지속된다는 말 속에는 지속되는 그 어떤 것이 반드시 존재해야만 하기 때문이다.

'멸망'이라는 단어가 하나님과의 관계가 종식된다는 의미로 해석되어야 하는 두 번째 이유에 대해 말해보겠다. 본 절(살후 1:9)에서 바울은 '멸망'의 의미를 '하나님의 임재와 그분의 영광으로부터의 단절'이라는 의미

---

39) 다음을 참고하라. Leon Morris, The First and Second Epistles to the Thessalonians, rev. ed.(NICNT; Grand Rapids: Eerdmans, 1991), 205.
40) 다음을 참고하라. H. Saase, "aion, aionios," TDNT, 1: 197-209; Harris, Raised Immortal, 182-83.
41) 참고: Fudge, The Fire That Consumes, 37-50.

로 해석하였다. '오늘날의 새 국제 번역(TNIV, Today's New International Version)'에서는 그리스 원어 성경에서 전치사 아포(apo, 영어의 from [⋯로 부터]에 해당; 역자 주)에 신경을 써서 번역하였다. 그리고 대부분의 주석가들은 이 '오늘날의 새 국제 번역'의 번역에 동의하여[42] 분리를 나타내는 의미인 '어떤 것으로부터 차단된(멸망)'이라는 뜻으로 해석하였다. 물론 이런 해석과는 달리, 원천적인 의미로 해석하여 '하나님의 임재로부터 나오는 멸망'으로 번역할 수도 있고, 아니면 원인적인 의미로 해석하여 '하나님의 임재 때문으로 인한 멸망'[43]이나 아니면 시간의 의미로 해석하여 '하나님의 때가 되었을 때 일어나는 멸망'으로도 번역할 수도 있다. 그러나 대개 아포는 신약 성경에서 분리의 의미로 해석되고 있는 것이 사실이다. 아포가 분리의 의미로 사용된 것으로 해석할 수 있는 가장 큰 증거 중의 하나는, 바울이 아래에 인용된 이사야 2장 10-21절의 내용 일부를 그대로 발췌하여 본 절에 인용하였다는 사실이다.

> 너희는 바위 틈에 들어가며
> 진토에 숨어
> 여호와의 위엄과
> 그 광대하심의 영광을 피하라
> 그 날에 눈이 높은 자가 낮아지며
> 교만한 자가 굴복되고
> 여호와께서 홀로 높임을 받으시리라.
>
> 대저 만군의 여호와의 한 날이
> 모든 교만자와 거만자와
> 자고한 자에게 임하여
> 그들로 낮아지게 하고

---

42) 참고: Best, *The First and Second Epistles to the Thessalonians*, 263; Malherbe, *The Thessalonian Letters*, 402-3.
43) 다음을 참고하라. "2 Thessalonians 1:9," 10-11.

또 레바논의 높고 높은 모든 백향목과
바산의 모든 상수리나무와
모든 높은 산과
모든 솟아오른 작은 산과
모든 높은 망대와
견고한 성벽과
다시스의 모든 배와
모든 아름다운 조각물에 임하리니
그 날에 자고한 자는 굴복되며,
교만한 자는 낮아지고
여호와께서 홀로 높임을 받으실 것이요,
우상들은 온전히 없어질 것이며,

사람들이 암혈과 토굴로 들어가서
여호와께서 일어나사,
땅을 진동시키는 그의 위엄과
그 광대하심의 영광을 피할 것이라.
사람이 숭배하려고 만들었던 그 은우상과 금우상을
그 날에 두더지와 박쥐에게 던지고
암혈과 험악한 바위 틈에 들어가서 여호와께서 일어나사
땅을 진동시키시는 그의 위엄과
그 광대하심의 영광을 피하리라.(개역성경)

    위의 성경 인용문구에서 세 번에 걸쳐서 '여호와의 위엄과 그 광대하심의 영광을 피한다' 라는 표현이 나온다. 칠십인 역본에서 이 표현에 해당하는 부분의 어순은, 단지 바울이 피한다(dread)라는 의미를 지닌 포보스

---

44) 우리는 "황폐"라는 것이 단지 하나님의 임재로부터의 단절만을 의미한다고 보지는 않는다. "멸망"을 포함한 이 구절에 쓰인 단어들은 죄인으로부터 그 어떤 특권들을 박탈하였음을 의미해 주고 있을 뿐 아니라 죄인에게 고통이 가해진다는 사실도 암시해주고 있다.

(phobos)라는 헬라어 단어를 생략한 것을 제외하고는, 데살로니가후서 1장 9절의 표현과 동일하다. 이러한 점으로 미루어 볼 때 바울은 '멸망'이라는 표현을 '하나님의 임재(presence of the Lord)'로부터 단절된다는 의미로 사용하였음이 분명하다.[44]

이러한 분명성은 본 절의 '멸망'이란 단어의 의미에 관한 우리의 해석이 옳다는 것을 증명하여줄 뿐만 아니라, 멸망을 받은 사람들이 멸망 받은 후에도 계속적으로 존재한다는 이론이 맞는다는 것을 증명하여준다. 이미 멸망하여 영혼이 소멸된 존재하지 않는 자가 하나님의 임재가 없는 상태에서 계속 존재할 수는 없는 노릇이기 때문에, 영혼소멸론자의 주장은 위의 성경 인용구의 표현들과 맞아떨어질 수 없다.[45]

이제까지 우리는 데살로니가후서 1장 8-9절을 놓고 '멸망'이라는 단어와 '영원한'이라는 두 단어를 통해 영혼소멸론자들의 주장을 반박하였다. 이제는 '조건적 불멸'이라는 것에 대해 논해 보자. 영혼소멸론을 주장하는 자들은 영혼 소멸이라는 표현보다 '조건적 불멸(conditional immortality)'이라는 표현을 선호한다. 또한, 영혼소멸론자들은 인간이 불멸한다는 주장은 플라톤 철학의 영향을 받은 이론이기 때문에 성경적인 이론이 아니라고 주장한다. 이들은 성경이 부활을 나타내고는 있지만(예: 요한복음 5:29), 불멸을 나타내고 있는 것은 아니며, '영원한 생명'은 단지 부활을 선물로 받은 의인들만 경험한다고 주장한다. 고로 부활을 선물로 받지 못한 자들은 어느 시점에서 소멸하고 만다는 것이다. 그러므로 실상은 하나님께서 그런 자들을 소멸시키는 것이 아니라, 단지 그들이 하나님으로부터 '죽지 않음'을 수여받지 못했기에 결국에는 무 존재로 될 뿐이라는 것이다.[46]

---

45) 다음을 보라. Peterson, Hell on Trial, 80-81.
46) 이러한 견해에 대해 더 알려면 다음의 자료들을 보라. Fudge, The Fire That Consumes, 263-64; Basil Atkinson, Life and Immortality(n.p., n.d.); LeRoy Edwin Froom, The Conditionalist Faith of our Fathers, 2 vols.(Washington: Review and Herald, 1966); John W. Wenham, "The Case for Conditional Immorality," in Universalism and the Doctrine of Hell, ed. Nigel M. de S. Cameron(Grand Rapids: Baker, 1992), 161-91; Philip E. Hughes, The True Image: The Origin and Destiny of Man in Christ(Grand Rapids: Eerdmans, 1989), 398-407.

그러나 기독교의 역사와 전통 교리를 살펴보아도 '조건적 불멸론'이 설 자리는 없다.[47]

바울의 표현만을 살펴볼 때, 언뜻 보면 바울 서신서는 '조건적 불멸론'을 지지하는 것으로 보인다. 가령, 바울은 하나님께서는 불멸하신다고 믿었고(롬 1:23; 딤전 6:15-17), 믿는 자가 부활로 인해 부활체로 변함으로 불멸의 존재가 된다는 사실을 믿었다. 그리고 고린도전서 15장 52절에서 바울이 "죽은 자들이 썩지 아니할(아프싸르토이, aphthartoi; 불멸의, 썩지 아니할) 존재로 다시 산다"고 한 표현은 신자들에게만 해당된다. 머레이 해리스(Murray Harris)는 '썩지 아니한다'는 표현을 '영원한 신적 삶을 부여받음으로 죽음과 부패에 대해 면역성이 생긴다'는 의미로 해석하였다.[48]

그렇다면 바울은 '조건적 불멸론'을 가르쳤단 말인가? 이에 대한 대답은 "예"도 될 수 있고 "아니오"도 될 수 있다. 만일 우리가 바울이 '멸망' 이라는 단어에 부과했던 의미 그대로 '멸망'을 해석한다면, 이 질문에 대한 우리의 대답은 "예"가 된다. 그러나 오늘날의 신학계에서는 이 '멸망' 이라는 단어를 바울이 의미했던 '멸망'과는 다르게 해석하고 있다. 서신서를 통틀어 볼 때, 바울은 '멸망' 이라는 단어를 멸망 후에도 영원히 존재하는 의미로 사용하였음이 분명하다. 그러나 이를 증명할 직접적인 근거는 그 어디에서도 찾을 수 없다. 그러나 신약 성경의 서신서에는 의인은 상급을 받아 영생하고 악인은 심판을 받아 영원히 존재한다는 사실을 바울이 확실하게 믿었음을 직접 증명하여 주는 표현들이 있다.[49]

결론적으로, 우리는 바울의 가르침에서 영혼 소멸을 주장하는 그 어떤 확실한 것도 발견할 수 없었고, 특히 데살로니가후서 1장 8-9절의 표현은 (다른 곳의 표현들은 말할 것도 없고) 오히려 영혼소멸론을 오히려 부정하는 표현이었음을 알게 되었다. 바울의 생각대로라면, 악인은 무 존재로 되

---

47) 이 책의 annihilationism 에 관한 Christopher Morgan이 쓴 chapter를 보라.
48) Harris, Raised Immortal, 189.
49) 다음을 참고하라. Hell on Trial, 176-78. 성경에 나온 부도덕성에 관한 것을 공부하려면 다음을 보라. Cooper, Body, Soul, and Everlasting Life, 특별히 215-17.

는 것이 아니라, 심판으로 인해 새 시대가 지속되는 '영원한 황폐'의 상태를 지속하고 하나님의 임재로부터 단절이 영원히 이루어질 것이다.

결론

우리가 이 장의 앞부분에서 이미 언급하였던 바와 같이, 바울은 그리스어의 '지옥'에 해당하는 단어를 성경에서 사용한 적이 한 번도 없고, 다른 신약 성경의 기자들과는 달리, 한 번도 지옥에 대해 언급한 적도 없다. 따라서 신약 성경에 기록된 지옥의 실존과 상태에 대한 서술에 바울도 동조하고 있었다는 사실을 밝히기 위해, 우리는 간접적인 방법으로 접근을 할 수 밖에 없었다. 우리는 바울의 표현으로부터, 바울이 영원히 지속되는 형벌로 이해된 신약 성경의 지옥 이해와 같은 선상에서 지옥을 이해하였다는 결론을 얻었다. 즉 바울은 지옥을 영원히 지속되는 형벌이요, 하나님의 임재가 없는 상태의 지옥으로 이해하였다. 하나님을 거절하였기에 하나님의 분노와 심판의 대상이 된 악인이 이런 형벌을 받는 것에 대해 바울은 계속하여 '정당하다'는 표현을 썼다(예: 롬 1:18-2:11; 살후 1:8-9).

바울에게 있어서는, 거룩하시고 정당하신 하나님께서 악인에게 이러한 징벌을 내리는 것은 당연한 것이었다. 바울은 하나님의 신적 성품에 이러한 정당성이 있어야만 한다고 믿었다. 그럼에도, 바울은 불신자들에게 회개를 촉구하기 위하여, 그리스도를 믿지 않으면 지옥에 간다는 식의 부정적인 표현은 한 번도 하지 않았다. 그 대신 그는 모든 사람들에게 부어지는 하나님의 은혜에 각각의 사람들이 올바른 반응을 하도록 하기 위해 경고성 설교를 하였다(예: 롬 8:12-13).Harris, Raised Immortal, 182-83.

제 5 장

요한계시록에 나타난 지옥

그레고리 K. 비얼
(Gregory K. Beale)

요한계시록에서 요한이 지옥에 대해 어떻게 설명하고 있는지를 알아내는 것은 결코 쉬운 작업이 아니다. 그 이유는 요한계시록에 가득한 그림 언어들이 지옥에 대한 정확한 해석을 방해하기 때문이다. 그럼에도, 그림 언어는 해석이 가능한 언어이다. 비유적인 표현에도 문자적인 의미가 있고 작가가 전하고자 하는 의미가 들어있다. 요한계시록을 공부할 때 우리가 기본적으로 직면하는 문제가 있는데, 그것은 바로 요한계시록 4장 1절-22장 5절에 기록되어 있는 환상이 미래에 대한 환상인지, 아니면 현재나 과거에 대한 환상인지, 또는 과거 현재 미래가 서로 뒤섞여 있는 환상인지에 관한 문제이다.

이러한 문제점들이 있음에도, 요한계시록에 나타난 하나님의 심판에 대해 요한이 어떠한 관점을 가지고 있었는지를 이해하는 것은 충분히 가능하다. 요한계시록에 나타난 심판에 관해 학자들 사이에 가장 논란이 되고 있는 곳은 요한계시록 14장 10-11절, 20장 10절 및 20장 14절의 세 곳이다. 이 장에서는 이 세 곳을 중점적으로 조사할 것이고 다른 곳들은 부가적으로 조사할 것이다. 그리고 또한 나는 영혼소멸론자들의 견해를 비평할 것이다.

이 장이 목적하는 바는 '마지막 심판'에 관해 요한이 어떠한 이해를 하고 있었는지를 알아내는 것[1]과 이러한 요한의 이해에 관해 정보를 제공해

---

1) 이와 관련하여서는 내가 저술한 다음의 주석서를 보라. The Book of Revelation(Grand Rapids: Eerdmans, 1999). 이 주석서는 요한계시록의 각 구절들에 대해 이 장이 제공해 주는 것보다 더 깊이 있는 정보들을 제공해 준다.

주고 있는 요한계시록에 나와 있는 여러 곳들은 서로 어떻게 연결되고 있는지를 알아내는 것이다.

요한계시록 14장 9-12절

또 다른 천사 곧 셋째가 그 뒤를 따라 큰 음성으로 이르되 만일 누구든지 짐승과 그의 우상에게 경배하고 이마에나 손에 표를 받으면 그도 하나님의 진노의 포도주를 마시리니 그 진노의 잔에 섞인 것이 없이 부은 포도주라 거룩한 천사들 앞과 어린 양 앞에서 불과 유황으로 고난을 받으리니 그 고난의 연기가 세세토록 올라가리로다 짐승과 그의 우상에게 경배하고 그 이름의 표를 받는 자는 누구든지 밤낮 쉼을 얻지 못하리라 하더라 성도들의 인내가 여기 있나니 저희는 하나님의 계명과 예수 믿음을 지키는 자니라

(개역 성경)[2]

요한계시록 14장 9절에는 요한이 본 환상 속에 두 천사가 지나간 후, 세 번째 천사가 등장한다. 그리고 이미 지나간 두 천사와 마찬가지로 세 번째 천사도 만일 사람들이 짐승에게 협력하면, 거짓 선지자들이 신자들에게 경고하였던 죽음보다(13:15) 더 나쁜 죽음으로 인해 고통을 당하게 될 것이라고 하였다.[3]

여기서 '경배하다' 와 '받는다' 라는 표현은 14장 6-8절의 경고에도, 짐승에게 '절하면' 10-11절에 기록된 형벌을 '받는다' 는 것을 각각 뜻한다.[4]

"하나님의 심판의 시간이 다가왔다" 라는 7절의 심판에 관한 언급은 8절에 이어 본문(14:9-12)에도 계속된다.

요한계시록 14장 10절은 그리스도에게 헌신하지 않고 그 대신 경제적

---

2) 원본에 나온 영어 성경을 역자가 번역하였고, 한글 성경을 인용하였을 때에는 어느 번역 성경을 이용하였는지를 명시하였다.
3) Robert H. Mounce, The Book of Revelation(NICOT: Grand Rapids: Eerdmans, 1977), 274.
4) 위와 동일 자료, 275.

부를 누리기 위해 짐승에게 헌신한 자들은 심판을 받을 것이라고 경고하고 있다. 이 심판은 그들의 범죄에 상응하는 심판이다. 8절은 바벨론의 포도주를 마신 모든 나라들이 짐승의 경제 및 종교 시스템에 협력하고자 열망할 것이라고 설명하고 있다. 열방 나라들이 '욕정의 포도주'를 기꺼이 마셨으므로(14:8), 하나님께서는 그들에게 '하나님의 진노의 포도주를 마시게 함'으로 '눈에는 눈으로'의 보복 원칙을 적용하셔서 그들을 보복하실 것이다.

하나님께서 진노의 포도주를 마셔서 취하게 된다는 표현은 하나님의 진노로 인한 심판의 결과 사람들이 극심한 고통을 당하게 된다는 것을 의미한다(시 60:3; 75:8; 사 51:17, 21-23; 63:6; 렘 25:15-18; 51:7; 참고: 욥 21:20; 욥 16). 어떤 자들은 술로 인해 인사불성 상태에 빠져 결국은 죽게 되거나 파멸 당한다(렘 25:27-33; 욥 16; 계 18:6-9). 이러한 그림 언어적인 표현들은 시편 75장 8절과 예레미야서 25장 15절의 도움을 받은 것으로 사료된다. 이 세 곳의 표현들은 모두 '장차 올 시대에 술을 마시는 자들(Midr. Rab. Gen. 88.5; Midr. Ps. 11.5; 75:4; 참고: Midr. Rab. Gen. 16.4)'로 묘사되고 있다. 그러기에, 유대의 전통적인 주석가들은 이 세 곳의 표현들을 같은 그룹으로 분류하였다.

바벨론의 포도주는 사람들을 취하게 한다. 그러나 하나님의 포도주가 바벨론의 포도주보다 훨씬 더 강하다. 바벨론의 포도주는 아무리 마셔도 시간의 종말점에서는 깨어나게 된다. 그때가 되면 악한 자들은 하나님의 포도주를 마셔야만 한다. 하나님의 포도주의 효과는 영원하기에, 하나님의 심판의 결과 영원히 처벌을 받아야 한다(14:11의 주석들을 찾아보라). 하나님의 확실하고도 빠져나올 구멍이 없는 심판은 '혼합되지 않은 섞인(케케라스메누 아크라투, kekerasmenou akratou, mixed unmixed)'이라는 표현을 통해 잘 나타나고 있다.[5]

'혼합되지 않은 섞인(mix unmixed)'이라는 표현은 얼핏 모순된 표현처럼 들린다. 그러나 '섞였다'는 표현은 마실 수 있는 상태의 포도주라는 말이다. 원액 포도주는 마실 수가 없다. 그 옛날 바벨론 사람들은 포도주 원

---

5) 이러한 독특한 표현에 대한 자세한 의미를 알려면 다음을 보라. Beale, Revelation, 760.

액에 물을 타서 마셨다. 이러한 이유로 인해, 8절의 바벨론의 포도주라는 표현은(사 1:22의 표현처럼) 물에 탄 싱거운 포도주로서, 마셔도 금방 깨어나는 포도주라는 말이다. 고로 바벨론의 포도주는 마셔도 그 효과는 오래 지속되지 않는다. 이에 반해, 요한계시록 14장 10절의 '섞인 것이 없는 부은 포도주(개역 성경)'라는 말은 '혼합되지 않는 섞인' 포도주라는 말이다. 이 말 속에는 포도주 원액 그대로의 강한 포도주라는 의미가 담겨 있다. 바벨론의 포도주에 대한 표현과 하나님의 포도주에 대한 표현은 이렇게 서로 대비된다. 본문은 결국 하나님의 진노는 영원히 지속되지만, 짐승의 진노는 한시적이라는 사실을 대조적으로 표현한 것이다.

'하나님의 진노의 잔'이라는 표현과 이와 비슷한 표현인 '하나님의 진노의 잔을 마실 것이다'라는 표현이 모두 중복적으로 나타나고 있는데(10절), 이렇게 중복적으로 표현된 이유는 모든 불신자들이 받게 될 마지막 심판이 얼마나 확실하고 심각한 것인지를 강조하기 위해서이다.[6]

예를 들어, 마지막 날에 그들은 '불과 유황으로 고통을 받을 것이다'라는 표현이 바로 그러하다. 요한계시록 전체에서 심판을 뜻하는 불과 관련된 표현들은 매우 많이 나온다(1:14; 2:18; 3:18; 4:5; 8:5, 7-8; 15:2; 19:12).[7]

누가 심판에 대해 이야기할 때, 우리의 뇌리에 제일 먼저 떠오르는 생각은 고통이다(9:17-18; 11:5; 16:8-9; 20:10).[8]

'불(푸르, pyr)'이라는 표현에 '유황(싸이온, theion)'이라는 표현이 더해지면 그만큼 고통이 심하다는 표현이 되게 되는 것이다(9:17-18; 19:20;

---

[6] 계 16:19의 "그의 맹렬한 진노(tou thymou tes orges)의 포도주 잔"이라는 표현에도 이와 같은 중복적 효과를 노리고 있다. 19:15절에도 같은 식의 표현이 나온다.
[7] 이 구절들 외에도, 요한계시록에 불로 표현된 구절들 중에서 특히 심판과 관련된 구절로는 17:16과 18:8이 있다. 이 두 구절은 심판으로 인한 이 세상에서의 소멸에 대해 말해주고 있다. 심판으로 인한 이 세상에서의 소멸과 관련된 구약 성경의 표현들은 "불과 유황"이라는 표현들을 동반하고 있고 때로는 "연기"라는 표현들도 있다. 이러한 표현들로 인해 심판이 얼마나 치명적인 것인지를 알게 된다(창 19:24, 28; 신 29:23; 삼하 22:9 [여기서는 유황불 대신에 석탄불]; 시 11:6; 사 30:27-33; 34:9-10; 겔 38:22; 3 Macc. 2:5; 비교: 욥 18:14-17); "하나님의 진노"라는 표현과 관련하여서는 사 30:33을 참고하라. 영원히 계속되는 심판의 불과 관련하여서는 다음을 보라. 에녹1서 91:9, 1 QS 2.6-18 and 4.12-14.
[8] 여기에 속하는 구절들로는 이외에도 다음의 구절들이 있다: 19:20; 20:9-10, 14-15 및 21:8. 또한 계속적으로 이어지는 논의들을 주시하라.

20:10; 21:8). 다른 예로, 요한계시록 14장 10-11절에는 명사 '고난(바사니모스, basanimos, torment)'과 이것의 동사인 바사니조(basanizo)가 나오는데, 이것은 9장 5-6절과도 비교가 된다(11:10도 보라). '고난(고통)'은 영적인 고통이기도 하지만 육체적인 고통이기도 하다. 마지막 심판 전에 고통을 받는 일이 일어날 수도 있고 또한 마지막 심판으로 인해 고통받는 일이 일어날 수도 있다(9:5-6; 11:10; 18:7, 10, 15; 20:10). 18장에서는 고통으로 인한 아픔이 심리적으로 나타나기에 '운다', '슬피운다'는 식의 표현들이 사용되었다. 불신자들이 하나님의 심판으로 인해 고통을 받게 되면 영적으로 희망이 전혀 없는 상태가 되고, 그 결과 심리적으로 극심한 우울증에 빠지게 된다.

불신자에 대한 고통은 '어린 양 앞에서' 벌어지고 이때 '거룩한 천사들'이 배석하는 것으로 표현되었는데, 아마도 천사들이 그 고문의 자리에 있는 것은 불신자들을 고문하기 위해서만이 아니라, 그곳에 서 있는 사람들의 시선들을 어린 양에게 집중시키기 위함인 것으로 사료된다. 여기서 중요한 점은 고문받는 자들은 고문을 통해 어린 양을 높이 보고 그 어린 양을 인정하지 않으면 안 되게 된다는 점이다(비교: 6:16). 악한 자들은 의인이 받을 상급을 바라보게 될 것이라는 유대주의적인 표현은 이러한 점을 더욱더 생생하게 느낄 수 있도록 만들어준다.[9]

---

9) 유대교에서는 악인들이 고문을 당할 때 선인들이 받는 상급들을 쳐다보도록 하였다. 이러한 관습은 악인들이 심판을 받을 때에 하나님의 옳으심을 인정하도록 하는 표현들과 맞아 떨어진다. 이러한 표현들과 관련하여서는 다음 구절들을 찾아보라. 에녹1서 108:14-15; Wisd. Sol. 5:1-5; 2 Bar. 51:5-6; 4 Ezra 7:85; Midr. Ps. 23. 7; Midr. Rab. Lev. 32.1; Midr. Rab. Eccl. 7.14. 유대인들의 묵시론 적인 신앙에는 악인들은 선인들이 배석한 자리에서 불로서 고문을 받을 것이라는 신앙이 포함되어 있다. 이와 관련하여서는 다음의 것들을 찾아보라. 에녹1서 48.; 62:12; 1008:14-15; Wisd. Sol. 5:1-14; 4 Ezra 7:93; Targ. Isa. 33:17; 66:22-24; 에녹1서 27:2-3; 비교: 에녹1서 21. 이러한 유대인 신앙들은 장차 악인들이 멸망할 때에, 선인들이 기뻐하게 될 것과 악인들이 전에 부인하였던 진리들을 또렷이 주목하게 될 것임을 나타낸다.

'고난의 연기가 세세토록 올라간다' 는 표현의 구약 성경 배경

    요한계시록 14장 10절의 후반부와 11절의 전반부의 표현은 에돔에 대한 하나님의 심판에 관한 묘사가 기록되어 있는 이사야서 34장 9-10절의 다음 표현에서 따왔다: "에돔의 강들이 역청으로 변하고, 흙이 유황으로 변하고, 온 땅이 역청으로 타오를 것이다. 그 불이 밤낮으로 꺼지지 않고 타서 [우 아이스 톤 아이오나 크로논, ou… eis ton aiona chornon], 그 연기가 끊임없이 치솟으며, 에돔은 영원토록 황폐하여, 영원히 [아이스 크로논 폴린, eis chronon polyn]그리로 지나가는 사람이 없을 것이다(표준 새 번역 성경, 이탈리아 서체는 첨가된 것임)." 이사야 선지자는 여기서 에돔이 지구 상에서 소멸된 것은 그들의 죄악 때문임을 밝히고 있다. 하나님의 심판을 받아 소멸된 에돔은 지구 상에 다시는 나타나지 않을 것이다. 이처럼 시간의 종말에 나타날 악인들에 대한 하나님의 심판은 절대적이며 또한 완전한 것으로 묘사되었다.

    요한계시록 14장의 표현도 이사야서 34장의 표현과 동일하다. 고로 요한계시록 14장에 나오는 짐승을 경배하는 자들은 마지막 때에 하나님의 심판을 받아 이 지구 상에서 영원히 사라지게 된다고 보는 것이 타당하다. 이사야의 심판에 대한 묘사가 에돔에 국한된 것이라면, 요한계시록의 심판에 대한 묘사는 이와 반대로 지구 상에 거하는 모든 불신자들에게로 확대된 것이다(참고:. 계 14:6-8). 이와 마찬가지로 유대주의자들은 이사야 34장 9-10절의 묘사를 로마에 대한 하나님의 심판으로 확대 적용시켰다(Targ. Isa. 34:9을 Midr. Rab. Exod. 9.13과 Midr. Ps. 18.11에 확대 적용시킴).

    요한계시록 본문(계 14:9-12)은 세상에서 하나님을 떠나서 이룩된 모든 형태의 시스템(본문에서는 짐승으로 표시됨)에 충성한 교회 시대에 살았던 모든 불신자들에게 하나님의 심판이 임함에 대해 말하고 있다. 이러한 본문의 표현은 조금 전에 말한 이사야의 표현을 과격하게 확대 적용한 것이다. 그리스 원어 성경에서 10절의 '(그가) 마신다(피에타이, pietai)' 라는 동사가 현재형이듯이, 11절의 후반부의 표현에 나오는 동사들도 현재형으로 쓰였다(호 카프노스 투 바사니스무 아우톤… 아나바이나이 카이 우크 에쿠신 아나파우신, ho kapnos tou basanismou auton… anabainei, kai ouk echousin anapausin). 그러나 그 의미는 미래적이다. 그래서 이것을 제대로 해석하면, "고통으로 인한 연기가… 올라갈 것이고 그리고 그들은 쉼을 얻지 못하게 될 것이다"가 된다. 이 9절의 표현과 11절의 표현을 달리 표현하면, "만일 그들이 짐승에게 경배하면… 만일 그들이 표를 받으면, 그들은 고통을 받게 될 것이고 또한 안식을 얻지 못하게 될 것이다"라고 바꿔서 표현할 수 있다.[10]

하나님의 마지막 심판의 성격에 관하여 신학자들 사이에 논쟁이 있어 왔다. 어떤 신학자들은 불신자는 심판의 결과 그들의 전 존재가 영원히 소멸되어 버린다고 주장해왔다. 또 다른 신학자들은 하나님의 심판을 받아도 존재 자체가 소멸되는 것이 아니라, 존재는 남아서 영원히 고통받게 되는 것이라고 주장해왔다. 하나님의 심판의 결과 에돔이 지구 상에서 그 자취를 감춰버리게 된다는 이사야서 34장의 표현으로 보아, 전자의 주장이 맞는 주장으로 추측된다. 하나님의 심판의 결과 에돔이 소멸되었다는 해석을 요한계시록 14장 10-11절에도 그대로 적용될 수 있다. 또한, 하나님의 에돔 소멸과 징벌을 기념하기 위하여 연기가 세세토록 올라간다는 이사야서 34장의 말씀은 시대를 초월하여 적용될 수 있다(솔로몬의 지혜서 10:6-7; 비교: 창 19:28에 나오는 소돔). 유다서 7절에는 이러한 표현을 확대하여 적용하여, "타인들에게 본보기를 보여주기 위하여 영원한 심판의 불이 탄다"라고 표현하였다.

---

10) 참고: Steven Thompson, The Apocalypse and Semitic Syntax(SNTSMS 52; Cambridge: Cambridge Univ. Press, 1985), 95-96.

옛 심판에 대한 회상인가 아니면 계속되고 있는 심판인가?

'밤낮'으로 쉼이 없다는 표현은 에돔의 소멸을 상징하기 위해 영원히 타오르는 연기로 묘사된 이사야 34장 9절의 표현에서 따온 표현이다. 어떤 학자들은 요한계시록 14장 11절의 '밤낮(헤메라스 카이 니크토스, hemeras kai nyktos)'이라는 표현은 기간을 뜻하는 표현이 아니라 시간의 종류를 가리키는 표현이기 때문에, 문법상 질적 소격(qualitative genitival)으로 간주되어야 한다고 주장하였다. 이런 주장을 하는 학자들은 밤낮으로 탄다는 표현은 실제로 쉬지 않고 끊임없이 타는 양상을 일컫는 표현일 뿐이라고 역설한다.[11]

고통이 지속되는 한 쉼은 없을 것이지만 고통이 끝나는 때가 분명히 있을 것이라는 것이다. 따라서 요한계시록 14장 10-11절의 표현은 영원히 기억될 위대한 심판을 표시하는 것이지, 고통을 영원토록 받는다는 사실을 표시하는 것은 아니라는 것이다.[12]

이러한 주장에 반해 14장 10-11절의 표현은 영원토록 지속되는 시간을 표현한다는 주장을 통해, 전통 지옥 교리를 지지하는 신학자들도 있다. 그들은 자신들의 주장이 옳다는 근거로 다음의 두 가지 점을 들고 있다. 첫째, 20장 10절에는 마귀, 짐승 및 거짓 선지자들이 심판을 받아 "유황과 불못에서 밤낮으로 영원히 고통당한다"는 표현이 나오는데, 이 표현은 14장 10-11절의 표현과 거의 동일한 표현이며, 20장 10절의 표현은 마귀, 짐승 및 거짓 선지자들이 소멸되어 영원히 존재하지 않게 된다는 말이 아니라 그들이 영원토록 고통받는다는 말이다(20:10에 관한 주석을 보려면 아래를 보라). 사탄을 대표하는 자들인 마귀, 짐승 및 거짓 선지자들이 영원토록 고통받는다

---

11) 예: Mark 5:5; Luke 18:7; Acts 9:24; 1 Thess. 2:9; 3:10; 2 Thess. 3:8; 1 Tim. 5:5; 2 Tim. 1:3(LXX에 있는 다음 것들도 동일함: 시 21[22]:2; 31[32]:3; 54[55]:10; 사 34:9; 60:11; 렘 9:1; 14:17; 애 2:18; 다음 자료는 Greek 기본 문법을 따랐음: Robertson, 495, and Dana and Mantey, 77, 93; 참고: Blass-Debrunner, 161.2).

12) 이점과 관련된 주장을 보려면 다음을 보라. Edward W. Fudge, The Fire That Consumes(Houston: Providential, 1982), 295-96.

면 악인들도 영원히 고통받아야 한다. 이러한 전통 지옥 견해를 지지하는 신학자들의 주장은 필자의 주장과도 일치한다.

사탄을 대표하는 자들의 운명과 악인들의 운명이 동일하다는 것에 대해서는 구약 성경뿐 아니라 신약 성경도 지지해주고 있는 사실이다.[13]

에드워드 퍼지는 14장 10-11절에 나오는 악인들의 운명과 19장 20절 및 20장 10절에 나오는 사탄을 대표하는 자들의 운명을 동일시할 수 없다는 주장을 폈다.[14]

그러나 이러한 주장은 별 설득력이 없는 주장이다. 그 이유는 20장 15절에서 사탄을 지지하는 지도자들이 '불못'에 던져지듯이, 악인들도 불못에 던져지기 때문이다('둘째 사망'에 관하여는 20:14를 보라). 게다가 22장 14-15절의 표현은 의인이 영원히 축복을 받게 되듯이, 악인은 영원한 불행을 당하게 된다는 사실을 증거해 준다.

둘째, 14장 10-11절의 '고난(고통) (바사니스모스, basanimos)' 이란 표현은 요한계시록을 비롯한 성경의 그 어느 곳에서도 존재 소멸이란 뜻으로 사용된 적이 한번도 없다. 이에 반하여, 퍼지는 이 표현을 '생명이 없는 황폐화' 라고 해석하였다.[15]

요한계시록에서 이 표현은 사람들이 모두 느낄수 있을 정도로 가해지는 고통으로 해석되어졌다(9:5; 11:10; 12:2; 18:7, 10, 15; 20:10). 18장에서의 '고난' 이란 표현은 이 세상 역사의 끝에 하나님의 심판에 의해 파괴될 바벨론이 당할 고통을 지칭한다. 바벨론이 당하는 고통은 이 땅에서 바벨론이 사라지는 시점에서 종결된다.

'고난' 이란 표현과 관련된 단어들은 헬라어 원어로는 바사니스모스 (bananimos) 단어 그룹에 포함되는 단어들이다. 그리고 신약 성경과 칠십인 역본에서 바사니스모스 단어 군에 포함된 단어들은 모두 인간이 느낄 수

---

13) 이와 관련하여서는 다음을 보라. Beale, Revelation, 217-19.
14) Fudge, Fire That Consumes, 304-7. 그리고 Ralph G. Bowles의 논문("Does Revelation 14:11 Teach Eternal Torment? Examining a Proof-Text on Hell," EvQ 73 [2001]: 21-36)은 14:11과 20:10이 서로 유사하다는 점과 20:10의 표현은 14:11의 표현을 더 구체화한 표현이라는 점을 간과하였다.
15) Fudge, Fire That Consumes, 307.

있는 고통을 의미하는데 사용되었다. 이 단어 군은 칠십인 역본에만 무려 백번 정도가 나오는데, 모두 의식적인 고통을 뜻하는 표현으로 사용되었다 (이와 관련하여서는 헤치-레드패쓰[Hatch-Redpath]의 성경 색인목록 1:191-92을 보면 된다). 그러나 단 하나의 예외가 있다. 즉 에스겔서 32장 24절, 30절에서 '고난'은 죽음을 의미하는 뜻으로 쓰였고, 죽은 자는 죽음 후에도 계속 고통을 당하는 것으로 해석되었다(비교: 32:20, 31). 성경에서는 본 단어가 사람 이외의 존재를 지칭하는 데에는 단 한 번만 쓰였다(마 14:24). 그러나 그럴때도 이 단어는 마가복음 6장 48절의 표현과 동일한 표현으로 해석되었다.

따라서 14장 11절의 '고난의 연기(호 가프노스 투 바사니스무, ho kapnos tou basanismou)'라는 표현은 이중 비유적인 표현이다('고난'도 비유적 용법이고 '연기'도 비유적 용법으로 쓰였기에 이중 비유적인 표현임; 역자 주). 여기서 '연기'는 계속적으로 느껴지는 고통이 하나님의 심판으로 인한 것임을 상기시켜주는 비유법으로 쓰였다. '고난의 연기'는 불로 지지는 고문을 당할 때 생기는 연기를 뜻하는 것이 아니라, 고문을 상기시켜주는 연기를 뜻하는 비유적인 표현이라는 사실은 이사야서 34장을 보면 잘 알 수 있고, 요한계시록 8장 4절의 "향의 연기가 성도들의 기도와 함께 하나님 앞으로 올라간다"는 표현을 보아도 잘 알 수가 있다. 8장 4절에서의 '연기'는 성도들의 기도를 나타내고 있고, 연기가 계속 올라간다는 표현은 성도들의 기도가 하나님께 항상 상기되어진다는 것을 나타낸다.

초기 유대주의 문학 작품과 초기 기독교 문학 작품에도 불로 인한 영원한 고통에 대한 언급이 있다. 쥬빌리서(Jubilees) 36장 9-11절에서는 소돔에 대한 하나님의 진노를 악인들의 땅을 태우는 것으로 표현되었고, 악인들에 대한 심판은 "분노와 고통에 있어서 그리고 역병과 질병에 있어서 매번 다르게 가해지고 영원히 가해진다"고 표현되었다(쥬빌리서 30:4에서 '고통'은 죽음 직전에 받는 것으로 나타난다). 마카베오 4서(Fourth Maccabees) 9장 9절에서, 악인 안티오쿠스(Antiochus)는 유대의 성도들을 죽였기 때문에, "불에 의해 영원히 고통당한다(아이오니온 바사논 디아 피로스,

aionion basanon dia pyros)"고 표현되었다. 마카베오 4서 10장 11절에도 폭력 군주에 대해, "너의 불충과 살인으로 인해, 너는 영원히 고통을 당하게 된다(아카탈리투스… 바사누스, akatalytous… basanous)"라고 기록돼 되어있다. 마카베오 4서 12장 12절에는, "신적인 복수로 인해 너(안티오쿠스)는 영원하나 불과 고통들(아이오니오 피리 카이 바사노이스, aionio pyri kai basanois)을 당하게 되고, 그로 인한 고통은 너를 항상(아이스 홀론 아이오니아, eis holon ton aiona) 따라 다닌다."라고 표현되어 있다. 마카베오 4서 12장 19절에는 동일한 왕에게, "네가 살아 있는 동안과 죽어 있는 동안에, 하나님께서는 너를 처벌한다"라고 적혀 있다. '영원한 고통(엔 아이오니오 바사노, en aionio basano)' 은 불법을 행한 자들을 위해 예비되어 있다 (마카베오 4서 13:15).[16]

위에 언급된 표현들은 모두 요한계시록 14장의 표현들과 흡사하고 14장 9-11절의 표현들과는 특별히 흡사하다. 즉 이 표현들은 짐승과 같은 독재 군주에 의해 성도들이 희생된 것을 의미하는 표현들이다. 나아가 이 표현들에는 모두 '불(푸르, pyr)', '영원한(아이오니오스, aionios)' 및 그리고 '고통' (바사노스모스, basanosmos)'의 세 단어가 나온다. 마카베오 4서가 시대적으로 요한계시록보다 앞서서 기록되었기 때문에, 요한은 아마도 마카베오 4서를 참고하였을 것으로 추측된다. 설령 그렇지 않다고 하더라도, 적어도 이 두 곳의 표현들은 마지막 심판에 대한 전통적 가르침을 똑같이 따르고 있다는 공통점을 갖고 있다. 퍼지는 구약과 신약 사이 시대에 나온 문학서들에 관한 3장에 걸친 그의 연구서에서, 이 두 곳의 표현의 유사점에 관해 전혀 명시하지 않았다.[17]

마카베오 4서의 표현이 요한계시록 14장의 표현과 가장 근접한 표현이

---

16) 불 속에서 영원히 고통받는 것에 관하여는 Apoc. Peter 6-13을 보라. 예: 7장(Ethiopic)에는 다음과 같은 표현이 나온다. "그들이 받는 불 심판…. 우리는 우리가 이토록 영원한 고문을 당할지 몰랐다…. 그들은 쉬임없이 고문을 당했고 고통을 느낀다…. 우리는 우리가 이와 같은 영원한 심판의 장소에 오게 될 줄로는 미처 생각하지 못하였다." 비교하려면 다음을 보라. Apoc. Peter 32(Akmin).
17) Fudge, Fire That Consumes, 153.

라는 사실을 고려해 볼 때, 그가 이에 대해 그 어떤 언급도 하지 않았다는 사실은 잘 이해가 되지 않는다.

'밤낮 쉼을 얻지 못한다' 다는 표현

요한계시록 4장 11절의 후반부에 나오는 '밤과 낮'(헤메라스 카이 누크토스, hemeras kai nyktos)이라는 표현은 쉴 수 없는 상태가 끊임없이 지속된다는 것을 뜻하는 부사구적인 표현이다('밤낮'이라는 표현은 이사야 60장 11절, 예레미야 14장 17절, 예레미야애가 2장 18절 및 디모데후서 1장 3절에서는 '끊임없이', '계속적으로' 라는 표현과 병행되어 사용되었다). 고통이 계속되는 동안에는 안식이 없다. 퍼지는 이러한 고통이 영원한 고통은 아니라고 주장하였다.[18]

물론 요한이 이러한 표현을 한 주된 목적은 고통의 심도를 말하기 위해서이지, 고통의 기간을 말하기 위해서가 아니라는 주장에는 나도 동의한다. 이사야서 34장 9-10절에서 '밤낮(누크토스 카이 헤메라스, nyktos kai hemeras)' 이라는 표현은 '한 시대에 걸쳐(에이스 톤 아이오나 크로논, eis ton aiona chronon)' 라는 표현과 '여러 세대 동안(에이스 게네아스, eis geneas)' 이라는 표현 및 '오랜 시간 동안(에이스 크로논 포린, eis chronon polyn)' 이라는 표현들과 병립되어 쓰였다. 따라서, '밤낮' 이라는 표현은 매우 긴 기간을 뜻한다. 적어도 문맥상으로 볼 때, 이 표현은 매우 오랫동안 에돔에 가해지는 심판을 상기시켜준다. 그 때문에 '밤낮' 이라는 표현은 계속해서 가해지는 압박을 매우 오랜 기간 동안 참아야 하는 것을 나타낸다.

헤메라 카이 눅스(hemera kai nyhx, 밤과 낮)라는 표현은 이사야서 60장 11절(소유격)과 62장 6절(대격)에서도 나오는데, 이 두 곳 모두에서 이 표현은 새 예루살렘에 부어지는 영원한 축복과 관련되어 쓰였다. 이사야서 60장 11절에서 이 표현은 몇 절들에 나오는(60:15) '영원한 즐거움, 수 세대

---

18) 위와 동일 자료, 299-300.

동안의 기쁨' 이라는 표현과 병립하여 쓰였다(62:6에는 '내가 쉬지 않고 하나님에 대해 말하는 파수꾼을 세웠다' 는 표현이 나온다). 이와 마찬가지로, 요한계시록 14장 11절에서도 '밤낮(헤메라스 카이 누크토스, hemeras kai nyktos)' 이라는 표현은 그 앞에 나오는 '세세토록(아이스 아이나스 아이오논, eis aionas aionon)' 이라는 표현과 병립하여 쓰였기 때문에, 이것은 단 한 순간도 안식하지 않고 계속되는 오랜 기간을 뜻하는 표현이다.

요한계시록 20장 10절에서도 '밤낮(헤메라스 카이 누크토스, hemeras kai nyktos)' 이라는 표현이 바로 뒤에 나오는(개혁 성경에서는 바로 앞에 나옴; 역자 주) '세세토록(아이스 투스 아이오나스 톤 아이오논, eis tous aionas ton aionon)' 이라는 표현과 같이 쓰임으로, 마귀와 짐승과 거짓 선지자들이 당하는 고통의 정도와 기간이 어떠한지를 나타내었다. 요한계시록[19]에서 '세세토록(아이스 투스 아이오나스 톤 아이오논, eis tous aionas ton aionon)' 이라는 표현은 이 외에도 열두 번이 더 나오고, 그 열두 번 모두 영원히 지속됨을 뜻하는 의미로 쓰였다(하나님 또는 그리스도의 영원함과 하나님 또는 성도들의 통치의 영원함을 표현한 19장 3절의 표현과 14장 11절의 표현은 서로 대조를 이루고 있다). 심판이 영원함을 표현한 20장 10절의 표현과 성도들의 통치가 영원함을 표현한 22장 5절의 표현은 반대적 대조를 이루고 있다.

이러한 분석은 20장 10절에 나오는 표현이 영원히 계속되는 고통이라는 주장은 '밤낮(헤메라스 카이 누크토스, hemeras kai nyktos)' 이라는 표현에 의해서 그리고 7장 15절과 4장 8절의 표현에 의해서 더 힘을 얻는다. 7장 15절에는 이 세대의 종말에 새 피조물이 된 성도들이 하나님의 성전에 함께 모여서 하나님을 경배하는 것이 묘사되어 있다. 여기서 성도들은 이 세상에 살면서 받았던 핍박으로부터 완전히 풀려나, 이제는 하늘에서 하나님을 맘껏 누리고 있는 것이다(7:15의 표현은 4:13의 표현과 병립한다). 성도들의 천국에서의 자유로움과 하나님 경배는 영원하도록 지속된다. 7장 15절의 표현은 영원함에 관한 에스겔서 37장 26-28절의 다음과 같은 표현

---

19) 위와 동일 자료, 299-300.

과 매우 흡사하다: "내[하나님]가 그들과 화평의 언약을 세워서 영원한 언약이 되게 하고… 내 성소를 그 가운데 세워서 영원히 이르게 하리니… 내 처소가 그들의 가운데 있을 것이며… 내 성소가 영원토록 그들의 가운데 있으리니…"(개역성경)

'그들의 고통의 연기가 영원히 올라간다'(계 14:11)는 표현은 과거에 있었던 심판이 현재에도 계속해서 진행되고 있다는 것을 의미한다. 올라가는 것은 이미 멸해진 악인들을 태우는 연기가 올라가는 것이 아니라 '그들의 고통의 연기'인 것이다. 11절 후반부를 보면 고통의 성격은 소멸이 아니라 무 휴식임을 알 수 있다. 물론 이것은 고통받는 자가 소멸되어, 소멸의 고통이 더 이상 없는 것이기에 안식이라고 말할 수도 있을 것이다(안락사를 찬성하는 자들은 고통받는 것보다 차라리 안락사 시키는 것이 더 옳은 일이라고 생각하기에, 아마도 영원한 고통보다 소멸 쪽으로 해석하는 것을 더 좋아할 것이다). 그러나 분명히 말하지만, 연기는 영원히 계속되는 고통을 상기시켜주는 비유적인 표현이다.

쉼없는 상태가 영원히 계속된다는 것은 요한계시록의 다른 곳에서 나오는 '쉼(아나파우시스, anapausis)'과 '쉬다(아나파우오, anapauo)'를 보면 더욱 확실해진다. 14장 3절 이후의 2절들은 신자들이 사후에 영원히 '쉼'을 얻게 되는 것에 대해 말하고 있다. 이러한 신자들이 누리는 '쉼'은 불신자들이 쉼을 누리지 못하는 것과 잘 대조된다(6장 11절에는 죽은 성도들이 '조금 더 오랫동안만 쉰다'라고 되어 있는데, 이 표현은 무죄를 호소하는 걱정에 가득 찬 외침을 사후에 오랫동안 그만둔다는 말이다). 14장 11절의 '그들이 세세토록 쉬지 못한다(카이 우크 에코우신 아나파우신 헤메라스 카이 누크토스, kai ouk echousin anapusin hemeras kai nyktos)'는 표현은 4장 8절에 나온 표현을 줄여서 다시 표현한 것이다. 4장 8절에는 세라빔들이 에스겔 1장에 기록된 때부터 하늘나라에서 쉬지 않고 계속해서 하나님을 경배하고 있다는 표현이 나온다(하늘에서 천사들이 영원토록 하나님을 경배하는 것에 관련된 절들로는 에녹1서 39:12-40:5도 있다). 하나님께서는 영원히 사시기에(계 4:9-10), 천사들이 하나님께 드리는 경배도 영원히 지속된다.

요한계시록 14장 10-11절에 나온 심판은 악인들[20] 스스로 자기에게 내리는 벌이 아니라, 하나님과 어린 양께서 내리시는 벌이라는 사실은 이 요한계시록 14장 14-20절을 보면 확실해진다(그리고 6:12-17; 11:18; 16:17-21; 18; 19:2, 11-21을 보아도 또한 확실해진다). '세세토록'이라는 표현을 설사 '영원히'가 아닌 '일정치 않는 오랜 기간'이라고 해석한다고 해도, 영혼소멸론을 주장하는 자들의 견해가 들어올 자리는 없다. 왜냐하면, 영혼소멸론은 하나님의 마지막 심판으로 인해 악인들에게 가해지는 고통은 짧은 기간만 가해지고, 그 후에는 정의롭고도 자비로우신 하나님께서 악인들을 완전히 소멸해버리신다고 주장하고 있기 때문이다.[21]

유대의 초기 저서들을 살펴보면 심판으로 인해 영원히 쉴 수 없게 된다는 사실은 더욱 분명해진다. 가령 에녹1서 63장 1-6절에서 악한 왕들이 죽어서 '처벌 담당 천사들에게 처벌을 조금만 유예해 달라'고 비는 장면이 기록되어 있다. 더 자세히 보면 에녹1서에 "왕들이 '우리가 쉴 수만 있다면 참 좋겠습니다'라고 애원하였지만, 그들은 그 어떤 작은 휴식도 가질 수 없었고 다만 영원히 어둠 속에 갇혀서…"라는 표현도 기록되어 있다. 이외에도 다음과 같은 표현들이 나온다.

* 너희 죄인들은 영원히 저주 받을 것이고 너희들에게는 평화가 없을 것이다(에녹1서 102:3).
* 너희 죄인들이 무엇을 받게 되고 영원히 무엇을 보게 될 것인가? 보라, 그들은 역시 죽어서 영원히 빛을 보지 못하게 될 것이다(에녹1서 102:8).
* 의로운 가운데 죽은 자들의 영은 살아서 기뻐할 것이지만 그들 [악한

---

20) R. H. Preston and A. T. Hanson, The Revelation of St. John the Divine: The Book of Glory(London: SCM, 1968), 102-4.
21) 계 14:10-11의 표현은 단지 수사학적인 표현에 불과하므로 이 표현을 근거로 하나님의 악인들에 대한 심판이 영원하다고 주장하는 것은 옳지 못하다는 견해는 본질을 흐리게 하는 잘못된 견해이다.

자들]의 영과 그들에 대한 기억은 이 세상의 모든 세대들을 통해 위대하신 하나님의 앞에서 멸해지지도 않고 영원히 상기되어질 것이고, 그들은 이제는 수치당하는 것을 두려워하지 않게 될 것이다(에녹1서 103:4).[22]

* 무서운 심판이 가해지면 너희 영들은 사슬에 묶여 불타는 어둠 속으로 들어갈 것이다. 그리고 큰 심판이 이 세상 모든 세대들에게 임할 것이다. 너희들에게 화가 있을 지어다. 너희들에게는 평화가 없다(에녹1서 103:8).
* 더 센 불에 탄다…. 그들은 공평한 죽음을 달라고 외치지만 소용이 없다. 그들에게는 죽음도 없고 안식도 없다(Sib. Or. 2: 305-8).
* 죄를 범한 자들은 결코 잠잘 수 없다. 고통의 구렁텅이가 나타날 것이고… 게헨나의 용광로가 확실히 타오를 것이고… 악한 자들은 거기서 불의 고통을… 심판의 날에… 그들에게 예비된 모든 것들을 보게 될 것이다. 그리고 그 기간은 마치 여러 해들의 일곱 배가 될 것이다(에스라4서 7:35-44; 여기서 후반부의 기간에 대한 표현은 상징적이어서 영원은 아니지만 매우 오랜 기간을 나타내고 있다).[23]

요한계시록 14장 11절과 19장 3절의 연관성

랄프 볼레스(Ralph Bowles)는 요한계시록 19:3(비교: 18:18)의 '연기가 세세토록 올라간다' 는 표현은 14장 11절의 표현이 그러하듯이, 파멸된 바벨론에 대해 한 묘사와 같은 맥락에서 해석해야 되기 때문에, '계속 진행되

---

22) Isaac은 이 긴 한 문장이 의인에 관한 문장이라고 해석하였다. 이에 관하여서는 다음을 보라. J. H. Charlesworth, The Old Testament Pseudepigrapha(Garden City: Doubleday, 1983), 1:83-84.
23) 이와 비슷한 표현은 다음 구절들에도 나온다. 사 66:24; 마 25:41, 46; 막 9:47-48; 에녹1서 10:6-22; 22:10-13; 2 Bar. 44:12-15; 51:2, 6; Sib. Or. 2:284-310. 참고: 에녹1서 91:9, 1 QS II, 6-18 및 IV, 12-14. 이 구절들 중에서 어떤 구절들은 "영혼소멸론"을 지지해주고 또 어떤 구절들은 "영원한 심판" 이론을 지지해주기도 한다. 불신자들의 중간 상태(intermediate state)에서 당하는 고통과 관련하여서는 4 Ezra 7:7-5-87, 93-94를 보라.

는 고통이 아니라 한 번에 파멸되어 끝나버리는 고통'으로 해석됨이 마땅하다고 주장하였다.[24] 그러나 볼레스가 이미 제기한 바와 마찬가지로, 여기서의 관건은 어느 구절을 가지고 어느 구절을 해석해야 하느냐는 것이 중요한 문제이다. 만일 14장 11절을 가지고 19장 3절을 해석한다면, 19장 3절은 영원한 고통으로 해석되어야 한다. 그러나 그 반대로 19장 3절을 가지고 14장 11절을 해석한다면, 14장 11절은 파멸로 인해 종결되는 고통이 된다. 우리는 두 구절에 해당하는 문맥들을 심도 있게 검토할 때, 둘 중의 하나를 올바르게 선택할 수 있게 될 것이다. 이 두 구절이 서로 이율배반적인 구절일 가능성과 이 구절이 서로 아무런 관련이 없는 구절로 판명날 가능성도 있다. 물론 여기서 중요한 점은 14장 11절이 포함된 문맥이 어떠한 가를 알아내는 것이다.

이 장에서 우리는 지금까지 요한계시록 14장 11절을 구문론적으로 분석한 결과, 14장 11절은 영원히 고통받는 것을 나타내는 절이라는 사실을 알게 되었다. 여기서 나오는 '고통의 연기'라는 표현은 단지 과거에 소멸된 것을 기억하기 위한 표현이 아니고, 현재에도 계속 진행되고 있는 고통이라는 사실을 우리는 알아냈다. 그리고 14장 11절의 '연기'에 대한 표현이 19:3의 연기에 대한 표현보다 더 상세하게 기술되었다. 또한 '밤낮 쉬임없이'라는 표현을 깊이 있게 조사해본 결과, '고통'은 영원히 가해지는 고통임을 알게 되었다. 그리고 긴 절인 14장 11절을 가지고 짧은 절인 19장 3절을 해석해야 한다는 논리가 그 반대의 논리보다 타당한 논리이다.[25]

연기가 올라가는 것에 대한 표현에 있어서 보다는 '세세토록'이라는 표현에 있어서, 14장 11절과 19장 3절이 서로 더 동일하다. 그리고 이 표현은 이사야서 34장 9-10절에 이미 암시된 표현이다.

더군다나 19장 3절의 표현과 흡사한 표현인 18장 18절에 나오는 '그들

---

24) Bowles, Revelation 14:11," 29.
25) 나의 이런 주장에 대해 Bowles는 "파멸"과 관련되어서는(18장과 합칠 경우) 19:3이 14:11보다 더 상세한 구절이라고 말할 수도 있다. 우리는 14:11을 구문론적으로 살펴볼 때, 14:11과 20:10은 유기적으로 병립한다는 사실을 알게 되었다. 이를 통해 볼 때 14:11을 가지고 19:3을 해석해야 하거나, 아니면 이 두 구절은 서로 다른 종류의 심판에 대해 말하고 있는 구절로 이해해야 한다.

은 불타오르는 연기를 보고 소리 질렀다' 에서, 그들이 소리를 지르는 이유는 이미 끝난 파괴 후에 올라가는 연기를 보고서가 아니라, 지속되는 파괴로 인해 불타오르는 연기를 보고 소리를 지르는 것으로 해석되어야 한다. 그러므로 18장 18절과 19장 3절을 합쳐서 표현하면, 14장 11절의 표현과 거의 동일한 '연기가 세세토록 올라간다' 는 표현이 된다. 결국, 이 말은 18장 18절과 19장 3절의 표현 모두 과거에 이미 끝난 파괴를 기념하기 위하여 타오르는 연기가 아닌, 계속되는 처벌로 인해 타오르는 연기라는 것을 말해주는 표현인 것이다. 볼레스는 19장 3절의 때에 이미 18장 18절(그리고 바벨론에 거주하였던 모든 사람들)의 '타오르는 것' 은 이미 끝났다고 주장하고 싶겠지만, 문맥상으로 살펴볼 때 이 구절들의 표현은 그의 주장이 틀리다는 것을 나타내준다. 19장 3절에는 '탄다' 라는 표현이 없다. 그럼에도, 19장 3절의 표현은 14장 11절 표현과 병립하고 있다. 그리고 이 두절의 병립에 관해 우리가 이미 해석한 대로 따르면, 바벨론이 몰락할 때 태우는 것이 시작되지만, 태움으로 인한 고통은, 19장 3절 표현에 의거하면, 영원히 계속된다고 보아야 한다. 이제 우리는 아래에서 바벨론의 몰락이 그곳에 거주하는 모든 사람의 죽음으로 해석되어서는 안 된다는 주장을 펴고자 한다.

구약 성경에 나오는 바벨론과 에돔의 멸망에 대한 구절들은 영원한 심판을 예시한다고 볼 수 있다. 어떤 사람은 우리의 이런 해석에 대해, 그러한 해석은 파멸로 인한 존재의 소멸을 존재의 영원성으로 몰아가는 무리한 해석이기 때문에, 결국 원래의 표현과 전혀 반대되는 해석을 하게 된다고 주장한다.[26]

그러나 반드시 그런 것만은 아니다. 예를 들어, 하나님과 영원히 분리되어 존재하게 되는 것을 영원한 죽음으로 본다면(나는 그렇게 보지만, 영혼소멸론자들은 그렇게 보지 않는다), 다른 산 자들과 영원히 단절되는 육체적 죽음을 영원한 영적인 죽음의 상징으로 볼 수가 얼마든지 있는 것이다.

어떤 사람들은 뱀의 표시나 악인의 죽음을 예수 그리스도의 죽음과 관

---

26) Bowles, "Revelation 14:11," 32.

련지어 생각하는 것은 해괴한 짓이라고 말할 수도 있다. 그러나 신약 성경의 표현들은 그들의 생각이 틀렸다는 사실을 분명히 말해주고 있다(예: 요 3:14; 갈 3:13-14)! 실제로 요한계시록을 포함한 신약 성경의 여러 곳에서는 아이러니하게 보일 정도로, 서로 반대되는 상징들을 한 그룹으로 묶고 있다.[27]

위에서 든 예 이외에도, 죄 된 첫 번째 아담을 성경은 죄 없는 두 번째 아담의 예표로 설명함으로 '어떤 것이 언뜻 보기에는 정 반대의 의미가 있는 것처럼 보이는 이 둘을' 한 그룹으로 묶었다.

이제 요한계시록 19장 3절을 영원한 심판과는 상관없는, 다른 각도에서 해석해 보자. 이러한 해석은 어찌 보면 볼레스의 해석과도 일맥상통한다고 볼 수도 있다. 그러나 엄격히 보면, 이 해석은 영혼소멸론자의 견해와는 거리가 먼 해석이다. 이러한 견해는 19장 3절의 표현이 단지 바벨론의 세상적인 시스템만을 파멸하는 심판을 의미한다는 견해이다. 볼레스의 해석에 따르면 19장 3절은 모든 인간들을 멸절하는 심판이거나 아니면 적어도 바벨론의 권세자와 백성을 전부 멸절하는 심판을 뜻해야 한다. 그러나 19장 3절의 표현이 모든 사람들을 죽이는 것으로 해석되어야만 하는지는 확실하지 않다. 그러나 적어도 우상을 숭배하는 경제 시스템의 몰락으로 해석하면 무리가 없다. 물론 이러한 심판으로 인해 많은 사람이 죽을 것이지만 이것을 모든 사람들이 반드시 다 죽는 것으로 해석하는 것은 곤란하다.

구약 성경에서 바벨론이나 에돔의 몰락이라는 표현은 그 나라 모든 백성이 다 죽었다는 것을 의미하지 않는다. 바벨론 나라의 정부나 바벨론이라는 나라가 지도 상에서 사라져도, 바벨론 나라의 모든 사람들이 나라를 잃었어도, 그 나라의 사람들은 다른 나라에 노예로 끌려갔을망정, 모든 바벨론 사람들이 다 죽은 것은 아니다. 이스라엘도 그렇다. 그러므로 요한계시록 8장의 묘사들도 이러한 원칙을 따라 해석되어야 한다(이것은 또한 이스

---

27) 다음 자료에 나온 내가 쓴 다음의 장을 읽어보라. "[The Use of the Old Testament]," in It is Written: Scripture Citing Scripture, D. A. Carson and Hugh G. M. Williamson, eds.(Cambridge: Cambridge Univ. Press, 1988), 330-32.

라엘이 기원전 6세기와 서기 70년에 바벨론이 몰락하듯이 몰락할 때, 많은 이스라엘 사람들은 살던 곳에서 비록 추방당했지만 죽임을 당한 것은 아니었다는 사실을 떠오르게 한다).

사실 요한계시록 14장 6-24절에는 바벨론 사람이 한 사람이라도 죽는 것으로 묘사된 구절은 전혀 없다. 바벨론에서 파멸되는 것은 바로 바벨론의 경제 시스템이다(18:11-14, 17). 망하는 것은 바로 바벨론의 부(wealth)인 것이다(18:17). 그리고 바벨론 거주자들은 죽임을 당한 것으로 묘사되어 있지 않고[28] 경제적으로 부하고 편안한 삶을 더 이상 영위할 수 없는 것으로 묘사되었다(18:22-23). 이처럼 과거에 실제했던 바벨론의 멸망은 앞으로 다가올 종말에 번성할 널리 퍼진 세상 시스템의 몰락을 예표하는 것으로 보아야 한다.[29]

이와 같은 우리가 다른 시각으로 해석해 볼 때, "요한계시록 18-19장은, 바벨론은 멸망하였지만 그 거민들은 살아서 고통받고 있다는 증거를 제시해 주고 있지 않다."[30]라는 볼레스의 주장은 틀린 주장임이 분명하다.

고로 만일 볼레스가 요한계시록 19장 3절이 바벨론과 관련된 모든 사람들의 죽음을 묘사한다고 주장하려면, 지금보다 더 합당한 해석을 내어놓아야 한다. 그러나 볼레스가 설혹 그렇게 한다고 하더라도, 사람들이 버젓이 살아서 바벨론의 멸망을 슬퍼하기에(18:9, 11, 15), 19:3의 묘사는 이 땅에 사는 모든 사람들의 죽음을 뜻하지는 않는 것은 너무도 명확하다. 여기에 묘사된 하나님의 심판은 예수님의 재림 시에 살아있는 악인들에 대한 심판을 말하는 것이기 때문에, 심판의 대상에 이미 사망한 사람들이 포함될 수는 있을지언정, 심판의 대상을 바벨론으로 지칭되는 모든 사람들이라고 규정하는 것은 적절하지 못하다. 그리고 여기에 묘사된 바벨론의 멸망에 '짐

---

28) 비록 17:16에서는 바벨론의 대적들이 바벨론의 살을 먹는 것으로 묘사되었지만, "살을 먹는다"는 표현을 문자 그대로 해석하거나 바벨론에 사는 모든 사람들이 죽는다는 것으로 해석해서는 안 된다.
29) 말라기 1:2-4에 서술된 에돔의 멸망에 대한 표현을 잘 살펴 볼 때, 에돔 백성이 모두 죽임을 당해 에돔 사람들이 전혀 없다는 뜻이 아니라, 에돔의 집들이 파괴되고 에돔의 정치 경제 구조들이 다 허물어졌다는 뜻이다. 그렇기 때문에 "우리가 황폐화된 것을 다시 짓겠다"라고 에돔 사람들은 외치는 것이다.
30) Bowles, "Revelation 14:11," 29.

승'과 '거짓 선지자'는 포함되지 않고 있다(참고: 19:19-21). 여기서 짐승과 거짓 선지자는 그 어떤 두 개인을 말하는 것이 아니라 많은 사람의 대표자들을 지칭한다.

요한계시록 19장 3절이 비록 악한 자들의 일부가 죽음을 당한다는 의미를 포함하고 있을지는 몰라도 인류의 최종적인 파멸을 뜻하고 있지 않기 때문에, 볼레스의 주장에는 문제가 있다. 19장 3절이 그 어떤 심판과 관련된 묘사임에는 틀림없지만, 그것이 세상 모든 사람들의 몸과 영혼의 파멸을 뜻하지도 않고, 바벨론에 속한 모든 사람들의 파멸을 뜻하지도 않는다. 14장 14-20절을 보아도 같은 식의 결론이 도출된다. 그럼에도 볼레스는 14장 14-20절에 대해서도 19장 3절에서 했던 동일한 주장을 되풀이하고 있다. 피를 쏟아 붓는다는 표현도 마찬가지이다. 피를 쏟아 붓는다는 표현이 물론 많은 사람이 죽는다는 표현이긴 하지만, 이 표현은 어디까지나 상징적인 표현이다. 따라서 이러한 표현을 볼레스가 바벨론에 대한 해석에서 잘못을 범했던 것과 마찬가지로, 모든 사람들이 다 죽는 것으로 해석해서는 안 된다(이와 마찬가지로, 요한계시록 19장에서 그리스도께서 '칼'로 열방들을 패배시킨다는 표현도 문자적으로 해석해서 칼로 사람들을 죽인다는 뜻으로 해석해서는 안 되고, 20:11-15에 나오는 '둘째 사망'에 관한 표현들은 그리스도의 고소를 상징하는 표현으로 해석해야 한다).[31]

볼레스는 상징적으로 해석해야 하는 심판에 대한 묘사들을 문자적으로 해석하여, 육체적 죽음이 아닌 것을 육체적 죽음으로 무리하게 해석하였다. 그가 그렇게 한 것은 어떻게 해서라도 그러한 표현들을 영혼소멸론에 맞추어보고자 하였기 때문이다. 물론 이런 묘사들을 문자적으로 해석해서는 전혀 안 된다는 말은 아니다. 그러나 이런 묘사들에 대해 단지 문자적 해석만 내리는 것은 잘못된 것이다. 설사 볼레스의 주장대로 요한계시록 19장 3절의 표현이 단지 육신의 죽음을 가리키는 표현으로 치더라도, 14장 11절에 관해 우리가 주장했던 바를 지지해 주는 표현으로 귀결되고 만다. 어떻게

---

31) 이와 관련하여서 다음을 보라. Revelation, 961-62, 970-71; 요한계시록 19:15 및 1:16; 2:12, 16의 칼이 입에서 나온다는 표현은 분명히 상징적인 표현이다.

해서 그렇게 되는지를 설명하자면 이렇다. 즉 바벨론의 파멸은 세상에 존재하는 바벨론 시스템에 대한 지상에서의 파멸이다. 그러나 궁극적인 최종 심판, 곧 이미 육체적으로 사망했거나 바벨론 시스템의 멸망 속에서 살아남은 사람들에 가해지는 마지막 심판은 바벨론의 멸망 이후에 있게 될 심판이다. 대부분의 주석가들은 요한계시록을 읽어나갈수록, 마지막 심판에 대한 계시도 점점 더 구체화된다는 사실에 동의하고 있다. 그리고 요한계시록 전체를 통해서 볼 때, 마지막 심판에 대한 거의 모든 묘사들이 예수 재림시에 일어난다는 사실과, 이때 지구 상에 존재하는 모든 인류에 대한 심판이 이루어진다는 점을 서술하고 있다는 사실에도 거의 모든 주석가들이 동의하고 있다(예: 6:12-17; 11:18; 14:14-20; 16:17-21; 18:4-24; 19:17-21).[32]

요한계시록 14장 10-11절에 기록된 서술은 마지막 영원한 심판에 대한 간단한 서술이지만, 20장 10-15절에 기록된 서술은 마지막 영원한 심판에 대한 완전한 시나리오라고 할 수 있다. 그리고 여기(20:10-15)에 보면 모든 인간들이 부활함을 알 수 있다. 어떤 이들은 영원히 처벌받고 다른 어떤 이들은 영원한 생명을 얻는다. 20장 10절이 마지막 심판에 대한 묘사이기 때문에, 이와 병립하는 14장 11절도 역시 마지막 심판에 대한 묘사라고 보아야 한다. 영혼소멸론자들은 지상에서의 마지막 심판에서와 같이, 여기에 기록된 마지막 심판도 한번에 종결되는 파멸의 심판이라고 주장한다(물론 나는 지상에서의 마지막 심판이 몸과 영혼 모두를 종결짓는 멸망이라는 것에 대해 의문을 제기했었다). 그러나 20장 10-15절의 표현을 볼 때, 심판의 결과 죽음이 영원히 지속될 뿐 아니라 심판의 행위도 영원히 지속된다고 보아야 한다(그러기에 영원히 '살아있는 죽음'이란 표현은 적절한 표현이다).[33]

이와 같은 결론은 이제까지의 14장 11절에 대한 결론이 되는 동시에 아래에 나올 20장 10절에 대한 결론도 된다.[34]

---

32) 요한계시록에 관한 주석서들을 보면 영혼소멸론자들이 언급하고 있는 성경 구절들에 혼란이 있기 때문에, 오직 영혼소멸의 관점에서만 일관되게 기술된 요한계시록 주석서가 나와야 할 필요가 있다.
33) 이와 관련하여서는 다음을 보라. Beale, Revelation, in loc.(앞서 인용한 페이지들)
34) 볼레스의 14:11에 대한 해석은 그의 입장을 충분히 지지해 주지 못하기 때문에, 그는 19:3과 14:11의 연관성이 있다는 사실을 알고 있음에도 그렇게 할 수밖엔 없다.

그러나 볼레스는 이 점에서 불명확하였다. 그는 영혼소멸론자의 입장을 지지하기 위해 19장 3절이 최종적인 심판이라고 주장하고 싶어 하였다. 그러나 그는 이 심판에 불신자 모두가 다 포함되는지에 대해서는 분명한 입장을 유보하였다.

그러나 거의 모든 주석가들이 20장 11-15절는 지구 상에 존재했던 모든 인류에 대한 최종 멸망이라는 것에 동의하고 있다. 따라서 볼레스 자신은 20장 11-15절의 최종 심판에 대한 묘사를 어떻게 보고 있는지에 대한 자신의 입장을 표명하지 않으면 안 될 처지에 놓이게 되었다. 더군다나 20장 13-15절에서는 모든 사람들이 다 부활하여 최종 심판을 받는 것으로 서술되어 있기 때문에, 지상에서의 첫 심판을 최종 심판으로 해석한 것은 볼레스의 오류임이 명백하다. 그리스도께서 재림하셔서 악인들을 이기신 후에 이 세상이 끝이 난다. 그리고 20장 13-15절의 '불못'의 심판으로 표현된 최종 심판은 세상이 끝이 난 후에 모든 인류가 부활하여 받게 된다는 사실을 잘 나타내주고 있다(19:20; 20:10; 비교: 21:8).

영혼소멸론자(적어도 볼레스)들은 위에서 말하고 있는 지상에서의 마지막 심판이 그리스도가 재림 시 지상에 생존해 있는 모든 사람들을 멸망시키는 심판이라고 주장한다. 그리고 그들은 20장 11-15절도 같은 맥락에서, 예수 재림 전에 죽었던 자들을 부활시켜 모두 멸망시키는 심판이라고 주장한다. 그러나 20장 11-15절은 이 세상에 태어났던 악인들만이 아닌 선인들을 포함한 모든 사람들이 부활해서 최종 심판을 받는다고 묘사하고 있다. 더군다나 대부분의 주석가들이 이러한 우리의 해석에 동조하고 있다. 이러한 대부분의 주석가들이 동조하는 주장에 맞서기 위해서는, 20장 11-15절의 표현이 단지 예수님의 재림 시에 이미 죽은 상태에 있기 때문에 재림 예수에 의해 심판을 받지 못했던 죽은 자들 중에서 악인들만 다시 부활하여 심판받는 것을 의미하는 표현이라고 설명하는 것밖에는 다른 도리가 없다. 그러나 그러한 주장은 사리에도 맞지 않는 주장이다.

요한계시록 20장 11-15절에 나오는 부활에 모든 불신자(모든 악인)들이 포함된다는 사실은 '펼쳐진 책들'이라는 표현과 '자신의 행위들이 책에 기록되어 있는데, 그 기록된 내용에 따라 심판을 받는다' 라는 표현(20:12)으로부터 잘 알 수 있다. 여기에 기록된 법정 묘사들은 세상의 법정과는 다른 묘사들이기에, 이 묘사들이 이 지구 상에서 일어날 심판으로 해석되어서는 안 된다(요한복음 5장 28-29절도 우리의 주장을 거들고 있다). 모든 죄인들이 하나님의 법정에 서서 하나님에게 자신의 죄를 실토한 후에야 이들에 대한 최종 판결이 내려진다.

우리의 이러한 주장이 맞는다면, 영혼소멸론자들은 두 번의 서로 다른 소멸에 대한 심판이 있다는 주장밖에는 할 수 없게 된다. 즉 하나의 심판은 예수 재림 시에 일부 불신자들에게 내려지는 지상에서의 심판이요, 다른 하나는 그 후에 내려질 심판이다. 그러나 이렇게 주장하게 되면 이 주장 자체에 벌써 모순이 있게 된다. 또한, 그렇게 되면 첫 번 지상에서의 심판에서 이미 심판받는 자들은 그 후에 내려질 '불못' 에 던져지는 심판에는 끼지 않게 된다는 모순이 하나 더 추가되게 된다. 이뿐 아니라 만약 그렇다면 첫 번째 심판(예수재림시의 심판)에서는 왜 '불못' 이 등장하지 않는지에 대해서도 영혼소멸론자들은 설명할 수 있어야 하는데, 이러한 모순들에 대해 그들은 침묵으로 일관하고 있다.

요한계시록 14장 11절이 포함된 영원한 심판에 관한 문맥의 거울 구조 대칭 문제

요한계시록 14장 9-11절에 나오는 표현들이 거울 대칭 모양(chaism, 교차 대구법, A-B-C-C'-B'-A'의 모양으로 이루어진 대칭을 말함; 역자 주)을 이루고 있다는 주장이 있긴 하지만 이 주장은 잘못된 주장이다. 이들의 주장이 무엇을 근거하고 있는지에 대해 아래의 표와 설명을 보도록 하자.[35]
(아래의 표현은 원문에 실린 영어 성경 중 개정 표준 성경[RSV]를 역자가 한국어로 번역하였음; 역자 주)

---

[35] Bowles, "Revelation 14:11," 26-28.

A 만일 누구든지 짐승과 짐승의 형상에 절하고 이마나 손에 표를 받으면(9절)

B 그 사람은 하나님의 진노의 잔에 섞인 것이 없이 부어진 포도주를 마시게 될 것이고(10a 절)

C 그 사람은 거룩한 천사들과 어린 양 앞에서 불과 유황으로 고문을 당할 것이다(10b 절).

C' 그리고 그들을 고문하는 연기가 세세토록 올라가고(11a 절)

B' 그리고 그들은 밤낮 쉬지 못하게 되며(11b 절)

A 짐승과 짐승의 형상에 절한 자들과 그 이름의 표를 받은 자들(11c 절)

위의 요한계시록의 14장 9-11절의 표현이 거울 대칭 모양이라는 해석이 바른 해석이라면 영혼소멸론자들의 주장은 힘을 얻게 된다.[36]

C와 C'에는 '고문'이라는 동일 단어가 나온다는 사실을 제외하고는 아무런 유사성이 없다. 그리고 10a 절(그 사람은 하나님의 진노의 잔에 섞인 것이 없이 부어진 포도주를 마시게 될 것이고)과 11b 절(그리고 그들은 밤낮 쉬지 못하게 되며)을 대칭으로 보는 것은 억지이다.[37]

이 표현들이 거울 대칭 형태를 이룬다고 주장하는 근본 이유는 11b 절의 표현이 영원한 고통을 의미하지 않고, 10a 절의 표현이 보여주듯이 소멸하는 최종 심판에 의한 잠깐의 고통이란 사실을 부가시키기 위해서였다(그러나 실제로 보면 10a 절이 잠시만의 고통이란 사실을 보여주고 있는지조차도 의문이다).

---

36) 위와 동일한 자료와 페이지에서 논의되었다.
37) 11절 후반부가 설사 지구 역사의 어떤 한 시점에서 일어나는 심판으로 해석한다고 하더라도, 그 심판은 예수님의 재림 시에 이 세상에서 살고 있는 불신자에 대한 심판이 되어야 할 것이다. 그러나 이 심판이 전쟁 상황을 통해 실제로 살아있는 악인을 살해하는 식의 심판인지, 아니면 다른 식의 심판인지는 확실하지 않다. 설사 악인에 대한 전쟁터 식 살해라고 해석하더라도, 이 마지막 전쟁 전에 살다가 이미 죽은 악인들은 어떻게 되는지가 의문으로 남는다. 만일 11절 후반부의 표현이 이 지구상에 살아있는 마지막 악인들에 대한 심판이라고 해석하더라도, 이 심판은 그 후에 벌어질 지구상에서 태어났던 악인들 모두에 대한 심판(이 심판에 관해선 우리가 지금까지 영원한 심판이라고 규정하여왔고 앞으로도 규정해 나갈 것이지만)의 전주곡에 해당하는 심판으로 보아야 한다. 어쨌든 나는 9-11절은 영원한 심판에 관한 것이라고 생각한다.

물론 이 두 곳(10a 절과 11b 절) 모두가 심판에 대한 표현인 것만은 확실하지만, 그러나 이 두 곳의 표현이 공히 심판의 동일 양상을 표현한다고 볼 순 없다. 설사 이 두 곳의 표현이 대칭을 이룬다 치더라도, 고통의 기간에 대한 확실한 언급이 있는 11b 절의 표현으로 기간에 대한 언급이 불명확한 10a 절을 해석했어야 옳았다. 그리고 11b 절이 암시하는 심판이 꺼지지 않고 되돌릴 수 없는 심판이라는 심판에 관한 성격의 표시가 10a 절에는 없다. 더군다나 9-11절에서 10b 절과 11a 절의 표현은 중심 표현도 아니고 서로 동의어적인 표현도 아니다. 즉 '그 사람은 거룩한 천사들과 어린 양 앞에서 불과 유황으로 고문을 당할 것이다(10b 절)' 라는 표현과 '그리고 그들을 고문하는 연기가 세세토록 올라가고(11a)' 라는 표현 사이에는 표현상의 유사점이 전혀 없다.

그럼에도 9절과 11c절의 표현은 서로 상당 부분 대칭을 이루고 있다. 이러한 점으로 봐서, 9절은 이 표현들의 시작 부분이고 11c 절은 끝 부분인 것으로 보게 된다. 일반적으로 어떤 문장에 대칭성이 있을 때, 그 문장의 대칭성을 찾아 비교 분석함으로 문맥을 확실하게 이해할 수 있게 된다. 실제로 혹자는 이러한 방식을 통해 9절과 11c의 표현 방식이 상당히 유사함을 알아내었다.[38]

본문에서 이것 외에는 그 어떤 특별한 거울 대칭 구조도 발견할 수 없었다. 11a와 11b가 구조상으로 보면 한쪽으로 몰려 있어서 비록 거울 대칭 구조에 속하지는 않아도, 이 두 표현은 '영원한 심판' 의 관점에서 보면 좋은 병립구조를 이룬다고 볼 수 있다. 거울 대칭 구조를 연구한다는 것은 그리 쉽지 않은 작업이다. 더군다나 특별히 단어 나열이 병립을 이루는 부분이 적을 때는 더욱더 쉽지 않다. 그럴 경우는 할 수 없이 문장에 담긴 뜻을 서로 비교하는 차선책을 쓸 수밖에 없지만, 그것도 신학적인 해석이 맞아떨어져야 하는 경우에 국한한다.[39]

---

38) 다음을 보라. N. W. Lund, Studies in the Book of Revelation(Chicago: Covenant Press, 1955), 156. Lund는 요한계시록에서 여러 개의 거울 대칭 구조의 문장들과 여러 종류의 병립 문장들을 찾아낸 사람이지만 계 14:9-11을 거울 대칭 구조의 문장이라고 보진 않았다. 이와 관련하여서는 그의 저술인 다음을 보라. Chiasmus in the New Testament(Peabody, Mass.: Hendrickson, 1992).

설혹 분명한 거울 대칭 구조로 밝혀졌다 치더라도, 그 구조만을 가지고 '영혼소멸론'을 지지하거나 '영원한 고통'의 관점을 지지하는지를 결정하는 잣대로 사용할 수는 없다.

요한계시록 14장 11절에 대한 결어

요한계시록 14장 12절은 짐승에게 충성하지 않으면 영원한 상급을 받게 되고(13절) 영원한 진노를 피하게 될 것이므로, 성도들에게 잠깐의 환란을 견디라는 격려를 담고 있다. 그리고 6-11절은 성도들이 인내하도록 하기 위한 성도들에게 주는 경고를 담고 있다. 9-13절은 13장 11-18절의 패턴을 따랐다. 나중 부분에는 짐승과 짐승의 표에 경배하고 이마와 손에 표를 받은 사람들에 대한 언급이 있고 나서, 짐승에게 속지 않는 신자들의 인내하는 믿음에 대해 언급이 담겨 있다. 이와 마찬가지의 순서로 14장 12-13절은 14장 9-11절 뒤에 나온다.[40]

자신들을 핍박하였던 자들이 곧 하나님의 심판을 받게 된다는 사실이 성도들에게 큰 힘이 된다. 이는 그들이 복수를 받게 되기 때문이 아니다. 그들이 하나님의 심판을 받는다는 사실은, 짐승과 그들에게 붙었던 자들이 모독해 왔던 하나님께서 정의로운 하나님임을 증명해주기 때문에 성도들에게 큰 힘이 되는 것이다(참고: 6:10). 14장의 3절 및 18절이 성도들의 호소기도인 6장 9-11절과의 관계에 대한 이해를 밝히는 많은 도움을 준다. 또한, 악한 존재들이 하나님의 심판을 받는다는 사실은 성도들을 환란과 핍박에서도 견디게 해준다.

어린 양에게 충성하는 그리스도인들은 현세에서는 비록 고난을 당할지라도, 나중에는 결국 영원한 안식이라는 큰 상급을 받게 된다. 성도들이 인

---

39) 어떤 거울 대칭 구조가 좋은 구조이고 또한 나쁜 구조인지에 관해서는 Lund, Chiasmus를 보라.
40) 이에 관하여 더 많이 알려면, Beale, Revelation의 앞에 제시된 동일한 페이지를 보라.

내하게 되는 것은 심판에 대한 경고 때문만이 아니라(14:6-11), 상급에 대한 하나님의 약속이 있기 때문이다. 성도들이 하나님의 상급을 받는 반면, 짐승을 경배한 자들은 영원토록 안식이 없이 지내야 한다는 이 두 가지 사실은 극한적인 대조를 이루고 있다(14:11). 요한계시록 14장 8절과 14장 9-11절이 14장 6-7절에 표현된 심판에 대해 더 잘 서술하고 있다. 이와 마찬가지로, 14장 13절은 14장 12절에 표현된 성도들의 인내를 더 잘 서술하였다.

요한계시록 20장 10절

또 저희를 미혹하는 마귀가 불과 유황 못에 던지우니 거기는 그 짐승과 거짓 선지자도 있어 세세토록 밤낮 괴로움을 받으리라(개역성경)

요한계시록 20장 7-8절에서와 마찬가지로, 20장 10절에서도 마귀는 나라들을 미혹하여 성도들을 공격하도록 한다고 나와 있다. 이렇게 구태여 두 번에 걸쳐서 마귀의 미혹에 대해 언급한 이유는 마귀는 자신의 이러한 행위에 의해 심판을 받게 된다는 사실을 확실히 나타내기 위함이다. 마귀는 짐승과 거짓 선지자들이 던져져 있는 불과 유황 못에 던져진다('불과 유황'에 관한 구약 성경의 배경을 보려면 이 장에서 14장 10절에 관해 기록된 섹션을 보라). 마귀는 그의 두 도우미들인 짐승과 거짓 선지자와 함께 불과 유황 못에 던져지거나, 아니면 짐승과 거짓 선지자가 먼저 던져진 후 곧바로 던져진다. 요한계시록 20장 7-10절은 단지 19장 17-21절의 재 언급임이 분명하다. 따라서 19장 종반부에 짐승과 거짓 선지자가 불과 유황 못에 먼저 던져지고, 그 후 여러 세대가 마귀와 같은 곳에 비로소 던져지는 것으로 여겨지지는 않는다. 어떤 사람은 만일 20장 10절의 마귀가 멸망되는 사건이 짐승과 거짓 선지자가 멸망되는 사건과 동일 한 사건이라면, "곡과 마곡의 전쟁이 있은 후에, 사탄이 짐승과 거짓 선지자와 함께 불못에 던져졌다"[41]라는 식의 더 구체적인 표현이 있어야 한다고 주장하였다.

그러나 그런 식의 표현을 볼 수 없는 것은, 구약 성경에서 재차 표현된 곳이나 요한계시록에서 재차 표현된 곳들을 조사해 보았을 때, 재차 표현 시, 혹자의 주장대로 더 구체적으로 표현돼 나오는 경우는 한 경우도 없었기 때문이다.

이 세 사탄적인 존재들(마귀, 짐승, 거짓 선지자)은 밤 낮 구별 없이 세세토록 고문을 당하게 된다(참고: 외경 유다서 [T. Judah] 25:3에는 "벨리알이…. 불 속에 던져져서 그곳에 영원히 있게 된다"라는 표현이 있다). 이러한 표현은 그 존재들이 소멸되는 것이 아니라 영원토록 고통을 당해야만 한다는 것을 의미하는 표현이다(20장 10절 후반부가 영혼 소멸을 뜻하지 않고 영원 고통을 뜻한다는 주장과 관련하여 14장 10-11절의 서술된 부분을 참고하라). 퍼지(Fudge)와 같은 사람은 짐승과 거짓 선지자는 성도들을 핍박하였던 단체를 상징하는 것이기 때문에, 영원히 고통받는 것이 아니라, 심판받을 때에 없어지는 것으로 보아야 한다고 주장하였다.[42]

그럼에도, 퍼지는 20장 10절의 표현은 영원소멸에 관한 표현이라기보다는 사탄에 대한 영원 형벌의 표현으로 보아야 한다는 점에 동의하였다.[43]

짐승과 거짓 선지자의 운명에 대한 분석은 결코 쉽지 않은 작업이다. 그 이유는 짐승과 거짓 선지자에 대한 해석이 주는 이론상의 허점 때문이다. 단체는 사람들로 구성돼 있기 마련인데, 만일 어떤 단체가 고통을 받는다면 그 단체에 소속된 사람들이 고통을 받게 된다.[44]

바벨론이 고문을 당한다는 표현은 단지 상징적인 표현일 뿐 아니라, 바

---

41) William J. Webb, "Revelation 20: Exegetical Considerations," The Baptist Review of Theology/ La revue baptiste de theologie 4(1994): 15-16.

42) Fudge, Fire That Consumes, 303, 307. Fudge와 동일한 주장을 펼치는 학자에 대한 글을 보려면 다음을 보라. David Powys, 'Hell': A Hard Look at a Hard Question(Paternoster Biblical and Theological Monographs; Carlisle: Paternoster, 1998), 371, 391. 나는 Fudge가 계 20장 계 14장을 논하면서 펼쳤던 자신의 기존 주장에 대해 후속적인 저서나 논문을 통해 그의 주장을 더 돈독하게 하는지를 알려고 했으나, 그의 후속 저서나 논문들에서 그러한 증거들을 아직 찾지 못하였다. 그의 후속 저서는 다음과 같다. Edward W. Fudge and Robert A. Peterson, Two Views of Hell(Downers Grove, Ill.: InterVarsity Press, 2000.

43) Fudge, Fire That Consumes, 304, 307.

벨론의 경제와 사회 시스템이 실제로 몰락하는 것과 그로 인해 바벨론 사람들이 고통을 당한다는 표현(비록 바벨론의 모든 사람들이 다 죽임을 당한다는 표현은 아니지만)이 사실임에 대해서는 우리가 이미 언급하였었다.

퍼지의 견해를 지지하는 사람들은 단체나 기구들은(생명체가 아니기 때문에) 의식과 인식이 없어서, 의식이나 인식이 있는 짐승과 거짓 선지자로 의인화된 것뿐이라고 주장하였다. 그리고 짐승과 거짓 선지자로 의인화된 단체가 '영원히 고문을 당한다' 는 것은 그 단체가 멸절된다는 것을 의인화한 표현이기 때문에, 그 말은 결국 그 단체에 소속된 사람들이 다 멸절된다는 말이라고 주장하였다. 따라서 짐승과 거짓 선지자가 영원한 불못에 던져져서 세세토록 고통받는다는 표현은 이 단체에 소속된 사람들이 멸절된다는 표현으로 봐야 된다는 것이다. 그리고 또한 세세토록 고통받는다는 표현은 단지 비유적인 표현이기 때문에 그런 표현을 글자대로(문자적으로)해석하는 것은 지나친 도약이라고 주장하였다.

그러나 그것은 그렇지 않다. 어떤 표현들은 상징성이 덜하여, 사람을 뜻하는 표현이라는 사실을 금방 알 수 있는 경우들이 있다. 예를 들어 요한계시록 21장 2-4절에서의 영원히 안전한 '도시(성)' 라는 표현은 하나님의 백성을 뜻하는 말임을 문맥을 통해 바로 알 수가 있다. 따라서 영원토록 고통받는 '짐승과 거짓 선지자' 도 단체나 기구로 보지 말고 사람들의 집합으로 보아야 한다. 퍼지는 마귀, 짐승 및 거짓 선지자가 영원토록 고통받는다는 표현에 대해, 마귀는 하나의 인격이 있는 존재이기 때문에 영원토록 고통당할 수가 있지만, 짐승 및 거짓 선지자는 인격이 아니고 단체이기 때문에 영원히 고통 받을 수는 없다고 주장하였다. 그러므로 짐승과 거짓 선지자가 영원토록 고통받는 것은 소멸된다는 표현을 비유적으로 표현한 것뿐이라는 것이다. 그러나 20장 10절 후반부의 '짐승과 거짓 선지자도 영원토록 고통을 받게 된다' 는 표현은 퍼지의 주장이 틀리다는 것을 단적으로 나타내 보여준다.

---

44) 다음을 보라. Beale, Revelation, in loc. 짐승과 거짓 선지자와 관련되어 단체 소속인들과의 연합관계를 보려면 다음을 보라. Beale, Revelation, ch. 13.

14장 10-11절과 20장 15절에는 불신자들은 불로 인해 영원히 고통받는 다고 말하고 있다. 14장 10-11절에는 인간들이 받는 고통을 '불과 유황' 의 고통이라고 표현하였다. 이 '불과 유황' 이라는 표현은 20장 10절의 '불과 유황의 영원한 고통' 이라는 표현과 비교를 해 볼 때, 영원한 고통을 의미하 는 표현임을 쉽게 알 수 있다. 더군다나 마태복음 25장 41절의 "저주받은 자들아 나에게서 떠나 마귀와 그의 천사들을 위하여 예비된 영원한 불 속으 로 들어가라"라는 표현은 이러한 사실을 더욱 잘 지지하여 준다. 그러나 마 귀(및 그의 천사들)는 영적인 존재이기 때문에 20장 10절의 '불못' 은 글자 대로 해석하면 안 된다.

여기서 '불' 은 육체에 가해지는 처벌이 아니라 영에 가해지는 처벌로 보아야 한다.[45] 그리고 '짐승과 거짓 선지자' 는 문자 그대로 해석하여 인격 을 가진 두 존재로 해석하지 말고, 불신자들로 구성된 단체를 비유적으로 표현한 것으로 보아야 한다. 그리고 '밤낮' 이란 표현도 문자적인 표현이 아 니라 쉼없는 고통의 비유적인 표현으로 보아야 한다(14장 11절에 관한 앞 에서의 해석을 보라). 그리고 분명히 말하지만, '그들이 영원토록 고통을 당한다' 라는 표현도 비유적인 표현인데, 그 이유는 '영원토록' 이 헬라어로 는 아이스 투스 아이오나스 톤 아이오논(eis tous aiona ton aionon)인데, 이 것을 직역하면 '세대들의 세대들 동안' 이라는 의미가 되기 때문이다. 이 표 현은 매우 오랫동안을 비유적으로 표현한 것이다. 이 표현이 '끝나는 시간 없이' 라는 뜻인지 아니면 '매우 오랜 기간이긴 하지만 한정적인 기간' 을 뜻하는지는 문맥을 통해 판단하여야 하는데, 이 경우, 이 표현은 끝나는 기 간이 없이(영원히)로 해석된다. 그리고 '고통' 이라는 표현은 심리적 및 영 적으로 느껴지는 고통을 뜻한다('고통' 의 의미에 대해서는 앞서 서술된 14 장 10-11절의 해석을 보라).

요한계시록의 다른 표현들에도 '세대들의 세대들 동안(아이스 투스 아 이오나스 톤 아이오논, eis tous aiona ton aionon)' 이라는 표현이 나온다.

---

45) George E. Ladd, Commentary on the Revelation of John(Grand Rapids: Eerdmans, 1972).

그런 표현이 나오는 경우는 예를 들면, 하나님의 영원한 통치를 표현한 경우(11:15), 하나님 영광의 영원한 능력을 표현한 경우(1:6; 5:13; 7:12), 하나님의 영생을 표현한 경우(4:9-10; 10:6; 15:7), 그리스도의 영생을 표현한 경우(1:18) 및 성도들의 영원한 통치를 표현한 경우 등이다(22:5). 특히 성도들의 영원한 통치를 표현한 22장 5절의 '세대들의 세대들 동안'은 바로 2장 앞선 20장 10절에도 나오는 표현이기 때문에, 20장 10절에서의 이 표현도 역시 '영원히(끝없이, 세세토록)'로 해석되어야 한다. 더군다나 같은 절(20:10)에 마귀가 불과 유황 못에 던져진다는 표현이 있다. 따라서 마귀가 영원히 고통당하듯이, 짐승과 거짓 선지자도(소멸되는 것이 아니라) 영원토록 고통받는다. 즉 이 말은 짐승과 거짓 선지자로 상징되는 단체의 가르침을 좇았던 사람들도 영원토록 고통받는다는 말이다. 이러한 짐승과 거짓 선지자도 '영원토록 고통당한다'는 해석은 14장 10-11절을 해석하였던 것과 같은 식의 해석이다.

'불못'이란 표현은 20장 10절에 나오고 20장 14-15절 및 21장 8절에도 나온다. 요한계시록 20장 14-15절와 21장 8절에서의 '불못'에 던져지는 것을 '둘째 사망'이라고 부른다. 둘째 사망은 하나님의 심판이 최고조에 달할 때에 일어나는 사망으로, 이때에 우주가 재창조된다(20:10-15; 21:1-8). 물론 14장 10-11절에는 '불못'이라는 표현이 없다. 그렇지만 11장 10-11절은 20장 10절과 매우 흡사하게 '(불과 유황으로) 밤낮 영원토록 고통 받는다'라는 표현을 갖고 있기 때문에, 영혼소멸론자들을 제외한 거의 모든 주석가들은 14장 10-11절이 둘째 사망에 관해 묘사하고 있다는 사실에 동의하고 있다. 첫째 사망은 육체의 죽음을 뜻하는 사망으로, 현재 우리가 살고 있는 하늘과 땅이 파괴되는 시점 전에 일어나는 사망이다. 첫째 사망을 당한 모든 불신자들은 둘째 사망으로 일컬어지는 영원한 '불못'에 던져질 때까지 한시적으로 '사망과 하데스(사망과 음부)'라 불리는 곳에 있게 된다. 모든 인간들이 육체적으로 죽는 첫째 사망이 있은 후에는 둘째 사망이 있게 된다. 천년설에 의하면, 기존 하늘과 땅이 파괴되고 새 하늘과 새 땅이 생겨나는 시점에 첫째 사망은 종결된다.

짐승과 거짓 선지자가 영원한 최종 심판을 받게 되면 '불못'에 던져진다(19:20). 이러한 일은 마귀(20:10)와 불신자들(14:10-11)이 영원한 최종 심판을 받아 같은 곳에 던져질 때 같이 일어난다. 그리고 이러한 일은 천년 왕국이 종결되는 시점에 일어나고, 불못에 던져진 이들 모두는 그곳에서 영원히 둘째 사망을 경험하게 된다.

요한계시록 20장 14절

사망과 음부도 불못에 던지우니 이것은 둘째 사망 곧 불못이라

'사망과 하데스(사망과 음부)가 불못에 던져진다' 는 표현은 무슨 뜻인가? 어떤 사람들은 이 표현은 단지 믿지 않고 죽으면, 영이 죽은 자들이 가는 하데스로 보내진다는 표현이라고 쉽게 해석해 버린다. 그래서 우주가 파괴되어 없어져서 세상이 끝나면 하데스도 파괴되어 없어지고, 그곳에 있던 믿지 않은 자의 영들도 같이 파괴된다는 것이다. 그러나 이러한 해석은 신빙성이 결여된 해석이다. 위에 인용된 요한계시록 20장 14절의 이러한 표현에 관해, 이러한 해석 외에도 다음과 해석들이 제기되었다.

(1) 어떤 사람들은 사망 자체가 영원히 멸절되기 때문에 사망이 영원히 존재하지 않게 된다는 표현이라고 주장한다. 이들은(고전 15:54-55 및 사 25:8와 아울러) 21장 4절의 '그 어떤 사망도 없다' 라는 표현을 자신들의 주장을 합리화시키는 근거로 제시한다.

(2) 어떤 사람들은 이 표현을 '둘째 사망이 시작되면 첫째 사망(육체의 죽음)은 더 이상 존재하지 않게 되고, 둘째 사망만이 영존하게 된다' 는 표현이 라고 주장한다. 이 주장에 따르면, 둘째 사망은 영이 고통받는 것이지만 육체도 함께 고통받게 된다는 것이다. 그리고 사단과 짐승 및 거짓 선지

자가 불못에 던져짐으로 모든 힘을 상실하게 되듯이, 사망과 하데스도도 불못에 던져짐으로 힘을 완전히 상실한다는 것이다.[46]

'사망과 하데스'는 인격적인 존재가 아니므로 고통을 받거나 느끼지 못하기 때문에, '사망과 하데스'가 불못에 던져진다는 표현은 있어도 고통받는다는 표현은 요한계시록에서 찾을 수 없었다는 것이다.

(3) 어떤 사람들은 '사망과 하데스'라는 말은 실상은 '사망과 하데스' 속에 잠깐 있었던 사람을 뜻한다고 주장한다. 그래서 '사망과 하데스가 불못에 던져진다'는 표현은 첫 번째 죽음을 통해 하데스에 있던 사람들이 둘째 죽음을 맞기 위해 불못에 던져진다는 말이라는 것이다.[47]

15절에는 14절과 마찬가지로 '불못에 던져진다'는 표현이 나오고 이 표현의 주체가 심판을 받은 불신자라는 사실이 이 주장을 지지하여 준다는 것이다.

(4) 또 어떤 사람들은 20장 14절의 표현은 첫 번째 죽음(육체의 죽음)을 경험한 자들이 가는 '사망과 하데스'가 끝나면, 그곳이 '둘째 사망'을 경험하는 '불못'으로 바뀌거나 대체된다는 사실을 말해주고 있는 표현이라고 주장한다.[48]

그 결과 마지막으로 끝없이 진행되는 지옥으로 진입하기 위한 잠정적인 상태에 들어가게 된다는 것이다.[49]

다음의 에스라 4서(Fourth Ezra)의 기록들은 이러한 주장을 지지하여준다는 것이다. 이렇게 주장하는 사람들은 '죽음은 숨겨졌고 하데스는 어디론가 사라졌고, 부패는 잊혀졌다(에스라 4서 8:53)', 그리고 이런 일은 나중 부활의 날에 일어나며(7:37; 8:54), 그 후에 의인은 '파라다이스'로 들어가

---

46) Leon Morris, The Revelation of St. John, rev. ed.(TNTC; Grand Rapids: Eerdmans, 1987), 242.
47) 다음도 보라. J. Webb Mealy, After the Thousand Years(JSNTSup 70; Sheffield: Sheffield Academic Press, 1992), 181; for Hades as the region of the dead see J. Jeremias, "ades," TDNT, 1:146-49.
48) 참고: Moses Stuart, Commentary on the Apocalypse(New York: Newman, 18450, 372.
49) Ernst W. Hengstenberg, The Revelation of St. John(New York: Carter, 1853), 2:380.

나(7:36; 8:52) 악인은 '고통의 구덩이', '게헨나의 용광로'와 '불과 고통'으로 떨어진다고 주장한다(7:36-38).

(5) 또 어떤 사람은 '사망과 하데스'는 죽은 자들이 가는 영역이 아니라 죽은 자들이 가는 영역을 관장하는 사탄을 따르는 세력이 가는 영역을 표현하는 것이라고 주장한다. 요한계시록 6장 8절에 네 번째 말을 탄 자가 사망이고 그를 따르는 자가 음부라고 한 표현은 '사망과 하데스'가 인격을 가진 사탄의 대리인들임을 암시해준다는 것이다. 요한계시록 14장 10-11절과 20장 10절에서 영원한 불의 심판을 받는 존재가 인격을 가진 존재인 것으로 봐서, '사망과 하데스'도 불못에 던져진다고 표현되었으므로, '사망과 하데스'도 인격적인 존재라는 것이다. 즉 '사망과 하데스'는 사탄의 사주를 받은 세력들이며 그들도 불못에 던져지는 것이다. 따라서 '사망과 하데스'는 그 어떤 기구나 단체도 아니고 고문이 행해지는 영역도 아니다는 것이다(이에 관하여서는 20:10 해석 섹션을 보라).

위의 다섯 가지 주장들은 각각이 다 나름대로 일리가 있는 주장들이다. 그러나 세 번째와 네 번째 주장이 가장 실체에 접근한 주장으로 여겨진다.

'불못'은 이미 그곳에 가도록 결정된 사람들이 최종적으로 가는 곳이며 영원히 고통받는 곳으로 앞의 조사에서 이미 판가름 났다(이에 관해서는 앞의 20:10에 관한 해설 부분을 보라; 참고로 14:1-11에 관한 해설 부분도 보라). 그리고 '불못'은 '둘째 사망'으로도 불린다. 둘째 사망이란 육체가 두 번째로 죽는다는 말이 아니다. 이미 육체적으로 죽은 불신자가 부활한 후, 심판을 받아 둘째 사망으로 들어간다(20:5, 12-13). 요한계시록 20장 10절의 '불못'에서 고통받는다는 표현은 육체가 고통받는다는 말이 아니다. 그 이유는 이곳에서 고통받는 것은 마귀(사탄)와 그의 천사들인데, 이들은 육체를 가진 존재가 아니라 영을 가진 영적 존재이기 때문이다. 그러나 만일 불신자가 이곳에 가면 육신적인 고통을 느낄 수도 있을 것이다. 그러나 그 육신은 영원히 죽지 않는 부활의 몸(부활체)을 가진 영적인 존재로서의 육신이지 지구 상에 살 때의 육신은 아니다. 따라서 불못에 들어가도 영원히 죽지 않게 되는 것이다.

'둘째' 사망의 고통은 영원히 지속된다. 둘째 사망이 영원하다는 사실은 '불못' 이라는 비유적 표현으로부터 유추해 낼 수 있을 뿐만 아니라, 육체의 사망과 영의 사망, 그리고 육체의 부활과 영의 부활들이 명시된 20장 4-6절의 표현을 보아도 잘 알 수 있는 사실이다.[50]

요한계시록 21장 4절와 21장 8절을 보면 첫째 사망과 둘째 사망이 질적으로 어떻게 틀린 지를 알 수 있다. 요한계시록 21장 4절에서의 '처음 것이 지나갔다' 는 표현 속에는 첫째 사망에 관한 것이 포함되어 있다. 그리고 요한계시록 21장 8절에는 '둘째 사망인 불과 유황으로 타는 못' 이라는 표현을 통해, '둘째 사망' 과 영원히 고통을 주는 '불과 유황' 은 동격이라는 사실을 알 수 있다(14:10-11; 20:10).

'둘째 사망' 으로 들어가는 자는 하나님의 도시(도성)에 계시는 하나님으로부터 완전히 단절된다. 의인들은 하늘 도성으로 들어가는 축복을 누리지만, 둘째 사망으로 들어가는 자들은 하늘 도성 밖에서 지내야 한다(비교: 21:8과 22:15; 다음도 보라. 21:27; 22:14-15, 19). 구약 성경의 다른 곳에서도 하나님과 단절되는 영적인 죽음에 대해 언급하고 있다(예: 눅 15:24, 32; 엡 2:1, 12; 골 2:13).

유대교에서는 '둘째 사망' 을 영원한 심판을 받는 것으로 결부시켜 생각하여왔고, 대개 부활에서 제외되는 것이 '둘째 사망' 이라고 생각하였다.[51]

부활에서 제외된다는 말은 불신자로서 죽은 자는 부활하지 못하고 무덤 속에 계속 머무른다는 말이다. 이러한 견해는 요한계시록의 사상과는 잘 맞아떨어지지 않는다. 따라서 부활에서 제외된다는 것은 의인들이 경험하

---

50) 다음을 보라. Beale, Revelation, in loc.에서 계 20:4-6에 관한 부분. 여기에는 천년왕국에 관한 것 즉 천년의 시간과 성격에 대한 까다로운 문제들이 논의되고 있다.
51) 부활에서 제외되는 것이 둘째 사망이라는 생각과 관련되어서는 아람어 구약 성경인 타굼(Targum)의 다음 절들을 보라. 신 33:6; 사 22:14; 렘 51:39, 57; 비교: Pirke Rab. Eliezer 34; Midr. Ps. 15.6; 다음도 자료도 보라. Martin McNamara, The New Testament and the Palestinian Targum to the Pentateuch(AnBib 27; Rome: Pontifical Biblical Institute, 1966), 119f.

는 부활의 축복에 참여하지 못한다는 말이다. 부활에 참여하지 못하는 악인들은, 악인들만의 부활에 참여한 후 저주의 심판을 받게 될 수밖에 없다.[52]

마틴 멕나마라(Martin McNamara)는 요한계시록 20장 14절에서 표현된 '둘째 사망'은 이사야서 65장 14-18절과 66장 22-24절로부터 나온 표현으로 타굼의 전통과는 관계있지만, 유대교에서 이해하는 '둘째 사망'과는 관계가 없다고 주장하였는데, 이것은 옳은 주장이다.[53]

그가 그렇게 주장한 이유는, '둘째 사망'이라는 표현이 나온 요한계시록 20장 14절에서부터 단지 2절만 떨어진 곳인 21장 1절이 이사야 65장 17절과 66장 22절로부터 나온 표현과 같은 새로운 창조 세계(새 하늘과 새 땅)에 대해 언급하고 있기 때문이다. 그리고 이러한 새 창조 세계와 관련된 부분은 요한계시록 21장 4절에서 다시 언급되었다. 즉 둘째 사망의 이야기가 나오고 바로 새로운 창조 세계에 대한 언급이 나온다. 놀랍게도 타굼 성경의 이사야서에도 둘째 사망 이야기(타굼 성경 이사야서 65:6)가 나오고 바로 새 창조(타굼 성경 이사야서 65:15)이야기가 나온다. 이것은 절대로 우연의 일치가 아니다. 이러한 사실 말고도, 타굼 성경에서는 '둘째 사망'이 '매일 타는 불'이라는 표현과 같이 나온다(타굼 성경 65:5). 타굼 성경 이사야서 65장 5-6절 표현의 진일보된 표현은 이사야서 66장 24절을 통해 결론적으로 다음과 같이 언급되었다: "그들의 영(또는 호흡)은 죽지 않고, 그들은 불은 꺼지지 않는다."[54]

---

52) 단 12:1-2에서와 마찬가지로, 신 33:6이 인용되어 있는 b. Sanh 92a는 단 12:2를 인용하여 이러한 사실을 설명해주고 있다. Pirke Rab. Eliezer 34에는 "악인은 심판을 받기 위해 잠시 부활하지만 살진 못 한다"라는 표현이 나오는데 이 말은 악인은 부활해도 하나님의 성도들이 누리는 종류의 삶은 살지 못한다는 말이다.
53) McNamara, New Testament and Palestinian Targum, 123-24.
54) Targum 사 66:24b는 악인의 고통이 한시적으로 해석되어질 수도 있다. 그런 경우는 다음과 같이 해석된다: "의인들이 악인들에 대해, '이제 충분하게(enough) 보았다'라고 말할 때까지 악인들은 게헨나에서 심판받는다." 이렇게 해석한 것을 보려면 다음을 보라. B. D. Chilton, The Isaiah Targum(The Aramaic Bible 11; Wilmington, Del.: Michael Glazier, 1987), 128. 그러나 여기서 아람어 ad를 영어 while로 번역할 경우 다음과 같은 뜻이 된다: "의인들이 악인들에 대해 '이제 많이(plenty) 보았다'라고 말하는 동안 악인들은 게헨나에서 심판받는다". 어떤 사람들은 전자의 번역을 선호하지만, 요한계시록의 저자 요한은 타굼의 번역을 갖고 이래라 저래라 하지는 않는다는 사실을 상기할 필요가 있다.

이러한 표현은 악인들은 '둘째 사망' 인 '불못' 에서 세세토록 고통받는 다는 요한계시록 20장 10절 및 20장 14-15절의 표현과 너무나도 흡사하다. 이사야서의 전체적인 배경은 둘째 사망이 영원한 고통이 있는 사망이라는 사실을 확고하게 지지해준다.[55]

결론

요한계시록 14장 9-11절에 나오는 심판은 지구 역사가 끝나는 시점에서 살아가고 있는 미래의 사람들에 대한 심판으로 보이기 쉽다. 그러나 요한계시록 13장을 분석해보면 짐승을 경배하는 것은 인간 역사 전체에 걸쳐 일어나는 사실임을 알게 된다. 따라서 이 세상 종말에 일어나는 심판의 대상은 지구 상에서 짐승에게 절했던 모든 자들이다.[56] 어떤 사람들은 14장 9-11절에 나오는 심판의 대상자는 악한 사람 모두가 아니라 짐승과 타협한 배교자만이라고 주장한다.

물론 14장 9-11절의 심판은 배교자에게 초점을 맞추고 있긴 하지만, 심판에 의해 고통받는 자는 그리스도에게 초자연적인 힘을 갖고 대적하는 적그리스도와 그에게 붙은 사람들을 포함한 모든 악인들이다.

'불못' 에 떨어지는 존재들은 다음과 같다: 짐승과 거짓 선지자(19:20); 짐승, 거짓 선지자 및 사탄적인용(20:10); '사망과 하데스(20:14)' ; 및 불의한 자들(20:15; 21:8). 그러나 어떤 사람들은 영원히 고통받는 것은 위에 열거된 존재들에게만 해당되고(20:10) 일반 불신자들은 영원히 고통받는 것이 아니라 '둘째 사망' 으로 인해 단지 소멸될 뿐이라고 주장하였다.[57]

---

55) David E. Aune, "The Apocalypse of John and Greco-Roman Revelatory Magic," NTS 33(1987), 495-96. 이 논문에서 Aune은 초기 이집트 서적인 The Book of the Dead(죽은 자의 책)에 불못과 관련하여 둘째 사망과 관련된 표현이 같이 나온다는 사실을 밝혔다. 그럼에도 그는 이 논문에서 요한계시록 20:6과 20:10의 표현과 병렬(parallel)되는 표현은 죽은 자의 책에서도 발견할 수 없었고 구약 성경, 유대교의 문서 및 그리스-로마 문서에서도 발견할 수 없다고 결론지었다.
56) Powys, 'Hell', 366-68.
57) 위와 동일 자료, 368-72.

그러나 그러한 주장은 다음의 세 가지 이유로 인해 옳지 않다. 첫째, 우리가 이미 살펴보아 잘 알고 있듯이, '세세토록 고통받는다'는 표현과 '밤낮 쉬지 못 한다'는 표현은 일반 불신자에게도 해당되고 짐승, 거짓 선지자 및 용에게도 해당된다(참고 14:11과 20:10). 이뿐 아니라 14장 10절 및 20장 10절에 나오는 '불과 유황'으로 고통받는다는 표현은 이들 모두에게 처하는 형벌의 장소와 형벌의 형식이 어떠한지를 잘 표현해주고 있다. 그러므로 요한은 인간과 초자연적인 존재 모두가 '영원한 고통을 받는다'는 사실을 분명하게 지적하였다.

둘째, '둘째 사망'은 마귀나 그의 천사들과 같은 초자연적인 존재에게는 해당되지 않고 단지 악한 사람들에게만 해당되기 때문에, 악인들은 '둘째 사망'을 받아 소멸되지만 초자연적인 그리스도의 대적들은 소멸되지 않는다는 주장은 비논리적이고 문맥상으로 볼 때도 틀린 주장이다.[58]

'둘째 사망'이 마귀가 아닌 단지 악인들만을 대상으로 한 심판이라는 것은 잘못된 추측이다. 이는 '둘째 사망'이 물론 심판에 관한 표현이기도 하지만 심판이 집행되는 장소를 나타내기도 하는 표현이기 때문이다. 요한계시록 20장 15절과 21장 8절 모두에 '둘째 사망'이라는 표현은 '불과 유황으로 타는 못'이라는 표현에 가까이 위치해있다. 따라서 '둘째 사망'이 곧 '불과 유황으로 타는 못'이라는 장소이기도 하며, 그곳에서 악인들과 초자연적인 존재들 모두가 심판받는다고 해석되어야 한다. 그러므로 악인과 악독한 초자연적인 존재들의 처벌방식이 서로 다르다고 보는 것은 잘못된 생각이다.

요한계시록과 같은 묵시록들에 나타나는 표현 특성 중 하나는 일단 언급된 표현이 재차 언급된다는 사실이다(예: 4:5; 4:5; 8:5; 11:19; 16:18 이들 모두가 마지막 심판에 대한 언급들이다). 요한은 이럴때 앞에서의 표현을 더 확대하여 언급하였다. 특히 19장 20절 및 20장 10절에 언급된 '불못'의 심판에 대한 표현은 21장 15절 및 21장 8절에서는 심판의 성격을 그대로 유

---

58) 포위스는 이러한 문제를 다음에서 논하고 있다. 'Hell,' 368-72.

지하면서도 심판에 대해 더 구체적으로 표현되었다고 보아야 옳다. 따라서 요한계시록 전체를 통해 요한은 '불못' 이 항상 '둘째 사망' 을 의미했고, 그러므로, 그것은 악인들이 '영원토록 고통받는' 장소를 의미하는 것으로 일관성있게 표현하였다.

 셋째, 우리는 이미 퍼지의 주장과 관련하여, 짐승, 거짓 선지자 및 마귀들이 인간이 아니기 때문에 인간인 악인(불신자)에 비해 더 심한 형벌을 받는다는 잘못된 주장에 대해 살펴보았다. 이와 아울러, 요한계시록 20장 10절에서 나오는 짐승과 거짓 선지자라는 것은 불신자들의 단체를 상징하기에, 짐승과 거짓 선지자는 심판받아 소멸된다고 주장하면서, '용' 은 그렇지 않기 때문에 '용' 만 영원한 고통의 심판에 떨어진다는 주장은 잘못된 주장이다.[59]

 이미 앞에서 우리가 언급한 바와 같이, '불과 유황 못에 떨어진다' 는 것과 '그들이 밤낮 영원토록 고통당한다' 는 서로 유사한 표현인데, 이 두 표현을 악한 단체들(혹자들에 의해 짐승과 거짓 선지자로 표현된 비인격적인 존재라고 주장되는 단체들; 역자 주)의 최후와 인격을 가진 존재(사람들과 마귀; 역자 주)들의 최후에 대해 서로 다르게 해석하는 것은 잘못된 해석이다. 요한계시록 20장 10절은 '짐승과 거짓 선지자가 있는 불과 유황 못에 던져지는 것도 마귀' 라고 분명히 밝히고 있다. 따라서 마귀도 다른 인격적인 존재들(other personal beings)이 있는 불못에 던져지는 것으로 보아야 옳다.

 넷째, '짐승과 거짓 선지자' 라는 표현은 모든 악한 단체들의 의인화된 표현으로 보지 말고, 역사상 실존했던 사람들로 구성된 역사적으로 실존했던 단체들을 가리키는 비유적인 표현으로 보아야 한다. 예를 들어 이 표현은, 짐승은 신앙인들을 핍박하고 믿음을 떠나 우상을 숭배하도록 그들을 위협하였던 정부의 조직으로 보아야 한다는 말이다. 다니엘 7장에도 같은 상황을 동일한 비유를 사용하여 표현하였고, 요한은 이 비유적인 표현을 끌어다가 그대로 사용하였다.

---

59) 포위스는 퍼지와 같은 입장에서 이 문제를 보고 있다. 'Hell,' 368-72.

악한 정부(나라)에는 그 정부의 최고 통수권자와 최고 통수권자에게 충성한 바친 지도자들이 포함된다(이것은 악의 '집합체' 나 '연합 전선' 이라고 할 수 있다. 가령, 다니엘서 7:17에서 '왕' 은 '짐승' 으로 비유되어 표현되었고, 다니엘서 7장 23절에서는 '나라' 가 '짐승' 으로 비유되어 표현되었다).[60]

예를 들면, 요한1서 2장에서 거짓 선지자들을 '적 그리스도들' 또는 '적 그리스도' 라고 표현하였는데, 이것은 거짓 선지자들이 세상 종말에 나타날 적 그리스도라는 한 존재와 연합하여 활동함을 나타냄을 표현하는 것이다(요한1서 2:18와 2:22-23을 참고해 보고, 살후 2:3-4와 2:7도 참고해 보라). 요한계시록에서 표현된 '짐승' 은 요한 1서와 데살로니가후서에 나오는 '하나 또는 많은 수의 적 그리스도' 가 이미지화된 표현인 것이다. 이와 동일하게 '거짓 선지자' 도 역사적으로 실제 나타나 활동하는 존재의 표현으로 보아야 한다.

그러므로 요한계시록 20장 10절에 나오는 짐승과 거짓 선지자는 인간들을 표현하는 것이 아니고(인간의 집합이 빠진) 악한 기구만을 표현하는 것이라는 주장은 잘못된 주장이다.[61] 단지 이들이 하나의 집합체로 활동하기 때문에 짐승과 선지자가 각각 단수로 표현된 것뿐이다. 따라서 짐승과 선지자는 마귀와 마귀에게 소속된 천사들과 함께 영원히 고통받는다는 해석이 옳은 해석이다.

어떤 사람들은 과거 신학을 고집하는 일부의 신학자들만이 하나님께서 사랑과 정의에 관한 자신들의 기존 견해를 방어하기 위해 하나님께서 불신자들을 처벌하는 양상과 마귀 및 그에게 붙은 악한 천사들을 처벌하는 양상이 틀리다고 하는 요한계시록 해석에 대해 반기를 들고 있다며 반박하고 싶을 것이다. 이렇게 반박하고 싶어하는 사람들이 아마도 성경을 도외시하고 주로 역사서만을 연구하는 무신론을 믿는 신학자들은 절대로 아닐 것이다. 그 이유는 무신론 신학자들이 요한계시록 14장과 20장의 차이를 그렇게 끈

---

(60) 다니엘서 7장에 언급된 비유적인 표현의 실체에 관하여는 Beale, Revelation, 680-730을 보라.
(61) 위의 자료 831면을 보라.

질기게 파헤칠 리가 절대로 없기 때문이다.

　　이번 장에서 우리는 하나님의 심판의 기간에 대해 바른 이해를 하기 위해 요한계시록에서 하나님의 심판과 관련된 표현들을 비교 분석하였다. 영혼소멸론자들은 요한계시록 4장 11절과 20장 10-15절의 표현들이 자신들의 주장과 맞아떨어지지 않아 전전긍긍해 하고 있다. 어떤 사람들은 악인들의 고통은 영원하지 않다고 여전히 주장하고 있지만, 요한이 악인들에 대한 하나님의 심판은 끝이 없이 진행된다고 본 것이 확실하다.

제 6 장

성경 신학 :
지옥을 묘사해주는 세 단어

크리스토퍼 W . 모간
(Christopher W. Morgan)

이 장의 목적은, 신약 성경이 지옥에 관해 어떻게 가르치고 있는지에 대해 전반적으로 살펴봄으로 지옥에 관한 기본적인 이해를 돕는 것이다. 나는 이 장에서 성경 신학적인 입장으로 이러한 사실들을 서술해 나갈 것이고, 구체적으로는 신약 성경 각 권의 저자들이 가르치고 있는 지옥에 대한 가르침을 저자별로 요약하여 설명해 나갈 것이다. 로버트 야브로 (Robert Yarbrough)와 더글라스 무(Douglas Moo) 및 그레고리 비알 (Gregory Beale)이 이 책의 앞부분에서 신약 성경에 기록된 지옥에 관한 주요 절들에 대해 충분하게 주석하였기 때문에, 이 장에서 필자는 지옥에 관련된 구절들을 재차 분석하지는 않을 것이다. 그리고 구약 성경에서 지옥에 관해 언급된 절들에 대해서도 역시 분석하지 않을 것이다. 그 이유는, 구약 성경에 나타난 사후 상태에 관해서 다니엘 블록(Daniel Block)이 책 앞 장에서 관련된 구약 성경의 절들을 중심으로 이미 자세히 분석해 놓았기 때문이다. 필자는 다음 세 가지 질문에 중점을 두고 이 장을 펼쳐나가고자 한다. 첫째, 신약 성경에 각각의 저자들이 가르치는 지옥에 대한 가르침은 무엇인가?(이 부분은 일반 독자나 신학생은 읽을 필요가 있겠지만, 성경 신학자들은 읽지 않고 뛰어넘어도 좋을 것이다.) 둘째, 지옥에 관한 세 가지 단어인 처벌(punishment), 멸망(destruction) 및 추방(banishment)이 어떻게 묘사되고 있는가? 그리고 마지막 세 번째 질문으로는, 이 세 주요 단어를 어떻게 해석할 것인가라는 질문이다.

신약 성경에서의 지옥 : 대략 살피기

　신약 성경 각 권의 모든 저자들이 장차 도래할 심판이나 지옥에 대해 예외 없이 언급하였다. 여기서는 신약 성경의 순서와는 상관없이, 마가복음, 마태복음, 누가복음, 바울서신, 히브리서, 야고보서, 베드로서, 유다서 및 요한이 쓴 요한복음과 요한계시록의 순서대로, 신약 성경의 각 저자가 지옥에 대해 어떻게 말하고 있는지 가장 중요한 점들만 언급할 것이다. 지옥에 관한 신약 성경의 세 단어인 처벌, 멸망 및 추방은 각각 다음과 같이 묘사되었다. 처벌은 징벌(retribution), 심판, 고통(suffering) 및 불 고문(torment by fire)으로 묘사되었다. 멸망은 멸절(perishing), 사망 또는 둘째 사망으로 묘사되었다. 추방은 하나님 나라로부터의 단절, 하나님의 임재로부터의 단절 또는 생명을 가진 존재들로부터의 단절로 묘사되었다.

마가복음에 나타난 지옥

　마가복음에서 지옥 교리는 중요한 위치를 차지하지 못하고 있는 것이 사실이다. 마가복음의 기자인 마가는 마가복음 9장 42-48절의 단 한 곳에 지옥에 대해 서술하였고, 이 서술의 요점은 다음과 같다.[1] 먼저, 예수님께서는 지옥에 가느니 차라리 물에 빠져 죽는 것이 낫다고 말씀하셨다("또 누구든지 나를 믿는 이 소자 중 하나를 실족케 하면 차라리 연자 맷돌을 그 목에 달리우고 바다에 던지움이 나으리라"; 9:42, 개역 성경). 또한 지옥에 가느니 차라리 양손을 절단하는 것이 낫다고 말씀하셨다("두 손을 가지고 지옥 꺼지지 않는 불에 들어가는 것보다 나으니라"; 9:43, 개역 성경). 예수님께서는 또한 죄지은 것에 대해 내리는 심판의 결과 지옥에 가게 되는 것이라고 가르치셨다. 본문(9:42-43)에서 주님께서 말씀하신 것은 간단히 말

---

1) 다음을 보라. Robert W. Yabrough, "Jesus on Hell," 74, 82-83.

해 "더 이상 죄짓지 말라. 그렇지 않으면, 너는 그 대가로 영원하도록 고통을 당할 것이다."라는 것이다.

마가복음 9장은 지옥에 간 사람들은 하나님 나라에 들어가지 못하고, 그 대신 지옥에 던져지게 된다는 사실을 분명하게 지적해 주고 있다(9:45, 47). 여기서 우리가 주목하여야 할 사실은, 우리 각자는 자기가 지은 죄에 대해 책임져야 하고, 자신이 지옥에 가는 것에 대해 남을 탓할 수 없다는 것이다. 죄인들을 지옥에 던지시는 분은 하나님이시다. 지옥에 간 죄인들에게 고통을 주는 직접적인 주체는 구더기와 불인데, 지옥에 있는 구더기와 불은 절대로 소멸되지 않는다(9:48; 참고 사 66:24). 이것은 매우 심각한 의미를 내포하고 있다. 왜냐하면, 지옥에 있는 구더기가 절대로 죽지 않고 지옥의 불은 절대로 꺼지는 법이 없다는 말에는 지옥에 간 존재들이 영원히 고통당한다는 것을 의미하기 때문이다.[2]

마태복음에 나타난 지옥

마태복음에서 지옥에 관한 것은 비교적 자주 언급된 편이다. 예를 들면, 세례 요한이 사람들에게 지옥에 관해 경고하였다. 또한, 예수님께서는 산상 수훈을 전하셨을 때, 산상 수훈을 전하시고 나서 곧 이어지는 사람들과의 대화에서, 열두 제자들을 파송하시면서, 하나님 나라의 비유를 말씀하셨을 때, 하나님 나라의 비유를 말씀하신 직후 사람들과의 대화에서, 서기관들과 바리새인들을 질책하실 때에, 그리고 감람산에 오르셨을 때에 지옥에 관한 말씀을 하셨다.

마태복음 3장에는 세례 요한이 예수님을 위하여 길을 예비하는 것에 대해 기록되어 있다. 특히 3장 7-12절에서 세례 요한은 마지막 심판에 관하여 사람들에게 선포하였다. 우리는 세례 요한의 심판에 관한 선포를 통

---

2) Robert A. Peterson, Hell on Trial: The Case for Eternal Punishment(Phillipsburg, N. J.: Presbyterian and Reformed, 1995), 61-64.

하여, 마지막 심판에 관해 다음과 같은 사실들을 알 수 있다. 세례 요한은 유대교의 종교 지도자들이라고 할지라도 회개하지 않으면 지옥에 간다고 하였다(3:7). 그리고 장차있을 하나님의 지옥 심판이 '다가올 진노'라고 표현하였다(3:7). 그는 또한 그러한 일이 곧 일어날 것이라고 말하였다('도끼가 이미 나무 뿌리에 놓였다'; 3:11-12). 세례 요한은 "좋은 열매를 맺지 않는 사람들은 (도끼로)찍어 불에 던져진다"(3:10)고 하였다. 마지막으로 그는 밀이 쭉정이로부터 분리되는 때가 올 것이라고 말하였다. 그때가 되면 쭉정이들은 '꺼지지 않는 불'에 던져져 태움을 당할 것이라고 하였다(3:11-12).

마태복음 5-7장은 예수님의 그 유명한 산상 설교에 관한 기록을 담고 있다. 산 위에서 행해진 설교에서, 예수님께서는 주로 사랑과 하나님의 나라에 대해 말씀하셨다. 그러나 지옥의 실체와 지옥의 성격에 대해서도 말씀하셨다. 이러한 지옥에 관한 말씀을 통해 예수님께서는 사람들에게 준엄한 경고를 내리신 것이다(5:20-30; 7:13-27). 마태복음 5장 20-30절에서 예수님께서는 사람들에게 만일 그들의 의가 바리새인과 서기관들의 의보다 더 나은 의가 아니라면, 결코 천국에 들어갈 수 없다고 말씀하시면서(5:20), 천국과 지옥을 비교하여 말씀하셨다. 지옥은 회개하지 않은 죄인들이 가는 정말로 무서운 곳이다(5:22; 참고: 3:7). 주님은 지옥에 관해 말씀하실 때, 특별히 '지옥 불(5:22)', 지옥의 정의(5:20-30; 여기서 말씀의 핵심은 "죄짓는 것을 중단해라, 그렇지 않는 자는 지옥에 간다."이다) 및 '지옥에 간 사람들이 당하는 극심한 고통(5:29-30)'을 강조하셨다. 마가복음 9장 42-48절에서와 같이, 마태복음의 산상수훈에서도 회개하지 않는 자들은 하나님에 의해 '지옥에 던져진다'고 기록돼 있다. 예수님께서는 이러한 지옥 심판에 관한 말씀들을 통해 사람들에게 제발 지옥에 가지 말기를 강력하게 말씀하신 것이다(5:30).

마태복음 7장 13-27절은 예수님의 산상 수훈의 클라이맥스로 천국에 들어가는 것이 얼마나 중요한지에 대한 주님의 말씀을 담고 있다. 이 클라이맥스 부분에서 예수님께서는 지옥이 얼마나 무시무시한 곳인지에 대해서 천국과 대비하여 말씀하셨다. 먼저, 주님께서는 지옥은 넓은 길이 끝나는 곳에 위치해 있다고 말씀하셨다(7:13). 그 반면 좁은 길이 끝나는 곳에는 천국이 있다고 말씀하셨고(7:14), 좋은 열매를 맺지 않는 나무들은(이런 자들은 문맥상 거짓 선지자들을 지칭한다) '찍혀 불에 던져진다(7:19)'고 말씀하셨다. 지옥은 천국에 들어가지 못한 모든 사람이 가는 곳이라고 말씀하셨다(7:21-23). 주님을 안다고 고백하였으면서도 죄를 계속해서 짓는 사람들은 지옥에 간다고 말씀하셨다(7:21-23). 주님께서는 또한 "나는 그들에게, 이 악을 행하는 자들아 나에게서 떠나라. 나는 결코 너희들을 알지 못한다."(7:23)라고 말씀하심으로써, 예수님 자신이 악인들을 하나님의 나라에 들어가지 못하도록 하시는 심판자요, 왕이심을 암시하셨다.

그리고 주님께서는 누구든지 주님의 말씀을 받아들이지 않는 자는 "마치 모래 위에 집을 지은 사람과 같아서 홍수가 몰아닥치면 그 사람의 집은 결국 무너지고 만다(7:23)"고 말씀하셨다. 이 말씀이 의미하는 바는 주님의 말씀을 받아들이지 않는 자는 결국 하나님 나라에 들어가게 되지 못하게 된다는 것이다. 예수님께서는 이 말씀을 끝으로 산상수훈의 말씀을 마치셨다.

예수님께서는 산상 수훈을 마치시고 나서 곧바로 사람들과 대화하셨다. 이 대화를 통해 예수님께서는 지옥에 대해 재차 말씀하셨다. 이때 주님께서는 마태복음 8장 10-12절을 통해 믿음이 없는 이스라엘 백성은 지옥에 가게 된다고 말씀하셨다(22:1-4에서도 지옥에 대해 말씀하셨다). 즉, "천국에 들어갔어야 할(이스라엘) 사람들은 (천국)밖으로 쫓겨날 것이다."(8:12; 참고: 22:13)라고 말씀하신 것이다. 또한, 지옥을 '어두운 곳' (8:12; 참고: 22:13)이라고 말씀하셨고, 지옥에 간 자들은 너무도 고통스러워 "그곳에서 울며 이를 갈 것(8:12; 참고: 22:13)"이라고 하셨다.

그 후, 예수님께서는 그동안 키워놓으신 자신의 제자 열두 명을 세상으로 파송하시면서, "몸은 죽일 수 있지만 영혼은 죽이지 못하는 사람들을 두려워하지 말고, 오히려 몸과 영혼 모두를 지옥에 던져버리실 수 있으신 그분을 두려워하라"(10:28)고 알려주셨다. 또한 그 후에, 예수님께서는 가라지의 비유(13:40; 참고: 3:10-12)와 그물의 비유(13:47-50)를 말씀하심으로 지옥이 어떤 곳임에 대해 알려주셨다. 즉 주님께서는 이 두 비유를 통해 지옥을 '불' (13:40; 참고: 3:10-120), '불 풀무' (13:42, 50), 고통의 장소 및 '사람들이 울며 이를 가는 곳' (13:42, 50; 참고: 8:12)이라고 말씀하셨던 것이다.

그리고 바로 이어지는 사람들과의 대화에서 예수님께서는 지옥에 대해 다시 한번 언급하셨다. 마태복음 18장 6-9절에서 지옥에 관해 지옥을 '영원한 불' (마 18:8)이라고 말씀하셨다. 여기서는 이것을 제외하고는 마가복음 9장 42-48절에 표현된 것과 동일한 말씀을 하신 것으로 기록돼 있다(참고: 막 9:43에서는 '영원한 불' 이라는 표현 대신에 '불이 꺼지지 않는 곳' 이라고 하셨다). 그리고 그 후에 예수님께서는 서기관과 바리새인들을 질책하시면서, "너희들이 어찌 지옥으로 떨어지도록 저주 받는 것을 면할 수 있겠느냐?"라고 말씀하셨는데(마 23:33), 이 말씀을 통해 우리는 지옥이 회개하지 않는 사람들이 가는 곳이고 그곳에 가면 절대로 그 지옥에서 다시 나올 수 없다는 사실을 알 수 있었다.

그 후에 예수님께서는 감람산에 오르셨다. 이때에 주님께서는 심판과 관련된 다음의 세 가지 비유에 대해 말씀하셨다. 즉 종들의 비유(24:45-51), 달란트의 비유(25:14-30)에 대해 말씀하셨고, 그리고 마지막으로 양과 염소를 분리하는 비유에 대해 말씀하심을 통해 마지막 심판에 대해 재차 언급하셨던 것이다(25:31-46). 세 비유를 포함하여 감람산에서 하신 예수님의 말씀을 통해, 우리는 지옥에 대해 다음과 같은 사실들을 알 수 있었다. 지옥은 주인에게 불순종한 사람들이 가는 곳이다. 지옥은 '몸이 갈기갈기 찢기는 곳(cut into pieces)' 이며 '위선자들' 이 가는 곳이다(24:51). 지옥에 간 사람들은 '울며 이를 간다(24:51, 25:30; 참고: 8:12; 13:42, 50; 22:13)'. 지옥은 배제와 분리의 곳이며(25:10-12, 30; 참고: 8:12), '바깥 어두운 곳(25:30; 참고 8:12)' 이다. 지옥은 하나님의 임재와 하나님의 나라로부터 쫓겨나 가는 곳이다('나를 떠나라' 라는 표현이 이러한 사실을 암시해 줌. 24:41; 참고: 7:21-23). 그리고 지옥은 저주와 처벌의 장소(25:41, 46)이다.

누가복음에 나타난 지옥

조금 전에 살펴본 마태복음에서는 지옥이 중요한 주제들 중의 하나로 다루어졌었다. 그러나 누가복음은 마가복음이 그랬던 것처럼, 지옥을 주된 주제로 다루고 있지 않다. 지옥에 관해 누가복음이 마태복음과 어떻게 비교되는 지를 살펴보면, 누가복음 3장 7-12절은 마태복음 3장 7-12절과 병립하고, 누가복음 12장 5절은 마태복음 3장 7-12절과 병립한다. 누가복음 12장 5절은 마태복음 10장 28절과 같은 내용이다. 누가는 사도행전의 저자이기도 하다. 그렇지만, 사도행전에서 누가는 지옥에 대해 전혀 언급하지 않았다. 그러나 누가복음에서는 다른 성경 저자들에게서는 발견할 수 없는 미래의 심판에 대한 다음과 같은 새로운 사실들에 대해 말해주고 있다. 누가복음 13장 1-5절에서 지옥은 회개하지 않는 자들이 가는 곳이고 멸절되어지는 곳으로 나타난다. 누가복음 16장 19-31절에서 예수님께서는 불타는 지옥(16:24)에 간 자들은 고통과 곤고한 일을 당한다고 말씀하심으로, 하나님께서는 공평하신 분이라는 사실을 암시하셨다(16:23-25). 미래의 심판은 하나님의 마지막 심판으로 지옥에 간자들은 절대로 지옥에서 탈출할 수 없고, 지옥은 하늘나라와도 엄청나게 분리되어 있다. 특히 이 사실은 그림 언어들을 사용하셔서 생생하게 묘사되어졌다(16:25-26).

바울이 말하는 지옥

바울 서신서들에서는 '지옥'이란 단어가 한 번도 나오지 않는다. 그럼에도 바울은 서신서들을 통하여 불신자들이 받게 될 심판에 대하여서 분명하게 언급하였다. 여기서 그가 언급한 심판에 대한 모든 절들을 언급할 수는 없다. 따라서 대표적으로 로마서와 데살로니가후서를 주 대상으로 하여 살펴보려고 한다. 바울은 로마서에서 장차 올 심판에 대해 다각도로 조명하여 설명하였다. 그러나 그는 데살로니가후서에서는 지옥에 대해 가장 철두철미하게 가르쳤다.

로마서의 바울은 로마 교회에 보내는 편지의 서두에서부터 복음은 불신자들로 하여금 그리스도 안으로 들어가는 믿음을 갖게 한다는 사실에 대해 말함으로써, 복음 전도의 필요성을 역설하였다. 복음은 인간들의 죄를 도말하기 위하여 절대적으로 필요하다. 유대인과 이방인 모두는 죄 아래 갇혀 있기에 하나님의 진노의 대상이며, 유대인과 이방인이 모두가 하나님의 심판을 받게 될 것이다. 그리스도에 대한 믿음을 갖게 되는 자들만이 하나님의 의의 심판을 면할 수 있다.

바울은 죄인들이 장차 받게 될 하나님의 심판과 관련하여 말하였던 바, 우리는 그의 이러한 말들을 통하여, 그의 지옥관과 심판관에 대해 다음과 같은 중요한 사실들을 알 수 있다.[3]

(1) 바울 신학에서 미래의 심판은 하나님의 진노와 관련을 맺고 있다. 악인들은 현재 하나님 손아래 있고(1:18-32), 하나님의 진노의 대상이다(9:22). 악인들은 하나님의 심판의 날에 당할 진노들을 계속 쌓아가고 있다(2:5-8; 3:5). 오직 예수님을 믿음으로서만 의롭게 되어 하나님의 진노로부터 피할 수가 있다(5:9-21).

(2) 바울은 미래에 있을 처벌과 하나님의 심판이 관련이 있다고 보았다. 악인들은 현재나 미래에 모두 하나님의 처벌을 받을 것이고, 하나님께서는 그들에 대해 공정하고 의로운 심판을 확실하게 내리신다(2:1-12; 3:7-8). 죄인들은 죄의 결과로 처벌받는데, 그 죄는 아담까지 거슬러 올라간다(5:12-21). 죄인들에 대한 처벌은 정당한 처벌이다(6:23).

(3) 바울은 장차 있을 처벌을 '환란과 곤고'가 수반되는 처벌이라고 하였다. 이러한 환란과 곤고라는 고통이 수반되는 처벌이 내려지는 데에는, 유대인과 이방인 사이에 아무런 차별이 없다(2:8-11).

---

3) 다음을 보라. Douglas J. Moo, "Paul on Hell," "The Revelation on Hell," 111-34.

(4) 바울은 미래의 심판을 '사망' 과 '멸망' 으로 자주 표현하였다. 모든 죄인들은 죽는다(1:32). 아담 안에서 모든 사람들은 죽는다(5:12-21). 죄의 삯은 사망이다 (6:16-23; 참고: 2:12의 '멸망한다'). 죄인인 우리들은 죽음이란 열매를 맺게 된다(7:5). 그리고 육적인 삶을 산 사람의 끝은 죽음이다(8:13). 하나님에 의해 거절 받은 자들은 하나님의 처벌을 받는 그릇에 비유되었다(9:22; 참고: 빌 1:28; 3:19; 살전 5:3; 딤전 6:9).

(5) 바울은 현재의 죄 된 상태와 그에 따른 미래의 처벌의 결과, 사람들은 그리스도로부터 영원히 분리된다고 보았다(9:3절의 "저주를 받아 그리스도에게서 끊어진다고 하여도"). 이 표현에서 바울은 만일 자기의 백성이 구원을 받게 된다면 자기가 비록 하나님에게서 영원히 단절된다고 해도 좋다고 하였다.

데살로니가후서에서. 바울은 다른 어떤 서신서에서보다 지옥에 대해 가장 직접적으로 언급하였다. 바울은 핍박을 받고 있는 데살로니가 교인들에 대해, 하나님의 정의가 결국은 승리하게 될 것이라고 말함으로, 그 교인들을 격려하였다(1:5-10). 데살로니가후서 1:5-10을 통하여 바울은 지옥에 대한 몇 가지 중요한 진리들을 다음과 같이 알려주었으며, 데살로니가후서 마지막 부분에 가서 마지막 심판에 대해 한 번 더 서술하였다.(1) 하나님의 죄인들에 대한 정당한 보복의 결과 그들은 지옥에 간다("하나님은 공평하시다. 그분은 남들에게 환란을 받게 하는 자들에게는 환란으로 갚아주신다."; 1:6). (2) 하나님을 모르는 자들과 복음을 받아들이지 않는 자들은 지옥에 간다(1:8; 2:12). (3) 지옥은 파멸이 영원토록 계속되는 곳이다(1:9; 참고: 2:3, 8, 10). (4) 지옥은 예수님의 임재와 위엄으로부터 차단되는 곳이다("주의 영광을 떠나"; 1:9).

히브리서에 나타난 지옥

히브리서에서는 단지 두 곳만 미래 심판에 대한 것이 기록되어있다 (6:1-3과 10:27-30). 히브리서 6장 1-3절은 악한 자의 처벌을 '영원한 심판' 이라고 표시하였다. 여기서 영원한 심판에 관한 가르침은 '교훈의 기초' 가 되는 가르침(6:1-3)으로 규정되어졌다. 히브리서 10장 27-30절은 영원한 심판을 매우 무시무시한 것으로 묘사하였고(10:27; 31), '하나님의 대적들을 태워버리는 맹렬한 불' 로 묘사하였다(10:27; 참고: 10:31). 히브리서는 하나님의 처벌과 심판 그리고 보복에 의해, 악인들이 지옥에 가게 된다는 사실을 분명하게 알려주었다(10:27-30).

야고보서에 나타난 지옥

야고보서는 지옥에 대해 별로 강조하지 않았다. 그럼에도 야고보서에는 악한 자가 받는 미래의 심판에 대해 다음과 같이 말하였다. (1) 불신자들은 멸절되고 파멸 당한다(1:11). (2) 죄는 죽음을 낳는다(1:5). (3) 하나님께서는 죄인을 구원하실 수도 있고 멸하실 수도 있으시다. 하나님께서는 법을 만드시고 그 법을 시행하시는 심판자이시다(4:12; 참고: 마 10:28). (4) 악인은 극심하게 처벌되고 고통을 받는다(5:1-5). 야고보는 다가오는 심판의 날을 묘사하기 위하여 '불운(misery)' 이라는 표현, 불로 인해 육체가 먹힘을 당한다' 라는 표현 및 살육의 날이라는 표현을 사용하였다. 야고보서의 결어부분에서 야고보 기자는 조만간 일어날 '사망' 을 피하기 위하여 죄에서 돌이키라고 죄인들에게 촉구하였다(5:20).

베드로서와 유다서에 나타난 지옥

　베드로전서에서는 지옥에 관한 분명한 가르침이 없다. 그러나 베드로전서 3:9의 해석을 놓고는 학자들 사이에는 많은 논란들이 있어왔다. 따라서 우리가 학자들 사이에 많은 논란이 있어왔던 베드로전서 3장 9절을 놓고 다시 논하는 것은 우리에게 아무런 소득을 가져다주지 못한다. 베드로후서는 악인이 맞이하게 될 미래의 심판에 관한 많은 것들을 말해주고 있다. 베드로후서 2장과 유다서는 내용 면에서 매우 흡사하기에 여기서 유다서에 관한 것도 같이 언급하려고 한다. 베드로와 유다는 둘 다 지옥을 '멸망'으로 표기하였고(벧후 2:1, 3, 12; 3:7, 9; 유 1:5, 10, 11), 악인들에게 처벌이 가까워 오고 있다고 말하였다(벧후 2:3; 유 1:4; 여기서 악한 사람은 문맥상 거짓 선지자들을 지칭하는 것으로 보아야 한다). 지옥은 컴컴한 지하 감옥과 같다(벧후 2:4; 유 1:6 -하나님께서는 반역하는 천사들을 흑암에 가두시고, 위대한 심판의 날까지 영원한 쇠사슬로 그 천사들을 묶어놓으신다). 베드로는 다가올 멸망을 재가 될 때까지 타버렸던 소돔과 고모라의 멸망과 견주어 설명하였고(벧후 2:6), 하나님께서는 심판의 날에 의인들은 건지시지만 악인들은 계속해서 형벌 받도록 하신다고 하였다(2:9). 베드로는 또한 베드로후서 2장 13절의 '불의의 값'이라는 표현을 통해 지옥은 하나님께서 악인들에게 도로 갚으시는 보복의 장소라고 알려주었다. 유다는 베드로의 이러한 표현에 덧붙여, 지옥을 영원한 불의 심판이 있는 장소라고 하였다(유 1:7, 15, 23).

요한이 말하는 지옥

　요한복음에는 지옥에 대한 서술이 자주 등장하지 않는다. 더군다나 요한복음의 신비로운 표현 스타일 때문에, 요한이 지옥에 대해 표현하고자 하는 바가 무엇인지를 정확하게 끄집어내기란 결코 쉬운 작업이 아니다.

예를 들면, 요한이 자주 사용한 빛과 어둠의 대비와 생명과 죽음의 대비에서 말하고 있는데, 어둠과 죽음은 육체적인 사망을 말하는지 아니면 미래에 있을 심판을 뜻하는지가 분명하지 않다. 어쨌든, 불신자들에게 임하게 될 장차 다가올 하나님의 처벌은 다음의 세 곳에 명시되어 있다(요한복음 3장 16-36절, 5장 24-29절 및 15장 1-8절). 요한은 미래의 처벌을 '심판(저주, condemnation)' 이라고 표현하였고(3:17-21; 5:24, 29), 하나님의 진노는 그리스도를 믿지 않는 자들에게 계속적으로 그리고 최종적으로 임한다고 하였다(3:36). 한편, 지옥은 파괴와 격리의 곳으로 묘사되었다. 불신자들은 하나님의 나라에 들어가지 못하고(3:3-5) 멸망당하고(3:16; 10:28), 그리스도로부터 단절된다(15:1). 지옥은 불타는 곳이고 악인은 그곳에 던져져서 태워진다(15:6-7).

요한 일서, 이서, 삼서 모두 지옥에 관한 확실한 언급은 없다. 반면, 요한계시록에는 성경 전체를 통해 지옥에 관해 가치있는 구절들이 가장 많이 담겨져 있다. 특히 요한계시록 14장 9-11절, 20장 10-15절, 21장 8절과 22장 15절에는 지옥에 관한 중요한 진리들이 묘사되어져 있다.[4]

요한계시록 14장 9-11절에서 요한은 하나님의 진노가 가장 극렬하게 표출되는 곳이 바로 지옥이라고 하였다(14:10). 그리고 요한은 또한 지옥을 '불과 유황' 의 장소로 표현하였고(14:10; 참고: 20:10에는 '불과 유황의 못' 으로, 20장 14-15절에는 '불못' 으로, 그리고 21장 8절에서는 '불과 유황으로 타는 못' 으로 묘사되었음), '고통으로 인한 연기가 영원토록 올라가는 곳[(14:11)' 으로 묘사하였다. 그곳에서의 고통은 계속된다. '거기에는 밤낮 쉬임이 없다(14:11).' 그리고 '그들은 그곳에서 밤낮 영원토록 고통을 당한다(20:10).'

요한계시록 20장 10-15절에서 요한은 지옥이 악한 자들을 위한 심판의 장소임을 분명히 명시하였다. 그리고 그는 하나님께서 마귀, 짐승 및 거짓 선지자들을 지옥에 던지신다고 하였다. 여기 '던져진다' 라는 표현을

---

4) 다음을 보라. Gregory K. Beale, "The Revelation on Hell," 111-34.5.

주목해야 한다. 지옥에 던져진 마귀, 짐승 및 거짓 선지자들은 지옥에서 아무런 권력을 행사하지 못한다(20:10). 생명 책에 이름이 기록되어 있지 않는 모든 사람들은 지옥에 간다(20:15). 요한은 천국과 지옥을 대비시켜 표현함으로 천국과 지옥이 영원히 분리되었음을 잘 나타내었다. 이러한 천국과 지옥에 대한 묘사는 요한계시록 20-22장을 보면 잘 나타나있고, 21장 6-8절에는 특히 더 잘 나타나있다. 요한계시록 21장 8절에서는 지옥이 '둘째 사망' 으로 지칭되었다. 그리고 22장 15절에서는 지옥이 천국 밖으로, 그리고 하늘에서부터 추방되는 곳으로 묘사되었다.

지옥을 묘사하는 주된 세 단어

신약 성경은 악인들이 지옥으로 보내져 고통받게 된다는 사실을 매우 중요하게 다루고 있고, 신약 성경의 거의 매 권마다 지옥을 직접 또는 간접적으로 다루고 있으며, 신약 성경의 모든 저자가 지옥에 대해 다루고 있다. 마태, 마가, 누가, 요한, 바울, 야고보, 베드로, 유다 및 히브리서를 지은 작자 미상의 저자들을 비롯한 신약 성경의 모든 저자들이 지옥에 대해 언급하고 있는 것이다. 고로 지옥은 신약 성경의 가장 중요한 주제들 중의 하나임이 분명하다.

신약 성경의 각각의 저자들이 다루고 있는 지옥에 대한 묘사는 다양성을 띄고 있다. 심지어 어떤 경우는 지옥에 대한 묘사들이 서로 반대가 되는 경우도 나타나고 있다. 예를 들면, 신약 성경의 어떤 곳에서는 지옥이 불타고 있는 곳이라고 하면서 또한 다른 곳에서는 지옥이 어두컴컴한 곳으로 묘사되어 있다. 어떤 곳에서는 지옥이 멸망의 곳이라고 기록돼 있는데, 다른 곳에서는 지옥이 영원히 고통당하는 곳이라고 나와 있다. 같은 신약 성경 안에서도, 이런 식으로 서로 상반되는 지옥 묘사가 있다고 해서 지옥이 없다고 주장할 수는 없다. 각각의 성경 저자들이 지옥을 다르게 묘사한 부분이 있는 것은 마치 다른 미술가들이 하나의 대상을 놓고, 미술가의 취향에 따라 다르게 색칠하고 다른 부분을 강조하여 표현하는 것과 마찬가지이다. 즉 성경의 다른 저자들은 지옥의 서로 다른 부분들을 강조하였거나 다른 관점으로 묘사하였기 때문이지, 지옥이 둘이거나 없는 것은 절대로 아니다.

이에 대해 조금만 더 구체적으로 설명해 보자. 마태는 지옥의 어떠한 면을 확대해서 보았다. 마가는 다른 면을 보았고, 누가 요한도 지옥의 서로 다른 면들을 확대하여 서술하였다. 그리고 바울은 신약 성경의 어떤 다른 저자들보다도 하나님의 진노의 측면을 부각하여 지옥을 설명하였다. 반면 야고보와 베드로는 악한 사람들이 받는 멸망과 죽음에 대해 중점을 두어 묘사하였다. 그리고 마태는 하나님의 나라와 견주어 지옥을 설명하였다. 그리고 때론 같은 저자가 쓴 신약 성경의 다른 권들에서조차도 지옥에 대한 묘사가 서로 다르게 나타나기도 하였다. 그러나 총괄적으로 보았을 때, 서로 다른 저자라고 하더라도 지옥에 대한 서술들의 핵심은 서로 동일하였다. 앞서 기록된 각 성경의 저자별 지옥에 대한 서술 항목에서, 각각의 저자들이 지옥을 보는 관점들이 어떻게 다른지와 그들 각자의 서로 다른 지옥 신학들을 구체적으로 언급하는 것은 이 장의 목적이 아니다. 신약 성경 저자들의 지옥관이 서로 차이가 남에도 불구하고, 지옥에 대한 묘사가 근본적으로 매우 동일하다는 것은 흥미로운 사실이 아니라고 할 수 없다.

그럼 이제부터는 신약 성경의 저자들의 지옥에 대한 묘사의 공통점이 무엇인지에 대해 살펴보자. 모든 저자들은 지옥을 묘사하는 핵심 단어는 처벌과 심판이었다. 그리고 대부분의 저자들이 멸망과 사망의 관점에서 지옥을 보았다. 그리고 대부분의 저자들이 지옥을 배제, 추방 및 분리의 관점에서 서술하였다. 그리고 고통과 불도 지옥 묘사에 자주 등장하는 단어들인데, 이 단어들은 지옥의 처벌과 멸망을 설명하기 위해 사용된 그림 언어들이다. 고로 지옥에 대한 세 가지의 주된 묘사와 관련된 세 단어들은 처벌, 멸망 그리고 추방이라고 할 수 있다.[5] 이제부터 이 지옥에 대한 세 묘사, 즉 처벌에 대한 묘사, 멸망에 대한 묘사 및 추방에 대한 묘사가 어떻게 나와 있는지에 대해 심도있게 조사해보도록 하자.

처벌(Punishment)

　　신약 성경의 지옥 묘사들 중에서 가장 많이 묘사된 부분이 처벌에 관한 묘사이다. 신약 성경의 모든 저자들은 지옥을 처벌(punishment)의 장소로 묘사하였다.

　　예를 들면 다음과 같은 구절들이다(마가복음 9장 42-48절, 마태복음 5장 20-30절, 24-25절, 누가복음 16장 19-31절, 데살로니가전서 1장 5-10절, 히브리서 10장 27-31절, 야고보서 4장 12절, 5장 1-5절, 베드로후서 2장 4-17절, 유다서 13-23절 및 요한계시록 20장 10-15절).

　　이 많은 구절들 중에서 지옥을 처벌의 곳으로 가장 잘 표현한 세 곳이 있다. 그 세 곳은 바로 마태복음 25장 31-46절, 데살로니가후서 1장 5-10절 및 요한계시록 20장 10-15절이다. 먼저, 마태복음 25장 31-46절에서 예수님께서는 자신이 이 세상을 심판하는 심판자로서의 특권을 갖고 있는 존재임을 나타내셨다. 그분은 악인을 '영원히 처벌' 하시는 분이시고 선인에게는 '영생' 을 주시는 분이시다.[6]

　　데살로니가후서 1장 5-10절에서 사도 바울은 핍박자들에 의해 고통을 받는 신자들에 대해, "하나님의 심판은 공정하다…. 하나님께서는 공의로운 분이시다. 그분은 너희들을 힘들게 했던 자들을 힘들게 하실 것이다…. 그분은 하나님을 모르는 자들과 우리 예수님의 복음에 순종하지 않은 자

---

5) 어떤 사람들은 지옥 묘사와 관련된 주요 단어들로 불과 관련된 단어가 포함되어야 한다고 주장하였다. 그러나 나는 여기서 불을 포함시키지 않았다. 그 이유는 불은 처벌이나 멸망 등의 단어에서 이미 유추되어있기 때문이다. 지옥을 묘사하는 주요 단어들에 대한 강조점과 정의가 신학자들 사이에 서로 차이가 있다. Kendall Harmon의 경우는 C. S. Lewis의 예를 따라, 지옥을 역시 세 개의 그림으로 표사하였다. 다음을 보라. Kendall S. Harmon, "The Case Against Conditionalism: A Response to Edward William Fudge," in Universalism and the Doctrine of Hell: Papers Presented at the Fourth Edinburgh Conference on Christian Dogmatics, 1991, ed. Nigel M. de S. Cameron(Grand Rapids: Baker, 1992), 193-224. David Powys는 지옥에 묘사하는 세 단어로 거절, 파멸 그리고 보복(retribution)을 꼽았다. 그는 지옥의 주요 가르침들 중에서 처벌을 별로 강조하지 않았다. 그는 처벌을 단지 보복의 차원에서만 보았다. 다음을 보라. David Powys', 'Hell': A Hard Look at a Hard Question(Paternoster Biblical and Theological Monographs; Carlisle: Paternoster, 1998). John Benton은 예수님의 지옥에 대한 가르침에 대해서 조사한 결과, 예수님이 지옥에 대해 묘사한 주요 세 단어로 박탈(deprivation), 처벌 및 분해(disintegration)를 꼽았다. 다음을 보라. John Benton, How Can a God of Love Send People to Hell?(Durham, England: Evangelical Press, 1995), 44-53.

들을 처벌하실 것이다. 그들은 처벌을 받을 것이다."라는 식의 말로 데살로니가 교인들을 위로하였다. 또한 하나님께서는 공정하신 분이시라는 사실을 표현하였다. 그리고 지옥은 불신자들이 하나님의 보복을 받아 처벌받는 곳으로 묘사하였다.[7]

사도 요한도 마지막 심판에 관해 그 유명한 절인 요한계시록 20장 10-15절에서 지옥을 하나님의 공정하신 처벌과 관련되어 묘사하였다. 결국은 정의가 승리한다. 악인은 지옥에 던져지고 의인은 아무 거침없이 새 땅에 있는 하나님의 임재의 영광 안으로 들어간다.[8]

처벌의 곳으로 묘사된 지옥은 하나님의 공정성이 증명되는 곳이고, 고통(이 고통은 자주 '불'이라는 표현과 관련을 맺고 있음)을 느끼는 곳이며 영원히 존재하는 곳이다.

(1) 악인이 처벌받는 것은 하나님의 공정하신 처사로 인한 결과이다. 따라서 지옥은 공정한 곳이다. 악인이 결국 처벌받아야 하는 것은 마땅하다. 성경의 저자들은 공정하게 보복하시는 하나님에 의해 악인이 처벌 받게 된다는 사실을 분명하게 언급하였다(예: 살후 1:6, 벧후 2:17 등에서 관찰되는 '갚으신다'는 표현; 그 외 마 5:20-30; 23:33; 24-45-25:46; 막 9:42-48; 눅 16:19-31; 롬 1:18-3:20; 살후 1:5-10; 히 10:27-31; 약 4:12, 5:1-5; 벧후 2:4-17; 유 6-23; 계 20:10-15).

(2) 처벌은 고통으로 이루어져 있다. 지옥에 있는 자들은 불 고문으로 인해 극심한 고통을 느낀다. 이러한 극심한 고통은 감정적인 면에서뿐만 아니라, 영적인 면과 육체적인 면에서도 느껴지는 고통이다(요 5:28-29).

---

6) 이에 관해 심도있게 분석한 글을 보려면 다음을 보라. Robert W. Yarbrough's chapter, "Jesus on Hell," 76, 82.
7) 이에 관해 심도있게 분석한 글을 보려면 다음을 보라. Douglas J. Moo's chapter, "Paul on Hell," 103-9.
8) 이에 관해 심도있게 분석한 글을 보려면 다음을 보라. Gregory K. Beale's chapter, "The Revelation on Hell," 127-32.

지옥은 바닷물에 빠져 허우적거릴 때 느끼는 고통보다 더 큰 고통을 느끼는 곳이다(막 9;42). 지옥에서 느끼는 고통은 세상에서 느끼는 그 어떤 고통―심지어는 사지가 절단되는 고통―보다 더 심한 고통이다(마 5:29-30; 막 9:43). 그리고 그 고통은 끝나는 법이란 없다(마 25:41; 막 9:48). 악인은 '꺼지지 않는 불로 태움을 당한다(마 3:12).' 악인은 지옥의 풀무불에 던져져서 상상을 초월할 정도로 슬퍼하고 후회하며 고통스러워한다. 불로 인한 고통을 이기지 못해 '울며 이를 간다(마8:12; 13:42, 50; 22:13;24:51; 25:30).' 지옥에서 느끼는 고통의 정도는 지상에서 살 때에 지은 죄에 비례한다(롬 2:5-8). 지옥은 정말로 무시무시한 곳이다(히 10:27-31). 이러한 지옥 처벌은 '다가오는 불운', '불이 살을 먹음' 또는 '대낮의 살인' 등으로도 묘사되었다(약 5:1-5).

지옥에 간 사람들은 하나님의 진노와 분노의 극치를 경험한다(계 14:10). 즉 그들은 거기서 불로 '고문을 당한다(14:10-11).' 이때 느끼는 고통이 끝이 없다는 사실은 '그들을 고문하는 연기가 영원토록 타오른다(14:11)' 라는 표현에서 잘 드러나고 있다.[9]

이 곳에서 느끼는 고통의 정도가 감소되지 않는다는 사실은 '그들은 밤이나 낮이나 쉬지 못한다(14:11)' 라는 표현과 '그들은 밤낮 영원토록 고문을 당한다(20:10)' 라는 표현에서 또한 쉽게 드러난다.

(3) 이러한 서술들을 통해서, 지옥의 고통은 느껴질 수 있는 고통이라는 사실을 알 수 있다. 만일 지옥의 고통이 느껴지지 않는 무감각한 고통이라면, '지옥의 고통을 느끼느니 차라리 죽는 것이 더 낫다' 라든가 '울며 이를 간다' 는 표현 및 불운한 지옥에 대한 성경의 다른 표현들은 의미가 없게 된다. 이러한 표현들은 지옥에 간 사람들이 그들이 당하는 처벌의 결과 고통을 느끼게 된다는 사실을 분명하게 말해주고 있다.

---

9) 이 입장을 조심스럽고도 강력하게 변호하는 글을 보려면 다음을 보라. Gregory K. Beale's chapter, "The Revelation on Hell," 112-26.

(4) 지옥의 처벌은 영원하다. 지옥의 불은 꺼지는 법이 없고, 거기서 피어나는 연기는 영원하다. 더욱이 지옥은 '영원한 처벌'로 명명되었다 (마 25:46). 지옥에 대한 묘사를 더 극적으로 하기 위해 천국을 표현하는 '영생'이란 말과 대비되어 사용되기도 하였다. 지옥의 처벌이 계속적이라는 사실은 요한계시록 14장 11절의 악인들은 '밤낮 쉬지 못한다'는 표현을 통해 잘 알 수 있다. 이와 관련하여 유다서 7절은 '영원한 불의 처벌'이라고 표현하였다. 지옥의 처벌이 끝이 없음에 대해서 요한계시록 20장 10절에는 다른 곳과는 비교할 수 없을 정도로 '그들은 밤낮 영원토록 고통을 당한다'는 강력한 표현이 사용되었다.[10]

멸망(Destruction)

처벌이라는 단어가 지옥을 묘사하는 유일한 단어라고 말할 수는 없다. 성경은 지옥이 멸망이고 사망이라는 사실을 비중있게 다루고 있다. 마가를 제외한 모든 신약 성경의 저자들이 지옥을 멸망과 관련하여 서술하였다. 마가는 지옥에 대해 단 한 곳에서만 언급하였기에 그가 지옥을 멸망과 관련되어 서술하지 않았다는 사실은 충분히 이해할 만하다(그러나 만일 마가복음 1장 24절에서 예수님께서 귀신들의 멸망에 관해 말씀하셨는데, 이를 굳이 지옥에 악한 존재들에 대한 멸망으로 푼다면, 마가도 지옥을 멸망과 관련되어 언급하였다고 볼 수도 있다). 지옥을 파멸로 언급한 성경의 곳들은 다음과 같다(마태복음 7장 13-14절, 24-27절, 24:51절, 누가복음 13장 3-5절, 요한복음 3장 16절, 로마서 9장 22절, 갈라디아서 6장 8절, 빌립보서 1장 28절, 3장 19절, 데살로니가전서 5장 13절, 데살로니가후서 1장 5-10절, 디모데전서 6장 9절, 히브리서 10장 27절, 야고보서 1장 11절, 15장, 4장 12절, 5장 3-5절, 20절, 베드로후서 2장 6절 및 요한계시록 21장 8

---

[10] 지옥은 유한하다고 주장하는 조건주의에 관한 자세한 비평과 평가에 대해 알려면 나의 글 다음 장을 보라. "Annihilationism: Will the Unsaved Be Punished Forever?" 195-218.

절).

조건론자(conditionalist)들은 지옥의 전통교리를 주장하는 사람들은 지옥의 처벌 부분은 강조하였지만, 지옥의 멸망 부분은 별로 강조하지 않았다고 주장하였다. 그러나 그들의 주장은 별로 그럴 듯한 주장이라고 할 수 없다. 지옥에 관한 전통 교리에서 악인에 대한 멸망보다 악인에 대한 처벌을 강조한 이유는, 신교 신학에서 죄, 의롭게 되는 구원 및 심판자로의 하나님을 강조하였기 때문일 것이다. 만일 이러한 것들을 강조한다면 자연적으로 처벌 쪽을 멸망 쪽보다 강조할 수밖에 없다. 또한 그동안 지옥에 관한 전통 교리가 멸망 쪽보다 처벌 쪽에 더 치우쳐져서 설명되어져 있는 외적인 이유는, 그 옛날의 성경 신학자들이(예를 들어) 마태복음 25장 31-46절이나 요한계시록20장 10-15절를 해석할 때 멸망 쪽보다는 처벌 쪽을 강조하여 해석하였기 때문이다. 그러나 무엇보다도 먼저, 신약 성경 자체가 지옥에 관한 묘사들 중에서 처벌을 가장 많이 묘사하였다(이 책의 앞부분을 참고하라).[11]

그러나 그렇다고 해서 지옥의 멸망과 추방 쪽을 등한시해서는 안 된다.

따라서 성경에서 멸망과 관련된 지옥 서술 구절들만을 근거로 '지옥이 이렇다' 고 말하는 것은 잘못이다. 데살로니가후서 1장 5-10절의 경우, 바울은 지옥을 멸망의 곳으로 나타낼 때에 '영원한 멸망' 이라고 표현하였다(1:9). 사실 그동안 교회들은 교회 역사를 통하여 지옥의 멸망 부분을 충분히 강조하지 않아 왔다고 말할 수 있는데, 그 이유는(아이러니하게도) 성경에서 지옥을 멸망이나 사망으로 지칭한 곳들이 너무나도 자주 등장하기 때문이다. 예를 들면, "하나님께서 세상을 이처럼 사랑하사 독생자를 주셨으니, 이는 저를 믿는 자마다 멸망하지 않고 영생을 얻게 하도록 하기 위함이

---

11) Harmon, "The Case Against Conditionalism," 193-224. 여기서 Harmon은 다음과 같이 서술하였다: "지옥 신학과 관련하여 처벌, 멸망, 배제(exclusion) 이 세 가지 모두에 대해 하나님의 공의로우심이 나타나야한 다는 점에 C. S. Lewis는 크게 동의하였다. 그러나 지옥에 관한 전통적인 견해는 안타깝게도 처벌은 강조하였지만 나머지 두개는 강조하지 않았다. 이러한 이유로 인해 우리는 지옥에 관한 전통견해를 비평하는 조건주의자들의 주장 - 신약 성경의 어떤 곳들에서는 영원한 고통이라는 언어 대신에 다른 언어들을 사용하였다는 주장-에 귀를 기울여야 한다." (216).

다."라고 기록된 요한복음 3장 16절의 경우이다. 그리고 로마서 6장 23절에는, "죄의 삯은 사망이지만 하나님의 선물은 우리 주 예수 그리스도 안에 있는 영생이다."라고 기록되어 있다. 예수님께서는 마태복음 7장 13-14절에서, "좁은 문으로 들어가라. 멸망으로 인도하는 길은 넓고 찾은 사람들이 많다. 그러나 생명으로 인도하는 길은 좁고 찾는 사람들이 적다."고 말씀하셨다. 요한계시록 20장 14절와 21장 8절에는 '둘째 사망'이라는 단어가 나온다.

요즘 사람들로부터 인기를 얻어가고 있는 조건론을 주장하는 신학자들은 지옥의 묘사들 중 멸망 부분을 특별히 강조하였다. 존 스토트(John Stott)는 조건론(conditionalism)을 지지하였던 신학자로서, 성경에서 파멸과 관련된 단어를 특히 주목하여, "지옥에서 파멸되어 없어져야 할 사람들이, 지옥에서 계속 살아남아서 고통받고 있다고 하는 것은 이해할 수가 없으며, 영원토록 소멸되어가고 있다는 표현도 잘못된 표현이다."라고 주장하였다.[12]

또 다른 조건론자 존 웬함(John Wenham)은 성경이 불의한 자의 소멸, 멸망 및 사망에 대해 언급하였을 때 이것은 완전한 소멸, 완전한 상실 및 완전한 파멸을 나타내는 것이라고 주장하였다.[13]

같은 조건론자였던 데이빗 포위스(David Powys)는 심지어, "공관복음에서 불의한 자들의 운명에 대해 가장 많이 묘사된 단어는 파멸이다."라고까지 말하였다.[14]

이들 조건론자들은 우리로 하여금 신약 성경에서 지옥을 묘사하는 가장 중요한 단어가 다름 아닌 파멸이라는 사실을 상기하도록 해 준다. 그러

---

12) David L. Edwards and John R. W. Stott, Evangelical Essentials: A Liberal-Evangelical Dialogue(Downers Grove, Ill.: InterVarsity Press, 1988), 316.
13) John Wenham, "The Case for Conditional Immortality," in Universalism and the Doctrine of Hell: Papers Presented at the Fourth Edinburgh Conference on Christian Dogmatics, 1991, ed. Nigel M. de S. Cameron(Grand Rapids: Baker, 1992), 170-78.
14) Powys, 'Hell,' 284.

나 그들은 파멸을 소멸이나 무 존재화로만 이해하였을 뿐이지, 상실, 멸해짐 또는 부패 등으로는 이해해 보려는 시도는 전혀 하지 않았다. D. A. 카슨(D. A. Carson)은 앞에서 인용된 존 스토트의 말에 대해 다음과 같이 비평하였다: "스타트의 결론은 기억할 만하지만, 논쟁거리가 될 만하다고는 생각할 수 없다. 왜냐하면 그는 소모적인 주장만을 되풀이하고 있기 때문이다. 물론 그의 주장대로 파멸을 당한 사람은 파멸된다. 그러나 그렇다고 해서 파멸되었다는 표현을 존재가 없어지다고 해석해서는 안 된다. 지옥에서는 파멸당한 사람이 계속 존재하여야만 한다. 스타트는 죽은 후 자신의 무덤의 묘비에 파멸이란 단어의 정의가 무엇인지를 적어놓으면, 그때야 비로소 그는 자신이 주장했던 그 파멸이란 단어의 정의가 올바른 정의인지 아닌지를 알게 될 것이다."[15]

그렇다면 지옥이 파멸의 곳이라는 말은 무슨 뜻인가? 더글라스 무(Douglas Moo)는 이 책의 그가 담당한 장(제4장)에서 "파멸의 뜻을 제대로 알기는 쉽지 않지만, 반드시 '존재가 없어지는 것'을 말한다고 한정지을 수는 없다."라고 피력하였다. 여기서 나는 그의 이러한 서술이 옳다 그르다의 여부는 따지지 않겠다. 나는 단지 그가 이러한 서술을 통해 신약 성경과 구약의 칠십인 역본에는 파멸이라는 단어가 존재의 소멸이라는 의미를 갖고 사용된 적이 한 번도 없었다고 주장하였다는 사실만을 여러분들에게 알려 주고 싶은 것뿐이다. 그러나 그 대신 그는 파멸이라는 단어는 신약 성경과 구약의 칠십인 역본에서 '사람이나 물질의 성질이 변하는 것을 의미' 하는 것으로 쓰였다고 주장하였다. 그 예로 더글라스 무는 땅이 황폐화 되었을 때 '파멸' 과 '파괴' 라는 단어가 사용되었고(겔 6:14; 14:16에서 올레쓰로스, olethros), 기름을 허비하리 만치 많이 쏟아 붓다(막 13:4; 마 26:8_에서 아폴레이아, apoleia)라고 표현되었을 때, 포도주를 담는 포대가 구멍이 나서 더 이상 기능을 발휘할 수 없다고 표현되었을 때에(막

---

15) D. A. Carson, The Gagging of God: Christianity Confronts Pluralism(Grand Rapids: Zondervan, 1996), 522.

2:22, 마 9:17; 눅 5:37에서 아폴루미, apollymi), 그리고 동전을 잃어버렸다고 표현되었을 때에(막 15:9에서 아폴루미, apollymi), 파멸이라는 단어가 사용되었다고 주장하였다. 이러한 조사의 결과, 무는, "이 모든 경우들에서 파멸의 결과 대상물들의 존재가 소멸하여 없어지지는 않았고, 파멸 후에도 비록 그 대상물들이 본래의 상태로는 존재하지는 않았지만, 분명히 계속 존재하였다."라는 결론을 얻었다.[16]

따라서 지옥이 파멸의 곳이라는 말은 지옥에 간 사람들이 황폐화되고 원래의 성질을 완전히 잃어버리는 곳이라는 말이다. 즉 지옥에 간 사람이 파멸되었다는 말은 지옥에 가기 전에 가지고 있었던 생명의 상태를 완전히 소실하였다는 말이다. 죄로 인해 그들 속에 있던 생명의 상태는 완전히 소실되었고, 폐허와 쓰레기만 계속 남게 되는 것이다.[17]

추방(Banishment)

신약 성경에 나오는 지옥을 묘사하는 세 번째 중요한 단어는 추방이다. 야고보서와 히브리서를 쓴 이름이 알려지지 않은 히브리서 기자를 제외하고는, 신약 성경의 모든 저자들은 공통적으로 지옥이 추방, 분리 및 배제의 장소요 방치의 장소로 보았다. 예수님은 지옥을 추방의 개념으로 가장 잘 표현한 분이셨다. 이러한 점은 특히 마태복음에서 가장 잘 나타난다. 예수님의 가장 중요한 가르침은 바로 하나님 나라에 대한 가르침이었다.

---

16) 다음을 보라. Douglas J. Moo's chapter, "Paul on Hell," 104-9.
17) 게헨나에 대해 연구한 사람들은 게헨나가 고통과 불을 상징한다고 주장하였다. 게헨나에 "쓰레기"가 있는가? 이에 관해 학자들 간에 의견이 일치하지 않고 있다. 만일 게헨나에 쓰레기가 있다면, 이러한 사실은 게헨나라는 역사적으로 실제 했던 장소가 지옥을 서술하는데 쓰였을 것이라는 것을 암시해 준다. 이런 식으로 연구를 전개해 나간 자료를 보려면 다음을 보라. Hans Scharen, Gehenna in the Synoptics," BSac 149(1992): 324-37, 454-70. 다음도 보라. David Powys, 'Hell,' 172-293. 다음도 보라. Edward William Fudge, The Fire Consumes: The Biblical Case for Conditional Immortality, rev. ed. Peter Cousins(Carlisle: Paternoster, 1994), 93-145.

하나님 나라와 가장 잘 대비되는 것이 지옥이다. 그 때문에 예수님께서는 환영의 장소인 하나님 나라와 견주어 지옥이 추방의 장소인 것을 잘 표현하고자, 하나님 나라에 대해 말씀하시면서 지옥도 같이 이야기하셨을 것이다. 신자들은 하나님 나라로 환영받아 들어가지만, 그에 비해 악인들은 천국 밖으로 추방된다.

마가복음 9장 42-48절에는 하나님 나라에 들어가지 못하는 자들은 하나님에 의해 지옥으로 던져지는 것으로 묘사되어져 있다. 세례 요한은 마지막에 의인과 악인을 갈라 낼 때가 오는데, 그때가 되면 악인은 지옥에 던져져서 '꺼지지 않는 불로 태워진다'고 경고하였다(마 3:1-12). 예수님께서는 산상수훈에서 자신이 장차 세상을 심판할 것인데 그때가 오면 악인들을 향해, "나에게서 떠나가라!"고 소리치실 것이라고 말씀하셨다(마 7:21-23). 그때가 되면 예수님께서는 그들을 그분의 나라 밖으로 쫓아버리실 것이다. 이처럼 예수님께서는 지옥을 악인들이 하나님 나라로부터 배제되어 가는, 하나님의 나라 바깥에 있는 추방의 장소(그리고 지옥을 바깥 어두운 곳)로 자주 묘사하셨다(마 8:12; 13:42, 50; 25:10-12, 30). 감람산에서 주님께서는 하나님의 나라에서 악인들이 추방되는 것과 관련하여, 마지막 심판의 때가 도래하면 악인들에게 "나에게서 떠나 악마와 그의 천사들을 위하여 예비된 영원한 불로 들어가라."라고 명령하실 것이라고 재차 말씀하셨다(마 25:41). 누가복음에 나타난 예수님께서 말씀하신 부자와 나사로의 이야기를 통해, 우리는 악한 부자는 하데스에 있다는 사실과 하늘 나라와 하데스 사이에는 큰 구렁텅이가 있다는 사실을 알 수 있다(눅 16:19-31). 요한도 요한복음에서 예수님이 악한 사람들에 대해 '잘림을 당한다 또는 제해버린다(cut off)'는 표현을 쓰셨음을 내타내었다(요 15:1-7).

데살로니가후서 1장 5-10절에서 사도 바울은 지옥에 간 사람들은 예수님의 임재와 위엄으로부터 '격리(shut out from)' 된다고 표현하였는데, 이것은 추방과 관련된 매우 강력한 표현이다.

요한계시록 20-22장에서는 지옥이 천국과 서로 비교되어 묘사되었다. 천국에서 신자들은 하나님의 영광스러운 임재를 경험하지만, 그 반대로 악인들은 이러한 경험에서 배제되기에, 하늘 도성에 들어갈 수도 없고 하나님과의 영광스러운 교제로부터도 제외된다(22:14-15).

처벌은 지옥의 적극적인 면을 나타내는 단어인 반면, 추방은 지옥에 간 사람들이 하고 싶은 것을 하지 못하는 것을 내포하고 있는 단어이기 때문에, 지옥의 소극적인 면을 나타내는 단어라고 볼 수 있다. 복음주의에 소속한 일반 교인들에게 지옥은 무엇과 같은 곳이라고 생각하느냐고 물었을 때, 그들은 대개 지옥을 '하나님으로부터 단절(separation)' 된 곳이라고 대답하였다. 이들의 말을 통해 어느 정도 유추할 수 있는 것처럼, 단절이 신약 성경이 말하고 있는 지옥을 표현하는 중요한 단어임이 분명하다. 그렇지만 단지 단절만이 지옥에 대한 모든 묘사라고 말할 수는 없다. 추방은 단절보다 매우 강한 의미를 담고 있다. 하나님으로부터의 단절은 하나님의 피동성을 나타내고 있으나, 추방은 하나님의 적극성을 나타낸다. 추방은 또한 추방당하는 악인들의 상태가 얼마나 무시무시한지 나타내준다. 성경은 그리스도께서 불의한 자들을 천국으로부터 배제시켰다고 하였다. 그들은 하나님의 임재로 배제되었기 때문에, 인간으로서 하나님을 경배하여야만 찾을 수 있는 인간 존재의 목적 즉, 창조주를 알고 그분에게 영광 돌리는 삶을 상실할 수밖에 없다.

켄달 하몬(Kendall Harmon)은 추방과 관련되어 다음의 세 가지 것을 언급하였다. 첫째로 지옥은 그리스도와 하나님의 나라로부터 잘려나가는 것이다. 신학자들은 이것을 포에나 담니(poena damni)라고 부르는데, 이 말은 하나님의 임재로부터 차단되었기 때문에 오는 영적인 고통이라는 뜻을 타나내는 말이다. 둘째로 지옥은 죄인을 내어버려두시는 하나님의 심판이다(롬 1:24, 26, 28). 셋째로 지옥은 하나님으로부터 잊혀지는 것이다(눅 13:22-30).[18]

악인이 하나님 및 천국의 영광으로 추방되는 것에 대해 성 어거스틴은 다음과 같이 서술하였다.[19]

---

18) Harmon, "The Case Against Conditionalism," 220-24.
19) Augustine, Enchiridion 112, in The Works of Aurelius Augustine(Edinburgh: T. & T. Clark, 1873), 9:254. Quoted in Harmon, "The Case Against Conditionalism," 220.

하나님의 나라를 잃어버리는 것, 하나님의 도성으로부터 배제되어 유배당하는 것, 하나님의 생명으로부터 떠나있는 것, 하나님께서 자신을 경외하는 자들을 위해 쌓아둔 많은 선들을 물려받지 못하는 것, 이런 것들은 천국에 가지 못한 사람들만 경험하는 무시무시한 처벌이다. 그들에게 내려지는 처벌은 너무도 커서 영원히 계속되고, 우리가 알고 있는 그 어떤 형벌보다 더 큰 형벌이며, 우리가 상상할 수 없는 세대들보다 훨씬 더 긴, 인간으로서는 상상하기도 힘든 세월들로 이루어져있다. 이런 것들을 천국에 간 자들이 그곳에서 누리는 크나큰 축복과 비교해보라.

지옥에 관한 중요한 세 단어들에 대한 해석
중요한 고려 사항들

천국을 묘사하는 세 단어들에게 공통적으로 수반되는 개념은 '영원함'이다. 마태복음 25장 26절은 지옥을 '영원한 처벌'이라고 하였고, 데살로니가전서 1장 9절에서는 지옥을 '영원한 멸망'이라고 함과 동시에 또한 '영원한 단절'로 암시하였다.

우리는 지옥 묘사에 관한 중요 세 단어들을 따로따로 떼어놓고서 볼 수 있어야 하지만 이 셋을 한꺼번에 놓고도 볼 수 있어야 한다. 하몬은 에드워드 퍼지에 대한 비평을 통해, 에드워드 퍼지는 마치 지옥이 추방으로 시작되고 처벌로 진행되다가 결국 멸망으로 마치는 곳인 것처럼 기술해 놓고 말았다고 지적하였다.[20]

그러나 성경은 지옥에 있는 악한 자들의 처벌 순서에 대해 말하고 있지 않다. 성경의 여러 부분들을 제대로 해석하기 위해서는 먼저 성경을 전체로 놓고 볼 수 있어야 한다. 이와 마찬가지로 지옥에 대한 그림 전체를

---

20) Harmon, "The Case Against Conditionalism," 213.

있는 그대로 놓고 먼저 볼 수 있어야, 지옥에 대한 세부사항들을 비로소 제대로 이해할 수가 있다. 지옥을 전체적으로 잘 이해하려면 제일 먼저 지옥을 처벌의 관점에서 볼 수 있어야 한다. 그 다음번으로 멸망의 입장에서 지옥을 이해할 수 있어야 하며, 맨 마지막으로 추방이라는 관점에서 지옥을 이해할 수 있으면 되는 것이다. 하나의 관점에서 지옥을 이해하는 것보다 이런 세 가지 관점에서 지옥을 이해하면 지옥을 훨씬 더 잘 이해할 수가 있다. 이와 관련하여 하몬은 다음과 같이 서술하였다.

> 이 세 가지 관점에서 지옥을 따로따로 본 후에, 이 세 관점들을 그림 조각 맞추기 하듯이 서로 합쳐서 지옥을 보면, 지옥을 제대로 보게 되는 것은 아니다. 하나의 자연광이 다이아몬드를 거치면 각각의 색으로 분리가 되고, 각각의 색이 다이아몬드의 서로 다른 특이성을 보여주듯이 지옥도 그렇게 보아야 하는 것이다. 그리고 분리된 색을 합쳐서 보면 각각의 분리된 광선일 때는 보이지 않았던 지옥의 종말론적인 특성이 보이게 된다.[21]

지옥을 제대로 이해하기 위해 그 다음번으로 중요한 사실은 지옥의 세 관점을, 균형있게 보아야 한다는 사실이다. 전통적인 지옥관으로 지옥을 보려는 사람들은 지옥의 심판적인 면에 치중하여 지옥을 이해하려고 하는 경향이 강하다. 그러나 그러한 경향은 불균형적인 지옥 이해를 낳고 만다. 조건론자들은 지옥의 멸망적인 측면을 성경이 말하고 있는 이상으로 강조하고 있다. 반면에 대부분의 복음주의자들은 지옥을 단지 하나님 및 천국으로부터의 단절로만 이해하는 실수를 범하였다.

마지막으로 우리는 지옥에 대한 세 그림들이 서로 동시에 함께 있을 수는 없다는 잘못된 생각을 버려야 한다. 실제로 성경에서 이 세 그림들이 같은 곳에서 동시에 설명되어 지는 경우들이 있다. 그리고 동일한 저자가 동일한 곳에서 이 세 그림들을 함께 묘사한 경우도 있다. 가령 예수님께서는 마태복음 24장 45절-25장 46절에서 지옥의 주요 세 그림들을 같이 놓고

---

21) 위와 동일 자료, 224, n. 70.

설명하셨다.[22]

악한 종이 '갈갈이 찢겨진다' 는 의미의 멸망(24:51)은 위선자들이 있는 곳으로 보내진다는 유배(24:51), 그리고 극력한 고통의 처벌 등을 받는다. 이어지는 예수님의 신부 비유에서도 처녀 신부는 밖으로 쫓겨난다는 유배(25:10-12)의 처벌, 이 말씀 후에도 예수님께서는 다음 비유로 옮겨가서 무익한 종이 바깥 어둠의 곳으로 쫓겨나게 된다고 말씀하셨다 - 유배(25:30). 그래서 그 종은 거기서 처벌을 받는 것이다. 그 다음번에 예수님께서는 악한 자들에게, '나에게서 떠나가라' 고 명령하신 후 그들을 '악마와 그의 천사들을 위해 불이 예비되어 있는 지옥으로 추방하실 것이다' 라고 하셨다(25:41). 여기서 예수님께서는 악인들에게 "영원한 형벌(처벌)로 들어가라."고 명령하심으로 지옥 심판에 관한 말씀을 마치셨다. 예수님의 이 말씀들에서 우리는 지옥에 관한 세 그림들을 다 볼 수 있었다. 그러나 한 곳에서 지옥의 세 그림들을 다 볼 수 있는 경우는 예수님의 경우에만 국한되고 있는 것은 아니다. 사도 바울도 데살로니가전서 1장 5-10에서 지옥의 세 그림인 처벌, 멸망 그리고 유배를 함께 설명하였다. 그리고 특히 1장 9절의 한절에서 이 셋이 다 포함되어 있다. 바울은 하나님께서 불신자들을 처벌하실 것이라고 선포하였다(1:6, 8, 9). 그리고 또한 그들은 '영원한 멸망' 을 받을 것이고, 그리스도의 임재로부터 '끊어질 것' 이라고 하였다. 요한계시록 20장 10절에서 22장 15절에서도 지옥에 관한 세 그림이 함께 설명되었다. 즉 요한은 지옥의 처벌적인 측면에 대해 말하기 시작하였고(20:10-15), 지옥을 '둘째 사망' 이라고 표현함으로 지옥의 멸망적인 측면을 언급하였고(20:14; 21:8), 지옥에 있는 사람들은 천국 밖에 남아있는 것이고 결단코 천국에는 다시 들어갈 수 없다며 마지막으로 지옥의 유배적인 성격을 언급하였다. 따라서 처벌, 멸망, 그리고 유배는 함께 있을 수 있다. 그리고 이들 셋은 모두 성경의 지옥에 관한 중요하고도 핵심적인 구절들에 나오는 지옥 묘사들이다.

---

22) 이러한 나의 견해는 마 24-25에 관한 Harmon의 견해로부터 영향을 받았다.

시스템적인 지옥 이해

그럼에도 지옥에 관한 주요 세 단어들을 몽땅 하나로 묶어 지옥을 이해하는 것은 무리수이다. 예를 들면, 처벌이 곧 멸망이요, 유배라고 보는 것은 무리수이다. 예수님께서는 마태복음 25장 41절과 46절에서 마지막 심판의 날에 자신의 왼편에 서있는 사람들에게, '저주받은 자들아 나에게서 떠나 영원한 불로 들어가라….' 라고 말씀하실 것이라고 하셨다. 예수님의 이와 같은 명령이 떨어지면 악인들은 영원한 처벌로 들어갈 것이다. 그러나 의인들은 영원한 생명으로 들어간다. 이러한 예수님의 말씀을 근거로, 어떤 사람은 유배 후에 처벌이 이루어진다고 생각할 수도 있을 것이다. 그러나 이것은 예수님의 원래 의도를 지나치게 해석하는 것이라고 말할 수밖에 없다. 왜 그런지는 바울의 다음 말을 조사해 보면 잘 이해할 수 있다. 바울은 데살로니가후서 1장 9절에서, "그들은 영원한 멸망으로 처벌을 받고 그리고 하나님의 임재와 그분의 능력의 장엄함으로부터 차단된다."고 하였다. 그 때문에 어떤 사람은 바울의 이 말만 보고, 앞서 예수님의 경우와는 정반대로, 처벌이 곧 멸망이요, 유배라고 주장할 것이다. 이것은 처벌, 멸망, 유배 이 셋을 몽땅 하나로 보는 처사이다. 그러나 요한계시록 20장 10-25절에서는 처벌, 사망 그리고 유배 이 셋이 합쳐져서 하나로 설명되어있지 않다. 따라서 이 셋이 합쳐져서 하나라고 보는 시스템적인 접근법은 무리가 있다.

그러나 이 말은 지옥에 관한 이 세 그림들을 조직신학적인 측면에서 고려할 수 없다는 말을 결코 아니다. 오히려 그 반대이다. 이 세 그림들을 성경 신학적으로나 또는 조직신학적으로 접근할 수 있다. 즉 지옥에 대한 그림들은 또한 하나님, 죄, 속죄 및 천국 등의(성경을 기본으로 한) 조직신학적인 측면에서 고찰되어질 수 있다.

지옥에 관한 세 그림들은 하나님이란 주제와 성경적으로 관련을 맺고 있다. 지옥을 제대로 이해하면 하나님께서 악인에게 그들에게 합당한 벌을 주시는 공정한 심판자임을 알 수 있게 된다(참고: 계 20:10-15). 지옥을 파멸의 측면에서 보게 되면, 하나님을 전쟁의 용사 또는 대적들을 쳐부수는 승리자로 이해할 수 있다(참고: 살후 1:6-9).[23]

지옥을 유배의 입장에서 이해하게 되면, 하나님을 그의 백성을 자신의 왕국으로 인도하시는 왕으로 이해하게 된다(참고: 마 7:21-23).

지옥에 관한 세 그림들은 성경이 말하고 있는 죄라는 주제와 성경적으로 관련을 맺고 있다. 지옥에 관한 각각의 세 그림들은 죄의 어쩔 수 없는 결과들이다. 지옥을 처벌의 입장에서 보면, 죄의식, 범죄행위, 죄를 저지름, 한도를 넘어 행동함 등의 입장에서 인간의 죄를 바라볼 수 있게 된다. 그리고 지옥을 파멸의 측면에서 이해하게 되면 영적인 죽음의 측면에서 죄를 이해할 수 있게 된다(참고: 롬 5:12-21; 엡 2). 만일 유배의 입장에서 지옥을 이해하면, 하나님으로부터의 분리라는 입장에서 죄를 이해할 수 있게 된다.

그리고 이 셋 중에서 어느 측면으로 지옥을 조명해 보아도 죄와 죽음에 관한 '이미 시작된 종말론(inaugurated eschatology)'이 다 보인다.[24]

하나님의 진노가 죄인들의 위에 항상 있다. 그렇지만, 종말의 때에 하나님의 진노가 최고조로 나타나고, 지옥은 하나님의 진노가 최대로 나타남의 결과이다(롬 1:8-2:8; 5:6-11). 죄인들은 이미 처벌 받았지만 지옥에서 받을 최대의 처벌은 아직도 남아있다(요 3:16-36; 5:24-28). 죄인들은 이미 죽은 상태에 있지만 둘째 사망이 남아있다. 불신자들은 현재 상태에서 이미 하나님으로부터 떨어져 있다. 그러나 장차 하나님의 임재로부터 완전히 단절될 것이다. 죄인들의 마음은 현재에 이미 어두운 상태에 있다. 그러나 최종적으로 '바깥 어둠'과 '가장 깜깜한 어둠'의 지옥에 있게 될 것이

---

23) 데살로니가후서 1:9에서 하나님을 전쟁의 용사로 이해하려는 것에 대한 토론을 보려면 다음을 보라. Daniel G. Reid, "2 Thessalonians 1:9: 'Separation from' or 'Destruction from' the Presence of the Lord?" 이 논문은 2001년 12월 미국 콜로라도 주 콜로라도스프링스에서 개최된 Evangelical Theological Society Annual Meeting(복음주의 신학 연례회의)의 Pauline Studies Group(바울 연구 그룹)에서 발표된 내용이다.
24) 바울은 이미 하나님의 종말은 시작되었다는 종말론을 갖고 죽음을 이해하였다. 이에 대해 더 깊이 알기 원하면 다음을 보라. Douglas J. Moo, "Paul on Hell," 92-96.

다. 지옥은 성경의 구절에 따라 최종 극치점, 연장선, 점입가경 그리고 죄로 인한 현재 상태의 연장선상에서 이해되어져야 한다.

지옥의 세 그림들인 처벌, 멸망 및 유배가 구약 성경에서 어떠한 뿌리를 갖고 있는지에 대해 이해하는 것도 흥미롭다. 인간의 첫 타락이 기록된 구약 성경 창세기 3장에서는 벌써 지옥의 세 그림들이 관찰되어진다. 아담의 타락으로 인해 아담이 처벌을 받았다(참고: 롬 5:12-21). 하나님께서는 아담에게 죄의 결과 멸망(사망)이 시작되는 것임으로 주의하라고 경고하셨고, 범죄한 아담과 이브를 에덴동산에서 추방(유배)하셨다(비교: 창 4:16에 나오는 가인의 추방).

지옥에 관한 세 그림들은 또한 성경이 말하고 있는 속죄라는 주제와 관련을 맺고 있다. (1) 예수님께서 우리의 죄를 대신하여 십자가 위에서 죽으심으로 우리를 대신하여 하나님의 진노의 잔을 마시셨다 - 처벌(마 26:42; 롬 3:21-31; 벧전 3:18). (2) 십자가 위에서 죽으심으로 주님께서는 우리의 죄를 대신하여 자신을 희생 제물로 바치셨다 - 사망/멸망(참고: 히 9-10). (3) 십자가에 달리심으로 주님께서는 하나님과의 교제로부터 단절(유배/추방)되셨다. 그러기에 그분께서는 십자가에서 "나의 하나님, 나의 하나님, 왜 나를 버리셨습니까?"라며 울부짖으셨다(마 27:46).[25]

지옥에 관한 세 그림들은 성경이 말하고 있는 구원이라는 주제와 맞물려 생각할 수 있다. 믿음으로 인해 의롭다 함을 받지 못한 자들은 지옥의 처벌을 받는다. 그리스도를 통해 거듭남의 생명을 소유하지 못한 자들은 지옥의 파멸(멸망)을 받아야 한다. 그리스도를 통해 하나님과 화해하지 못한 자들은 추방(유배)받아 하나님과 단절되어 지옥으로 간다.

마지막으로, 지옥에 관한 세 그림들은 성경이 말하고 있는 하늘나라라는 주제와 관련을 맺고 있다. 지옥이 처벌의 곳이라면, 천국은 유산을 받고 상급을 받는 곳이다(마 25:31-46). 지옥이 파멸과 죽음의 곳이라면, 천

---

25) 이 주제의 전개와 관련하여 더 알기 원하면 다음을 보라. Sinclair B. Ferguson's chapter, "Pastoral Theology: The Preacher and Hell," 228-34.

국은 영생의 곳이다. 지옥이 유배(쫓겨남)로 대표된다면 천국은 환영받아 하나님의 존전으로 인도됨으로 대표된다. 불신자는 그리스도 안에서 하나님 나라를 받는 것이 아니라 영원토록 처벌받는다. 신자들은 그리스도를 통해 받는 영생을 영원히 누리는 데 반해, 불신자들은 영원히 멸망받는다. 신자들은 그리스도를 통해 하나님과 막힘없는 교제를 하지만, 불신자들은 하나님의 영광스러운 임재로부터 영원히 추방당한다. 그리스도께서는 천국을 우리에게 제시하신다. 그러나 안타깝게도 아직 수많은 사람이 그리스도의 천국 제시를 거부하고 있다. 그 결과 많은 사람이 지옥으로 던져진다. 그 지옥은 무서운 곳으로 처벌, 멸망 그리고 유배의 장소이다.

제 7 장

조직신학 : 지옥을 보는 세 입장

로버트 A. 피터슨
(Robert A. Peterson)

미국 야구의 내셔널 챔피언리그에서 시카고 컵스와 플로리다 말린스 간에 경기가 벌어졌다. 세 부류의 사람들이 자신들의 입장에서 이 동일한 경기를 보았는데 그들의 반응은 서로 달랐다. 첫째, 시카고 팬들은 시카고가 결승전 7경기 중 마지막 경기의 승자가 말린스로 결정되자 모두들 그 자리에서 눈물을 흘렸다. 둘째, 이에 반해 말린스 팬들은 환호성을 지르면서 믿기지 않은 두 번째의 승리(첫 번째의 승리는 샌프란시스코 자이언츠와의 경기에서 얻은 승리였다)를 거머쥐고 뉴욕 양키스와 최종 승자를 결정짓게 되는 월드시리즈에 나가게 된 것을 축하하였다. 셋째, 나처럼 컵스도 말린스도 응원하지 않고 단지 경기 그 자체만을 즐기는 사람들은 두 팀의 팬들이 보여주었던 극한 감정의 표출없이, 경기만을 재미있게 관람하였다.

성경이 말하고 있는 지옥도 위의 경우에서와 마찬가지로, 여러 가지의 입장에서 바라볼 수 있다. 본 에세이는 이제까지 무시되어왔던 다음의 세 입장에서 지옥을 관전해 보려고 시도하였다. 그 세 가지 입장은 다음과 같다.

* 삼위일체의 입장
* 하나님의 주권과 인간의 자유라는 입장
* '이미' 그러나 '아직은 이루어지지 않은' 의 입장

삼위일체의 입장에서 본 지옥

　구약 성경이 말해주고 있는 무섭게 야단치시는 하나님과 신약 성경이 말해주고 있는 부드럽고 온유하신 성자 하나님이신 예수님을 동시에 볼 수 있는 안목을 갖고 있는 사람들은 그리 많지 않다. 그런 탁월한 안목을 갖고 있는 사람들에게는 인간에 대한 온전한 심판이 아버지 하나님에 의해 이루어진다는 사실을 이해하기가, 그렇지 않은 사람보다 훨씬 쉽다. 많은 사람이 아들 하나님을 구원자로는 본다. 그러나 동일한 아들 하나님을 심판자로 보는 사람들은 그리 많지 않다. 또한, 대부분의 사람들은 성령 하나님은 심판과는 무관하신 하나님으로 생각한다. 그러나 이런 생각들은 잘못된 생각들이다. 성경은 물론 하나님의 아들을 이 세상의 구원자로 말하고 있긴 하지만, 또한 성경의 열 곳이 넘는 곳들에서는 하나님의 아들을 심판자로 묘사하고 있다. 나는 이번 장에서 이러한 사실을 여러분들에게 밝혀줄 것이다. 물론 성경은 그 어느 곳에서도 성령 하나님을 심판자로 묘사하고 있지 않은 것은 사실이긴 하지만, 그럼에도 나는 삼위 하나님께서 결국은 일체라는 사실에 근거하여, 성령 하나님도 하나님의 심판 사역에 동참한다는 주장을 펼칠 것이다. 내가 그렇게 하는 이유는, 세상 사람들에게 내려질 하나님의 마지막 심판을 삼위일체의 관점에서 보아야 한쪽으로 치우치지 않고 온전하게 볼 수 있기 때문이다.

　성경의 여러 곳에서 아버지 하나님께서는 마지막 날에 모든 죄인들을 불러모아놓고 심판하시는 심판자로 묘사되었다. 몇 군데만 예로 들어보자. "하나님 아버지는 인간의 행위대로 공평하게 심판하신다." (벧전 1:17) 그 아버지는 심판의 의자인 '크고 흰 보좌(백보좌)' 에 앉으셔서 심판하시는데, 이때 그분의 임재가 너무도 놀랍고 위대하여 '하늘과 땅이 도망' 갈 정도이다(계 20:11). 아버지 하나님 앞에서 죄인들은 "하나님의 진노가 가득 담긴 진노의 포도주를 잔을 받아 마셔야만 한다." (계 14:10)

　성부 하나님만이 심판에 등장하는 심판 교리는 불완전한 심판 교리이다. 심판에는 성자 하나님도 심판자로 나타나야 한다. 성자 하나님이 심판자라는 사실은 신약 성경의 여러 곳들에서 명시되어있다. 공관복음서들에서는 "인자가 아버지의 영광으로 그 천사들과 함께 오리니 그때에 각 사람의 행한 대로 갚으리라"(마 16:27, 개역 성경)고 기록되어있다. 여기서 우리는 성자 하나님께서 아버지의 영광을 입고 온다는 표현에 주목하여야하는데, 그 이유는 이러한 표현에서 우리가 아버지 하나님과 아들 하나님께서 마지막 심판 사역에 조화롭게 동역한다는 사실을 알 수 있게 되기 때문이다. 이런 표현은 우리가 기존에 갖고 있었던 마지막 심판에 관한 잘못된 인식과 배치되는 표현이다. 이 표현에 의거한 바, 우리는 아들 하나님께서 심판을 이루실 때 아버지 하나님께서 영광받으심을 알 수 있다.

마태복음 25장은 성부 하나님께서 심판자이시라는 사실을 확실히 말해주고 있다. 다시 오시는 왕 예수님께서 보좌에 앉으시고 모든 인류들을 자기 앞으로 불러 모으신다. 그리고 그분께서 모인 모든 사람들을 둘로 가르신다. 한 쪽의 사람들은 '영원한 생명'을 얻게 될 것이고, 다른 쪽의 사람들은 '영원한 처벌'을 입게 될 것이다(25:31, 32, 46). 이 두 그룹의 사람들에 대해 예수님께서 하시는 말씀을 통해 우리는 성자 하나님께서 심판자라는 사실을 분명하게 깨닫게 된다. 성자 하나님께서는 영원한 축복을 받는 쪽에 있는 사람들에게, "오라, 나의 아버지에 의해 환영을 받을 너희들이여, 와서 창세후에 너희를 위하여 예비된 하늘 나라를 받으라"(25:34)라고 말씀하시는 반면, 지옥에 가기로 결정된 사람들에 대해서는, "저주받은 자들아, 나에게서 물러나서, 악마와 그의 천사들을 위하여 예비된 영원한 불 속으로 들어가라"(25:41)고 말씀하신다.

공관복음들은 성자 하나님을 귀신들과 구원받지 못한 자들의 심판자로 묘사하였다. 예수님께서 지상 사역을 펼치고 계시던 중에 한번은 악한 귀신들이 예수님에게 질문을 하였다. 이때 악한 귀신들이 예수님에게, "나사렛 예수여, 당신이 지금 우리에게 무슨 일을 하려고 하십니까? 우리를 파멸시키려고 오셨습니까? 나는 당신이 누구인지 압니다. 당신은 하나님의 거룩하신 분이십니다!"(막 1:24)라고 소리를 질렀다. 그리고 또 한번은 귀신들린 사람 속에 있던 귀신들이 예수님에게, "가장 높으신 하나님의 아들 예수여, 나에게 무엇을 하시려고 하십니까? 나를 고문하지 않겠다고 하나님에게 맹세하여 주시기를 부탁합니다!"(5:7)라고 하였다. 이러한 경우들을 통해, 우리는 귀신들이 성부 하나님을 심판자로 인식하고 있다는 사실을 알 수가 있다. 이 외에도, 공관복음의 여러 곳에서 예수님은 인간들의 심판자로 또한 묘사되었다. 이 세상이 끝나는 날 그분께서는 천사들로 하여금 모든 악인들을 자신 앞에 불러 모으도록 지시하시고, 자신 앞에 모여선 악인들에게, "불속으로 들어가 그 속에서 울며 이를 갈아라"(마 13:41-42)라고 말씀하시고, 그들을 불속에 던져버리신다. 그리고 또한 예수님의 이름으로 기적은 행하였을 지라도 아버지 하나님께 순종하지는 않았던 자들에 대해서는, "나는 너희들을 도무지 모른다. 이 악을 행한 자들아, 나에게서 떠나가라!"라고 명하신다(마 7:23).

요한복음에도 아들 하나님께서 심판의 사역을 담당하신다는 사실이 기록돼 있다. 예를 들면, 예수님께서 38년 동안 병들었던 어떤 사람을 고치신 후, 영생과 관련된 말씀을 하셨다. 이때 예수님께서는, "아버지께서는 아무도 심판하지 않으시고 모든 심판을 아들에게 맡기셨다. 그렇기에 이를 통해 아버지께서 영광을 받으시듯이 아들도 영광을 받게 되는 것이다."(요 5:22-23)라고 말씀하셨다. 아들 하나님께서 심판의 사역을 이루심으로 아버지 하나님께서 영광을 받으신다는 사실 속에는 하나님의 정의를 실행하시는 아들도 역시 하나님이시라는 중요한 진리가 내포되어 있다.

요한복음 5장을 통해 우리는 아들 하나님께서 죄인들을 심판하기 위해서가 아니라, 인간들에게 구원을 베푸시기 위해서 오셨다는 사실을 알 수 있다. 아들 하나님의 말씀을 받아들이고 아버지 하나님을 믿는 사람들은 영원한 생명을 갖게 되기 때문에 저주받지 아니한다(요 5:24). 그러나 아들 하나님을 구원자로 받아들이기를 거부한 사람들에게는 아들 하나님께서 심판자로 나타나신다. 그 이유는 아버지 하나님께서 아들 하나님에게 심판하는 권세를 물려주셨기 때문이다(5:27). 아버지 하나님에게 물려받은 심판자로서의 권한에는 심지어 죽은 사람들까지도 심판할 수 있는 권한이 포함되어있다. 이와 관련하여 요한복음에는, 예수님께서 "이것에 대해 놀라지 말라. 무덤 속에 있는 자들이 그분의 목소리를 듣고 무덤에서 나올 때가 올 것이다. 선을 행한 자들은 살기 위해 무덤에서 일어날 것이다. 그러나 악을 행한 자들은 저주받기 위해 무덤에서 일어날 것이다."라고 말씀하신 것으로 기록돼 있다(5:28-29). 예수님께서 심판 사역을 하시는 것이 바로 하나님의 뜻을 성취하시는 것임에 대해서는, "나는 스스로 아무 것도 할 수 없으며, 단지 내가 들은 것으로만 판단한다. 그렇기 때문에 나의 판단은 정당하다. 그 이유는 나는 나를 보내신 그분을 기쁘게 하는 것만 바라기 때문이다"(5:30)라고 말씀하셨다.

공관복음서들이 예수님을 심판자로 묘사하고 있는 것 외에, 사도행전도 하나님의 아들을 세상의 구원자요 또한 심판자로 표사하였다. 고넬료라는 사람의 집에서 베드로는 고넬료의 집안사람들에게 그리스도의 죽음과 부활에 대해 설교하였을 뿐 아니라, 나아가 하나님께서 그리스도를 산자와 죽은 자들의 심판자로 임명하셨다는 사실을 사람들에게 전파하도록 명령하셨다고 전해주었다(행 10:42). 바울은 아덴을 방문하였을 때, 그곳에 사는 사람들에게, "하나님께서 한 날을 심판의 날로 정하셨고, 한 분을 심판자로 정하셨습니다. 심판자로 정해지신 분은 자신이 심판자라는 사실을 죽은 모든 사람을 다시 살려냄으로 증명하시게 되실 것입니다."(7:31)라고 설교하였다. 성부 하나님에 의해 세상을 심판하실 심판자로 택정되신 분은 예수 그리스도이시다. 이러한 사실들로부터, 우리는 심판 사역에 성부 하나님과 성자 하나님께서 서로 조화를 이루어 협력 사역하신다는 사실을 알 수 있다.

마지막 심판에 관한 바울의 서신서들에 기록된 좋은 표현은 데살로니가후서 1:6-10에 있는 표현이다. 바울은 여기서 심판의 날에 하나님의 정의가 실현됨으로, 핍박을 받아왔던 하나님의 백성은 핍박으로부터 영원히 건짐을 받을 것이지만, 반면에 악인들은 처벌을 받게 된다고 서술하였다(살후 1:6-7전반부). 그리고 이 서술이 끝난 후에 바울은 이어서 다음과 같이 서술하였다(살후 1:7후반부-10전반부):

이 일은 주 예수님께서 그분의 능력의 천사들과 함께 하늘로부터 불꽃 가운데 나타나셔서 하나님을 알지 못하는 자들과 우리 주 예수님의 복음에 순종하지 않는 자들을 심판하실 때에 이루어질 것입니다. 그들은 주님의 앞과 주님의 권능의 영광에서 떨어져 나가서 영원한 멸망의 형벌을 받을 것입니다. 그 날에 주께서 오셔서 주님의 성도들 가운데서 영광을 받으시고 모든 믿는 사람으로부터 찬사를 받으실 것입니다.(표준 새번역)

바울은 여기서 심판 사역의 핵심 인물이 예수 그리스도라는 사실을 분명하게 제시하고 있다. 다시 오실 주 예수님께서 악한 자들을 심판하실 것이다(살후 1:7-8). '우리 주 예수 그리스도의 복음(8절)'에 순복하지 않고 하나님을 무시한 사람들은 저주를 받게 된다. 예수님께서는 너무 멋지신 구원자이시지만 또한 무서운 심판자이시기에, 구원자가 주시는 좋은 소식을 경멸해서 좋을 것이 없다. 바울의 '주님의 앞과 주님의 권능의 영광에서 떨어져 나간다'는 표현을 통해 우리는 그리스도와 지옥과의 사이에 그 어떤 관련성이 있음을 알 수 있다. 주님이 다시 오실 심판자이시고, 주님께서 그 날에 다시 오셔서 성도들 가운데서 영광을 받으시고 모든 믿는 사람으로부터 찬사를 받으실 것이다(10절). 우리는 이러한 표현들로부터 지옥이란 그리스도의 임재(현존)가 없음으로 인해 하나님의 축복이 없는 곳이라는 사실을 알게 된다.

요한계시록은 아들 하나님께서 심판자라는 사실에 대한 신약 성경의 증거들에 마침표를 찍어준다. 요한계시록은 마지막 심판에 관한 책이지만, 그리스도를 구원사역을 이루신 영원히 찬양받으실 양(어린 양)으로 표시하였다. 그렇게 함으로, 구원자로서의 예수와 심판자로서의 예수 사이에 대한 적절한 균형을 이루었다(계 5:6, 8, 12-14; 7:10; 15:3). '양'이라는 표현은 그 양이 죽임을 당하여 피를 흘리셨고, 그 피 값으로 죄인들을 샀다는 사실을 상징해준다(5:9). 즉 양은 구원자로서의 그리스도를 나타낸다. 그러나 그것이 다는 아니다. 죄의 심각성과 하나님을 거역하는 것의 심각성과 관련되어 '양'은 구원자로서의 역할 외에도 요한계시록에서 중요한

역할을 담당하고 있는데, 그것은 바로 전쟁에서 승리하는 승리자로서의 역할이다: "그들이 어린 양에게 싸움을 걸 터인데, 어린 양이 그들을 이길 것이다. 그것은 어린 양이 만주의 주요 만왕의 왕이기 때문이다." (계 17:14, 표준 새번역)

어린 양은 승리의 구원자이시기에, 오직 그분께서만 하나님 심판이 기록되고 봉인된 책을 펴실 수 있다(계 5:5; 6:1). 그리스도께서 심판의 여섯 번째 인봉을 떼실 때에, 세상의 모든 악인들은 하나님을 피해 숨으며 바위와 산들에게, "내 위로 떨어져 보좌에 앉으신 분의 얼굴로부터, 그리고 어린 양의 진노로부터 우리를 숨겨 달라. 진노의 큰 날이 닥쳐왔으니, 누가 그 진노를 견딜 수 있단 말인가?"라고 소리치며 사정을 할 것이다(계 6:16-17). 여기서 '어린 양의 진노'라는 요한의 표현에 잠시 주목해 보자. 예수님은 처음에는 심판자가 아니라 사람들을 구원하시는 구원자이셨다. 그러나 구원자로서의 예수님을 받아들이지 않는 자들에 대해서는, 그분께서 심판을 내리신다. 우리는 여기서도 또한 아버지 하나님과 아들 하나님께서 구원사역에 조화롭게 동역하심을 알 수 있다. 악인들은 '큰 진노의 날'만 무서워하는 것이 아니라, 아버지 하나님과 아들 하나님도 두려워한다(계6:16-17).

요한계시록 전체를 통해 그리스도와 심판에 관해 가장 깜짝 놀랄 표현은 14장 10절에서 관찰된다. '구원받지 못한 자들이 하나님의 진노의 잔에 가득 부어진 진노의 포도주를 마시게 된다는 이 말은 악인들이 전능하신 하나님의 거룩한 진노를 개인적으로 경험하게 된다는 말이다. 구원받지 못한 자들은 '거룩한 천사들과 어린 양 앞에서' 고문을 당하게 된다(14:10-11). 요한계시록에서 '양' 이라는 표현이 무려 27번 나온다. 이 중에서 13장 11절의 단 한 경우만을 제외하고, 어린 양은 모두 그리스도를 지칭하였다(사실 13:11도 그리스도를 지칭할 수 있음). 그리스도는 죄인들을 지옥에 보내시는 심판자이실 뿐 아니라, 모든 악한 사람들을 무릎 꿇게 하시는 분이시다. 그레고리 비알(Gregory Beale)은 이에 대해 다음과 같이 표현하였다. "어린 양께서는(계 6:16에서 알 수 있듯이) 악인들을 심판하실 때에 그들로 하여금 자신을 인정하는 행위를 하시도록 하시는 분이다."[1]

우리는 지금까지 공관복음서, 사도행전, 바울서신 및 요한계시록, 이들 모두가 그리스도를 구원자요 또한 심판자로서 서술하고 있다는 사실에 대해 살펴보았다. 이러한 사실로부터, 우리는 심판의 교리를 제대로 이해하기 위해서는 마지막 심판을 반드시 삼위일체 하나님의 관점에서 보아야 한다는 원칙을 알게 되었다. 이러한 결론적 이해는 우리에게 결코 새로운 것이 아니다. 그 이유는 성경은 삼위일체의 신학과 관련하여 세분 하나님의 인격의 위는 서로 다르지만(distinguish the persons of Godhead), 이 세 분을 서로 서로 떼어놓아서는 안 된다는 사실을 분명히 말해주고 있기 때문이다. 여기서 나는 구원과 심판이 같아야 한다고 주장하고 있는 것이 결코 아니다. 하나님께서는 자신의 백성을 구원하시기를 기뻐하시지만 악인들이 죽임을 당하시는 것은 기뻐하지 않으신다. 아버지 하나님께서는 자신의 아들을 구원자로 이 세상에 보내셨고 누구든지 그러한 사실을 믿으면 구원을 얻게 된다. 성경은 모든 사람들이 그분을 믿게 되지는 않을 것이라고 말해주고 있다. 그 결과 예수님께서는 자신의 백성은 영원한 축복으로 인도하시지만, 불신자들은 영원한 벌에 처하신다(마 25:34, 41, 46). 그 옛날에 십자가에서 처형을 당하신 그분께서, 이제는 승리의 양이 되셔서, 자신에게로 오는 자들은 구원하시고, 악한 자들은 처벌하실 것이다(계 5:9; 6:16-17; 14:10).

아들 하나님께서 인간의 모습으로 성육신하셨다는 사실 속에는 그분께서 인간들을 처벌하실 심판자로서 활동하게 되실 것이라는 것이 암시되어 있다. 예를 들어보자. 하나님께서는 '자신이 임명한 사람으로 하여금 공의로 세상을 심판' 하게 하실 것이다(행 17:31). 하나님 아버지께서는 아들에게 '심판하는 권세'를 주셨는데 그 이유는 그 아들이 '인자(인간의 아들, the Son of Man)'이기 때문이다(요 5:27). 신약 성경에 나오는 '인자'

---

1) Gregory K. Beale, The Book of Revelation(NIGTC; Grand Rapids: Eerdmans, 1999), 760.

라는 표현은 구약 성경에 나오는 두 곳의 '인자' 라는 표현과 연결점을 갖고 있다. 다니엘은 '인자(the Son of Man)' 를 찬미하였고, 시편 8편에는 연약하여 부서지기 쉬우신 '인자(son of man)' 란 표현이 나온다.[2]

사람으로 나타나신 인자가 주(Lord)로서 높임을 받았기에 그분은 사람들을 심판할 심판자로서의 자격을 갖고 계신다. 따라서 인자이신 아들 하나님께서는 인간들을 심판할 수 있으시다. 인간으로 활동하시고 인간으로 경험하셨던 적이 있으시기에, 성자 하나님께서는 아담의 아들들과 딸들을 심판할 자격이 있으시다. 자비와 동정심이 충만하신 성부 하나님께서는 '죄인의 모양으로 이 세상에 오셨던' 적이 있는 아들 하나님(롬 8:3)과 심판 사역을 같이 나누신다. 아들 하나님께서는 인간으로서의 모든 경험을 하셨다. 즉 그분은 '고난을 통하여 순종하는 것' 을 배우셨다(히 5:8). 그리고 모든 면에서 우리 인간들과 같이 시험을 받으셨지만 죄는 없으셨다(4:15). 따라서 그 인간이셨던 아들 하나님께서는 인간을 심판할 자격을 충분히 갖추셨다.

그렇다면 심판과 관련된 성령 하나님의 역할은 무엇인가? 성령 하나님도 심판에 관여하시는가? 성경에서는 성령 하나님이 심판에 관여하신다는 직접적인 언급이 있는 곳이 없다. 그러나 성경에서 이에 대해 간접적으로 암시는 주고 있는 곳은 있다. 예수님께서 한번은 제자들에게 파라클레토스(parakletos, 상담자이신 성령님)를 보내시겠다고 말씀하셨다. 이 성령에 대해 그분은 또한 "성령이 오시면 그분은 사람들에게 죄와 의와 심판에 대해 확신을 주실 것이다." (요 16:8)라고 말씀하셨다. "성령께서는 세상 사람들에게 예수님을 거절하는 것이 죄라는 사실을 인지시켜 줄 것이다. 예수님을 거절하였던 사람들은 예수님이 죄인이라는 이유로 그분을 죽이셨다. 그러나 성령은 사람들이 스스로의 힘으로는 절대로 깨달을 수 없는 것, 곧 예수님을 거절하는 것이 죄라는 사실을 사람들이 깨달을 수 있도록 해

---

2) 다음 자료의 도움을 받았다. D. A. Carson, "Matthew," EBC, 8:212-13.
3) Rudolf Schnackenburg, The Gospel According to John(New York: Crossroad, 1987), 3:128.

주시는 일을 하신다."³⁾

성령 하나님께서 사람들에게 죄를 깨닫게 해주신다는 사실은, 성령 하나님께서도 심판에 관여함을 암시하여준다.

하나님은 삼위일체의 하나님이시다. 우리는 그분들을 서로 분리해서는 안 된다. '예전에도 계셨고, 이제도 계시고, 앞으로도 오실 이와 그 보좌에 앉으신 일곱 영들'이라는 요한계시록(계1:4; 참고: 4:3, 5; 5:6)의 표현은 성령 하나님과 성자 하나님이 서로 분리될 수 없음을 암시해 주고 있다. 하나님의 삼위는 서로 분리될 수 없다(indivisible). 따라서 심판 사역은 아버지 하나님, 아들 하나님, 성령 하나님 모두가 함께하시는 삼위일체의 사역이 되어야 한다. 우리가 심판을 이런 식으로 이해할 때, 삼위의 하나님 세분 모두가 영광을 받으신다. 또한 삼위의 하나님 모두가 심판에 참여한다고 생각할 때 우리는 심판 이해에 대한 첫 걸음을 비로소 뗄 수 있다.

하나님의 주권과 인간의 자유라는 입장에서 바라 본 지옥

그동안 성경 신학자들과 조직신학자들은 하나님의 주권과 인간의 자유 사이에 어떤 상관관계가 있는 지를 놓고 많은 토론과 연구들을 진행하여왔다. 어찌 보면, 하나님의 주권이라는 것과 인간의 자유라는 것은 서로 상반되는 것처럼 보이기도 한다. 성경을 온전히 그리고 제대로 이해할 수 있기 위해서는, 이 두가지 주제를 떼어놓지 말고 한데 묶어놓고 성경을 볼 수 있어야 한다. 혹자가 언급한 바와 마찬가지로, 성경은 하나님의 주권적인 공급과 인간의 책임이 공존하고 있음을 여러 곳에서 보여주고 있다.⁴⁾

나는 이제 성경에서 두개의 예를 끌어내어 하나님의 주권과 인간의 자유라는 관점의 상호관계에 대해 고찰할 것이고, 이것이 끝나면 하나님의

---

4) 나는 이 주제와 관련되어 D. A. Carson이 저술한 다음의 전문 서적으로 많은 도움을 받았다. Divine Sovereignty and Human Responsibility(Grand Rapids: Baker, 1994). 그리고 일반 성도들로부터 꽤 인기가 있었던 그가 지은 다음의 책으로부터도 많은 도움을 받았다. How Long, O Lord?(Grand Rapids: Baker, 1990).

주권과 인간의 자유라는 관점에서 지옥에 대해 고찰할 것이다. 하나님의 주권과 인간의 자유에 대해 이해할 수 있는 성경의 두 이야기가 있다. 그 중 첫 이야기는 요셉의 형제들이 요셉을 노예로 파는 이야기이고, 둘째 이야기는 예수님께서 십자가에서 처형당하시는 이야기이다. 이러한 두 이야기에 대해 고찰 함으로, 우리는 하나님의 주권과 인간의 자유의지가 어떠한 관계를 갖고 있는지를 이해할 수 있게 될 것이다. 그리고 이러한 이해를 바탕으로, 지옥을 올바로 이해하려는 시도를 하게 될 것이다.

노예로 팔려간 요셉

창세기는 형제를 배반하는 무서운 죄의 이야기를 다루고 있다. 요셉의 형들이 요셉이 꾼 꿈을 시기하여 그를 이스마엘 상인에게 20세겔의 은전을 받고 팔아넘겼다(창 37:26-28). 요셉을 산 그 상인은 다시 그를 보디발에게 팔아버렸다. 그리고 우여곡절 끝에 요셉은 결국 애굽에서 두 번째로 높은 지위에 오르게 되었다(41:41). 요셉이 그 높은 지위에 있는 동안, 요셉의 형제들은 그러한 사실에 대해서는 전혀 모른 채, 온 나라에 닥친 기근을 피하기 위해 애굽에 양식을 구하러왔다. 형들을 만난 요셉은 "나는 당신들이 노예 상인에게 팔아넘겼던 당신들의 형제 요셉입니다. 그러나 나를 팔았다고 해서 힘들어하거나 마음 아파하지 마십시오. 하나님께서 사람들을 살리시기 위해 당신들을 앞세워 나를 여기에 먼저 보내셨습니다…. 여러분들이 나를 여기로 보낸 것이 아니라 하나님 보내셨습니다." 라고 하였다(45:4-5, 8). 그러자 그의 말을 들은 요셉의 형들은 깜짝 놀랐다.

이 이야기를 듣는 여러분들은 아마도, "요셉의 형들이 요셉을 팔아버렸기 때문에, 요셉이 애굽으로 가게된 것이 확실한데…"라며 의아해 할 것이다. 요셉도 그런 사실이 맞는다고 인정하였다. 그랬기에 그는 형들에게 형들이 자신을 애굽에 팔았다고 말한 것이다. 그럼에도 요셉은 자신이 애굽에 오게 된 것은 더 큰 존재가 보냈기 때문이라고 말하였다. 즉 하나님께서 그렇게 하셨다는 것이다. 성경은 이 사건에 대해 두 가지 원인이 있다고 말해주고 있다. 즉 요셉의 형들과 더불어 하나님께서 모두 그를 애굽으로 보낸 것이다. 형들의 죄된 행위와 하나님의 계획이 둘 다 같은 결과를 창출한 것이다.

이것은 신비이다. 이러한 이중원인으로 인한 사건들이 성경의 도처에 깔려있다. 우리는 성경의 눈으로 이 이중원인의 사건들을 볼 수 있어야 한다. 하나님의 주권은 요셉 형제들의 죄 짓는 자유의지를 꺾지도 않았고, 그렇다고 그들의 죄를 조장한 것도 아니다. 요셉의 형들이 요셉을 노예로 팔아넘긴 것은 하나님 보시기에 분명한 죄다. 그러나 형제들의 죄로 인해 하나님의 계획이 바뀐 것은 전혀 아니다. 요셉은 이러한 이중원인에 대한 확실한 이해를 하고 있었다. 그랬기에 그는 형들에게, "저를 이곳에 보낸 것은 당신들이 아니라 하나님이십니다." 라고 말할 수 있었던 것이다. 궁극적으로 보자면 요셉을 애굽으로 보낸 것은 그의 형들이 아니라 하나님이시다. 하나님께서는 모든 사건들 뒤에 서 계신다. 심지어는 죄된 사건 뒤에도 하나님이 계신다. 그렇다고 하나님께서 죄를 조장하시는 것은 아니다.

아버지 요셉이 죽자, 요셉의 형들은 요셉이 자신들을 죽일까봐 전전긍긍하였다. 이러한 사실을 눈치 챈 요셉은 형들에게, "두려워하지 마십시오. 내가 어찌 하나님을 대신하겠습니까? 당신들은 나를 해치려고 하였지만, 하나님께서는 그것을 선으로 바꾸셨습니다…. 그러므로 두려워하지 마십시오."라며 참으로 은혜로운 말을 해주었다(창 50:19-21). 여기서 성경은 하나의 사건에 두 가지 서로 다른 동기가 있음을 말해주고 있다. 형들은 요셉을 해치려는 동기를 가지고 있었다. 그러나 하나님께서는 이 사건에 대해 선한 동기를 가지고 계셨다. 그러나 하나님의 선한 동기가 형제들의 악한 동기를 유발시킨 것은 절대로 아니다. 하나님의 주권은 그 어떤 악한 행위도 선한 결과로 바꾸실 수가 있다. 하나님께서는 악에서 선을 이끌어 내시는 분이시다.

그리스도의 배반당하심과 십자가 처형

　하나님의 주권과 인간의 자유의지의 묘한 조화라는 신비는 예수님이 배반당하여 십자가에 달리시는 사건에서 극치를 이루고 있다. 하나님의 주권과 인간의 자유의지의 조화에 대한 것은 예수님께서 유다의 배반에 대해 하신 말씀에서 잘 나타난다. "인자는 계획된 대로 갈 것이다. 그러나 나를 배반하는 자에게는 화가 임할 것이다(눅 22:22)." 그리스도께서 배반당하여 십자가에 달리시는 것은 하나님께서 인정하신 수순이었다. 이런 일들은 반드시 일어나야한다. 예수님께서 이런 말씀을 하셨다는 것은 그분께서 하나님의 이러한 계획에 순종하셨다는 말이다. 그러나 그렇다고 배반자 가롯 유다의 죄가 무죄가 되는 것은 아니다. 유다는 분명히 예수님을 배반하여 팔아넘기는 죄를 범하였고, 이 죄의 결과를 그는 받을 것이다. 이와 관련하여 마태복음에서 예수님께서는 유다에 대하여 다음과 같이 말씀하셨다. "그가 차라리 태어나지 않았더라면 좋았을 것이다(마 26:24)." 유다는 예수님을 배반한 대가로 벌을 받아야만 하였다!

　유다가 그리스도를 배반하였기 때문에 하나님의 계획에 차질이 있게 되어 하나님의 원래 계획에 수정이 가해졌는가? 절대로 그렇지 않다. 이와 관련하여 하나님께서 예수님을 십자가에 못 박히시도록 하셨다는 베드로의 강력한 설교를 들어보자:

　이 예수님께서 버림을 받으신 것은 하나님께서 정하신 계획을 따라 미리 알고 계신 대로 된 일이지만, 여러분은 그를 무법자들의 손을 빌어서 십자가에 못 박아 죽였습니다. 그러나 하나님께서는 그를 죽음의 고통에서 풀어서 살리셨습니다. 그러나 하나님께서는 그를 죽음의 고통에서 풀어서 살리셨습니다. 그가 죽음의 세력에 사로잡혀 있는 것은 있을 수 없는 일이기 때문입니다.(행 2:23-24; 표준 새번역)

　사실, 헤롯과 본디오 빌라도가 이방 사람과 이스라엘 백성과 한패가 되어, 이 성에 모여서 주께서 기름 부으신 거룩한 종 예수님을 대적하여, 주님의 권능과 뜻으로 미리 정하여 두신 일들을 모두 행하였습니다.(행 4:27-28; 표준 새번역)

여기서 먼저 우리가 인식해야 할 사실은 예수님의 배반당하심과 십자가에 달리심은 '하나님의 예정된 목적과 계획대로 된 일'이다(행 2:23). 이 말은 죄인들은 예수님에게 대항하여 예수님에게 가장 큰 죄를 저질렀지만, 이렇게 됨으로 결국 "미리 예정되어 있던 하나님의 능력과 뜻이 나타나게 되었다."(행 4:28)는 말이다. 예수님을 십자가형에 처해지도록 하신 것은 하나님이시다. 이에 대해 성경의 다른 곳에서는, "양이 이 세상이 창조될 때부터 죽임을 당했다."(계 13:8; 참고: 벧전 1:20)고 기록돼 있다. 창세전부터 전능하신 하나님께서는 자신의 아들이 죽임당하는 계획을 세워 놓으셨다. 하나님께서 전능하시기에 예수님은 전능하신 하나님의 계획에 따라 십자가에서 죽으신 것이다.

예수님의 십자가 사건 이후 지금까지, 아직도 수많은 유대인들과 이방인들에 의해 예수님을 십자가에 못 박는 죄들은 여전히 저질러지고 있다. 이 세상의 그 어떤 죄가 '영광의 주' (고전 2:8)요 '생명의 주인' 되신 분을 십자가에 못 박아 죽이는 죄보다 크단 말인가? 아들 하나님을 죽인 죄는 말할 수도 없이 크고 끔찍한 죄이다.

예수님께서 십자가에 죽은 것은 하나님의 계획인 동시에 인간이 저지른 제일 큰 죄악이었다. 십자가를 통해 나타난 하나님의 주권과 인간의 자유의지의 긴장관계를 제대로 이해하는 것은 차라리 하나의 신비라고 볼 수 있다. 이 둘 중 어느 한 쪽을 지나치게 중점을 두어 해석하다가는 잘못된 결론에 도달하기가 십상이다. 인간의 책임을 등한시 하면 주님을 십자가에 못 박은 배반자들을 하나님의 계획에 동조한 훌륭한 사람들로 해석하게 될 것이다. 하나님의 계획 쪽을 등한시 하면 십자가의 사건은 하나님의 임시방편에 불과한 것으로 해석되게 된다. 이런 해석은 둘 다 극단적으로 치우친 잘못된 해석들이다. 인간이 완전히 이해할 수는 없는 노릇이지만, 십자가는 분명히 하나님의 뜻이며 또한 동시에 악인들의 비난받아야 마땅한 죄이다. 그렇다고 하나님께서 죄인들과 결탁한 것도 아니고, 전능하신 하나님의 손에 놀아나 사람들이 악인 역할을 맡은 연극을 한 것도 아니다.

지옥, 하나님의 주권 그리고 인간의 자유

하나님의 주권과 인간의 자유사이에 있는 신비스러운 긴장관계는 요셉의 이야기와 십자가 사건에서 분명히 나타난다. 또한 하나님께서 악인들을 지옥에 보내는 경우에도 이러한 신비한 긴장관계가 분명하게 나타난다. 심판에 관한 성경 구절들을 조사해보면 마지막 심판 때에 전능하신 하나님께서는 심판자가 되셔서 구원받지 못한 죄인들에게 처벌을 내리신다는 사실을 어렵지 않게 알 수 있다. 성경은 하나님께서는 주님인 동시에(롬 14:9) 또한 산자와 죽은 자들의 심판자(행 10:42; 딤후 4:1; 벧전 4:5)라는 사실을 잘 보여주고 있다. 우리가 앞서 언급하였던 바와 마찬가지로, 성령 하나님 그리고 성부 하나님과 성자 하나님 이 세분 모두가 마지막 심판을 함께 수행하신다.

심판 때에 나타나는 하나님의 전능성은 그분께서 사람들을 지옥에 던져버리신다는 성경의 표현에서 잘 나타난다. 예수님께서는 사람들에게, "나는 너희들에게 누구를 마땅히 두려워해야 될 지에 대해 말해 주겠다. 너희들을 죽인 후에 지옥에 던져버리실 그분을 두려워하라. 그렇다. 내가 너희들에게 말하는데, 그분을 두려워해라."(눅 12:5)라고 말씀하셨다. 예수님의 이러한 말씀과 관련된 것들은 복음서와 요한계시록에 여러 차례 서술되어있다.[5]

---

[5] 사람들은 이러한 예수님의 표현을 하나님에 대한 인간의 수동성이라는 말로 표현한다. 하나님에 대한 인간의 수동성에 관련된 성경의 표현들은 다음 곳들에 나와 있다: 마 18:8-9; 계 19:20; 20:10; 15. 아들 하나님께서 천사들을 사용하셔서 자신의 뜻을 이루시는 부분에 관하여는 성경의 다음 곳들을 보라. 마 13:41-42, 49-50.

하나님의 전능하신 능력은 참으로 대단하셔서 악한 존재들이 무덤 속으로 들어간 다음에도 영향력을 행사하신다.

하나님께서 심판에 결정적인 영향력을 행사하시는 분이라는 사실은 그분께서 악인들에 대해 심판을 내리시기 때문이라는 사실로 알 수 있지만, 또한 그분께서 지옥을 장악하고 계시다는 사실로도 잘 알 수 있다. 혹자들이 이점에 있어서 오해를 해왔었다. 가령 존 게스트너(John Gestner)는, "지옥은 사탄이 장악하고 있다…. 지옥에서 내뿜는 사탄의 진노는 너무도 극렬하다."라고 하였다.[6] 게스트너는 물론 하나님께서 지옥을 통치하고 있다는 사실은 인정하였지만, 하나님의 권세 아래에서 사탄이 지옥을 장악하고 있다고 주장하였다. 그러나 그러한 생각은 잘못된 것이다. 하나님만이 지옥을 관장하신다. 하나님의 엄청난 진노는 지옥에 있는 사탄과 그의 천사들 및 악한 사람들에게 대해 표출된다. 그러기에 예수님께서도 악행 자들에 대해, "마귀와 그의 천사들을 위해 예비된 지옥에 들어가라"(마 25:41)고 불호령을 내리신 것이다. 이와 관련하여 요한계시록에서 요한은 다음과 같이 서술하였다. "마귀는… 타고있는 유황 못에 던져져서…. 밤낮 세세토록 고통을 받는다."(계 20:10) 이 표현으로 보아 사탄은 지옥의 왕이 아니라, 오히려 하나님의 권한 아래에 놓여있는 자인 것이 분명하다. 또한 사탄은 지옥에서 다른 악한 천사들과(20:10) 및 악인들과 함께(20:15) 영원히 고통당하는 것이 분명하다.[7]

따라서 하나님의 주권은 이 세상 사람들에게만 미치는 것이 아니라, 지옥에 간 사람들에게까지도 미친다. 그러나 그렇다고 해서 모든 인간들은 무조건 지옥에 가도록 만들어졌고, 인간의 자유의지에 따른 선택은 쓸모가 없다고 말할 수 없다. 오히려 그 반대다. 인간이 자유의지를 잘못 사용하였기 때문에 그 결과로 지옥에 가게 되는 것이다. 이에 대해 구약 성경

---

6) John H. Gerstner, Repent or Perish: With a Special Reference to the Conservative Attack on Hell(Ligonier, Pa.: Soli Deo Gloria, 1990), 189-90.

7) Sydney H. T. Page가 공저자로 나와 있는 다음 책에서 인용됨. Powers of Darkness: A Biblical Study of Satan and Demons(Grand Rapid: Baker, 1995).

과 신약 성경은 다음 예에서 알 수 있듯이, 하나님께서는 인간 각자의 행위에 따라 심판하신다고 말하고 있다(아래에 예시된 성구들은 모두 표준 새번역 성경에서 인용되었음; 역자 주):

주님, 주님께서는 각 사람에게 그가 행한 대로 갚아 주십니다(시 62:12).

내가 그들의 행실대로 그들에게 갚아 주고, 그들이 심판받아야 하는 그대로 그들을 심판하겠다. 그때에야 그들이 비로소 내가 주인 줄 알게 될 것이다(겔 7:27).

그러므로 백성이나 제사장이 똑같이 심판을 받을 것이다. 내가 그 행실대로 벌하고 한 일을 따라서 갚을 것이다(호 4:9).

만군의 주께서는, 우리가 살아온 것과 우리가 행동한 것을 보시고서, 결심하신 대로 우리가 마땅히 받아야 할 벌을 내리셨다고 하였다(슥 1:6).

인자가 자기 아버지의 영광에 싸여, 자기 천사들은 거느리고 올 터인데, 그때에 그는 각 사람에게 그 행실대로 갚아 줄 것이다(마 16:27).

이기심에 얽매여서 진리를 거스리고 불의를 따르는 사람에게는, 진노와 분을 내리실 것입니다. 악한 일을 하는 모든 사람에게는, 먼저 유대 사람을 비롯하여 그리스 사람에게 이르기까지, 환난과 고통이 있을 것이요(롬 2:8-9).

자기를 속이지 마십시오. 하나님께서는 조롱을 받으실 분이 아니십니다. 사람은 무엇을 심든지 심은 대로 거둘 것입니다. 자기 육체의 욕망을 따라 심는 사람은 육체로부터 썩을 것을 거둘 것입니다(갈 6:8).

바다가 그 속에 있는 죽은 사람들을 내놓고, 사망과 지옥도 그 속에 있는 사람들을 내놓았습니다. 그들은 각각 자기들의 행위대로 심판을 받았습니다(계 20:13).

위의 모든 성경 구절들은 거룩하시고 공평하신 하나님께서 죄인들이 받아야 할 적정량의 벌을 내리신다고 말해주고 있다. 심판은 행위에 준한다. 더 정확히 말한다면 심판은 생각에 준하고(고전 4:5), 말에 준하고(마 12:36) 또한 행위에 준한다(계 20:12-13). 생각이 악하고 말이 악하며 행위가 악한 자들은 각각의 죄에 합당한 하나님의 진노를 받게 된다. 만일 혹자가 심판에 관한 성경의 구절들에 의문을 제기하여, 어째서 죄인들의 종착역이 지옥인지에 대해 물을 것이다. 이 질문에 대해 성경은 인간 각자가 자유의지를 잘못 사용하여 악행을 행하였기에, 그 악행의 대가로 인해 그렇게 된다고 일관되게 대답한다.

하나님께서 지옥을 장악하고 계신다는 사실을 증명해주는 또 다른 하나의 증거는 성경의 심판에 관한 구절들에서 발견되는 그분의 조용하면서도 단호한 목소리에서 찾아볼 수 있다. 죄된 인간들은 이러한 하나님의 조용한 목소리를 못들을 수도 있다. 그러나 자세히 들어보면 들을 수 있다. 성경의 심판에 관한 구절들 중 몇 군데에서, 하나님께서 구원받지 못한 사람들의 운명에 대해 전권을 행사하시는 하나님으로 묘사되어 있다. 마지막 심판 때에 주님께서는 거짓 제자들에게 이렇게 말씀하신다. "내가 너희들을 알리 없다. 너희 악행하는 자들아, 나에게서 떠나가라!" (마 7:23) 주님께서 구원받지 못한 자들을 전혀 알지 못한다는 주님의 이 말씀은 도대체 무슨 뜻인가? 어떻게 전능하신 아들 하나님께서 사람들을 인식할 수 없으시다는 말인가? 그 이유는, 구원에 관해서는, 주님께서 구원받지 못한 자들과 전혀 상관이 없으시기 때문이다. 예수님께서 하신 다음과 같은 말씀을 보면 이 말의 뜻이 무슨 뜻인지 더욱 분명해진다. "나는 나의 양들을 알고 내 양들은 나를 안다(요 10:14)." 즉, 예수님은 자기의 양들을 개인적으로 아신다. 양들이 구원을 받았기 때문에 예수님이 아시는 것이다. 또한 양들은 구원받았기 때문에 예수님을 개인적으로 아는 것이다.

이와 관련하여 바울은 이렇게 말하였다. "전에 너희들이 하나님을 몰랐을 때에, 너희들은 본질상 하나님 아닌 신들에게 종노릇하며 살았다. 그러나 지금은 너희들이 하나님을 알고 있다. 아니, 너희들이 하나님에게 알려진바 되었다고 말하는 편이 오히려 낫겠다. 그런데 너희들은 어째서 그러한 불행한 삶의 원칙들로 다시 돌아가려고 하고 있는가?"(갈 4:8-9) 여기서 사도 바울은 "지금은 너희들이 하나님을 알고 있다. 아니, 하나님에게 너희들이 알려진바 되었다고 말하는 편이 더 낫겠다."는 사실을 특별히 강조하고 있다. 바울은 여기서 그들이 하나님을 알게 되었다고 말하는 것이 아니라, 오히려 하나님께서 그들을 알게 되었다고 말하고 있는 것이다. 이것은 갈라디아 사람들이 구원을 받게 됨으로 하나님과 개인적으로 알게 되었고 그 결과 하나님과 개인적으로 교제할 수 있게 되었다는 말이다.

이와 마찬가지로, 예수님이 거짓 제자들을 전혀 모른다고 하신 말씀도 같은 맥락에서 이해되어야 한다. 그렇게 되면 예수님께서 거짓 제자들을 도무지 모르겠다고 하신 말씀은 그들은 구원받은 적이 없기 때문에, 주님께서는 한 번도 그들과 개인적인 교제를 한 적이 없다는 말이 된다. 그러한 이유로 인해, 주님께서 거짓 제자들을 거절하실 수밖에 없으신 것이다. 이러한 사실은 앞에 이야기 되어진 사실과 관련을 맺게 된다. 즉 사람들은 자신이 범한 잘못된 삶으로 인해 저주를 받는다. 그리스도께서 그들을 모른다고 말씀하셨다고 해서, 그들이 저지를 악행조차 모르시는 것은 아니다. 악행 자 각자는 그들의 죄에 대해 책임을 져야할 때가 반드시 온다. 하나님께서는 그들의 모든 악행들을 일일이 다 꿰고 계신다. 하나님의 전능성은 그들이 저지른 죄악, 그리고 우리들이 저지른 죄악까지에도 다 알고 계신다.

요한은 이와 관련하여 하나님께서 모든 악인들의 운명의 배경에 조용히 서계시면서, 묵묵히 역사를 그분의 뜻대로 이끌어 가신다며 다음과 같이 서술하였다.

> 나는 크고 흰 보좌와 그 위에 앉으신 분을 보았습니다. 땅과 하늘이 그 앞에서 사라지고, 그 자리마저 찾아볼 수 없었습니다. 나는 또 죽은 사람들이 큰 자나 작은 자나 할 것 없이, 다 그 보좌 앞에 서 있는 것을 보았습니다. 그리고 책들을 펴놓고 또 다른 책 하나를 펴놓았는데, 그것은 생명의 책이었

습니다. 죽은 사람들은 그 책에 기록되어 있는 대로 자기들의 행위대로 심판을 받았습니다. 바다가 그 속에 있는 죽은 사람들을 내놓고, 사망과 지옥도 그 속에 있는 사람들을 내놓았습니다. 그들은 각각 자기들의 행위대로 심판을 받았습니다. 그리고 사망과 지옥이 불바다에 던져졌습니다. 이 불바다가 둘째 사망입니다. 이 생명책에 기록되어 있지 않은 사람은 누구나 다 이 불바다에 던져졌습니다.(계 20:11-15; 표준 새번역)

위의 성경 구절은 주목할 만한 가치가 있는데 그 이유는 위의 성경구절들이 하나님의 주권과 인간의 책임에 대해 잘 설명하여 주고 있기 때문이다. 성경의 다른 곳에서와 마찬가지로, 여기서의 중요점은 인간이 죄를 지었고, 인간은 자신이 지은 죄에 대해 책임을 져야한다는 사실이다. 하나님께서는 구원받지 못한 죄에 대해 책임을 물으신다. 죽은 자들은 자신의 행위가 기록된 하나님의 심판 책의 기록에 따라 심판을 받는다(계 20:12, 13).

위의 성경 구절은 또한 심판의 때에 펼쳐질(심판 책 외에, 또 다른 하나의) 책이 있다고 말해주고 있다. 그 책은 바로 생명책이다. 이것은 하나님의 구원하시는 전능성과 관련이 있다. 요한계시록에서 이 책은 자주 '생명책'(계 3:5; 17:8; 20:12, 15) 또는 '어린 양의 생명책'(13:8; 21:27)이라는 표현으로 나타난다. 생명책에 이름이 올려져 있는 자들은 새 예루살렘에 들어가게 될 것이다(21:27). 즉 이 생명책에는 하나님의 도시에 거주하게 될 자들의 명단이 실려 있다. 그런데 놀라운 사실은 이들의 이름이, 이 세상이 창조될 때에 이미 생명책에 기록돼 있다(17:8)는 사실이다.

창세 때에 이미 생명책에 자신의 이름이 올라가 있는 자들은(계 17:8) 불못에 들어가지 않고(20:15) 새 예루살렘에 들어간다(21:27).[8]

이에 대해 요한은, "생명책에 이름이 적혀있지 않은 자는 누구든지 불못에 던져진다(20:15)"라고 하였다. 요한의 이러한 표현 속에는 전능하신 하나님의 능력이 구원받지 못한 자들의 운명을 결정짓는다는 뜻이 포함되어있다. 창세 때부터 생명책에 이미 그 이름이 기록된 자들은 구원받은 자

---

8) 다음을 보라. Beale, Revelation, 281-82.

요 하나님의 백성이다. 그러나 그 반대로 이름이 기록되지 않은 자들은 구원을 받지 못하기 때문에 하나님으로부터 거절을 받게 되는 자들이다. 인간으로서는 이해하기 힘든 하나님의 주권적인 예정에 의해 구원받을 자들이 창세전에 미리 선택되었다. 하나님께서는 이미 누가 구원받을 지를 결정해 놓으셨다. 요한이 인간의 행위를 기록한 책과 생명책에 대해 언급한 표현들로부터 우리는 하나님의 주권과 인간의 자유가 어떻게 조화를 이루고 있는지를 어느 정도만 이해할 수 있다. 인간의 자유의지와 하나님의 절대주권은 서로 대립하지 않는다. 마지막 심판의 때에 악인들은 그들이 마땅히 받아야 할 판결을 하나님으로부터 받게 된다. 그리고 하나님께서는 악인들을 포함한 모든 사람들의 운명 뒤에서(결론을 미리 가지시고) 태초부터 마지막 심판 때까지 가만히 계신다.

우리는 요한계시록 20장 11-15절로부터 지금까지 논의해 온 것과 관련하여, 다음과 같은 사실들을 도출해 낼 수가 있다. 이제 까지 논해온 바에 의하면 인간이 멸망당하는 것은 다음의 두 가지 이유에서이다. 하나는 죄를 범하기 때문이다(현재까지 존재하는 가장 큰 이유). 그리고 다른 하나는 하나님의 주권 때문이다. 이제 인간이 멸망당하는 세 번째 이유에 대해 말해 보자. 성경은 인간이 지옥에 떨어지는 이유가 아담의 원죄 때문이라고 말하고 있다. 바울은 로마서 5장을 통하여 이에 대해 분명하게 다음과 같이 명시하였다.

> 많은 사람들이 한 사람의 범죄로 인하여 죽었다….
>
> 하나의 범죄로 인하여 심판이 나타나게 되었고 저주가 임하게 되었다….
>
> 한 사람의 범죄로 인하여 죽음이 지배하게 되었다….
> 한 사람의 범죄로 인하여 모든 사람이 저주를 받게 되었다….
>
> 한 사람이 불순종하였기 때문에 많은 사람들이 죄인이 되었다….
>
> (롬 5:15, 16, 17, 18, 19)

성경은 죄에 대해 인간이 책임을 져야한다고 말하고 있다. 인간은 원죄와 자범죄로 인하여 멸망한다. 인간의 원죄는 자범죄보다 인간들에게 심각한 영향력을 행사한다. 아담이 범죄하였기 때문에 세상에 죄가 들어왔다(롬5:12). 그러나 성경은 원죄로 인해 모든 사람이 이미 죄인 되었다고 해서, 자범죄가 죄로 인정되지 않는다고는 결코 말하고 있지 않다. 바울은 아담의 원죄에 대해 말하기 전에(5:12-19), 자범죄의 심각성에 대해 논하였다(롬 1:18-3:20). 물론 원죄가 자범죄보다 인간을 더 멸망시키는 궁극적인 죄이긴 하다. 그렇지만 원죄와 자범죄 모두가 인간을 지옥으로 보낸다.

성경은 왜 인간이 멸망할 수밖에 없는 지에 대해 깊게 파헤치고 있다. 인간에 가해지는 하나님의 형벌은 인간의 죄에 대한 하나님의 정당한 보복이다.[9]

우리는 이러한 사실을 요한계시록 20장 15절의 다음과 같은 표현에서 감지할 수 있다. "만일 어떤 사람이 생명책에 자신의 이름이 기록되어있지 않다면, 그 사람은 영원한 불못에 던져진다." 성경의 다른 곳도 이러한 것이 사실이라는 것을 입증해주고 있다.[10]

우리는 성경을 읽으면서 왜 사람들이 지옥에 가는지에 대해 제대로 알게 된다면, 지금껏 제시된 세 가지 요소들이 지옥 가는 책임을 각각 어느 정도 져야하는 지에 대해서도 알게 된다. 세 가지 요소들을 지옥에 가는 가장 작은 이유부터 가장 큰 이유의 순서대로 나열하면 자범죄, 원죄 및 하나님의 주권의 순서가 된다. 죄인들은 평생에 걸쳐서 죄를 짓는다. 그다음으로 큰 이유로, 아담의 원죄가 인간들에게 치명상을 입혔기 때문에 인간들은 지옥에 보내어 질 수밖에 없다. 그리고 마지막으로 죄옥에 가는 가장 큰 이유로는 창세전에 하나님께서 이미 지옥에 가도록 예정해 놓으셨기 때문이다.

---

9) 하나님의 예정 선택에서 누락되는 것과 관련된 전문용어에 대해 알려면 다음을 보라. Louis Berkhof, Systematic Theology(Grand Rapids: Eerdmans, 1939, 1941), 116.
10) 성경의 다음 절들이 그러하다. 요 10:26; 롬 9:22; 11:7; 벧전 2:8.

성경은 인간들이 지옥가는 이유가 이 세 가지임을 분명히 이야기 하고 있지만 이 세 중의 하나가 다른 것들을 상쇄시킨다고 이야기 한 적은 한 번도 없다. 우리는 이에 대해 애굽으로 팔려간 요셉의 경우나 배반당하여 십자가에서 처형당하신 예수님의 경우를 통해 살펴본 것 이상으로 이해할 수는 없다. 하나님만이 하나님의 주권과 인간의 자유의 관계를 통해 나타나는 신비를 온전히 이해하실 수 있으시다. 우리는 그저 그분의 성경 말씀의 권위 아래 순종하는 수밖에 없다.

지금까지의 논의들을 차례대로 정리하여 보자. 성경은 심판자시요 주권자이신 하나님 앞에, 마지막 심판의 날 모든 죄인들이 서게 될 것이라고 말하고 있다. 그리고 그들이 심판받는 이유는 다음 세 가지 때문이다. 심판 책을 낭독할 때 가장 많이 거론되는 죄가 각자가 자신을 만드신 하나님에게 반항하여 범한 자범죄의 목록일 것이다. 그러나 그것만이 다가 아니다. 그 자범죄 뒤에는 아담의 원죄라는 것이 서있다. 성경은 하나님께서 만든 이 좋은 세상에 왜 죄가 난무하고 있는지에 대해 잘 설명해주고 있다. 원죄는 자범죄가 아니다. 그러나 그 원죄가 하나님의 각자에 대한 처벌의 정도를 감소시켜주지 못한다.

만일 우리가 왜 인간은 멸망당하는지에 대해 계속 물어나간다면, 우리는 성경에 의거해, 전능하신 하나님께서 창세전에 이미 구원받을 자들을 택해놓으셨고 여기에 들지 않은 자들은 구원을 받지 못하기 때문에 결국은 멸망당할 수밖에 없는 것이라고 대답할 수밖에 없다. 그러한 사실에 대해, 성경을 통해 익히 알게 된 우리는, 모든 인간들의 운명 뒤에는 전능하신 하나님께서 서 계시다고 고백할 수밖에 없다. 하나님의 선택과 하나님의 심판은 서로 비대칭적 관계에 있다고 말할 수 있다. 하나님께서는 예정적인 선택에 있어서 적극적으로 영향력을 행사하시기 때문에 이에 대해 주도권을 잡고 계신다고 말할 수 있다. 그러나 하나님의 은혜는 멸망당하는 자에게도 열려있다. 하나님께서는 멸망당해야 할 자들에 대해서는 수동적이시다. 이 말은 즉, 멸망당해야 할 자들에 대해 심판을 내리시는 것을 결코 기뻐하지 않으신다는 말이다. 그러나 그렇다고 해서 하나님의 심판이 그들의 원죄와 자범죄에 대해 힘을 잃는다는 말은 결코 아니다. 마치 우리가 삼위일체의 신비를 온전히 다 이해할 수 없고, 그리스도가 하나님이시면서 동시에 인간이라는 신비를 다 이해할 수 없는 것처럼, 어떻게 하나님의 심판에 관련된 것들이 어떻게 상호 관련되어 일어나는 지에 대해 완전하게 이해할 수는 없다. 그러나 그렇게 되는 것이 진리라는 사실만은 분명하다.

'이미' 그러나 '아직은 이루어지지 않은'의 입장에서 본 지옥

신약 성경을 토대로 21세기에 이루어졌던 종말론에 관한 연구들 가운데 가장 빛난 업적은 '이미' 그러나 '아직은 이루어지지 않은'으로 대변되는 종말론이다.[11]

구약 성경은 장차 메시아가 이 땅에 오심으로 세상에 종말이 오실 것이라고 예언하였다. 여기서 '이미(already)'는 메시아가 이 땅에 이미 오셨다는 것이다. 그리고 '아직은 이루어지지 않은(not yet)'은 예수 재림에 관한 예언은 아직은 성취되지 않았다는 것을 지칭한다. 이러한 '이미'와 '아직은 이루어지지 않은'의 신학은 주로 신약 성경의 말씀들을 근거로 제시되었다. 그러나 구약 성경에도 이에 상응하는 개념이 전혀 없는 것은 아니다. 이스라엘 백성의 역사는 한마디로 '이미' 그러나 '아직은 이루어지지 않은'의 역사이다. 이스라엘의 역사는 이미 애굽 땅을 나왔지만, 아직 온전한 하나님의 날을 맞이하지는 못한 역사이다.

'이미 도래한, 그러나 아직은 이루어지지 않은'에 관한 신학의 뿌리는 구약 성경에서 시작되지만, 신약 성경에 와서야 비로소 그 꽃이 만발하게

---

11) 다음들을 보라. Herman Ridderbos, The Coming of the Kingdom, trans. H. de Jongste(Philadelphia: Presbyterian & Reformed, 1962), 36-56l; Oscar Cullman, Salvation in History, trans. S. G. Sowers(New York: Harper & Row, 1967), 32, 172-85; G. C. Berkouwer, The Return of Christ, trans. James Van Oosterom(Grand Rapids: Eerdmans, 1972), 20-23, 110-15, 121-22, 138-39; Anthony Hoekema, The Bible and the Future(Grand Rapids: Eerdmans, 1979), 14-15, 68-75.

되었다. 신약성경에서 신학의 거의 모든 주요 주제들에는 '이미' 와 '아직은 이루어지지 않은' 등의 긴장이 존재하고 있다. 예를 들면, 마지막 때에 대한 징조(마 2:14), 하나님께서 우리를 양자 삼으심(갈 4:7; 롬 8:23), 적 그리스도의 등장(요일 2:19), 죽은 자의 부활(요 5:24-29) 및 영광스럽게 됨(요 17:2, 24)과 같은 주제들이다. 완전한 구원과 심판은 물론 마지막 날에 이루어질 것이다. 그러기에 완전한 구원과 심판은 아직은 이루어지지 않았다. 그러나 그럼에도 이것들은 이미 이 땅에 존재하고 있기에 이 땅에서 이미 이런 것들을 경험하면서 살 수 있다.

특히 요한일서 3장 1-3절의 말씀을 통해서 우리는 이미 실현되었지만 아직 완전히 실현되지 않은 구원에 관한 멋진 서술을 접할 수 있다.

> 아버지께서 우리에게 얼마나 큰 사랑을 주셨는지를 생각하여 보십시오. 하나님께서 우리를 당신의 자녀라고 일컬어 주셨으니, 우리는 하나님의 자녀입니다…. 사랑하는 여러분, 이제 우리는 하나님의 자녀입니다. 앞으로 우리가 어떻게 될지는 아직 밝혀지지 않았습니다만, 그리스도께서 나타나시면 우리도 그와 같이 될 것임을 압니다. 그때에 우리가 그를 참 모습 그대로 뵙게 될 것이기 때문입니다. 그에게 이런 소망을 두는 사람은, 그가 깨끗하신 것과 같이 누구나 자기를 깨끗하게 합니다(표준 새번역).

위의 구절에서 요한은 "우리는(이미) 하나님의 자녀입니다."라는 표현을 통해 '이미'를 언급하였다. 그러나 또한 "우리가 어떻게 될지는 아직 알려지지 않았습니다."라는 표현을 통해 '아직은 이루어지지 않은'을 말하고 있다. 요한은 여기서 '이미'와 '아직은 이루어지지 않은' 시대를 살아가는 신자들로 하여금 하나님 아버지의 사랑을 높이며 끝까지 자신을 깨끗하게 지키며 살 것을 촉구하였다.

심판도 어떻게 보면 이미 임한 것이지만 달리 보면 아직도 온전히 이루어지지는 않았다. 우리는 네번째 복음서인 요한복음에 기술된 다음과 같은 말씀을 통해 구원과 심판이 '이미' 이 땅에 임했다는 사실을 알 수 있다.

하나님께서 세상을 이처럼 사랑하셔서 독생자를 주셨으니, 누구든지 그를 믿으면 멸망하지 않고 영생을 얻을 것이다. 하나님께서 아들을 세상에 보내신 것은 세상을 심판하시려는 것이 아니라, 아들로 세상을 구원하시려는 것이다. 아들을 믿는 사람은 심판을 받지 않는다. 그러나 믿지 않는 사람은 이미 심판을 받았다. 그것은 하나님의 독생자의 이름을 믿지 않았기 때문이다(요 3:16-18; 표준 새번역).

세상은 하나님을 싫어하였지만 하나님께서는 세상을 사랑하셨다. 그래서 그분께서는 세상 사람들을 구원하시기 위해 자신의 아들을 세상에 보내셨다. 하나님께서 예수님을 세상에 보내신 이유는 세상을 구원하시기 위함이었다. 따라서 심판은 구원을 이루기 위해 어쩔 수 없이 딸려온 부차적인 것이었다. 심판은 장차 있을 것이지만 예수님을 믿어 구원을 받은 자들은 장차 있을 처벌에서 '너는 면제받았다' 는 확증을 이미 현재시점에서 받았다. 그러나 예수님을 영접하지 않은 자들은 장차 있을 최종 심판에서 '너는 유죄다' 라는 판결을 받게 될 것이 현재 시점에서 이미 확증되었다. 미래의 최종 심판('아직은 이루어지지 않은')에서의 유죄로 판결날지 아니면 무죄로 판결날 지는 이미 현재 자신이 예수님을 받아들였는지 아니면 거절하였는지로 '이미' 결정난 것이다. 만일 혹자가 어째서 이런 '이미' 와 '아직은 이루어지지 않은' 사이의 긴장이 존재하는 지를 묻는다면, 그 대답은 바로 예수님의 초림에 맞추어질 수 있다. 예수님께서 이 땅에 이미 오심으로 인하여, 구약 시대에는 매우 희미하게 보이던 인간의 종착점을 확실히 볼 있기 때문에 '이미' 와 '아직은 이루어지지 않은' 사이의 긴장이 나타나게 된 것이다(참고: 딤후 1:9).

요한은 영생에 대한 말을 하면서 신자들은 현재의 시점에서 그 영생을 이미 소유하였지만 불신자들은 현재의 시점에서 이미 하나님의 진노 안에 거한다고 하였다. "아들을 믿는 자는 누구나 현재 영생을 갖고 있습니다. 그러나 아들을 거절하는 자는 누구나 생명을 보지 못하게 되고 하나님의 진노가 현재 그 사람위에 머물러 있습니다(요 3:36)." 영생은 하나님의 자녀들이 현재 시점에서 이미 갖고 있는 것이다. 그러나 그 영생은 마지막 날이 될 때까지는 완전히 나타나지 않는다. 이와 마찬가지로 하나님의 진노는 이미 불신자들에게 존재해 있다. 그들에 대한 하나님의 처벌은 이미 시작되었다. 그렇기 때문에 그들은 그 처벌로 인해 하나님의 임재에서 단절된 삶을 살아가고 있는 것이다. 그들이 이런 식으로 계속해서 불신을 고집하며 산다면, 그들은 결코 생명을 보지 못하게 된다. 현재도 못보고 앞으로도 영원히 못 보게 된다(36절).

　신약 성경은 구원과 심판이 현재의 것이라고 말해주고 있다. 그러나 단지 이 세상에 사는 동안만 천국과 지옥을 경험한다고 말하는 것은 틀린 말이다. 그러나 '이미'에 너무 치중을 하여 영원한 종착점에 대한 것을 등한시 하는 것 또한 잘못된 것이다. 왜냐하면 성경은 모든 것은 '아직은 이루어지지 않은'에 맞추어져 있기 때문이다. 그러나 우리가 최종점을 이야기하려면 그것에 우선하여 반드시 중간 상태에 대해 알고 있어야만 한다. 중간 상태란 '이미'는 지나갔지만, '아직은 이루어지지 않은'이 미처 도래하지 않은 상태를 말한다. 즉, 중간 상태란 현재와 최종점과의 사이 또는 회색지대라고 볼 수 있다. 이 중간 상태는 '이미'와 '아직은 이루어지지 않은'이 서로 섞여있는 상태라고 볼 수 있다.

　이제 나는 성경이 말하고 있는 신자와 불신자들의 중간 상태에 대해 언급할 것이다. 성경 신학의 눈으로 보면, 중간 상태는 잠시의 상태이며 불완전한 상태이다. 하나님께서는 인간을 창조하실 때 육과 영이 결합된 온전한 존재로 창조하셨다. 우리는 현재 육과 영이 같이 연합되어 있는 존재로 이 땅에서 살고 있다. 나중에 우리 믿는 신자들은 부활하여 새 땅에서 다시 살아가게 될 때에도 육과 영이 연합된 존재로 살아가게 될 것이다. 그러나 이 땅과 새 땅의 사이의 중간 상태에 관해 성경은 분명히 말하고 있다. 우리는 이 중간 상태를 반드시 거쳐야만 한다.

　믿는 자들이 거치는 중간 상태란 몸은 없고 영만 존재하는 상태로서 이 상태에서 신자들은 그리스도가 계신 천국(heaven)에 있게 되는 상태를 말한다. 예수님께서는 십자가에 달리신 때 오른편에 달린 강도에게 "오늘

네가 나와 함께 낙원(paradise)에 있게 될 것이다."(눅 23:43)라고 말씀하셨는데, 이 낙원이 바로 신자들이 거치는 중간 상태의 천국이다. 바울도 이 낙원에 있게 되는 중간 상태와 관련하여 이 곳을 떠나 그리스도와 함께 있는 것을 너무나도 소원한다고 하였고(빌 1:23), 신자들에게는, "우리가 육체를 떠나 주님과 함께 거하길 원한다"라고 말하였다(고후 5:8).[12]

그렇다면 불신자들이 거치는 중간 상태에 대해 성경은 무엇이라고 말하고 있는가? 심판은 마지막 날에 관한 것이지만, 성경의 몇 군데에서는 불신자들의 중간 상태와 관련된 심판에 대해서도 언급하고 있다. 이미 우리가 살펴 본 바와 같이 불신자들은 이미 이 세상에 살면서도 심판을 받고 있다. 그리고 불신자들은 육체의 사망 시에도 심판을 받는다. 예수님께서 말씀하신 부자와 나사로의 비유에서 우리는 육체의 사망 후에도 인간은 존재하며, 부활 전에도 인간은 존재한다는 사실을 알 수 있다. 이 세상에서 살 때에 가난하였지만 회개의 삶을 살았던 나사로는 죽어서 '아브라함의 곁'으로 가서 '위로를 받았다'(눅 16:22, 25) 여기서 '아브라함의 곁'이란 표현은 구약과 신약의 중간 시대에 유대인들이 사용하였던 표현으로 우리가 지금 말하는 중간 상태에 해당하는 말이고, 이를 중간 상태의 '천국' 또는 중간 상태의 '낙원' 등으로 이해하면 무리가 없다. 반면, 회개하지 않았던 부자는 죽어서 불로 고통받는 '지옥(hell, 개역성경에는 음부로 해석되었음; 역자 주)'에 갔다. 성경은 이에 대해 아브라함이 '불 가운데서' '고통스러워 한다'고 표현하였다(눅 16:23, 24, 25, 28). 나사로와 부자는 죽었기에 영이 육체를 떠났다. 나사로는 축복된 장소로 갔고 부자는 저주가 입하는 장소로 갔다. 부자와 나사로의 비유에서 나오는 이 두 곳은 신자와 불신자들의 최종 종착지가 아니라 중간 상태로 머무르는 곳이라는 사실을, 지옥에 간 부자가 아버지 아브라함에게 자신의 다섯 형제들에게 자신이 지옥에서 고통받고 있다는 사실을 알려 그들로 하여금 제발 지옥에 오지

---

12) 다음의 성경 절들은 이러한 사실을 확증한다. 행 7:59; 히 12:23; 계 6:9-10.

않도록 하게 해달라고 호소하는 말에서 찾아볼 수 있다. 왜냐하면 이러한 호소는 마지막 심판을 받기 위해 죽은 자들이 부활하고 난다면, 그 후부터는 할 수 없는 호소이기 때문이다.

그리고 베드로후서 2장 9절의 다음과 같은 표현으로부터 우리는 악인들이 거치는 중간 상태에 대해 어느 정도 알 수 있다. "주께서는 경건한 사람을 시련에서 건져 내시고, 불의한 사람을 벌하셔서 심판을 받는 동안(while continuing their punishment)까지 가두어 두실 것입니다(표준 새번역, 이탈리아체는 첨가된 것임)." 베드로는 이 말을 하기 바로 앞서 하나님께서 악한 천사들을 지옥에 보내어 지옥의 어둠침침한 구렁텅이에 심판의 때까지 가둔다고 말하였다(2:4). 따라서 베드로의 이러한 표현으로부터 우리는 어떤 악한 천사들은 최종 심판을 받기 전에도 지옥에 잠시 갇히는 심판을 받는 사실을 알 수 있다. 그리고 앞서 보았듯이 베드로 후서 2장 9절에서도 이미 육체로는 사망한 모든 불의한 자들이 최종 심판의 날 전에 중간 심판을 받아 갇히는 상태(중간 상태)로 일정기간 보낸다는 사실을 말해주고 있는 것으로 얼마든지 해석될 수 있다. 이와 같은 해석은 일부 주석가들에 의해 제기된 주장으로, 이들은 베드로후서 2장 4절의 콜라조메누스(kolazomenous)라는 원어를 앞에서와 같이 심판을 받는 동안이라고 해석하였다. 그러나 대부분의 주석가들은 이 표현을 분사로 보아, '심판을 받는(to be punished)'으로 해석하였기에, 2장 9절는 마지막 심판을 지칭하는 것으로 보아야 한다고 생각한다.[13]

하나님의 심판과 관련한 현재적 해석도 중요하고, 중간 상태적 해석도 중요하다. 그러나 최종 심판에 대한 가장 중요한 사실은 하나님의 최종 심판이 아직은 도래하지 않았다는 사실이다. 그리스도께서는 장차 영광 중에 다시 오실 것이다. 이와 관련하여 마태는, "인자께서 영광 중에 천사들과 함께 오실 때에, 그분께서는 하늘 영광의 보좌에 앉아계실 것이다."(마

---

13) 다음을 보라. Richard J. Bauckham, 2 Peter, Jude(WBC 50; Waco, Tex.: Word, 1983), 254.

25:31)라고 말하였다. 그때 그분께서 말씀하시면 모든 죽은 자들이 부활할 것이다. "무덤 속에 있는 모든 자들이 그분의 음성을 듣고 무덤에서 나온다(요 5:28-29)." 그리곤 그분께서 구원받은 자들과 구원 받지 못한 자들을 갈라놓을 것이다. "모든 열방 나라들이 그분 앞에 모이고, 그분께서는 마치 목자가 양과 염소를 갈라놓듯이 그들을 갈라놓을 것이다(마 25:32)." 그리고 나서 주님께서는 하나님의 자녀들은 유산을 상속 받을 수 있는 곳으로 인도하실 것이지만, 불신자들은 추방하여 마귀와 그의 천사들을 위하여 예비된 영원한 불속으로 집어넣을 것이다."(마 25:34, 41) 이것에 대해 마태복음 25장 46절에는 다른 성경에서와 마찬가지로 간결하게 다음과 같이 기록돼 있다. "그들은 영벌로 들어가게 된다. 그러나 의인들은 영생으로 들어간다."

마지막 심판과 지옥에 대한 것은 구약 성경에서 유추되었고(단 12:1-2; 사 66:24) 신약 성경의 여러 곳들에서 언급되었다. 복음서들의 경우(마 5:22, 29-30; 7:13, 23; 8:12, 29; 10:28; 13:42, 49-50; 18:6-9; 22:13; 23:33; 24:51; 25:30, 41, 46; 26:24; 막 1:24; 5:7; 9:43, 45,47-48; 눅 3:17; 4:34; 12:5; 13:3, 5; 16:23-25, 28; 요 3:16-18, 36; 5:28-29; 8:21, 24); 사도행전의 경우(10:42; 17:31); 서신서들의 경우(롬 2:5, 8-9, 12; 6-23; 9:3, 22; 고전 11:32; 고후 2:15-16; 4:3; 갈 1:8-9; 6:8; 엡 5:6; 빌 1:28; 3:19; 골 3:6; 살전 1:10; 5:3, 9; 살후 1:8-9; 2:10; 히 6:2; 9:27; 10:27, 39; 약 4:12; 벧후 2:1, 3, 4, 9, 12, 17; 3:7; 유 4, 6, 7, 13); 묵시록의 경우(계 2:11; 6:16-17; 11:18; 14:10-11, 19; 16:19; 17:8, 11; 18:8, 9, 18; 19:3, 15, 20; 20:10, 14-15; 21:8; 22:15). 이렇듯 신약 성경의 여러 곳들에서 구원받지 못한 자들의 최종 운명이 언급되었다.

마지막으로 요약해 보자. 구원과 마찬가지로 심판은 '이미' 내려졌지만, 마지막 심판은 '아직은 이루어지지 않은' 것이다. 이미 신자들은 하나님 앞에서 이미 죄없다 인정받았다. 그러나 불신자들은 이미 저주 받았다. 육체의 죽음과 동시에 구원받은 자의 혼(soul)은 기쁘고 즐거운 그리스도의 임재가 느껴지는 곳(천국, heaven)으로 간다. 그러나 구원받지 못한 자의 혼은 사망 즉시 지옥(hell)에 간다. 예수님이 재림하시면, 죽은 자들은 부활하여 마지막 심판을 받기위해 삼위일체의 하나님 앞에 선다. 심판이 끝나면 의인들은 새 땅으로 들어가 말할 수 없는 기쁨을 영원히 누린다. 그러나 악인들은 영원한 형벌의 곳인 불못에 보내져 영원히 고통당한다. 이러한 사실들이 진리임을 인지하게 될 때, 불신자들도 쉽게 그리스도를 받아들이게 될 것이고, 하나님의 백성은 하나님을 더 높이 경배하게 될 것이다. 신자들은 이러한 사실을 진실로 인지하고 체험하게 될수록 하나님을 더욱 사랑하게 되고 더 많이 기도하게 되며, 영원한 종착점에 대해 불신자들에게 더 큰 열정을 갖고 전하게 될 것이다.

제 8 장

만인구원론 :
결국은 모두 다 구원을 받게 되는가?

제임스 l. 패커
(J. l. Packer)

만인구원론(Universalim)의 정의

만인구원론자란 하나님께서 창조하셨거나 앞으로 창조하실 인간들이 종국에는 다 구원을 받게 되어, 현재 그리스도인들이 누리고 있는 천국을 모두가 누리게 된다는 사실을 믿는 자이다. 만인구원론이란 만인구원론자들이 믿는 구원론이다.

만인구원론자들이 벌이는 논쟁의 범위는 방대하고 그들이 일으키는 풍파는 끝이 없다. 현재 세상에서 존재하는 각종의 세계관들과 사상들 중에서 가장 낙관적인 사상은 바로 만인구원론이다. 만인구원론자들은 이 세상 모든 사람들은 결국 이 악몽과 같은 세상을 벗어나, 하나님께서 주시며 하나님께서 중심에 계시는 최고의 희열의 곳에 다 들어가게 된다고 믿는다. 세상에 존재하는 여러 종류의 종교들이 주장하는 각양각색의 이론들과 교리들 가운데서 만인구원론이 가장 제왕적 온정주의를 표방하고 있다. 왜냐하면 만인구원론은 이 세상을 아무리 불의하게 살아도, 온정에 가득찬 왕이신 하나님께서 결국에는 구원받게 해주신다고 주장하기 때문이다. 그리스도를 믿기 때문에 천국에 가기로 되어있건, 안 믿어서 지옥에 가기로 되어있건, 이 세상에서 종교를 갖고 있거나 안 갖고 있거나, 도덕적으로 살거나 아니거나 상관없이, 결국은 이 세상에서 그리스도인들이 예수님을 믿게 됨으로 받는 구원을 모든 사람이 다 받아 천국에서 잘살게 된다는 것이 만인구원론이다. 정통을 벗어난 기독교의 사상들 중에서 만인구원론이 미래에 주어질 하나님의 은혜와 미래의 삶에 관하여 가장 낙관적인 견해를 지향하고 있다. 그러나 이러한 견해는 기존의 정통 신학 곧 로마 가톨릭이건 동방 정교건 아니면 신교 복음주의에 차별을 두지 않고, 기독교의 모든 전통 신학들에 대해 도전장을 내밀고 있는 색다른 견해이다. 교회는 다섯 번째로 열린 에큐메니칼 회의인 제2회 콘스탄티노플 평의회(the second Council of Constantinople)에서 오리겐이 가르쳤던 아포카타스타시스(apokatastasis; 하나님께서 모든 우주에 다시 돌아오셔서 모든 영혼들을 회복시킨다는 뜻) 교리를 이단으로 정죄하였다. 따라서 만인구원론의 이미 오래전에 이단으로 판결난 사상이다.[1]

그러나 불행하게도 최근 수해동안 만인구원론은 놀랄 정도로 다시 고개를 치켜들어, 기독교의 주류 사상가들에게 심대한 영향을 끼치고 있기 때문에, 이제 더 이상 그런 사상을 공상에 불과하다며 무시하고 있을 수만은 없을 지경이 되었다. 분명히 말하지만 만인구원론은 인간의 종말에 관해 현존하는 사상 가운데 가장 철면피한 사상이라고 아니할 수 없다. 그럼에도, 이 사상이 평신도와 신학계를 망라한 전 서구 기독교에 날이 갈수록 인기를 독차지해 가고 있다. 만인구원론은 어디에 살고 있건, 어떤 문화에서 어떤 종교를 갖고 살아가고 있건 상관없이, 60억 현 세계 인구 모두가 다 구원받는다고 주장한다. 그리고 학설은 옛날에 죽은 자도 포함시키고 현재에 살아있는 자들 및 앞으로 태어날 사람들도 다 포함시킨다. 또한 이미 존재했고, 현재 존재하고 있고, 앞으로 존재할 모든 종교들을 믿는 사람

---

1) Origen이 주장한 만인구원론에 대해 알려면 다음을 자료들을 보라. Frederick W. Norris, "Universal Salvation in Origen and Maximus," in Nigel M. de S. Cameron, ed., Universalism and the Doctrine of Hell(Carlisle: Paternoster; Grand Rapids: Baker, 1992), 35-72; John Sanders, No Other Name(Grand Rapids: Eerdmans, 1992), 98-101; Larry Dixon, The Other Side of the Good News(Tain, U.K.: Christian Focus, 2003), 33-38. 서기 543년에 열린 콘스탄티노플 종교회의(Synod of Constantinople)에서는 오리겐을 이단자로 규정하였지만, 제2회 콘스탄티노플 평의회(the Council of Constantinople)에서도 그를 이단자로 규정되었는지에 대해서는 확실하지 않다. 그러나 제2회 콘스탄티노플 평의회에서 오리겐의 글 De Principiis 가 이단 사설로 판결난 것은 확실하다. 그리고 이 평의회에서 발간된 첫 문서에 보면 "만일 영혼의 선재(pre-existence)나 apokatastasis와 같은 신비한 교리를 가르친다면 그 사람은 파문 당한다."고 쓰여 있다.

들, 이단 종교를 믿건 무당이 굿을 하게하는 토속 종교를 믿건 상관없이, 그리고 유일신론자, 자연신론자, 범신론자, 다신론자, 무신론자, 삼신론자, 종교혼합주의자, 사탄주의자, 정령론자, 샤머니즘을 믿는 자, 마술주의자건 가릴 것 없이, 그리고 어떤 민족의 사람이건, 어떤 윤리의식을 갖고 살았건 상관없이, 또한 사는 수준에 상관없이 다 구원받는다는 것이 만인구원론이다. 종교를 모르는 모든 사람들, 신자들을 핍박한 모든 사람들, 그리고 심지어는 "내가 죽으면 나는 썩어버린다. 때문에 '나' 라는 존재는 무 존재가 된다."라고 말한 버트란드 러셀(Bertrand Russell) 마저도 구원된다고 하는 것이 만인구원론이다.[2] 배반하여 사람들을 죽이고 민족들을 대량 학살하고 고문하여, 손에 사람의 피를 묻힌 모든 사람들, 살인자들 그리고 아동 학대자들도 구원된다고 만인구원론자들은 주장한다. 모든 인류는 한 명도 예외가 없이 다 구원받는다는 것이다. 만인구원론에 따르면 가룟 유다, 히틀러, 징기스칸, 스탈린 그리고 사담 후세인도 구원받는다는 것이다. 바로 이것이 만인구원론이다.

만인구원론의 주장 동기

성경은 만인구원론에 대해 분명한 가르침을 주고 있지 않다는 사실에 대해 거의 모든 만인구원론자가 동의하고 있다. 그렇다면 만인구원론자들은 무엇을 근거로 자신들의 생각이 옳다고 주장하는가? 만인구원론자들의 마음 깊숙한 곳에는 지옥은 영원한 고통의 장소라는 정통교리에 대한 반감이 숨겨져 있다. 그들은 성경에 나오는 하나님은 사랑의 하나님이시기 때문에, 그 사랑의 하나님은 자신이 창조하신 모든 사람들을 다 사랑하시므로, 그들을 다 구원해서야만 한다고 주장한다. 유명한 기독교 공상 소설가 마델라인 르엥글(Madelein L' Engle)은 이렇게 서술하였다.

---

2) Bertrand Russell, Why I Am Not a Christian(London: Unwin, 1967), 47.

나는 감지력이 뛰어나고 지적수준이 높은 몇 사람들(예를 들면 영국 성공회 사람들)과 친분을 갖고 있습니다. 이 사람들은 하나님을 사랑의 하나님으로 믿는 나를 이단자로 취급합니다. 하나님께서는 자신이 지은 피조물인 인간에 대해 지극한 사랑을 갖고 있으시기에, 그 사랑은(하나님을 거절하는) 자기의지가 강한 사람도 이겨버리는 사랑입니다. 아무리 긴 세월이 걸리더라도 사탄을 포함한 모든 피조물이 하나님께 돌아올 때까지, 그래서 그 어떤 자도 하나님의 지극한 사랑에 사랑으로 반응하지 않을 수 없을 때까지, 하나님께서는 결코 쉬는 법이 없으십니다…. 나는 하나님이 아무리 심판하시는 하나님이라고 하더라도, 아버지가 사랑하는 자녀를 야단치는 이상의 심판을 피조물에게 내리신다고는 생각하지 않습니다. 사랑의 하나님께서 자녀에게 야단치시는 목적은 자녀를 가르치기 위함이고 교훈을 주기 위함입니다. 하나님의 야단 속에는 사랑이 숨어 있습니다.[3]

위의 글에는 오리겐의 냄새가 난다. 하나님께서는 사탄도 결국 구원하신다는 주장에 대해 학문적으로 논할 시간은 없기에, 그것에 대해서는 논하지 않겠다. 이제 나의 입장을 계속적으로 표명해 나가보도록 하자. 왜 오리겐과 르엥글같은 사람들이 만인구원론을 주장을 하는지 알아보자. 이런 주장을 하는 사람들은 오리겐과 르엥글 외에도 다음과 같은 꽤나 유명한 사람들이 포함된다. 특히 르엥글의 문학 선배 죠지 맥도날드(George MacDonald),[4] 18세기에 활동했던 신교소속 자유주의신학자로 대각성운동(Great Awakening[5])을 강하게 비판하였던 찰스 챤시(Charles Chauncy), 19세기에 신교 수정주의라는 신기원을 이룩한 프레드릭 슈라이어마허(Friedric Schleiermacher[6]), 20세기에 활동한 성경학자 C. H. 다드(C. H.

---

[3] Madeleine L'Engle, The Irrational Season(New York: Seabury, 1977), 97.
[4] 다음에 나온 인용문을 보라. The Other Side, 69f.
[5] Charles Chauncy, The Mystery Hid from Ages and Generations… the Salvation of All Men the Great Thing Aimed at in the Scheme of God…,(1784). 이것은 다음에서 논의 되었다. Sanders, No Other Name, 101-3.
[6] "슐라이어마허는 하나님의 은혜의 전능성으로 인해 모든 사람들이 다 구원받는다는 유일 예정론(single predestination)을 주장하였다." 위와 동일 자료. 91. 또한 다음을 보라. Schleiermacher, The Christian Faith, ed. and trans. H. R. Mackintosh and J. S. Stewart(Edinburgh: T. & T. Clark, 1928), secs. 117-20, 163(pp. 536-60, 717-22).

Dodd⁷⁾), 신학자 J. A. T. 로빈슨(J. A. T. Robinson⁸⁾), 넬스 페레(Nels Ferre)⁹⁾, 초기에 활동하였던 신학자 존 힉크(John Hick)¹⁰⁾, 그리고 가장 최근 신학자로는 토마스 탈봇(Thomas Talbot)¹¹⁾ 등이 있다. 르엥글의 글에서 잘 알 수 있듯이, 이들 만인구원론자들은 하나님께서는 사랑의 하나님이시고 모든 피조물들의 아버지이시기 때문에 자신이 창조한 자녀들이 아무리 반항한다고 해도, 결국은 그들과 화해하고 다 구원하신다고 주장하였다.

만인구원론자들은 하나님의 박애주의를 근거로 내세워, 인류를 사랑하시는 박애의 하나님께서 악인을 지옥에 보내면 더 이상 박애의 하나님이 아니라고 주장한다. 하나님께서는 박애의 하나님이시기 때문에, 악인이라고 하더라고 영원토록 고통을 당하게 내버려 두시지는 않는다는 것이다. 이러한 생각은 역사상 다음과 같은 부류의 사람들도 역시 갖고 있었다. 일부의 중세 사람들, 16세기의 재침례파 교인(Anabaptist)들 중의 일부, 방랑주의자(Bohemist)들의 영향을 받아 17세기에 세상에 마지막 회복이 있게 될 것이라고 믿었던 사람들, 미국 사람으로는 조지 데벤네빌(George DeBenneville), 파문당한 아일랜드의 감리교도 존 머레이(John Murray), 호세아 발루(Hosea Ballou)등이 있고, 계몽운동의 분파로서 하나님의 은혜와 인간의 책임에 대해 매우 긍정적인 관점을 갖고 있었던 일부 사람들, 모든 종교는 결국 하나이기에 그 하나의 종교를 통해 모든 사람들이 구원받게 된다고 믿고 있었던 근년의 신교 자유 신학자들 등이 있다. 만인구원론자들의 주된 뿌리가 되는 생각은 하나님께서는 사랑의 하나님이시라는

---

7) "모든 사람들이 하나님의 심판대 앞에 선다면, 또한 모든 사람들이 그분의 자비의 대상이 되어 모두가 영생을 얻어야만 될 것이다," C. H. Dodd, The Bible Today(Cambridge: Cambridge Univ. Press, 1960), 118. 필자가 신학교 학생이었을 때 Dodd는 영어로 수업하는 신약학 교실의 교수였다. 그때 그는 학생들에게 "학생들아, 너희들은 힘을 다해 너희 주를 사랑하듯이, 너희 자신을 사랑하고 또한 도드(Dodd)를 사랑하고 니버(Niebuhr)를 사랑하라"고 말하곤 하였다.
8) J. A. T. Robinson, In the End, God(London: James Clarke, 1950).
9) 다음을 보라. Nels Ferre, Evil and the Christian Faith(New York: Harper, 1947); 같은 저자, The Christian Understanding of God(London: SCM, 1951); 같은 저자, Christ and the Christian(New York: Harper, 1958).
10) John Hick, Evil and the God of Love(London: Macmillan, 1966); 같은 저자, Death and Eternal Life(New York: Harper & Row, 1976).
11) Thomas Talbot, The Inescapable Love of God(n.p.: Universal Publishers, 1999).

것이다. 이 주된 뿌리 사상으로부터 수많은 작은 뿌리들이 파생되어져 나와 거대한 만인구원론을 이루고 있다.

만인구원론의 다양성

만인구원론자들의 주장들의 밑바닥에는 사랑의 하나님이라는 주장이 공통분모로 자리를 잡고 있다. 그러나 구체적으로 들어가면 만인구원론자들이 주장하는 바는 다양하다. 이에 대해 어떤 사람은 "만인구원론은 마치 여러 종의 식물들이 신학이라는 땅에 같이 자라나, 서로 뿌리들이 뒤얽혀진 것에 비유될 수 있다. 어떤 종의 식물은 뿌리가 말라죽어버렸고, 어떤 종의 식물은 살아나고 있는 양상과 흡사하다."라고 하였다.[12] 리차드 보크햄(Richard Bauckham)은 또한 "모든 만인구원론자들에게 공통되는 것은 단 한가지 인데, 그것은 모두가 결국은 다 구원받는다는 것이다. 그러나 왜 그들이 그렇게 주장하는지에 대한 이유와 그들이 그런 주장을 하고 있는 신학적인 배경들은 꽤 다양하다."라고 하였다.[13]

예를 들어, 교리적 만인구원론자들인 로빈슨(Robinson)과 페레(Ferre)는 만인 구원이 확실하다고 주장한 반면, 칼 바르트(Karl Barth), 에밀 브루너(Emil Brunner), 한스 큉(Hans Kung) 및 존 맥콰리(John MacQuarrie)등과 같은 신학자들은 만인 구원은 자신들의 경건한 신앙심에서 나온 희망사항일 뿐이기 때문에 확실치도 않고 증명할 수 없다고 하였다.[14]

어떤 만인구원론자들은 만인구원론이 사망한자들에게도 복음을 전해주는 이론이라고 생각한다(이들 중 일부의 사람들은 평생을 살면서 한 번도 복음을 듣지 못하고 죽은 사람들에게만 복음이 전해진다고 생각한다).

---

12) Trevor Hart, "Universalism: Two Distinct Types," in Universalism and the Doctrine of Hell, ed. Nigel M. de S. Cameron(Grand Rapids: Baker, 1992), 2.
13) Richard Bauckham, "Universalism: A Historical Survey," Themelios 4/2(January 1979): 49.

이제 우리가 다시 살펴볼 터이지만, 어떤 만인구원론자들은 지옥에 간 사람들이 고통스러워 하는 것을 보다 못한 하나님께서, 이들을 불쌍히 여기게 되고, 그 결과 그들이 지옥에서 복음을 듣게 된다고 주장한다. 그래서 이들은, 지옥에 간 사람들은 어느 시점에서는 결국에는 복음을 받아들이게 되고, 그 결과 지옥은 텅 비어있게 된다고 주장한다.

한편 호세아 발루(Hosea Ballou)는 소위 '사망-영광' 이라는 메시지를 선포하여, 사람들에게 예수 안 믿고 죽어도 다시 믿을 기회가 주어진다고 가르쳤다. 호세아 발루와 불신자들이 좋아하는 공상 소설과 공상 영화에 심취한 사람들은 알 씨 스프로울(R. C. Sproul)의 비아냥거리는 투의 다음과 같은 글에 매료되었다.

천국에 들어가기 위해 인간이 할 것이라곤 단지 죽는 것 밖에 없다는 진리가 온 세상에 퍼져가고 있다. 하나님께서는 너무도 우리를 사랑하시는 분이시기 때문에 우리가 율법하나 어겼다고 역정을 내시지는 않으신다. 율법은 우리에게 단지 안내자와 같은 역할을 할 뿐이다. 우리가 넘어져도 천상

---

14) Barth는 현재 상태에서 모든 인류가 그리스도안에서 그리고 그리스도를 통해서 구원받으며, 현재 상태에서 이미 다 구속받았다고 주장하였다. 그리고 믿음이란 단지 이러한 진리를 받아들이는 것이라고 주장하였다. 그러나 Barth는 하나님의 자유라는 주제에 흠집을 낼까 두려워하여 불신자의 최후 운명에 관해 언급하는 것을 꺼렸기 때문에, 결국 그는 만인구원론을 지지하지도 반대하지도 않았다. 이러한 Barth의 견해는 그의 다음 저서에 실려 있다. The Humanity of God(Richmond, Va.: John Know, 1960), 61. 그럼에도 그는 "만인 구원은 그것을 희망하는 사람들에게 열려있다"고 하였다(Church Dogmatics IV.3 [Edinburgh: T. & T. Clark, 1961], 478). Barth는 하나님의 자유를 제한하지 않기 위해서 교리적 만인구원론(dogmatic universalism)을 전면에 내세우지 않았다. 그러나 이로 인해 문제가 발생하였다. 즉 그는 모든 사람들이 이미 구속받았다고 주장하였는데, 이 주장으로 인해 그는 그가 보호하려고 애썼던 하나님의 자유의지—단지 그리스도만을 통해서 사람들을 구원하겠다는 하나님의 자유의지—를 망가트려버렸다.
Brunner는 "우리는…. 마지막 심판도 가르치고…. 또한 만인 구원도 가르친다"라고 말하였다. 그의 이 발언에는 논리가 빈약하다. 그는 아마도 전자와 후자가 양립할 수 있다고 잘못 생각한 것 같다. 그는 또한 "우리는 하나님을 두려워해야하기 때문에, 세상 심판에 관한 하나님의 목소리를 청종하여야한다. 이와 동시에 우리는 하나님을 사랑해야하기 때문에, 모두를 화해시키시는 것에 대해 말씀하시는 하나님의 목소리도 또한 청종하여야한다"라고 말하였다. 이러한 Brunner의 발언들과 관련하여서는 다음을 보라. The Christian Doctrine of the Church, Faith, and the Consummation: Dogmatics, vol. 3(Philadelphia: Westminster, 1962), 421-22, 424. Brunner는 성경을 근거로 만인구원론이 잘못되었다는 모든 주장들이 주석학적으로 보면 모두 다 오류가 있는 주장이라고 하였다. 그리고 그는 성경에 서술된 서로 상반된 진리의 극과 극을 변증법적으로 오갈 때 하나님을 제대로 만날 수 있다고 주장하였다. 그러나 Brunner의 이러한 주장은 그의 사망과 함께 사망하였다.

에 계시는 맘 좋은 할아버지가 "애들은 애들이야"라고 말하시며 넘어진 우리를 보고 흡족해하는 듯한 표정으로 윙크하실 뿐이다.[15]

정말로 하나님께서는 너무도 좋으신 분이기에 사람들을 저주할 수 없다는 것이 사실인가? 아니면 사람이 너무도 좋은 존재여서 지옥을 없애버렸는가? 아니면 이 둘 다 맞는 이야기인가? 이 질문들에 대한 답이 무엇이든 간에, 이제 나는 예수님을 믿지 않고 죽은 사람은 일단 지옥에 간 후에라야 영광스러움에 도달한다고 주장하는 일련의 사람들은 나의 고려 속에 집어넣지 않고, 계속 글을 써 나가고자 한다.

대부분의 만인구원론자들은 모든 인류가 그리스도를 주님으로 결국은 인정하게 된다고 생각한다(참고: 빌 2:9-11). 모든 사람들이 결국은 그분을 경배하고 찬양하며 그분과 교제하게 되고, 그로 인해 구원도 얻게 되고 구원으로 인한 즐거움도 얻게 된다는 것이다. 이런 주장을 하는 사람들 가운데 어떤 사람들은 하나님께서는 전능하신 분이시기에 사람들을 부르시는 능력도 전능하여, 죽은 사람도 모두 다 부르신다고 주장한다. 또 어떤 사람들은 하나님께서는 인간의 자유의지가 제대로 행사되기를 끝까지 기다리시다가 정 참을 수 없을 때가 되었을 때에, 인간이 자신의 자유의지를 옳게 사용할 것이라는 희망을 포기하시고, 이미 사망한 불신자들을 하나

Kung의 다음 말은 마치 Barth의 말처럼 들린다: "그리스도인의 믿음은 오직 예수 그리스도위에만 세워진 과격한 만인구원론이라고 말할 수 있다…. 모든 사람들이 다 구원받는다. 우리는 그러길 희망한다…." 그러나 Kung의 다음 말은 Barth의 말처럼 들리지 않는다: "모든 종교들에는 나름대로의 구원의 길이 있다. 우리는 모든 사람들이 구원받기를 원한다.". 이상의 발언들은 다음 자료에서 찾아볼 수 있다. "The Freedom of Religions"(1964) in Owen C. Thomas, ed., Attitudes Toward Other Religions(London: SCM, 1969), 216. 이 자료에서 Kung은 Vatican II에서 이미 논의 되었던 비기독교인들의 종교들에 대해 다시 한 번 자신의 견해를 발전시켜나갔다.

MacQuarrie는 이렇게 서술하였다: "그 무시무시하고 미개한 영원한 지옥 교리보다는 차라리 조건적 불멸론(conditional immortality)의 교리가 더 낫다…. 그러나 그리스도인들은 조건적 불멸론 교리보다 진일보한 교리를 원한다…. 우리는 조건적 불멸론보다는 만인구원론을 더 선호한다. 이 서술은 다음에 실려 있다. Principle of Christian Theology, 2d. ed.(New York: Scribner's, 1977), 361. 우리는 여기서 하나님께서 생각하시는 객관적인 진리를 택할 것인가 아니면 내가 만들어낸 주관적인 진리를 택할 것인지에 대해 갈등해 보아야 한다. 이 질문에 대한 답은 질문 속에 이미 다 들어있다.

15) R. C. Sproul, Reason to Believe(Grand Rapids: Zondervan, 1982), 99-100; 다음에서 인용됨. John Blanchard, Whatever Happened to Hell?(Darlington, U.K.: Evangelical Press, 1993), 189.

님의 뜻에 억지로라도 순종하도록 하여, 그들을 모두 구원하시게 된다고 주장한다.

반면, 만인구원론자 존 힉크는 모든 종교는 근본적으로 같다는 이유에서, 기독교의 삼위일체의 하나님을 인격이 없는 하나의 참 존재(a nonpersonal Real)로 둔갑시켰고, 그 결과 자기 마음대로 일위일체의 하나님을 만들어 내었다. 이것은 개인 중심의 기독교의 구원 즉, 각자가 중심이 되어 스스로 결단해서 받은 기독교의 구원을 참 존재 중심의 구원으로 치환하였다. 여기서 존 힉크는 유일한 참 존재란 인간이 직접 인식할 수 없는 존재이고 인간과 부자지간의 교제(요일 1:3)도 하지 않는 존재라고 정의하였다.[16]

존 힉크가 이런 주장들을 하게 된 것은 기독교가 지니고 있는 배타성을 극복하고, 이를 통해 모든 종교를 수용하는 기독교를 만들어보고자 하는 원대한 듯이 보이는 구상이었기 때문이었다. 그러나 결과는 전혀 반대였다. 즉 그는 기독교를 높이 올리기는커녕 아래로 떨어뜨렸다. 그는 기독교에서 구원을 뽑아내어 버렸고, 기독교의 하나님도 내팽개쳐 버렸다. 그가 주장하는 우주적 종교 다원론(universalistic religious pluralism)은 기독교가 기독교의 역할을 더 이상 할 수 없도록 만들어 버렸다.

만인구원론에 대한 지금까지의 조사를 통해(물론 완전한 조사는 아니지만), 우리는 다음과 같은 사실들을 알게 되었다. (1) 여러 종류의 만인구원론이 서로 엉켜 하나의 군집을 이루고 있고, 만인구원론은 하나님과 인간에 대한 다른 잡다한 신념들의 부산물이다. (2) 만인구원론은 신적 존재로부터 인간의 안전을 보장받고 싶어 하는 인간 심리의 표출이다. 만인구원론자들은 사랑의 하나님께서 일부의 사람들을 천국의 행복에서 배제시키는 것에 대해 매우 당혹해 한다. 이들은 천국의 행복에 대해 알려고 하지도 않고, 어떻게 하면 천국의 행복을 모르는 사람들에게 천국의 행복을 전

---

16) Hick는 원래 복음주의자로서 헌신하였는데 티벳 사람이 지은 Book of the Dead(죽은 자의 책)을 읽고 영향을 받아, 하나의 신인 "참 실존" 중심(Real-centeredness)의 사상을 주장하는 만인구원론자가 되었다. 이와 관련하여서는 다음을 보라. Ronald Nash, Is Jesus the Only Savior?(Grand Rapids: Zondervan, 1994), 29-100.

할 수 있을지에 대한 고민도 전혀 하지 않는다. 그 대신 단지 자신들의 주장만 옳다고 한다. 이들은 천국에 가지 못하게 된 자들에 대해 마땅히 갖고 있어야할 불쌍히 여기는 마음은 전혀 갖고 있지 않다. C. S. 루이스(C. S. Lewis)는 다음과 같은 말을 하였다. "만일 내가 진실되게 '모든 사람들이 다 구원받는다' 라는 말을 할 수 있다면, 그 어떤 대가도 치룰 수 있을 것입니다."[17]

루이스의 이 표현에서 가장 중요한 의미를 내포하고 있는 말은 '진실되게' 라고 하는 표현이다. 만인구원론자의 주장이 기독교가 그동안 지켜왔던 믿음의 큰 흐름을 바꾸어 놓을 수 있을 것인가? 아니면, 만인구원론자들은 진실의 종을 울리지 못하고 기독교의 변죽만 읊고 말 것인가? 이런 질문들을 우리의 마음에 품은 채 이야기를 계속해 보자.

중요성

만인구원론은 그동안 교회 지도자들을 비롯한 기독교의 여러 분야에 종사하는 사람들에게 꽤 많이 파고들었다. 이렇게까지 된 데에는 다음과 같은 이유들이 있다. 첫째, 오늘날과 같은 다 종교, 다 문화 속에서 사는 사람들은 자신과는 다른 종교를 갖고 있는 사람들과 직장에서, 학교에서 그리고 운동장에서와 각종 모임에서 자주 대면할 수밖에 없기에, 서로가 탈없이 잘 지내려면 상대방의 종교를 인정해주지 않을 수 없다. 그 결과 기독교인들은 우리에게도 구원이 있지만 상대방의 종교에도 구원이 있다고 말하며 편히 살고 싶어 하게 되었다. 둘째, 오늘날과 같이 바쁘게 돌아가는 사회에서 기독교의 관점들과 기독교가 말하는 구원이 힌두교, 불교, 이슬

---

[17] C. S. Lewis, The Problem of Pain(London: Bles, 1940), 107. 그의 발언은 이렇게 계속 된다: "그렇다면 개인의 자유의지는 묵살되는 것인가? 그것은 말도 안 된다. 인간이 가질 수 있는 최고의 자유의지에 의한 선택 즉 하나님에게 자신을 항복시키기로 하는 선택이 묵살됨으로 구원을 받게 될 수 있단 말인가? 아니면, 반대로 개인의 자유의지가 존중되어 모든 사람들이 구원을 얻을 수 있단 말인가? 이것도 말이 안 된다. 각자의 자유의지가 존중된다면 하나님을 받아들이지 않는 사람도 있어야 되지 않겠는가?"

람교 및 다른 종교들이 주장하는 것들과 어떻게 다른지에 대해 구체적으로 알고 있는 사람들은 거의 없다. 그 때문에 사람들은 '모든 종교는 그게 그거다'라고 생각하고 싶은 경향으로 가득 차게 되었다. 이러한 상황에서, 만인구원론은 힘을 얻게 될 수밖에 없다. 셋째, 특별히 기독교가 힘을 잃어가고 있는 오늘날의 서구사회에서, 하나님은 기독교에 대해 반감을 갖고 있는 자들도 다 구원하실 것이라는 일부 기독교의 논리는 기독교에 대해 못마땅하게 생각하고 있는 사람들의 반감을 약화시킬 수 있을 뿐 아니라, 기독교인 아닌 사람들을 많이 끌어안을 수 있는 좋은 논리로 인식되지 않을 수 없게 되었다. 마지막으로, 기독교 자유주의 신학자들은 어떻게 하면 비기독교인들의 믿음을 기독교가 수용할 수 있을까에 대해 골머리를 앓고 있던 차에, 만인구원론은 이러한 그들의 골머리를 일시에 해결해 버릴 수 있는 구원의 메시지가 되게 되었던 것이다. 이러한 이유들로 인해 지금 만인구원론은 기독교 내에서 그 세력을 점점 더 확장해 나가고 있다. 만인구원론은 현재보다 미래에 관심이 있는 이론이다. 이러한 점을 중시하면서, 이제 우리는 성경이라는 빛으로 만인구원론을 조명해 봄으로, 만인구원론에 대한 정확한 평가를 내리는 것이 중요하다고 생각하기에, 이제 그 작업을 시도해 보려고 한다.

현재까지의 상황으로 판단해 볼 때, 모든 만인구원론자들은 공통적으로 다음의 두 가지 대표적인 주장을 하고 있다. 첫째로 만인구원론자들은 만인구원론만이 성경이 계시해주고 있는 사랑의 하나님에 대해, 죄와 죽음을 이기시고 승리하신 구원자로서의 예수 그리스도에 대해, 그리고 성경의 모든 진리들에 대해 올바른 해답을 주며, 하나님께서는 미래의 그 어느 날 종국적으로 모든 사람들에게 계시된다고 주장한다. 만인구원론자들은 그렇게 주장하긴 하지만, 자신들의 주장에 신빙성이 있다는 것을 증명하려고 성경을 일일이 파헤치는 일은 하지 않는다. 다만 성경이 자신들의 주장을 뒷받침하여 줄 것은 너무도 당연하다는 식의 태도만을 견지하고 있을 뿐이다. 그들은 인간들을 구원받지 못하게 하고 고통받게 하는 존재는 하나님이 아니라 마귀라고 주장하기까지 하였다. 이런 주장은 얼토당

토 않은 주장이다. 만일 이 주장이 맞는다면, 기독교가 수천 년 동안 지켜왔던 믿음은 하나님을 높이는 믿음이 아니라 하나님에게 누를 끼쳐왔던 잘못된 믿음이었다고 결론지을 수밖에 없다. 우리는 이들의 이와 같은 주장이 정말 옳은지에 대해 자문해 보아야 한다.

만인구원론자들의 첫 번째 주장이 대놓고 하는 주장이라고 한다면, 그들의 두 번째 주장은 숨어서 하는 주장이라고 할 수 있다. 불행하게도 많은 교회의 목사와 지도자들이 이 두 번째 주장을 따르고 있다. 그들의 두 번째 주장은 바로 비록 주님께서는 마태복음 28장 19-20절에서 복음을 땅 끝까지 전하라는 명령을 모든 그리스도인들에게 하셨지만, 복음전도가 기독교 선교의 첫째 과업은 아니라는 주장이다. 1979년 방콕에서 열린 '세계 기독교 평의회의 신앙과 질서에 관한 회의(the Faith and Order Commission of the World Council of Churches)'에서 선교에 관한 기존의 정의를 뒤바꿔, 선교는 먼저 각 나라의 사회 정치 및 경제적 번영과 안녕에 최우선을 두어야 하고, 복음전도는 상황이 허락될 때에만 하는 것이어야 한다고 선언하였다. 나는 그 사실을 알고 쇼크를 받았을 뿐 아니라, 세계 기독교 평의회와의 관계를 끊고 싶은 맘이 가득했었다. 실제로 난 그 일 이후, 세계 기독교 평의회와 거리를 두었다. 그때 방콕 회의에 참석한 사람들은 만인구원론자들이 대부분이었다. 그들은 전도지에도, "하나님은 모든 사람들을 구원하시기로 작정하셨으므로, 어쨌거나 당신은 무조건 구원받게 되어있습니다."라는 문구를 써넣고, 그런 것을 전도지라며 돌렸다. 그들의 이론에 따른다면, 어쨌거나 모든 사람들이 구원받을 것이기 때문에, 불신자들에 대해 애써 열내가면서까지 전도할 필요가 없게 된다. 그들은 불신자들이 지옥가게 되는 것을 불쌍히 여겨, 이들의 구원을 놓고 울며 기도하여 그들을 기독교인으로 만들 시간이 있으면, 그 시간에 오히려 이웃에게 봉사하고 그들에게 사랑을 보여주는 것이 더 낫다고 생각한다.

학생들에게 지옥에 대해 정확하게 가르치지 않았고, 만인구원론을 지지한다는 이유로 영국 런던에 있는 킹스 칼리지(Kings College)의 교수직에서 1853년도에 쫓겨난 프레드릭 데니슨 모리스(Frederick Denison

Maurice)에부터 시작하여 교리적 만인구원론자(dogmatic universalist)인 존 에이 티 로빈슨(John A. T. Robinson) 및 희망적 만인구원론자(hopeful universalist)인 칼 바르트(Karl Barth)에 이르는 최근 백 년 동안, 사회주의자와 기독교의 만인구원론자들은 사이가 점차적으로 가까워져 왔었다. 현재 마치 기독교 사회주의자들로 보이는 사람들 중 일부는, 공개적으로 사마리아인 운동(Samaritanship)을 전개하며, 이 운동을 통해 힘든 이웃을 돕는 것을 복음 전도보다 더 중요하게 생각하고 있다. 이와 아울러, 설사 사회주의자는 아니라고 하더라도, 많은 목사들이 이들의 생각에 동조하고 있다. 이들에게 동조하는 사람들은, 이 세상에 태어난 사람들은 결국은 다 구원을 받게 될 것이라는 사실을 당연시하는 듯, 마치 지옥은 존재하지 않는 것처럼 말하고 행동한다. 그런 사람들은 지옥에 대해서는 전혀 관심을 보이지 않고, 단지 인간의 선한 의지로 사람들 돕는 것에만 관심을 나타낸다. 1914년 휴즈 로스 멕켄토시(Hugh Ross Mackintosh)는 목회자들을 상대로 일종의 앙케이트와 같은 조사를 벌였다. 이 조사 결과 "대부분의 목회자들이 만인구원론을 선호하였고, 비록 만인구원론을 기독교의 교리로 채택하는 것은 주저하였지만, 그 이론이 진리였으면 하고 바라고 있었다."는 사실이 밝혀졌다.[18]

기독교의 주요 지도자들이 자신들의 만인구원론에 대한 지지의사를 공공연하게 표출한다는 것이 사실인 것 외에도, 지난 90년간 이러한 만인구원론에 대해 호응하는 조류는 꺾이지 않고 흐르고 있다는 것도 사실이다. 불과 19세기 말까지만 해도, 누가 만인구원론에 대해 옹호하는 말을 비치기만 하여도, 그 사람은 교단과 목회자들로부터 통렬한 비판을 받았다. 그 당시에는 영원 형벌의 지옥 교리만이 바르고 건강한 지옥 교리라고 여겨졌었다. 그러나 이제는 서구사회에서 이러한 분위기는 완전히 역전되어, 만인구원론자들은 스스럼없이 자신들의 주장을 내어 놓고 있다. 그 반면 전통지옥 교리를 주장하는 사람들은 그렇지 않은 다른 사람들에 의해

---

18) 다음 자료로부터 인용되었다. "Universalism: A Historical Survey," 47 n 3.

마치 흉물이나 골동품 정도로 취급받고 있다.

만인구원론자들의 공통적인 두 번째 주장을 요약해 보자. 그들은 기존의 전통 기독교가 갖고 있었던 종말론을 인정치 않았다. 그 결과 어쩔 수 없이 복음전도보다는 사회사업이 우선되는 선교를 하여야 올바로 선교하는 것이라는 주장을 펴야만 하였다. 이들이 이런 주장을 폄으로 기독교가 받게 되는 피해는 실로 무시할 수 없을 정도이다. 이에 관해서도 우리는 철저한 조사를 벌여야 하기에 이제 실제 조사에 들어가 보자.

만인구원론 조사 I : 조사 방법

성경의 렌즈로 만인구원론을 조사하여야 제대로 조사할 수 있다. 이제까지 다른 학자들에 의해 만인구원론에 관한 성경적 조사가 여러 각도에서 구체적으로 이루어졌다. 고로, 여기서는 단지 만인구원론을 조사하는 데 성경이 어떻게 사용될 수 있는지에 대한 개략만을 밝힐 것이다.

만인구원론을 성경의 렌즈로 조사하기 위해서는, 비록 해석상의 차이가 없을 수 없겠지만, 먼저 성경의 가르침은 하나님으로부터 왔다는 사실을 인정하고 들어가야 한다. 그리고 성경 해석은 항상 문맥 중심(context-specific), 저자 중심(author-specific) 그리고 핵심점 중심(focus-specific)으로 이루어져야만 한다. 이 말이 무슨 말인가? 첫째, 문맥 중심이란, 연구하고자 하는 성경의 문단은 전체 글의 흐름, 특히 해석하고자 하는 절이나 절들 및 문단에 들어있는 문맥의 흐름에 맞추어서 해석해야지, 문맥의 흐름을 떠나 얼토당토않게 해석해서는 안 된다는 것이다. 만일 문맥의 흐름에 맞춰 해석하지 않게 되면, 저자의 본래의 의도와는 상관없는 잘못된 해석을 하게 되기가 십상이다. 둘째, 저자 중심인데, 성경의 저자는 성경을 통해 일관된 주장을 하고 있다는 가정하에 성경을 해석해야 한다는 것이다. 그래서 성경을 해석할 때는, 성경 저자는 자신이 지은 성경전체를 통해서 일관된 주장을 펼치고 있다는 사실을 인정해주면서, 성경을 해석해야 한다. 따라서 같은 성경 저자가 이곳에서는 이런 주장을, 저곳에서는 저런 주장을 펴는 횡설수설식의 논리를 펴고 있다고 생각하고 성경을 해석하면, 잘못된 성경해석을 내놓기가 십상이다. 셋째, 핵심점 중심으로 성경을 해석해야 된다는 것인데, 성경 저자는 각 각의 문단을 통해 특별히 주장하고자 하는 소 핵심점이 있다는 사실을 인정하며 성경의 구체적 부분들을 해석해야 한다는 것이다. 이 말은 성경의 저자는 특정 표현들을 통해 독자들에게 무엇을 알리고자 하는 특정 의도가 세부적으로 분명히 있다는 사실을 고려에 놓고 해석을 해야 한다는 말이다. 성경을 읽는 독자에게 성령 하나님께서 그때마다 독자에게 필요한 말씀을 읽는 절과 장들을 통해 말씀해 주시는 것이 사실이긴 하다. 그러나 이러한 성령님이 주시는 레마의 계시도 반드시 성경 저자의 의도와 생각이라는 관을 통해서만 흘러들어가야 한다. 많은 성경의 구절들이 성경 기자가 원래 의도한 의도 이상의 효과를 내고 있는 것이 사실이다. 하지만, 그 어떤 성경구절도 성경기자가 원래 의도한 의도 이하의 의미를 부여하도록 성경의 구절들을 해석해서는 절대로 안 된다. 누구가 언제 어디서 성경의 어떤 부분을 해석하건, 위의 세 성경해석 원칙들은 절대적으로 그리고 항상 지켜져야만 하는 성경해석의 원칙들이다.

따라서 성경의 저자가 말하고자 하는 바는 무시한 채, 이미 알려진 성경의 일반적 교리나 전체적인 견해 그리고 성경의 기본적인 진리들을 미끼로, 성경의 특정 구절을 저자의 의도를 벗어나, 마치 성경 저자가 핵심 없이 이말 저말 하는 것처럼 생각하여 일관성 없이 해석하는 것은 잘못된 것이다. 성경의 각각의 책들은 모두다 직접 또는 간접적으로 과거나 현재나 또는 미래에 역사하시는 하나님을 중요한 요소로 담고 있음을 우리는 반드시 명심하고 있어야 한다. 가령 사복음서에서 하나님께서는 직접적으로 나타나신다. 반면, '하나님'이라는 단어가 한 단어도 나오지 않는 에스더서나, 하나님께서 단 한번 슬쩍 비처 지나가기만 하는 솔로몬의 아가서에서도, 하나님께서는 외부로는 비록 나타나 보이지 않지만, 속으로 숨어서 역사하고 계신다. 그 어떤 성경을 해석하건, 만일 우리가 그 성경 안에서 역사하시고 사건을 이끌어 가시는 하나님을 놓친다면 다 놓친 것이 되고, 하나님을 거짓 증거하게 되며, 그 결과 우리는 거짓 하나님을 만들어놓을 수밖에 없게 된다.

　이제 내가 이야기 할 성경해석 원칙은 이제까지 이미 이야기한 성경해석 원칙 못지않게 주요한 원칙이다. 그 원칙은 바로 하나님과 관계를 설명하기 위해 성경에 기록된 모든 단어들―즉, 그분 자신과 그분의 세계와 그분의 종들을 포함한 그분과 관계되는 모든 단어들―은 비유적(유추적, analogical)으로 해석되어야 한다는 원칙이다. 이 말은 성경에서 하나님과 관계되어 서술되어진 동사, 명사 그리고 형용사들 그리고 우리가 하나님께 기도할 때나 찬양할 때 하나님에 관해 신학적인 설명을 할 때 쓰는 단어들은 우리가 일상생활에서 쓰는 동일한 단어들이 말해주는 의미들과는 달리, 구체적인 의미의 적용에서 조금은 조절되어서 유추적으로 해석되어져야 한다는 말이다. 이는 하나님을 설명할 때 쓰이는 특정 단어가 일반 생활에서 쓰일 때의 의미를 포함하기도 하지만 또한 변두리적 의미를 좀 변형시킨 의미로 적용해야지만 하나님을 제대로 해석해 낼 수 있는 경우가 매우 많기 때문이다.

　그렇다면 왜 그렇게 해야만 하는 것인가? 왜냐하면 하나님이란 존재는 피조물인 인간과는 여러 면에서 매우 다르시기 때문이다. 물론 하나님께서는 인간을 자기의 형상을 따라 만드셨기 때문에, 하나님과 인간 모두 인격적인 존재이고 이성적인 존재이며, 도덕적이고 관계적인 존재라는 사실이 진리이기는 하다. 그러나 인간은 하나님보다 창조하고 장악하는 능력이 약한 것 또한 사실이다. 하나님께서는 인간에게 언어들을 주셨는데, 이 언어로 인간끼리 의사소통도 할 뿐 아니라 하나님과 개인간의 쌍방향 소통도 할 수 있다. 인간이 쓰는 언어로 하나님과의 의사소통이 가능한 이유는, 하나님께서 쓰시는 언어를 하나님께서 인간에게 주셨기 때문이기도 하지만, 인간이 하나님의 형상을 따라 지음 받았기 때문이기도 하다. 즉 우리는 중요점들에서는 하나님과 같기 때문에, 하나님께서 우리에게 하시는 말씀과 우리가 하나님께 드리는 언어가 동일한 언어이다.

그럼에도, 우리는 유한적이고 죄가 있는 존재인 반면, 하나님께서는 그렇지 않으시다. 하나님께서는 완전하시고 무한하시며 스스로 계신 분이심에 비해 우리는 그렇지 않다. 바로 이런 이유로 인해, 같은 단어라고 할지라도 인간끼리 쓸 때 뜻하는 단어의 의미를 하나님과 관련하여 설명할 때 쓰는 동일 단어의 의미와 100% 같다고 생각해서는 안 된다. 따라서 하나님과 관련되어 쓰인 단어의 의미를 해석할 때에는, 인간들과의 사이에서 쓰인 동일한 단어에 대한 해석과는 조금 다른 해석을 내려야 마땅하다. 우리가 하나님을 말하거나, 하나님과 관련된 것을 말할 때에, 인간의 유한성과 불완전성은 배제되고 그 대신 하나님의 전능성들(무소부재, 전지전능, 영원성, 거룩성, 사랑, 정의, 진실성 등)은 첨가된다는 사실을 기본으로 전제하고 언어를 사용하여야 한다. 성경 해석에도 이와 같은 원칙이 적용되어져야 한다. 성경에서 하나님에 대한 것이 서술되었을 때에는, 이러한 점이 항시 고려되어 해석되어져야 하나님이 제대로 해석될 수 있다. 이와 관련하여 옥스퍼드의 교수인 바질 미첼(Basil Michell)의 다음 글은 우리에게 시사하는 바가 크다.

우리는 성경에서 한 단어를 해석할 때에 그 단어가 갖고 있는 일상의 의미도 생각하여야 하지만 성경의 문맥에서 말하는 성경적이고도 신학적인 새로운 의미도 생각할 수 있어야 한다. 특히 동일한 단어가 성경의 다른 곳에서는 어떻게 사용되었는지, 그리고 동일한 단어가 하나님을 서술할 때에는 어떻게 사용되었는지를 조사한 후에, 이러한 조사를 바탕으로 성경의 단어를 해석하여야 한다. 예를 들면, 하나님께서는 영이시기 때문에, 하나님 아버지라고 성경에 기록된 것만을 놓고 하나님 아버지를 자녀를 생산하는 육을 가진 아버지와 동일한 아버지로 생각하면 오산이다. 성경이 말하는 하나님 아버지라는 표현에서의 아버지는 우리를 보호하시는 보호자로의 측면에서 이해되어야 한다. 이와 마찬가지로 하나님의 지혜를 말할 때, 이 지혜는 인간의 지혜와는 다르다. 그 이유는 인간의 지혜는 배우거나 경험을 통해 습득하게 된 지혜이다. 그러나 하나님께서는 경험을 통해 지혜를 습득하지 않으신다. 하나님께서는 처음부터 지혜를 갖고 계셨다. 그 이유는 하나

님께서는 처음부터 전지전능하신 분이시기 때문이다.[19]

　예를 들면, 성경에서 죄인들에게 하나님께서 '진노' 하신다고 표현하였거나 아니면 하나님께서 인간들을 '사랑' 하시거나 '증오' 하시거나 또는 하나님께서 '후회' 하신다는 표현이 나왔을 때, 우리는 이런 단어들을 유추적으로 해석하여야 할 뿐 아니라, 동일한 단어들이 성경의 다른 곳에서 하나님과 관계되어 쓰였을 때 어떠한 의미로 쓰였는지를 고려하고 해석하여야 한다. 만일 이러한 원칙을 무시하면, 우리는 자유주의 신학자들, 회의론자들 및 수정주의자들이 범한 것과 같은 오류를 범하여, 하나님께서는 좋으신 아버지이기 때문에 하나밖에 없는 귀한 자기의 아들을 절대로 십자가에서 고통 받다가 죽게 하지 않으신다고 주장하거나, 아니면 예수님을 위해 십자가를 마련해 둔 하나님께서는 자녀를 학대하는 하나님에 불과하다고 주장하거나, 또는 하나님께서 후해하셨다는 표현을 물고 늘어져 하나님께서 후해하신 것은 하나님의 일이 이렇게까지 될 줄을 미처 알지 못하고 일을 벌이신 것이므로, 하나님께서는 전지하신 분이 아니라는 등의 말도 안 되는 주장을 하게 된다.[20]

　우리는 성경해석의 이러한 원칙들을 철저히 지키면서, 이제 만인구원론자들이 주장하는 바가 무엇인지에 대해 조사해 볼 것이다. 즉 우리는 성경의 저자가 의도하는 바가 무엇인지에 대한 이해를 놓치지 않으면서 성경을 조사해 볼 것이다. 그러나 우리는 우리의 생각을 미리 가지고, 성경 기자의 원래의 의도는 무시한 채, 성경을 우리의 생각에 억지로 두드려 맞추지는 않을 것이다. 그리고 앞서 미첼 교수가 지적한 바와 같이, 하나님에 관한 성경의 묘사들을 유추적으로 해석하는 원칙도 반드시 지킬 것이다.

---

19) Basil Mitchell, The Justification of Religious Belief(London: Macmillan, 1973), 19.
20) "open theism"(열린 유신론)을 주장하는 사람들이 이런 식으로를 해석하여왔다. 어찌 보면 이들의 피라미드식 생각이 균형잡힌 신론처럼 보여도, 그들이 만들어 결과는 참담할 뿐이다. 그들은 하나님에 대한 단어의 해석에서 유추적 의미 적용의 원칙을 적용해야 한다는 사실에 대해 전혀 문외한인 듯이 보인다.

만인구원론 조사 II : 구원의 의미
성경이 말하는 구원

만인구원론자들이 모든 인간들이 다 구원받는다고 말할 때, 이들이 염두에 두고 있는 구원이란 개념은 기독교에 말하는 구원의 개념과 동일한 경우가 대부분이다. 따라서 우리는 여기서 성경이 말하고 있는 구원이란 어떤 구원인지에 대해 먼저 알아보고자 한다. 성경은 구원받는 과정과 그 결과에 대해 말고 주고 있다. 즉 성경은 구원이란 위험과 불운에서 건짐을 받은 후 악과 재앙으로부터 보호받고, 적대적인 대력들의 위협으로부터 지켜지고, 그 결과 완전한 안전의 상태에 거하게 되는 것이라고 말해주고 있다. 성경은 구원하시는 하나님과 구원을 받아야만 하는 인간에게 모든 초점을 맞추고 있다.

구원이라는 관점에서 성경을 읽을 때, 우리는 이스라엘 백성을 애굽의 노예생활에서 구원하신 하나님, 시편 기자를 죽음의 구렁텅이에서 구원하신 하나님, 로마로 가는 도중 파선해 가는 배에서 바울을 구원하신 하나님을 만날 수 있다(다음을 보라. 출 15:2; 시 116:6; 욘 2:9; 행 27:31, 44). 그러나 신약 성경이 말하는바 구원에 대한 핵심적인 진실은 하나님께서 주 예수 그리스도를 통하여, 죄 많고 사악한 인간들을 죄와 하나님의 진노와 죽음과 지옥에서부터 구원하신다는 진실이다. 그리스도를 믿고 받아들여 구원받은 자들은 하나님과의 관계가 회복되고 의롭다함 받으며, 하나님의 가족의 일원이 된다. 구원받은 자들은 그리스도 안에서 새 생명을 얻는 자들이고, 점점 그리스도의 영광으로 변화될 자들이며, 그리스도를 영원히 경배할 자들이다(다음을 보라. 롬 10:11013; 11:36; 엡 2:5-7; 골 1:16; 히 2:1 등).

기독교 구원은 과거의 구원, 현재의 구원 및 미래의 구원을 모두 다 포함한다. 신자들은 죄의 형벌에서 이미 구원받았고, 현재라는 시점에서 죄의 능력으로부터 구원을 받을 수 있고, 미래의 어느 날 죄에서 완전히 구원받을 것이다. 그때가 되면 우리는 더 이상 우리 안과 밖 모두에 죄가 더 이상 존재하지 않는 곳에서 살 수 있게 된다. 과거 현재 및 미래의 구원이란 세 단계는 공히 다음과 같은 두 가지의 개인적인 교제를 통하여 진행이 된다. (1) 하나님 아버지와 그분의 아들 예수 그리스도와 마음과 마음이 맞부딪치는 친밀한 교제를 통해서 진행된다. 이때 우리는 하나님께서 우리를 지금까지 구원해주시고 지켜주신 것에 감사하고, 앞으로 이루어주실 것에 대해 희망으로 가득 차서, 감사의 찬미를 하나님께 올리게 된다. (2) 성령 하나님과의 교제를 통해 진행된다. 이러한 성령님과의 교제는 초자연적으로 일어나고 초자연적으로 진행된다(불신자들은 경험할 수 없는 교제라는 뜻으로 사료됨; 역자 주). 그리고 이러한 성령님과의 교제는 또한 영원히 지속이 된다. 결국, 과거 현재 미래의 구원은 삼위 하나님 모두와의 교제를 통해 단계적으로 진행이 된다고 보아야 한다. 따라서 이러한 삼위일체 하나님과의 교제 경험은 일회적인 사건이 아니라 영속되는 사건이다. 그리고 혼자만의 사건이기도 하지만 집단적인 사건이기도 하다. 즉 혼자서도 삼위일체의 하나님과 교제하지만 성도들끼리 기쁨으로 연합하여 하나님과 교제하기도 한다. 수없이 많은 성도들이 한데 모여 주 하나님과 주 예수 구주를 경배할 때, 우리는 함께함의 즐거움을 만끽하게 된다. 우리는 구원자 주님을 각자가 경배하고 사랑을 고백하기도 하고(참고: 갈 2:20), 교회의 지체들이 함께 모여 함께 사랑을 나누기도 한다(참고: 엡 5:25).

만인구원론자들이 말하는 구원

만인구원론을 제대로 평가하기 위해 우리가 물어야할 단 하나의 질문은 다음과 같은 질문이다. 만인구원론자들은 위에서 언급한 성경이 말하는 구원에 대해 정확히 이해하고 있는가? 이러한 질문에 제대로 답을 하기 위해, 현재 만인구원론에는 크게 세 가지 구원관이 있다는 사실을 먼저 알아야 한다. 그 세 가지는 세속적 구원관(secular salvationism), 사망 후 구원관(postmortem salvationism) 과 다원론적 구원관(pluralist salvationism)

이다. 이제 만인구원론의 이 세 가지 구원관에 대해 살펴보도록 하자.

세속적 구원관은 기독교에서 말하는 구원관과는 매우 동떨어진 구원관이다. 세속적 구원관은, 모든 죽은 자들이 다만 행복한 미래만을 맞이하게 된다는 식의 미국 할리우드 영화와 같이 가상적이고 환상적면만 부각시키는 구원관이라고 할 수 있다. 예를 들면, 호세아 발루(1771-1852)는 모든 사람들은 죽으면 곧바로 행복 속으로 들어간다고 가르쳤다. 그의 지도력 아래에 있던 만인구원론자들의 교회들은, 삼위일체의 교리를 말살해 버렸고, 그리스도가 하나님이시라는 사실을 더 이상 받아들이지 않았으며, 원죄란 것도 없다고 하였고, 회개할 필요도 없다고 가르쳤다.[21]

트레보르 하르트(Trevor Hart)는, "성경이 말하는 구원이란 하나님의 아들이 되어 하나님과 인간이 서로 교제하고, 아버지 하나님께서 아들을 통하여 우리를 아들 삼으셨다는 사실을 성령 안에서 기뻐하며, 그리고 회개(메타노이아, metanoia)를 통하여 삼위의 하나님과 친밀한 교제(코이노니아, koinonia)를 하는 것이 아니고 무엇이겠는가?"라고 오히려 반문하였다.[22]

그렇다. 그의 말이 맞다. 이러한 하나님과의 친밀한 교제를 가능하게 하는 구원이야 말로 진정한 구원임이 사실이다. 그러나 세상 모든 사람들이 한명도 빠짐없이 하나님과 이렇게도 좋은 교제 속으로 들어오게 된다고 주장하는 구원관은, 분명히 말하지만 잘못된 구원관이다. 기독교는 아버지 하나님과 아들 하나님과의 성령 하나님 안에서의 이렇게도 좋은 교제 및 그리스도의 구속을 기독교의 중심 사상으로 놓고 있어야 한다. 만일 그리스도를 통한 구속과 하나님과의 교제를 인정하지 않는 기독교의 구원관은 이단적인 구원관에 불과하다. 만일 그런 구원관을 주장하고 있는 사람이 있다면, 그 사람은 분명히 세속적인 이단 환상가일 것이다. 따라서 세속적인 구원관을 가진 사람들은 기독교 축에 끼지도 못하는 것이 확실하기 때문에, 이제부터 나는 세속적인 구원관에 대해서는 언급조차도 하지

---

21) Blanchard, Whatever Happened to Hell, 191.
22) Hart, "Universalism," 11-12.

않을 것이다. 그 이유는 세속적인 구원관을 가진 사람들은 기독교와는 하등 관계가 없는 사람들이므로, 나의 논쟁의 대상조차도 될 수 없기 때문이다.

사망 후 구원관이란 구원을 받지 못하고 죽은 인간은 하나님께서 사후에라도 기회를 주어, 결국은 인간 모두가 다 구원된다는 구원관이다. 창조주이신 하나님께서 주관하여 진행되는 죽은 자들에 대한 전도를 어떤 사람들은 종말적 복음전도(eschatological evangelism)라고 명명하였다.[23]

하나님께서는 믿는 자 모두가 회개하고 그리스도에게 돌아올 때까지 계속 죄를 깨닫게 하시고, 그리스도의 복음을 제시하시고, 그 결과 그리스도를 믿지 않고 죽은 자들 모두가 성도들과 천사들의 모임에 합류하여, 시온 산에서 하나님을 같이 경배하게 된다는 것이다(히 12:22-24). 어떤 과정으로 그런 일들이 일어나게 되는 지에 대해서는 이론들이 다양하다. 이를 설명하여 주는 다양한 이론들 모두가 문제가 있는 이론들이다. 나는 앞으로 이들 이론들에 각각 어떤 하자들이 있는지에 대해서도 말할 것이다. 사망 후 구원관은 세속적 구원관과는 달리 나름대로 꽤나 기독교적인 생각들을 내포하고 있다. 고로 사망 후 구원관은 계속해서 우리의 고려의 대상이 될 만하다.

다원론적 구원관은 기독교의 구원관과 상당히 마찰을 일으키는 구원관이다. 우리는 대표적으로 존 힉크의 다원론적 구원관을 심도있게 살펴봄으로 다원론적 구원관이 무엇이지 이해보도록 하자.

그러기에 앞서, 다원론(또는 다원주의, pluralism)이란 무엇이지에 대해 먼저 알아보자. 최근에 대두되기 시작한 '다원론'이란 표현 자체가 말해주듯이, 다원론이란 광범위하게 널려져 있는 여러 종류의 사고들과 신념들과 사상들과 확신들과 가설들과 특정 주제에 대한 견해들과 여러 종교 스타일들과 여러 가치 체계들이(나름대로의 진실을 갖고 있기 때문에) 모두 선하고, 이 모두가 함께 어우러지면 더 멋있는 것이 나온다는 이론이다. 다원론자들은 각각의 것들을 비교하거나 우선순위를 매기지 않는다.

---

23) Sanders, No Other Name, 177-214.

그러나 그 대신에 각각의 것들이 똑같이 중요하다고 보고, 각각의 것들을 서로 합치거나 섞으려고 한다.

철학 교수였던 존 힉크는 기독교안에 머무르면서도 기독교를 떠나, 만인구원론을 받아들였다.[24]

존 힉크는 종교적 다원주의를 받아들여, 기독교가 유일한 진리요 신앙이라는 사실을 더 이상 학생들에게 가르치지 않았고, 그 대신 세계의 모든 주요 종교들은 동등하며 다 같은 하나의 줄기에 속해있다고 가르쳤다.[25]

존 힉크는 또한 다른 다원론자들이 그러하듯, 기독교의 하나님께서 자기 자신을 사람들에게 특별한 방법으로 계시하신다거나 그리스도를 통해서 자신을 나타내신다는 사실을 더 이상 인정하지 않았다…. 그리고 그리스도를 하나님께서 인류의 구원을 위하여 특별히 사용하신 많은 위대한 종교 지도자들 중의 한 사람으로만 보았다.[26]

그리고 그는 어느 정도 인정된 세상의 모든 종교들은 그 나름대로의 부족한 점이 있기는 해도, 다 '궁극적 구원과 자유에 이르는 길'을 제시한다고 보았다.[27]

그의 논리에 따르면 기독교와 다른 종교들과의 차이란 단지, 하나의 본초적인 실체에 대한 조금씩 다른 자각일 뿐이다. 종교에 따라 갑작스럽

---

24) Hick, Evil and the God of Love.
25) 다음 자료들을 보라. Hick, God and the Universe of Faiths(London: Macmillan; New York: St. Martin's, 1973); 동일저자, God Has Many Name(London: Macmillan, 1980; Philadelphia: Westminster, 1982); 동일저자, An Interpretation of Religion(London: Macmillan; New Haven, Conn.: Yale Univ. Press, 1989). Sanders는 "20세기 동안 상당수의 만인구원론자들이 다원론 쪽으로 옮겨감으로 종교들을 동등하게 포괄하여 일치시키려는 노력들을 경주하였다. 그런 자들은 먼저 그리스도가 유일한 구원자라는 신조를 버렸고, 그 다음에는 기독교만이 구원의 종교라는 신조를 버렸다. 그리고 그들 중 어떤 자들은 하나님을 경배하는 것도 버렸다". 이것과 관련하여 자세히 알려면 다음을 보라. No Other Name, 116, referring to Ernest Cassara, ed., Universalism in America(Boston: Beacon, 1971), 39-42. Hick(힉크)의 만인구원론에 대해 더 자세히 알고 싶으면 다음 자료들을 보라. Ronald H. Nash, Is Jesus the Only Savior?; Robert A. Peterson, Hell on Trial(Phillipsburg N. J.: Presbyterian and Reformed, 1995), 139-59.
26) Harold A. Netland, Dissonant Voices: Religious Pluralism and the Question of Truth(Grand Rapids: Eerdmans, 1991), 10. Netland는 제목만 봐도 우리를 충분하게 자극하게 만드는 다음 책에 대해 언급하였다. The Myth of God Incarnate, ed. John Hick and Paul K. Knitter(Maryknoll, N.Y.: Orbis, 1987). Netland는 상기 책을 언급하면서, "이 책을 엮은 사람들은 이 책으로 큰일을 저지르고자 의도하였다. 그들은 이 책을 기점으로 배타주의(exclusivism)와 포괄주의(또는 포함주의, inclusivism) 모두를 공개적으로 거부하고, 종

게 또는 서서히 자기중심적 삶에서 벗어나 유일한 실체요 유일한 가치인 신적 존재로 결국 귀착된다. 이 '유일하고도 참이신 참 실체'를 종교에 따라 하나님(God), 브라만(Brahman), 달마(the Dharma), 순야타(Sunyata) 또는 도(Tao)라고 부를 뿐이다.[28]

이제 우리 진실한 기독교인들은 존 힉크의 궤변과 같은 주장을 더 이상 따를 필요가 없음이 이 시점에서 명백해졌다. 존 힉크는 기독교의 구원관—구원받은 자들은 어린 양되시고 하나님 계획의 알파와 오메가 되시며, 구원받은 자들의 친구와 주가 되시며 또한 하나님 되시는, 보좌에 앉으신 그리스도를 기쁨으로 경배하게 된다는 기독교의 구원관—을 인정하지 않는다. 존 힉크에게 있어서 기독교가 주장하는 그리스도는 단지 가공적인 인물(myth)일 뿐이고, 기독교가 주장하는 구원은 다른 종교에도 있는 구원일 뿐이다. 존 힉크가 제시한 방정식의 답은 어쨌거나 결국에는 모든 자들이 참 실체를 소유하게 된다는 답이다.

서서히 그리고 때로는 저 세상에서 일어나는 치유하고 정화하는 고통스러운 연옥이라는 과정을 통하여(이것은 말년에 들어선 존 힉크 및 다른 몇몇 사람들이 주장한 것임), 인간은 결국, 전통 기독교인들이 추구하는 소위 '신과 같은 자 되는 것'이 이루어지고, 이때에 참 실체를 소유하게 된

교적 다원주의를 받아들였다."(설명. 배타주의란 이 땅에서 그리스도를 받아들여야만 구원을 얻는다는 주의이고, 포괄주의란 착하고 선하게 사는 사람은 구원의 수여자에 대해서는 비록 모른다고 해도, 결국은 구원받게 된다는 기독교의 한 분파의 주장이다. 이와 관련하여서는 다음을 보라. Sanders, No Other Name, 215.) The Myth of God Incarnate란 책에 글을 제공한 사람들은 편집자들 외에도 Gordon Kaufman, Langdon Gilkey, Wilfred Cantwell Smith, Rosemary Radford 와 Raimundo Pannikar가 있다. 이들은 모두 신교 자유주의 신학자들과 로마 가톨릭 자유주의 신학자들이다. 이와 관련하여서는 다음을 보라. Netland, Dissonant Voices, 26-27. 여기서 Netland는 "다원론자들 중에는 오늘날 가장 영향을 미치는 신학자들과 철학자들이 포함되었다"고 하였다.
27) 이 말도 안 되는 Hick의 주장을 보려면 그의 저서 다음을 보라. Hick, An Interpretation of Religion(New Haven, Conn.: Yale Univ. Press, 1989) 240. Hick는 기독교의 참 실체(하나님)와 인간이 만든 종교들인 힌두교, 불교, 기독교, 이슬람교, 신토(일본신)를 다 한데 묶으려고 억지를 부렸다.
28) 위와 동일 자료, 36. 브라만과 달마는 힌두교의 신이고, 순야타는 불교의 신이며 도(도교)는 중국의 종교이다.

다. 이 땅에서 경험하는 고통과 아픔은 결국 모두가 다 받게 될 영광스러운 구원을 얻기 위하여 필요한 과정일 뿐 아니라 구원에 이르는 길 자체이기도 하다.[29]

존 힉크가 신학자로서 처음 다원론을 받아들였을 때는, 위와 같은 만인구원론을 그의 기독교 신앙에 조금만 살짝 집어넣었을 뿐이었다. 그 대신 참으로 사람이 되신 구원자 그리스도, 삼위일체의 교제를 하시는 하나님, 속죄, 화해, 칭의 및 그리스도를 통한 양자됨의 교리들 그리고 그리스도와의 연합을 통해 새 피조물 됨의 교리들을 서서히 그러나 결국은 다 버려버렸다. 그래서 그에게 기독교란 하나도 남지 않게 되었다. 만일 이렇게 빈껍데기만 남은 기독교가 그가 주장하는 기독교라면 그것은 더 이상 기독교가 아니다. 고로 여기서 우리는 우리의 논의의 대상에서, 좀 전에 세속적 구원론을 제하여 버렸듯이 다원론적 구원론도 제하여 버린다. 이 두 구원론 모두 얼핏 보기에는 그럴듯해 보이고 자비롭게도 보이는 구원론일지는 몰라도, 완전히 비성경적이고 또한 반성경적인 허구에 불과하다. 그러므로 우리의 논의 대상에서 제외되어도 전혀 문제될 것이 전혀 없다.

우리는 이 시점에서 불가지론(agnosticism)을 펴는 두 집단에 대해 이해 하고 다음으로 넘어가야 할 필요가 있다. 그 두 집단은 '교리적 다원론자'(dogmatic pluralist)와 '자칭 포괄론자'(또는 자칭 포괄론자, self-styled inclusivist)이다. 교리적 다원론자는 모든 인간들은 자신이 인식하고 있건 인식하지 못하고 있건 간에 상관없이, 구원과 자유와 완전 만족을 향해 나아가고 있다고 주장한다. 반면 자칭 포함론자들은 생전에 예수에 대해 한 번도 듣지도 못하였기에 다른 신을 믿을 수밖에 없었던 자들은, 사실은 참 창조주를 믿은 것이므로, 죽어서라도 그리스도를 알게 되어 결국은 구원자들의 대열에 포함되게 된다고 주장한다. 그러나 자칭 포함론자들은 복음을 듣지 못하고 죽은 사람들이 어떻게 복음을 듣게 되는 일이 일어나는

---

29) Hart, "Universalism," with reference to Hick, Death and Eternal Life(New York: Harper & Row, 1976), 7.

지에 대해서는 전혀 알 길이 없다고 주장한다.(그래서 자칭 포함론자들이 불가지론자에 속한다). 그러나 어쨌거나 복음을 듣게 되는 일이 있어 난다고 주장한다. 반면 교리적 다원론자들은 예수님께서 인간으로 오신 하나님이시라는 사실을 믿고 그리스도만이 그들 삶의 유일한 반석이시요 생명이 되신다는 사실을 굳게 믿고 죽은 신실한 그리스도인들은, 결국 죽어서 자신들이 참 실존을 잘못알고 믿었다는 사실을 깨닫게 된다고 주장한다. 그러나 어떤 경로로 이런 일들이 일어나는지에 대해서는 결코 알 수 없다고 주장한다. 그러기에 교리적 다원론자들도 불가지론자들에 포함된다.

만인구원론 조사 III : 영원 처벌의 의미

우리는 만인구원론자들이 주장하는 구원관들을 조사함으로써, 구원에 관한 그들의 여러 가지 형태의 주장들은 공론에 불과하다는 사실을 알게 되었다. 만인구원론자들은 이 세상에 존재하는 중요한 모든 종교들은 사람들을 가장 높은 상태의 행복으로 이끌기 때문에, 기독교도들이 타 종교 신자들을 구태여 기독교인으로 만들려고 애쓸 필요가 없다고 주장한다. 현재 이러한 생각들은 특히 힌두교와 이슬람교에 넓게 퍼져있다. 특히 이들 힌두교도들과 이슬람교도들은 이미 전 세계를 정치적으로 지배해본 적이 있는 기독교 중심의 서구 나라들이 기독교를 미끼로 전 세계를 지배하려고 하고 있다며, 기독교의 제국주의적 우월성을 맹렬히 비난하고 있다.

만인구원론자들의 잘못된 주장과 태도로 인해, 예수에 의해 시작되었고 사도들에 의해 세워져 나간 복음전도를 기초로 한 교회 세움의 모델이 어떻게 영향을 받고 있는지에 대해 여기서 충분한 시간과 공간을 할애하여 설명할 수는 없다. 그러나 우리는 각종의 만인구원론들 모두에 최종적 전 인류 구원이라는 공통분모가 자리 잡고 있다는 사실에 대해서는 이미 언급하였다. 그리고 그들이 주장하는 구원론들 중 두 구원론은 기독교의 기본 수준에 절대적으로 미치지 못하기 때문에, 우리의 논의 대상에서 완전히 제외시켜 버렸다. 이제 우리는 어떤 생각과 감정들이 만인구원론을 지탱해주고 있는지 알아보고자 한다. 만인구원론을 굳건히 지탱하여주고 있는 것 중 하나는 연민에서 비롯된 기독교에 대한 반감이다. 즉 천국에 들어가지 못하고 지옥에서 영원히 고통을 당하는 사람들에 대한 인간적인 연민에서 비롯된, 전통 기독교 구원론에 대한 반감이 만인구원론을 지탱해주고 있다. 그리고 다른 하나는 하나님에 대한 거짓된 생각이다. 즉(그들의 주장에 따르면) 예수님의 사역과 말씀 속에서 잘 들어나 있듯이, 성경이 제시해주고 있는 하나님은 모든 사람들이 구원에 이르기를 원하시는 사랑의 하나님이시어야만 한다는 생각이 만인구원론을 지탱하여주고 있는 두 번째 요소이다. 바로 이런 사랑의 하나님에 대한 공감된 생각이 만인구원론자들에게 힘을 실어주고 있고, 그 결과 만인구원론이 세력을 점차적으로 넓혀나가고 있는 것이다. 이제 우리는 이것들과 관련하여 먼저 영원한 형벌이 관하여 알아보고 나서, 그다음 섹션에서 예수님을 통해 나타난 하나님의 사랑은 어떠한 사랑인지에 대해 알아보고자 한다.

성경의 가르침

예수님께서는 염소의 무리들로부터 양들을 갈라내는 비유적 예언의 말씀을 통해, 장차 '영원한 심판'이 있을 것이라는 사실을 알려주셨다(마 25:31-46). 다른 곳에서와 마찬가지로, 예수님께서는 이에 대해 알려주실 때에, 삼인칭 화법을 쓰셔서, 자신을 인자(Son of Man)라고 표현하시며, 인자가 메시아로서 와서 '나의 아버지'의 목적을 강행하실 것이라고 말씀하셨다(34절). 예수님의 이러한 예언적 말씀 속에는 인자께서 왕으로 이 세상에 오셨고(34, 40절), 그 인자께서 현재 시점에서 '모든 열방들을' 심판하고 계신다는 의미가 포함되어있다(32절). 남들을 섬겨온 사람들은 실상은 주님을 섬긴 것이기에, 그들은 '창세 이후 예비된 천국'을 상속받을 것이다(34절). 그러나 다른 사람들을 섬겨오지 않은 사람들은 주님을 섬기지 않은 것이기에, '마귀와 그의 천사들을 위하여 준비된 영원한 불'로 보내진다고(41절) 주님께서 말씀하셨다.

이러한 주님의 교훈의 말씀으로부터 우리는 개인의 믿음의 고백이 그 사람의 영원한 삶의 질을 결정짓게 된다는 사실을 알 수 있게 되었다. 따라서 악한 자는 영원한 처벌의 곳으로 쫓겨나지만, 의인은 영원한 생명의 곳으로 인도된다(마 25:46). '영원한(아이오니오스, aionios)'이란 올 세상에 속한다는 말이다. 이 세상은 유한적인데 비해 올 세상은 영원히 지속되는 세상이다. '처벌(콜라시스, kolasis)'이란 보복할 목적으로 상대방에게 고통을 가한다는 것을 의미한다. 그 때문에 영생(영원한 생명)이 끝이 없이 계속되는 생명이듯이, 영원한 처벌이란 처벌이 끝이 없이 계속된다는 말이다.

옥스퍼드에서 왕이 임명한 신학 교수로 재직하였던 적이 있는 Q. C. 퀵(Q. C. Quick)은 마태복음 2장 46절이 신약 성경에 나오는 사후 영원한 심판에 관한 가장 노골적인 두 표현 중의 하나라고 말하였다. 퀵은 사후 영원한 심판에 관한 가장 노골적인 또 다른 표현은 요한계시록 20장 10절과 15절을 꼽았다. 요한계시록 20장 10절과 15절에서 나오는 '불못'은 마귀, 짐승 및 '세세토록' 있어야하는 곳이고, 이들과 함께 '생명 책'에 이름이 기록되어 있지 않은 사람들도 영원히 있어야 하는 곳이다. 퀵은 이와 관련하여 "이로 보건대, 신약 성경의 가르침은 분명히 만인구원론자들의 가르침과는 정반대되는 가르침이다."라고 못 박아 말하였다.[30]

영원한 형벌에 대한 것은 위에서 언급한 두 곳 외에 성경의 다른 곳에서도 언급되어있다. 예수님께서는, "누구든지 성령을 거스르는 말을 하면—즉 예수님의 존재와 역할에 대한 성령의 내적 및 외적 증거를 거절하면—그 사람은 이 세상과 올 세상에서 용서받지 못한다."(마 12:32)라고 말씀하셨다. 그리고 제자들에게 "온전한 몸으로 지옥(게헨나; 게헨나는 예루

---

30) O. C. Quick, The Gospel of the New World(London; Nisbet, 1944), 116.

살렘 바깥에 있었던 쓰레기 태우는 장소임)에 던져지는 것보다 차라리 손과 발이 잘리더라도, 눈이 뽑히더라도 지옥에 가지 않는 것이 더 낫다." 그리고 "지옥은 벌레들이 죽지 않고 불도 꺼지지 않는다."고 말씀하셨다(눅 16:24). 또한 예수님의 말씀에 따르면, 지옥은 바깥 어두운 곳이며 또한 불용광로(불풀무)이며, 그곳에 간 사람들은 너무도 고통스러워 울면서 이를 갈게 된다(마 8:12; 13:42; 24:51; 눅 13:28).

지옥의 형벌과 관련된 예수님의 이와 같은 지옥에 대한 무시무시한 표현들은, 예수님뿐만 아니라 그 당시 유대인들이 무시무시한 것에 대해 말할 때에 사용하였던 표현들이고, 그 당시와 후 시대에 기록된 묵시록 등에서 사용되었던 표현들인 것으로 사료된다. 그럼에도 지옥에 관해 무시무시한 말을 하신 분이 신적 권위를 가지신 예수님이시라는 사실에 주목한 W. G. T. 쉐드(W. G. T. Shedd)는 "예수님께서 기독교에 영원한 지옥 형벌의 교리를 집어넣은 장본인이다."라고 말하였다.[31]

예수로 인해 기독교 지옥 교리가 세워졌으므로, 그의 이런 말이 전혀 틀리는 말은 아니라고 사료된다.

그러나 예수나 그의 제자 요한만이 지옥에 대해 강조하여 언급하였던 것은 아니다. 바울도 그리스도의 재림에 대해 말할 때에, 번쩍거리는 불과 함께 주님께서 다시 오시면, 그분은 하나님을 모르고 우리 주 예수그리스도의 복음에 순종하지 않는 자들을 처벌하실 것이다라고 말하였다(살후 1:8-9; 참고: 롬 2:5-9, 이 절들에서 표현된 진노, 격노, 재난 및 고통들은 불순종의 사람들이 겪어야 할 것들이다). 히브리서 기자는 우리에게 '영원한 심판(히 6:2)'에 대해 언급하면서, "한번 죽는 것은 사람에게 정해진 이치이지만, 그 후에는 심판이 있다."(9:27)고 하였고, 배교하는 자들에 대해서는 "무서운 심판과 활활 타는 불들이 하나님의 대적들을 살라버릴 것이고…. 살아계신 하나님의 손에 떨어진다는 것은 무시무시한 일이다."라고 경고하였다(10:27, 31). 여기서 핵심 점은 신약 성경 전체에 걸쳐서, 회개

---

31) W. G. T. Shedd, Dogmatic Theology(Edinburgh: T. & T. Clark, 1889), 2:680.

하지 않는 자들은 영원한 형벌을 받아야 한다는 사실들이 분명히 명시되어 있다는 점이다.[32]

이제 나는 다음의 네 가지 사실에 대해 말하고자 한다.

(1) 어떤 사람들은 성경에서 언급된 지옥 묘사들은 지옥이 실제로 그런 곳이라는 사실을 알려주는 것이 아니라고 주장하였다. 그런 주장을 펴는 사람들은 예수님이나 사도들이 지옥에 대해 듣는 사람들로 하여금 단지 겁을 주어 신앙생활을 잘 하도록 하기위해 지옥을 무시무시한 것으로 묘사하였을 뿐이라고 생각한다. 그러나 이런 해석은 문맥상으로 볼 때 전혀 들어맞지 않는 해석이다. 뿐만 아니라, 목자의 심정을 가진 예수와 사도들이 듣는 자들로 하여금 겁을 주어 신앙생활을 억지로 하게 하였을 리가 없다. 더군다나 듣는 자들은 불신자들이 아니라 신자들이었다(예: 바울의 권면을 받은 로마와 데살로니가의 교인들은 헌신된 신자들이었다. 그리고 히브리서를 읽었던 독자들도 과거 유대교를 믿다가 계종한 신앙이 돈독한 교인들이었다; 히 6:9). 또한 히브리서를 읽는 그 당시의 신자들은 예수님을 믿는다는 이유로 핍박을 받는 상태에 있었으므로, 사도들의 지옥 교리를 통한 권면과 훈계를 받음으로 핍박을 견딜 수 있었고, 히브리서를 읽음으로 용기를 통해 얻을 수 있었다. 따라서 단지 겁을 주기 위해 지옥을 무시무시하게 만들었다고는 절대로 생각할 수 없다.

(2) 위에 언급된 예수와 사도들의 지옥에 대한 언급들에 대해, 어떤 사람들은 이러한 언급만을 가지고서는, 회개하지 않는 자들이 영원한 형벌을 받게 된다는 확신을 할 수 없다고 주장하였다. 나는 그런 의문을 제기하는 자들에게 다음과 같이 질문하겠다. 지옥에 대해 이보다 더 간단하고 확실하게 서술할 수 있겠는가? 지옥에 대해 이것 외에 꼭 더 말할 필요가 있

---

32) 다음을 보라. chapter 9, "Annihilationism: Will the Unsaved Be Punished Forever," 195-218.

다면 도대체 어떤 말이 더 필요하단 말인가? 영벌의 실체에 대해 확실히 깨닫고 느끼도록 하기위해, 이보다 더 효과적인 표현은 있을 수 없다. 예수와 그의 사도들은 지옥 형벌에 대해 이 짧은 표현으로 하고 싶은 표현을 100% 다 한 것이다.

(3) 영혼소멸론(지옥에 간 사람들은 그곳에서 타서 없어지기 때문에 영혼이 소멸된다는 이론임)이 옳다고 주장하기 위해서 성경의 심판과 지옥에 대한 표현을 영혼소멸론이란 상자 속에 억지로 구겨서 쑤셔 넣으면 안 된다. 성경 자체가 영혼소멸론을 말해주어야 영혼소멸론이 맞는 이론이다. 성경의 지옥 표현에서 나오는 불은, 태워 없애는 불이 아니라 고통을 주는 불이다. 누가복음 16장 24절를 보면 이런 사실은 너무나 명백하다. 더군다나 지옥을 설명할 때 쓰인 멸망(destruction)을 뜻하는 그리스 원어 성경의 단어들로서는 동사 아폴루미(apollymi), 명사 아폴레이아(apoleia) 및 형용사 올레쓰리오스(olethrios)가 있다. 이 세 그리스 원어 단어들은 기능적 멸망을 뜻하는 단어들이지 결코 존재적 멸망(존재의 소멸)을 뜻하는 단어가 아니다. 영혼소멸론을 쉬운 말로 하면 '거꾸로 만인구원론' 이라고 할 수 있다. 왜냐하면 만인구원론은 악인도 구원받아 영원히 존재하며 행복하게 산다는 이론임에 비해, 영혼소멸론은 악인은 벌을 받아 존재자체가 없어진다는 이론이기 때문이다. 이 두 이론은 모두 인간의 생각에서 나온 추론에 불과하다. 이 두 추론은 지옥에서 영원히 고통받는 것을 싫어하는 인간의 심리에서 나온 추론이다. 왜냐하면 이 두 이론 모두 악인이 영원히 지옥에서 고통받는 것을 비껴가는 이론들이기 때문이다.[33]

(4) 신정설(theodicy, 神正說, 신정설은 하나님께서 하시는 것은 모든 것이 옳고, 하나님께서 하시는 모든 것은 하실 만하니까 하신다고 주장함.

---

33) 나의 다음 논문들에서 영혼소멸론이 자세히 분석되어져있다. "The Problem of Eternal Punishment"(Crux 26/3 [September 1990]: 18-25), 그리고 "Evangelical Annihilationism in Review"(Reformation and Revival 6/2 [Spring 1997]: 37-51; 또한 Peterson, Hell on Trial, 161-82.

신정설에서는 악이 존재하는 것도 하나님의 뜻이라고 주장한다; 역자 주)과 관련되어 말해 보자. 어떤 사람들은 하나님께서 별로 크게 잘못하지도 않았는데도 불구하고, 단지 예수를 안 믿는다는 이유만으로 지옥에서 영원토록 고생시키는 하나님은 도덕적으로 문제가 있는 하나님이라고 주장하였다. 그러나 하나님을 거부함으로 하나님께 악행하는 자가 아무런 조치도 받지 않고 평생 잘 살다가 죽으면 그만이게 만드는 하나님이거나, 천국가면 그만이게 만드는 하나님이야 말로 도덕적으로 문제가 있는 하나님이라는 사실은 신약 성경을 잘 읽어보면 어렵지 않게 알 수 있다. 구약 성경과 신약 성경 모두에서는 악인에 대해 적절히 보응하시는 하나님을 찬양하는 기도와 노래들이 가득하다. 예를 들면, 요한계시록에서는 영적인 바벨론에 대해 심판을 행하시는 하나님을 찬양하였다(계 18:20; 19:2). 하나님께서는 이 세상의 모든 부도덕한 행위들을 참으시다가, 결국은 의로운 심판을 내리신다(롬 2:5). 하나님의 악인들에 대한 심판을 보고, 그동안 악인들의 악행들을 참고 기다려온 신실한 신자들이 기뻐하고 환호하는 것은 당연한 것이다.

만인구원론자들의 주장

만인구원론자들은 신약 성경이 분명하게 제시하고 있는, 그리스도 없이 죽은 자들에게 임하는 영원한 형벌을 어떻게 해서라도 피해보려고 안간힘을 쓴다. 그들이 그렇게 하는 이유는 타락으로 인해 인간들 속에 하나님에 대해 알레르기 반응을 일으키는 것이 있기 때문이다. 인간의 이러한 나약함을 잘 파악하고 있던 바울은 그리스도 없이 산다는 것은 죄 아래 사는 것이고 율법 아래 사는 것이며, 하나님의 진노와 사망 아래에 사는 것이라고 선언하였다(롬 1:18; 3:9, 19; 5:17을 보라). 오늘날 대부분의 만인구원론자들은 하나님께서는 어찌해서든지, 죽은 불신자에게 복음을 전하시고자 서서히 압박을 가하시고, 이런 서서히 가해지는 복음에 대한 하나님의 압박을 견디지 못한 죽은 불신자는 결국 복음을 받아들이게 되고, 그 결과 구원받아 어린 양을 경배하는 성도들의 무리에 들어가게 된다고 주장한다. 에밀 브루너(Emil Brunner)는 심지어 지옥을 '죄인들을 깨끗하게 하는 학교'라고 말하였다.[34]

넬스 페레(Nels Ferre)는 한술 더 떠, "지옥에는 학교가 있고, 지옥에는 지옥을 드나들 수 있는 문이 있다고 설교해야한다."고 하였다.[35]

넬스 페레는 20세기가 배출한 만인구원론을 주장하는 사람들 가운데, 가장 열정적인 성경 주석가다. 따라서 페레의 주장은 우리의 관심을 끌기에 충분하였다.[36]

그는 처음부터 단도직입적으로 하나님의 도덕적 성품으로 아가페(agape) 사랑―즉, 무조건적이고, 이유없고, 계산없고, 한없는 사랑―을 들고 나왔다. 그는 "원수들까지도 사랑하는 그 사랑이 바로 분리될 수 없고 사라질 수 없는 하나님의 아가페 사랑이며, 이러한 하나님의 아가페 사랑은 전 우주적이고, 조건 없고, 영원한 사랑이다."라고 하였다.[37]

그러나 그의 이런 표현은 결국 다음과 같은 주장을 하기 위한 전초전에 불과하였다. 만일 지옥이 영원한 곳이라면, 하나님의 사랑은 아가페 사랑이 아니어야만 한다. 천국은 지옥에 간 불쌍한 사람들을 놓고 울며 통곡하는 곳이 되어야 한다…. 따라서 천국이 천국 되려면 지옥은 텅텅 비어야 한다. 사랑이 사랑이고, 하나님이 사랑의 하나님이듯이, 지옥은 빈 지옥이다.[38]

페레는 또한, "하나님 사랑의 최종 승리는 모든 인류를 구원하심으로 이루어진다."고 말하였을 뿐만 아니라 기독교의 구원이 "할렐루야! 대 합창으로 종결되지 않으면, 그 구원은 허구일 뿐이다."라고 까지 말하였다.[39]

---

34) Emil Brunner, Eternal Hope(London: Lutterworth, 1954), 83.
35) Ferre, The Christian Understanding of God, 241.
36) Ferre의 관점에 관한 전반적 논의를 보려면 다음을 보라. Dixon, The Other Side, 55-67, 79-82.
37) Ferre, Christ and the Christian, 63-64.
38) Ferre, The Christian Understanding of God, 237.

페레는 이러한 구원의 전 과정은 매우 서서히 진행된다고 주장하였다. 이제 그의 글 일부를 읽어보자.

> 많은 지옥들이 존재한다. 이 땅에서 살면서 오랜 기간동안 하나님을 거절함으로 지옥과 같은 삶을 살게 되지만 그래도 이 땅에서 사는 사람에게 자유의지는 존재한다. 지옥은 단지 세상의 종말에만 있는 것이 아니다. 지옥은 세월들의 끝에도 존재한다. 지옥이 영원해야 할 필요는 없다. 물론 지옥은 우리가 생각하는 것 보다 좀 오랠 수는 있다. 지옥이 얼마나 오래 지속하는지는 지금 이 땅에 살면서 얼마나 자유의지를 어리석게 사용하였는지에 따라 달라진다. 그리고 하나님께서 언제까지 우리에게 자유의지의 사용을 허락하시느냐에 따라 결정된다.[40]

페레는 또한, "하나님께서 자기의 자식들이 영원히 골치 썩이도록 놔두실 리 없다."라고 말하였다.[41] 그리고 그는 또한, "하나님께서는 지옥에 간 자들에게 나사못 조이듯이 서서히 조이셔서, 결국 그들이 제 정신을 차려, 그들을 위해 예비된 선을 받아들이도록 하신다."라고 말하였다.[42]

페레와 같이(힉크도 마찬가지임) 전형적이며 만인구원론의 주류를 형성하고 있는 사람들은 모든 인간은 신정론의 하나님을 인정할 수 밖에는 다른 수가 없다(이 말은 하나님께서 악의 필요성을 인정하시고 따라서 악인들도 인정한다는 표현으로 사료됨; 역자 주)라고 주장하였다. 신정론과 관련하여, 페레의 주장을 들어보면, "사람, 새, 곤충, 물고기, 파충류 등을 포함한 모든 피조물들이 궁극적으로 다 구원받지 못한다면, 이 세상에 존재하는 악의 문제를 해결할 길이 없다."[43]고 주장한다.

물론 모든 만인구원론자들이 페레처럼 애완동물과 야생동물 및 모기

---

39) Ferre, Christ and the Christian, 63-64.
40) Ferre, The Christian Understanding of God, 230.
41) Ferre, Evil and the Christian Faith, 120.
42) Ferre, The Christian Understanding of God, 240.
43) Ferre, Evil and the Christian Faith, 117.

들도 최종적으로 구원받는다고 주장하는 것은 아니지만, 그들은 죄란 인간이 바로 되도록 교육하는데 꼭 필요한 것이고, 악이 있음으로 해서 결국은 모두가 행복하게 되는 것이기 때문에 악이라는 존재는 필요하고, 하나님께서는 악이 존재하도록 하셨고 악의 필요성을 인정하셨다고 주장한다.

따라서 이들은 예수님께서 '영원한 형벌'로 표현했던 지옥은 결국은 하나님의 은혜의 결과라고 생각한다. 지옥이 교정의 장소이고 악인들이 제정신이 돌아오도록 만들기 위해 하나님께서 지옥을 일부러 무시무시하게 만들어놓았다는 것이다. 예수님께서는 지옥을 교정의 장소로 생각하였기 때문에 일부러 무시무시한 곳으로 묘사하였다는 것이다. 이들은 지옥을 지옥이라고 하지 않고 임시로 고통받는 연옥(purgatory)이라고 부르고 싶어 한다. 그러나 로마 가톨릭에서는 연옥은 단지 그리스도인들만 가는 곳이라고 생각하고 있기 때문에, 로마 가톨릭에서도 이들의 이러한 생각에 동조하기를 꺼려한다. 우리는 지금 성경에서 '영원한 형벌' 또는 '지옥'이라고 표현한 것으로부터 구원을 뽑아내려는 만인구원론자들의 주장에 대해 공부해 나가고 있고 또한 비판해 나가고 있는 중이다. 만인구원론자들은 지금 하나님의 은혜에 대해 크게 오해하고 있다. 그들이나 우리들이나 죄와 지옥이 인류의 가장 큰 골칫거리라는 것에는 서로 동의하고 있다. 그러나 그들은 아가페 사랑의 하나님께서 사랑으로 최후 승리를 거두시기 때문에, 결국 모든 사람들을 가장 큰 두 골칫거리에서부터 구해내실 수밖에는 없다고 말한다. 바로 그러한 발상 때문에, 만인구원론자들은 기독교가 그동안 고수해왔고 성경이 분명히 말해주고 있는 영원 형벌의 지옥 교리를 뒤집으려고 하고 있는 것이다.

그렇다면 만인구원론자들은 자신들의 가설을 어떻게 정당화하고 있는지 알아보자. 이들 중 어떤 사람들은 성경을 들이댄다. 그런 자들은 다음과 같은 세 부류의 성경 구절들을 들이댄다. 첫째 부류의 성경구절들로는 모든 사람이 구원을 얻게 된다고 그들 나름대로 해석하는 구절들이 있고 (요 12:32; 행 3:21; 롬 5:18; 11:32; 고전 15:22-28; 빌 2:9-11), 둘째 부류의 성경 구절들로는 모두를 구원하시고자 하는 하나님의 의도가 들어있다고 주장하는 두 구절이 있고(딤전 2:4; 벧후 3:9), 마지막 세 번째 부류의 구절들로는 예수 그리스도의 구속적인 십자가위에서의 죽음과 부활을 통해서 하나님께서는 결국 모든 사람들을 구원하시게 된다고 해석되어지는 다섯 구절들이 있다(고후 5:19; 갈 1:20; 딛 2:11; 히 2:9; 요일 2:2). 그들은 구절들에 나오는 '모든(또는 모두, all)' 과 '세상(world)' 이라는 단어들을 해석함에 있어서, 문맥상 해석의 원칙을 지키지 않음으로 해서 잘못된 해석을 하고 있다. 그 결과 그들은 신약 성경이 이야기 하고 있는 바를 평가절하고 있다.

그들의 성경 해석은 이미 성경 신학계에서 주목을 받지 못하고 있다.

첫째, 위에 명시된 성경의 절들에서 나오는 '모두(파스, pas)' 와 '세상(코스모스, kosmos)' 은 일반화된 의미로 해석되어져야 마땅하다. 이 '모두' 와 '세상' 을 잘못 해석하여, 이것을 빌미로, 과거에 살았고 현재 살고 있고 미래에 살게 될 이 세상의 사람들 중 한명도 빼어놓지 않은 '모두' 가 다 구원받는다고 해석하는 것은 엄청난 무리수이다. 위에 명시된 구절들이 말하는 바 그 핵심은 하나님께서 예정하신 자들을 구원하신다는 것이고, 그분께서 세상을 회복하신다는 의미이며, 예수 그리스도의 복음을 듣는 모든 사람들에게 예수님을 선택할 동일한 자유가 주어진다는 것이다. 만인구원론자들은 자기들의 이론을 성경으로 치장하였는데, 그런 식으로 성경을 해석하면 성경 해석의 오류를 범할 수밖에 없다.[44]

둘째, 신약 성경 전체를 통해 불신자의 종말과 관련되는 모든 구절들 중에서 단 한 구절만 제외하고는, 모든 성경 구절들이 불신으로 인해 하나님으로부터 거절과 파멸을 당하는 것으로 묘사되었다(다음들을 보라. 요 3:18, 36, 5:29, 12:25, 48, 행 13:46, 28:24-27, 롬 2:5-12, 6:23, 고전 6:9-10, 참고: 갈 6:7-8, 고후 4:3-4, 엡 5:6, 골 3:6, 25, 빌 1:28, 3:19, 딤전 4:16,

---

44) Moo의 "Paul on Hell" 91-110을 보라. 이 구절들에 대한 여러 각도들에서 펼쳐지는 온당한 성경 해석들을 보려면 다음을 보라. Blanchard, Whatever Happened to Hell? 189-208.

5:24, 6:9, 히 3:14-19, 6:4-8, 10:26-31, 39; 벧후 2:3, 6, 9-10, 17, 20-22, 3:7, 16, 요일 2:19, 3:10, 15, 5:16). 만약의 신약 성경의 기자들이 정신이 온전하였고 자신이 쓴 성경에 대해 일관성을 유지하였을 텐데, 우리는 그들이 위에 예시된 만인 구원을 염두에 전혀 두지 않고, 위의 구절들을 명시하였다는 사실을 분명하게 확인할 수 있다.

셋째, 성경 그 어디에서도 죽은 자가 복음을 접하게 되거나, 천국가기 전에 지옥에서 수습기간을 거치거나, 회개할 기회를 얻는다는 것이 언급되어있지 않다.[45]

그러나 이 세상에서 예수님을 영접해야지만 천국이 보장된다는 구절은 너무도 많다(특별히 다음을 보라. 마 12:32, 25:41, 46, 26:24, 눅 16:26, 요 8:21, 롬 2:1-16, 고후 5:10, 학 6:7). 1908년에 만인구원론 쪽으로 갈 것을 생각하고 있었던 존 멕킨토시(John Mackintosh)는 "(페레처럼) 만인구원론적인 입장에서 성경을 바라보는 것은 여러 신약 성경 해석방법들 중의 하나임에 불과하다. 그러나 현재의 시점에서 많은 성경학자들은 그러한 생각에 동조하기를 꺼려하고 있다. 그(페레)의 입장은 전통적 성경 해석방법에서 설 자리가 없다."고 서술하였다.[46]

성경 주석학에서 밀리게 된 거의 모든 만인구원론자들은 한걸음 뒤로 물러나 영원한 형벌에 대한 자신들의 신학적 고찰만을 고집하게 되었다. 가령 페레는 하나님께서는 아가페의 하나님이시다 라는 사실 하나만을 가

---

45) 베드로후서 3:19절의 표현이 우리를 당혹스럽게 만든다. 이 절에서 성령의 능력으로 인해 그리스도께서 감옥(이 감옥은 지옥을 지칭하는 것이 거의 확실하다)으로 가서 감옥에 있는 노아 때에 회개하지 않았던 자들에게 설교한다는 내용을 담고 있는데, 이 표현을 빌미로 만인구원론을 지지할 순 없다. 이 구절은 분명히 죽은 모든 사람들이 아니라 죽은 자들 중 특정 그룹의 사람들만 대상으로 하고 있다. 그리고 이 구절에서, 그리스도께서 십자가의 승리를 선포하시기 위해 아래 세상(underworld)을 방문한다면, 그 방문이 그리스도의 육의 부활 전인지 후인지가 확실하지 않고, 아니면 그리스도가 계시되는 노아의 설교를 통해서 그런 일이 일어난다는 것인지에 대해서도 확실하지 않다. 이와 관련하여서는 다음을 보라. Wayne Grudem, 1 Peter(TNTC; Grand Rapids: Eerdmans, 1988), 157-62, 203-39.

46) 다음을 보라. J. Hastings, ed., Dictionary of Christ and the Gospels(Edinburgh: T. & T. Clark, 1908), 2:785.

지고 자신의 주장을 펼쳐나갔다. 한걸음 더 나아가 그는 "예수님께서 영원히 지속되는 지옥에 대해 정말로 언급하였는지 의심스럽다. 아마도 그의 제자들이 예수님께서 그렇게 말했다고 성경에 부풀려 쓴 것에 불과할 것이다."라고 까지 말하였다.[47]

또한 그는 "성경에 기록된 과거의 예수님은 우리에게 별로 소용이 되지 않는다. 우리는 현재의 예수, 곧 현재의 우리로 하여금 하나님께로 다다르게하는 예수만 필요할 뿐이다."라고 주장하며,[48] "성경이 권위를 갖게 되는 유일한 이유는, 성경이 예수 그리스도를 통하여 온 우주만물을 사랑하시는 하나님 아버지의 사랑을 계시해 주고 있기 때문이다."라고 하였다.[49]

하나님께서 아가페의 하나님이시라는 사실에 대해 페레 외에도 존 A. T. 로빈슨(John A. T. Robinson)이 강하게 집착하였다. 그 결과 존 에이 티 로빈슨은 하나님의 보복을 통해 표출되는 하나님의 정의는, 하나님 사랑에 예속된 속성일 뿐이라고 주장하며, 성경이 뭐라고 말하던 간에, 하나님의 사랑이 결국은 모든 피조물들의 하나님과 관계들을 회복시키게 된다고 목청을 높였다. 또한 존 에이 티 로빈슨은 "구원받지 못하는 사람이 한 사람이라도 있다면, 하나님의 사랑은 온전하지 못한 사랑이 된다."며, "모든 사람들을 다 구원하지 못하는 그런 하나님이 사랑과 정의를 온전히 다 가시셨다고 볼 수는 없다"고 하였다. 이제 그의 주장을 직접 대면해 보자.[50]

오리겐의 그 옛날의 표현과 같이, 모든 죄인들이 다 구원받을 때까지, 예수님께서는 십자가에 그냥 달려계신다. 이것은 추론이 아니다. 이것은 하나님에 대한 정확한 고찰에서 나온 진리이다. 지옥에서 고통받는 자들을 그냥 내버려두는 천국은 더 이상 천국이 아니다. 지옥을 그냥 내어버려두는 천국은 하나님이 계시지 않는 천국이기에, 천국이 아니라 지옥이다.[51]

---

47) Ferre, The Christian Understanding of God, 245.
48) Ferre, Know Your Faith(New York: Harper & Brothers, 1959), 23.
49) 위와 동일 자료.
50) Robinson, In the End, God, 104.
51) J. A. Robinson, "Universalism: Is It Heretical?" SJT2(June 1949): 155; 및 Robinson, In the End, God, 123.

위의 주장은 성경이 말하고 있는 하나님 즉 선하시지만 철저하신 하나님을 잘 나타내고 있지 않다. 로빈슨의 이러한 주장이 아무리 그럴듯하게 보이는 주장이라고 하더라도, 성경적 근저가 없으면 단지 추론에 불과할 뿐이다.

만인구원론자들의 하나님과 영원한 형벌에 대한 생각에 모순이 있는 것이 확실하다. 그들은 하나님께서 사랑의 하나님이시기 때문에 모든 사람들을 다 구원하셔야한 한다는 것에만 집착하고 있다. 그러나 그런 그들도 하나님께서 이 세상에서 사는 사람들에게 자유의지를 주셨기 때문에 그 자유의지를 어떻게 사용하느냐에 따라 어떤 사람은 예수님을 영접하기도 하고 또 어떤 사람들은 예수님을 거절하기도 한다는 사실만은 인정하고 있다. 전능하신 하나님께서는 인간의 자유의지를 존중하시기 때문에, 모든 인류를 구원하실 수 있는 하나님 자신의 자유의지의 사용을 제한하고 계신다는 것에 모든 신학자들이 동의하고 있다. 그렇다면 이 세상에 사는 사람들에 대해서는 자유의지를 존중하시는 하나님께서 어떻게 지옥에 간 사람들에 대해서는 자유의지를 존중하지 않고, 하나님 자신의 자유의지만 나타내어서 모두 다 강제적으로 구원하실 수 있단 말인가? 이것은 앞뒤가 맞지 않는 일관성이 없는 해석이지 않는가? 만인구원론자들은 지옥은 학교이고 그곳에서 지옥 학생들이 훈련을 받아 천국 졸업장을 딴다고 주장하는바, 우리는 그들의 우화같은 한심한 주장에 대해 의심의 눈길을 보내지 않을 수 없다. 이제 센더스(Sanders)의 글을 읽어보자.

> 페레, 힉크 그리고 로빈슨 이들 모두가 하나님께서 결국은 모든 피조물들과 화해하신다고 주장하였다. 그러나 그들은 인간들에게 자유의지가 있는데, 어떻게 이런 이들이 일어나고 있는지에 대해서는 설명을 전혀 하지 못하고 있다. 인간 각자가 자유의지를 잘못 쓰게 되면 하나님의 은혜에서부터 떨어져서 지옥에 가게 된다는 사실에는 그들 모두가 동의하고 있다. 그렇다면 지옥에 간 사람들이 어떻게 자신이 세상에서 사용하였던 자유의지는 다 내팽개치고, 모조리 천국을 선택하게 되고, 그 결과 지옥은 텅 빈 썰렁한 곳

이 되고 마는지에 대해 그들은 설명할 수 있어야한다. 그래야 그들의 주장에 설득력이 있다.[52]

만인구원론자들은 비밀리에 활동하는 칼빈주의자가 아니라면 이러한 질문에 대해 대답할 길이 막막하다. 이제 이 문제는 여기에서 마무리 짓도록 하겠다.

어느 쪽에서 보아도, 영원 형벌에 관한 만인구원론자들의 이론에는 문제가 있다. 그들의 주장은 자신들의 생각에서 나온 추측에 불과하고, 앞뒤가 맞지 않고, 성경의 가르침과도 위배된다. 지옥이 영원 형벌의 장소라는 기독교의 전통 교리를 뒤엎으려는 그들의 시도는 반드시 실패할 것이다. 이제 우리는 이 문제에 대해서는 일단 여기서 마무리 하고 그다음 것을 논의해보도록 하자.

만인구원론 조사 IV: 하나님 사랑의 의미

우리는 지금까지 만인구원론은 사람들의 미래에 대한 이기적 고려들의 집합으로 인해 태동되었다는 사실에 대해 말하였다. 그 고려들 중의 하나가 신정설인데, 이것은 곧 하나님께서는 무엇을 하시든지 옳은 일만 하신다는 것이다. 다른 하나의 고려는 불쌍히 여기는 마음이다. 슐라이어마허(Schleiermacher)는 "만일 영원한 형벌이라는 것이 존재한다면 영원한 천국의 기쁨은 존재하지 않아야한다. 그 이유는 지옥에 고통받는 사람들이 있다는 사실을 알게 된 천국에 있는 사람들은 더 이상 행복해하지 않을 것이기 때문이다."라고 말하였다.[53] 슐라이어마허 이후에 많은 사람이 그의 견해를 받아들였다. 그러나 만인구원론을 이끌어가고 있는 가장 주된 힘은 하나님의 존재 목적이 인류에 대해 사랑을 베푸시는데 있다는

---

52) Sanders, No Other Name, 113.
53) 위와 동일 자료. 또한 다음을 참고하라. Schleiermacher, The Christian Faith, 721.

생각으로부터 나온다. 따라서 만인구원론자들의 싸움터는 하나님의 성품과 계획에 관한 것이다. 그러기에 로빈슨은 "우리는 죽기까지 싸워야한다…. 우리 앞에는 하나님에 대한 두 가지 교리가 있다. 그 두 교리가 공존하는 한 화평이란 없다."라고 말하였고,[54] 페레는 "우리는 지옥에 대한 정통 교리에 도전장을 내밀었다. 우리는 그 교리를 죽을 때까지 싸워야 한다."라고 하였다.[55]

그렇다면 여기서 핵심 이슈는 무엇인가? 문제의 핵심은 하나님께서 모든 인류를 구원하시고자 하시는 목적을 갖고 계신가 아닌가 이다. 다른 말로 바꿔 표현하자면, 우리가 갖고 있는 전통 신학에 전 인류 모두를 구원하시고자 하는 하나님의 전능한 사랑이 포함되는가 아닌가의 문제라는 말이다. 알미니안(Arminian)학파의 사람들은 하나님의 구원의 대상은 모든 사람들이지만 모두가 구원되는 것은 아니라고 주장하였고, 칼빈주의자들은 하나님께서는 죄인들의 구원은 그분의 계획대로만 진행되고 그 계획은 모든 사람을 구원하는 것이 아니라고 주장하였다. 이 두 주장에 따르면 일부의 사람들은 지옥에 남아 영원히 고통받아야만 한다. 이 두 주장보다 진보한 듯이 보이는 만인구원론을 주장하는 사람들은, 이 두 주장 모두 사랑의 하나님을 모독하는 주장이라고 일축하였고, 자신들의 주장만이 창조주이신 사랑의 하나님께 영광을 돌리는 주장이라고 하였다. 이러한 주장들끼리의 거센 충돌은 싸움 곧 만인구원론과 정통 교리와의 싸움이 얼마나 치열한지를 잘 말해주고 있다.

---

54) Robinson, In the End, God, 102.
55) Nels Ferre, The Sun and the Umbrella(New York: Harper & Brothers, 1953), 79.

하나님의 사랑에 대한 성경의 가르침

하나님의 사랑에 대해 기술된 성경의 사실들이 어떻게 하여야 문맥상 오류 없이, 저자의 의도대로, 성경 해석의 원칙을 준수하면서 제대로 이해되어 질 수 있을까? 우리가 사는(북 아메리카의) 문화에서는 '사랑'이란 표현이 왜곡되어져 사용되어진다. 그래서 어떤 사물을 좋아해도 사랑한다고 표현하고(예를 들면, 아이스크림을 좋아한다, 음악을 좋아한다, 스키타는 것을 좋아한다, 섹스를 좋아한다들을 표현할 때 좋아한다 대신에 '사랑한다' 라고 표현한다. 그래서 음악을 사랑한다. 스키타는 것을 사랑한다 등으로 표현한다), 사람을 좋아할 때도 사랑한다고 표현한다(예를 들면, '나는 내 아들을 사랑하기에 그가 원하는 것을 다 주었다'). 그러나 하나님께서는 그런 식으로 하지 않으신다.

성경이 제시하는 하나님의 사랑은 다음의 세 가지 사실 위에 세워진 사랑이다. 첫 번째 사실은 그분은 모든 만물의 주인되신다는 사실이다. 즉 하나님께서는 자신이 만드신 모든 것들의 소유주가 되신다. 그분은 모든 만물을 항상 장악하실 수 있는 왕이시다. 두 번째의 사실은 하나님께서는 거룩하시다는 사실이다. 그렇기 때문에 그분께서는 우리에게 덕을 요구하시고, 우리를 거룩하게 정화시키시며, 우리에게 악이 있기 때문에 그분에 대해 반역하였을 경우 그분께서는 우리에게서부터 한 걸음 물러나신다. 그리고 악행자들에 대해서는 악행의 정도에 따라 심판하시지만, 의로운 자들은 선별하여 주심으로 정의를 세워나가신다. 마지막 세 번째의 사실은 모든 사람들이 죄인이라는 사실이다. 죄인이란 하나님의 기준에 항상 미치지 못하고 하나님의 말씀대로 살아가지 못한다는 말이다. 이러한 죄인들에게 하나님께서 자신의 사랑을 나타내시는데, 이러한 하나님에 대해 구약 성경은 은혜와 자비(loving-kindness, 이 자비는 계약적 사랑을 뜻한다)가 풍성하시다 라고 표현하였고, 신약 성경은 사랑(아가페, agape)과 은혜(카리스, charis)라고 표현하였다. 이러한 표현들은 우리가 믿는 하나님이 하나님의 사랑과 은혜를 받을 자격이 없는 인간들에게 먼저 다가가

서서, 사랑의 관계를 회복시키시는 하나님이심을 나타내고 있다.

성경이 말하는 하나님은 인간에게 자신의 선한 의지와 아량과 친절함을 가지고 먼저 다가가시는 행위를 취하시는 사랑의 하나님이시다. 하나님의 이러한 사랑의 행위로 인해, 하나님의 사랑을 받는 사람의 삶은 풍요해지고, 그분의 사랑을 받은 사람은 그분에게 감사함을 표현하며 헌신하게 되고, 이제까지의 잘못된 삶의 태도들을 버리게 되는 것이다(참고: 롬 2:3-4). 하나님의 기준으로만 갖고 볼 때는, 모든 인간들은 원래부터 타락하였고 죄 투성이어서 하나님의 이러한 과분한 선물들을 받을 자격이 없다. 그러나 하나님께서는 인간들의 상태와 필요를 정확히 아시고, 그들이 자신에게 등을 돌렸음에도 불구하고 그들에 대해 진정한 사랑을 표현하신다. 하나님의 사랑 받는 것은 우리가 뭘 잘해서가 아니라 은혜로 받는 것이다. 그분의 사랑은 너무 커서 많은 사람을 한꺼번에 사랑하실 수 있는 사랑이고, 모든 사람에게 한꺼번에 혜택을 베풀 수 있는 사랑이고, 하나님의 사랑은 사랑받는 모든 사람 각자가 하나님과 개인적으로 교제할 수 있는 충분한 사랑이다. 하나님께서는 모든 인류들을 사랑하신다(참고: 시 145:9). 그리고 모든 면에서, 수많은 사람을 사랑하시고 하나님 쪽에서 주도권을 가지시고 사랑하신다. 그래서 사람들의 영적 죽음의 상태를 없애시고 그리스도 안에서 사람들에게 새로운 생명을 주신다. 그렇게 하시는 이유는 앞으로 도래할 세상에서 그분의 비교할 수 없는 큰 사랑을 그리스도안에 있는 친절을 통해 깨닫게 하시도록 하기 위함이다(에베소서 2:7; 문장 전체를 보려면 1-10절을 보라).

최근에 예수님을 믿게 된 어떤 사람의 간증문이 한 신문에 실렸었는데, 그 신문 기사의 제목은 "내가 알고 있는 단 하나의 확실한 사실은 하나님께서 나를 항상 사랑한다는 사실입니다."였다. 우리는 이 제목으로부터 하나님을 받아들인 모든 믿는 자들에게 부어지는 하나님의 사랑에 관한 바른 신학을 뽑아낼 수 있다. 덧붙여서 두 가지를 이야기하겠다. 그 하나는 각 개인이 구원을 받게 될 때마다, 예수 그리스도께서 높임을 받으신다는 것이고, 다른 하나는 구원받은 사람들은, 자신의 구원은 하나님에 의해 창세 때부터 이미 예정되어 있었다는 사실을 자신이 구원받은 후에 알게 된다는 것이다(엡 1:3-4, 골 1:13-20, 27-28, 2:6-7; 3:1-4, 계 5장, 19:6-16). 구원은 하나님의 자유의지이고 하나님만이 가지신 권세이고 하나님의 거룩하심이 나타나는 것이고 그리스도를 높이는 것이다.

요한은 하나님께서는 사랑(아가페)이시라고 두 번이나 언급하였다(요일 4:8, 16). 하나님께서는 사랑이시라는 요한의 표현은 '하나님은 빛이시다' (요일 1:5)와 '하나님은 소멸하시는 불이시다' (히 12:29; 참고: 12:18; 6:8; 10:27)라는 표현과 논리 적인 면에서 매우 유사하다. '(하나님)은…. 이시다(is)' 라는 표현은 하나님께서는 항상 그러하시다는 의미를 지니고 있는 표현이다. 즉 하나님께서는 인간들에게 어떠한 행동을 항상 하신다는 말이다. 요한의 '하나님은 사랑이시다' 라는 표현을, 하나님의 성품에는 단지 사랑밖에 없다 라든가 하나님께서는 사람들에게 사랑으로만 자신을 표현하신다 라는 식으로 이해되어서는 안 된다. '하나님은 사랑이시다' 는 표현은, 하나님께서 그리스도인이 된 자들에게 자신을 나타내실 때에는(요일 4:9-10) 그분의 다른 면들과 함께 사랑도 나타나신다는 말로 이해되어야 한다.

요한은 하나님께서는 자신의 아들 예수를 죄인들에 대한 하나님 자신의 진노를 끄기 위한 대속적 희생 제물로 삼으셨다고 말하였고(참고: 2:2), 그로 인해 우리는 하나님의 새 생명을 가진 하나님의 자녀로 태어나게 되었다고 말하였다. 이러한 요한의 표현들은 제임스 몽고메리(James Montgomery)의 "주 하나님의 기름부음 받은 자를 환호하세"라는 아래의 시에서도 잘 나타나 있다.

시간이라는 파도는
결코 하나님의 계약을 쓸어버릴 수 없다네.
그분의 이름은 영원하다네.
그분의 이름은 우리[56]를 향한

---

56) 이탈리아 서체는 우리가 첨가한 것임

사랑이라는 이름이라네.

요한이 성도들에게 강조하였던 하나님은 위의 시에 서술된 그런 하나님이시다.

사랑은 삼위일체의 세분이 하나님 안에 있고, 세분 하나님의 관계가 사랑의 관계이고, 세분은 사랑으로 엮어져있다. 신약 성경은 삼위의 하나님께서는 서로 사랑으로 연합하시고 교제하심에 대해 말해주고 있다. 따라서 신학자들이 '하나님은 사랑이시다' 라고 말한다면 그 말의 뜻은 바로 이러한 성경적 이해에서 나와야 한다. 삼위일체 간의 사랑은 요한의 글들에서는 암시만 되어있지만, 복음서들에서는 밖으로 표현되었다. 그러나 요한의 '하나님은 사랑이시다' 는 표현은 삼위일체 하나님간의 사랑을 표현한 것은 아니다.

하나님의 사랑이 하나님의 계획대로 계시되었다(또는 나타났다)는 말은 무슨 뜻인가? 이 말은 타락한 세상에 소급되어(retroactive) 나타나는 하나님의 사랑과 관계가 있는 말이다. 모든 인류는 죄인이고 부패하였다(롬 1:18-3:20). 그래서 하나님께서는 아들을 성육신하게 하여서 이 땅에 보내심으로, 새 인간(a new humanity)을 창조하기로 계획하셨다. 그리고 그 계획을 이루실 목적으로 유대인 비유대인을 구별하지 않고 모든 나라와 방언과 백성 중에서 사람들을 선택하셨고, 선택한 자들을 구속하셔서 믿음을 주셨으며, 새 생명을 주셨다(롬 8:29-9:29; 엡 1-3장; 5:25-27; 계 5:9-14; 7:9-17). 바울은 그리스도를 교회로 대변되는 그리스도의 몸의 머리(지도자, 통제본부 또는 생명을 주는 권세자)에 비유하였고, 그 머리를 통해 모든 그리스도인들이 연합하여 제대로 기능한다고 하였다(롬 12:4-8; 고전 12장; 엡 4:11-16). 그리스도와 함께, 그리스도를 통하여, 그리스도 아래에서 구원받은 자들이 하나님의 새 예루살렘으로 들어가게 되고, 악한 자들과 거룩하지 못한 자들은 들어가지 못하게 된다(계 21:1-22:5; 특별히 21:8, 27을 보라).

이런 절차를 밟아, 하나님의 사랑이 하나님의 계획대로 계시되는 것이다. 따라서 이미 기독교인이 된 구원받은 신자는, 뒤를 돌아보면 그리스도를 받아들일 때 가졌던 하나님께서 주셨던 믿음이란 것이 확실히 보이게 되고, 앞을 바라보면 그리스도 안에서 가지게 될 소망이 확실하게 보이게 되는 것이다. 즉 다른 말로 하면 하나님께서 처음부터 계획하였던 나를 향한 구원 계획이 보이게 되고, 믿는 자들을 향한 하나님의 현재와 미래의 계획이 보이게 된다는 말이다. 그러한 깨달음(앎, 보임 또는 계시; 역자 주)이 있기에, 구원받은 신자는 그 어떠한 악과 해악이 있다고 해도, 믿음과 희망을 잃지 않고 요한계시록에 나타난 대로, 미래의 천성을 향해 전진하게 되는 것이다.

우리가 하나님의 사랑의 계획에 대해 아무리 많이 안다고 해도, 온전히는 절대로 알 수 없다. 하나님의 우리에 대한 사랑에 가득 찬 구원계획은 차라리 신비에 가깝다고 해도 과언이 아니다. 따라서 우리는 "왜 하나님께서는 이 사람은 택하셔서 그분의 전능하신 은혜를 베풀어주셨고, 왜 저 사람은 택하지 않으셨는가?"라는 그 옛날 어거스틴이 질문한 질문, 또한 사도 바울의 질문(롬 9장을 보라)에 절대로 대답할 수가 없다. 우리는 왜인지는 모른다. 아마 앞으로도 모를 것이다. 따라서 그런 질문을 하지도 말고, 그런 것들에 궁금해 하지도 말자. 다만 하나님께서 나에게 주신 사랑에 감격하여 그분을 찬양만 하자. 그리고 사도 바울이 그러했듯이 사람들이 예수님에게 돌아오도록 항상 전도하여 사람들에게 생명을 주도록 하자. 그리고 전도할 때는 주님이 나와 함께하신다는 사실과 내가 제시한 복음이 듣는 자의 마음을 움직여 그 사람이 하나님 아버지를 만나게 된다는 사실을 항상 믿고 담대하게 전도하자.

우리가 확실히 아는 사실은 모든 자들은 하나님의 형벌과 거절과 영벌을 받아야 마땅한 존재인데, 하나님의 아들께서 수치스러운 죽음을 죽어주심으로 내가 하나님의 아가페 사랑을 깨닫게 되었다는 사실이다. 주님께서 그런 방법으로 그렇게 수많은 사람을 구원하였다는 사실은 참으로 놀랍다. 그리고 그 사람들 중에 내가 포함되었다는 사실은 더욱더 놀랍다. 그러기에 어떤 사람은 그 놀라움을 "나 같은 죄인 살리신 그 은혜 놀라와…."라는 찬양 시로 표현한 것이 아닌가? 이러한 사실을 깨닫게 되면 깨닫게 될수록, 우리는 그분을 지금부터 영원토록 찬양하고 싶어지게 된다. 그리고 그분을 찬양하면 할수록 하나님의 신비로운 사랑의 계획들이 조금씩 더 잘 이해되어진다.

하나님의 사랑에 대한 만인구원론자들의 가르침

이제 우리는 만인구원론자들의 주장이 얼마나 추상적이고, 성경적으로 보아도 근거가 없다는 사실과 우리의 주장과 얼마나 반대가 되는 주장인지에 대해 밝히고자 한다. 그들은 우리의 주장에 이의를 제기하였기 때문에, 우리도 충분히 그럴 권리가 있다.

만인구원론자들은 하나님의 인간에 대한 사랑의 시여가 인간을 회복시킨다고 생각하기 보다는, 하나님의 인간에 대한 사랑의 시여(施與)가 단계적으로 된다고 생각하는 것 같다. 그들은 인간과 천사들이 저지른 모든 죄에 대해 하나님께서 반드시 책임을 져야하므로, 하나님께서는 자신이 갖고 있는 유일한 속성인 사랑이란 속성을 갖고, 자신이 만든 모든 인간을 다 구원하시며, 그렇게 함으로써, 하나님께서는 인간들이 죄짓게 만든 자신의 책임을 무마하여 버린다고 주장한다. 즉 만인구원론자들은 그리스도인들만이 누려야 하는 천국의 기쁨을 모든 인류들이 다 누리도록 하나님을 재구성하였다. 따라서 그들의 주장에 의하면, 하나님의 예정 선택이란 있을 수 없다. 그 이유는 하나님께서는 누구나 결국은 천국 백성으로 선택하셨기 때문이다. 이에 대해 슐라이어마허는 하나님께서는 모두 다 선택하셨다고 말하였다. 즉 그의 말대로라면 그리스도를 통해 결국 모든 인류가 다 구원을 얻게 된다. 그래서 구원을 얻지 못하고 지옥에 가있는 사람들을 구원하기 위해 그리스도가 지옥을 방문하게 되는, 하나님에게도 없는 계획을 자기들 마음대로 넌지시 삽입시켜 놓았고, 그곳에서 그리스도가 지옥에 있는 모든 자들이 제정신이 들 때까지 열심히 복음을 전해서 결국 그들로 하여금 천국에 들어가도록 지옥을 자기들 마음대로 개조해 놓았다. 이것은 지옥에 그리스도의 학교를 세우는 격이라고 하기 보다는 오히려 지옥이라는 곳에 요양원을 세워 지옥 환자들을 고쳐보겠다고 하는 것이라고 보아야 한다. 그래서 지옥 환자들을 하나하나 고쳐 지옥 요양원을 결국은 텅 비게 하겠다는 것이다. 이런 생각은 자칫 잘못 보면, 지옥에 간 사람들을 불쌍히 여기는 고귀한 생각처럼 여겨질 수도 있다. 그러나 분명히 말하지만, 이런 생각은 비성경적인 생각이고 앞뒤가 안 맞는 생각이며 또한 비현실적인 생각이다. 이제 우리는 만인구원론자들의 이런 생각들이 왜 비성경적이고 두서가 없고 비현실적인지에 대해 밝혀보겠다.

만인구원론자들은 죄에 대한 명확한 인식을 하고 있지 못한 사람들임이 분명하다. 그들은 성경이 죄에 대해 뭐라고 말하는 지는 뒤로 젖혀두고, 단지 하나님의 계획이 지옥이라는 것을 이용하여 죄인들을 교정하여 제정신이 돌아오게 한다고 주장하기만을 되풀이하기에 바쁘다. 그들은 또한 에덴동산에서 타락 이후 인간들이 얼마나 철저히 죄에 집착하여 살아왔고, 그 결과 이성이 얼마나 마비되었고 그 영혼이 얼마나 공허하게 되었는지에 대해서와, 죄가 얼마나 인간의 영을 망가뜨렸는지에 대해서는 전혀 자각을 하지 못하고 있다. 따라서 성경을 기준으로 놓고 볼 때, 만인구원론자들의 생각은 단순하고 미천하다.

기본적으로 만인구원론자들은 하나님께서 인간에게 자유의지를 주셨기 때문에 절대로 인간의 자유의지를 꺾어가면서까지 강제적으로 일하시지 않는다는 사실에 동의하고 있다. 즉 그들은 하나님께서 인간의 존엄성을 존중해 준다고 생각한다. 그러나 그들은 인간이 죄로 인해 철저히 타락하였기 때문에 자유의지만으로는 영적인 것을 깨달아서 구원에 이르는 것이 불가능하다는 사실은 망각하고 있다. 그러기에 미카엘 파터노스터(Michael Paternoster)는 "하나님께서 하시고자만 하시면 지옥은 언제든지 연옥으로 바뀔 수 있다."고 까지 말하였다.[57] 그러나 이런 표현은 정말로 비현실적이고 허구적인 생각에서 나온 서술이기에 비성경적일 뿐만 아니

---

57) Michael Paternoster, Thou Art There Also: God, Death and Hell(London: SPCK, 1967), 155.

라, 한 걸음 더 나아가 반성경적인 서술이라고 아니할 수 없다. "인간은 죄에 의해 이성이 철저히 마비된 존재라는 사실을 하나님 자신이 누구보다도 더 잘고 있기에, 하나님조차도 모든 인간들이 다 구원받는다는 주장에 대해 의문을 품지 않을 수 없다."는 표현은 정말로 옳은 표현임이 분명하다.[58)] 인간의 이성으로 모든 것이 가능하다는 주장을 장땡에 비유된다면 인간의 이성이 철저하게 타락했다는 주장은 삼팔광땡에 비유될 수 있다. 헤로인이라는 마약에 완전히 중독된 자들이 완전히 치유한다는 것은 거의 불가능하다는 사실은, 인간이란 타락에서 스스로 건짐받기가 얼마나 힘든 존재인지를 단적으로 잘 말해주고 있다. 인간의 죄에 대한 중독도 이와 같거나, 아니 오히려 더 하다. 따라서 하나님의 사랑의 말 몇 마디가 지옥에 간 죄인들을 구원할 수 있다면, 그 죄인들은 지옥가기 전에 이미 이 세상에서 살 때에, 주님의 사랑의 말씀 몇 마디에 주님을 영접하였을 것이다.

　우리는 지금 만인구원론자들이 인간의 실존을 직시하는 눈이 부족하다는 사실에 대해 말하고 있다. 그러나 그뿐만이 아니다. 만인구원론자들은 성경이 무엇을 말하고 있는지조차도 제대로 인식하지 못하고 있다. 만인구원론자들은 단지 하나님께서 모든 사람을 다 구원해주셨으면 좋겠다는 허구적인 꿈만을 꾸고 있다. 그들은 이 꿈속에서 자신들이 날리고자 하는 연을 결코 날릴 수가 없다. 그 이유는, 알미니안주의라는 마파람이 결코 연을 향하여 불어주지 않기 때문이다. 만일 그들이 계속해서 하나님께서 지옥에서 사람들의 마음을 돌이키게 하신다는 주장을 하려면 "왜 하나님께서는 이 세상에서 구원할 수 있는 불신자들을 굳이 지옥에 보내신 후에야 구원하시는가?"라는 질문에 답할 수 있어야만 한다. 이 질문을 다른 말로 바꾼다면 결국 다음과 같은 질문들이 된다. 왜 예수님과 그의 사도들은 성경에서 무덤에서 천국까지 가는 사이에 지옥이 있다고 한 번도 말씀하시지도 않았고, 그 지옥에서 누구나 반드시 회개하도록 되어있다는 말씀도 전혀 하지 않으셨는가? 그러나 그 대신, 예수와 사도들은 왜 그토록 강

---

58) Sanders, No Other Name, 113.

한 어조로, 이 세상에서 구원받지 못하면 영원히 돌이킬 수 없는 형벌의 곳으로 떨어지게 된다고 외쳤는가? 왜 성경은 예수님과 사도들의 이러한 심판 관점에 대해 일관되게 서술하고 있는가? 만인구원론자들이 이러한 질문에 대해, 성경을 근거로 바른 대답을 내릴 수가 없다면, 그들의 주장은 이단적인 주장임이 분명하다.

결론

하나님의 말씀인 성경보다 자신들의 생각을 위에다 놓는 교만에 가득 차있는 자들의 가설을 비평하는 것은 결코 기쁜 일이 아니다. 그럼에도, 우리는 그 일을 단행하였고, 그 결과 우리는 다음과 같은 사실들을 알아내었다. 만인구원론은 성경을 제대로 읽지 않은 데서 나온 이론이다. 이 이론은 언뜻 보기에는 편안해 보이고 확실한 듯 보이는 이론이지만, 성경이 분명히 말하고 있는 죄로 인해 완전히 타락한 인간에 대한 이해 부족에서 나온 이론이고, 인간의 불신앙과 죄로 인한 인간의 죽음에 대한 이해 부족에서 나온 이론이다. 만인구원론자들의 주장을 받아들인다면, 전도도 할 필요 없고, 선교도 할 필요 없다. 우리는 그리스도와 사도들이 전도와 선교를 위해 죽임을 당하셨다는 사실을 기억하여야만 한다. 만인구원론은 하나님에 대한 성경의 가르침을 왜곡하였고 변형시켰으며 또한 자기들 마음대로 재창조하였다. 따라서 그들의 주장은 폐기되어야 한다. 그래야 세상이 진리와 거룩이 무엇인지와 하나님의 계획과 심판과 사랑이 무엇인지 그리스도와 그리스도를 통한 하나님의 인간 구원이 무엇인지를 알게 된다.

제 9 장

영혼소멸론 :
구원 받지 못한 자는 영원히 형벌받는가?

크리스토퍼 W. 모간
(Christopher W. Morgan)

나는 영원히 계속되는 지옥이 있다는 전통적인 견해를 수용할 수 없다. 어떻게 마취를 받은 것도 아니요 기절한 것도 아닌데, 끝없이 고통을 느낄 수 있는지 도대체 이해가 되지 않는다…. 우리는 정신을 차리고, 마음 문을 열어놓고 성경을 처음부터 다시 검토해봐야 한다. 그렇게 할 때, 우리는 성경이 영혼소멸론(annihilationism)을 지지한다는 사실과 지옥이 영원한 고통의 장소라고 주장하는 전통적인 지옥관이 진실이 아니라는 사실을 알 수 있다. 우리는 영혼소멸론을 지지해주는 성경의 진실 앞에 무릎을 꿇어야 한다.[1]

위의 발언은 존 스토트의 발언이다. 그가 이러한 발언을 함으로 지옥에 관한 전 세계적인 논쟁에 불을 붙였다. 존 스토트는 복음주의 진영에서 대표적인 인물이기 때문에 그의 지옥에 관한 영혼소멸론적인 주장(영혼소멸론은 때로는 조건론[conditionalism]으로 불린다)은 그만큼 힘을 얻게 되었다.

영혼소멸론이란?

영혼소멸론은 예수님을 영접하지 않고 죽은 사람은 사후에 그 존재가

---

1) David l. Edwards and John R. Stott, Evangelical Essentials: A Liberal-Evangelical Dialogue(Downers Grove, Ill.: InterVarsity Press, 1988), 314-15.

없어진다는 이론이다. 따라서 영혼소멸론자들은 지옥이 끊임없이 고통받는 고통의 장소라는 전통적 지옥관에 동조하지 않는다. 어떤 영혼소멸론자들은 심지어 사망하는 순간 그 사람의 영혼이 사멸한다고 주장한다. 복음주의자 중에서 영혼소멸론을 지지하는 사람들은 대체적으로, 지옥에 간 죽은 자들의 영혼은 새 하늘과 새 땅이 창조될 때에 비로소 그 존재들이 소멸하게 된다고 믿고 있다.[2]

오늘날 사람들 사이에서 인기가 무척 많은 영혼소멸론은 복음주의자들 사이에 조건론—때로는 '조건적 불멸론(conditional immortality)'이라고 불림—이라는 이름으로 퍼져가고 있다. 조건론이란 하나님께서 인간을 창조하실 때 인간에게 영원히 살수도 있는 가능성(potentially immortal)을 집어넣어 주셨다는 이론이다. 이 이론에 따르면, 예수 그리스도를 영접한 사람은 신의 성품에 참여하여야 하기 때문에, 하나님으로부터 불멸성을 받아 영생하게 되지만, 예수님을 영접하지 않은 자는 불멸성을 받지 않기 때문에, 사망 후 일정기간이 지나면 그 존재는 결국 소멸되어 더 이상 존재하지 않게 된다는 것이다. 오늘날의 영혼소멸론이란 것은 그 옛날에 주장되었던 소시니아니즘(Socinianism)과 관련을 맺고 있고 또한 물질주의의 가르침 및 여호와의 증인의 가르침과도 관련을 맺고 있다. 그래서 복음주의 진영에서 오늘날 영혼소멸론을 받아들이는 자들은, 자신들의 주장을 영혼소멸론이라고 부르지 않고 조건론으로 부르기를 선호한다.[3]

---

[2] The Nature of Hell: A Report by the Evangelical Alliance Commission on Unity and Truth Among Evangelicals(Carlisle, UK: ACUTE/Paternoster, 2000), 4-6(acronym ACUTE).

[3] Kendall S. Harmon, "The Case against Conditionalism: A Response to Edward William Fudge," in Universalism and the Doctrine of Hell; Papers Presented at the Fourth Edinburgh Conference on Christian Dogmatics, 1991, ed. Nigel M. de S. Cameron(Grand Rapids: Baker, 1992), 195-99.

영혼소멸론은 새로운 주장인가?

영혼소멸론은 결코 새로운 주장이 아니다. 이러한 이론은 초기 기독교의 교부시대에도 있었고, 종교개혁 후에도 있었던 이론이며, 오늘날에도 역시 존재하고 있는 이론이다.[4]

역사적으로 살펴보면, 서기 약 330년경에 사망한 시카의 아르노비우스(Arnobius of Sicca)로 알려진 사람에 의해 4세기 경에 쓰인 에드버수스 네이숀네스(Adversus Nationes)라는 책에서 영혼소멸론적인 주장이 처음으로 제기되었다는 사실을 알 수 있다. 아르노비우스는 이 책에서 인간의 영혼(soul)은 불멸한다는 플라톤의 주장을 반박하며, 영혼소멸론을 주장하였다. 이제 불신자들이 받는 심판받는다는 것에 대해 반대한 그의 글을 지금 직접 대면해 보자.

> 영원히 생존하려면 고통을 느껴서는 안 된다. 고통을 느끼면 일정기간 후 반드시 멸해져야 한다…. 지옥으로 던져지면 고통으로 인해 서서히 소멸되다가 결국은 완전히 소멸되어 없어진다. 그리고 그 후로는 멸절 상태(무 존재 상태)가 영원히 계속되는 것이다…. 육안으로 볼 수 있는 인간의 죽음은 영혼이 육체와 분리되는 현상이다. 이 죽음의 현상은 소멸도 아니고 죽은 자의 끝도 아니다. 하나님을 모르고 죽은 자는 오랜 기간동안 지옥에서 불로인해 고통을 받다가 결국은 소멸되어 없어지고 만다.[5]

어떤 학자들은 아르노비우스가 활동했던 기간동안 아르노비우스 외에도 여러 영혼소멸자들이 활동했다고 주장하였다. 그러나 이 주장은 확실한 근거가 있는 주장이 아니다. 그러나 적어도 초대 교회 교부들이 활

---

4) 나는 중세 시대나 스콜라 철학 시대 또는 종교 개혁 시대에 영혼소멸론이 있었다는 그 어떤 근거도 아직 찾지 못하였다.
5) 다음에서 인용됨. Hamilton Bryce and High Campbell, eds., The seven Books of Arnobius against the Heathen, ANF, 2:14, 441-42. 또한 다음을 보라. David Brattson, "Hades, Hell, and Purgatory in Ante-Nicene Christianity," Churchman 108(1994): 69-79.

동했던 시대에는 영혼소멸론과 연관이 있는 주장들이 제기된 것만은 확실하다. 이때 활동했던 역사적 인물들 중 몇몇 인물들은 영혼소멸론 중에서 극히 일부의 견해만을 받아 들였음에도, 전체를 다 받아들인 것으로 잘못 이해되어, 그 결과 영혼소멸론자로 잘못 분류되기도 하였다. 이러한 실수로 인해서 그리고 특별히 지옥이 얼마나 지속되느냐에 관한 의견들의 차이로 인해, 어떤 사람이 영혼소멸론자이냐 아니냐에 대한 판정을 내림에 있어서 많은 혼란이 야기되기도 하였었다.[6]

서기 553년에 있었던 콘스탄티노플의 제 2차 평의회(Second Council of Constantinople)에서와 서기 1513년에 있었던 제 5회 라터란 평의회(the Fifth Lateran Council)에서 영혼소멸론은 이단사설로 판정이 내려졌다. 그 결과 영혼소멸론은 한 동안 사람들의 뇌리에서 사라졌다. 그러다가, 소시니안(Socinian)의 의견에 동조하는 존 비들(John Biddle; 1615-62)이나 18세기의 아리안주의자(Arian)라고 불리기도 하였던 윌리암 휘스톤(William Whiston)같은 사람들이 나타나자, 영혼소멸론은 다시 부활의 고개를 처들었다. 미국의 경우, 1800년대에 여호와의 증인들과 제칠일 예수 재림교(Seventh-Day Adventist)에서 영혼소멸론이 처음으로 제기되었다. 영국에서는 이 시기에 영혼소멸론을 주장하는 책들이 다량으로 출판되었다. 예를 들어, 두루햄의 대주교였던 리챠드 휫트리(Richard Whately)는 1829년에 미래에 대한 성경 계시록의 견해(A View of Scripture Revelations Concerning a Future State)를 출간하였고, 회중교회주의자(congregationalist)였던 에드워드 화이트(Edward White)는 1846년에 그리스도의 생명(Life in Christ)을 출판하였다. 그리고 1858년에는 영국 침례교인 헨리 도브니(Henry Dobney)가 미래 심판에 관한 성경의 교리(The Scripture Doctrine of Future Punishment)를, 1868년에는 영국 국교의 사

---

[6] 이러한 혼선은 특별히 다음 자료에서 뚜렷이 관찰되었다. LeRoy Edwin Froom, The Conditionalist Faith of Our Fathers, 2 vols.(Washington, D. C.: Review & Herald, 1965). 다음도 보라. Edward William Fudge, The Fire That Consumes: A Biblical and Historical Study of Final Punishment(Houston: Providential, 1982).

제였던 헨리 콘스타블(Constable)가 미래 심판의 기간과 성격(Duration and Nature of Future Punishment)을 각각 출판하였다.[7]

20세기에 들어서서는, 교회 선교사 단체(Church Missionary Society)에 소속하여 선교사로 활동하였던 헤롤드 길리바우드(Harold Guillebaud)는 1991년 개인적으로 펴낸 의로운 심판(The Righteous Judge)이란 저서에서 영혼소멸론을 변호하였다. 이 외에도 케임브리지 대학의 '동료 기독인 연합' 의 지도자로 활동한바 있고 복음주의 옹호론자로 잘 알려져 있는 바질 에프 아트킨슨(F. C. Atkinson)은 학생들에게 영혼소멸론을 가르쳤을 뿐 아니라, 1962년에 발간된 그의 저서 삶과 불멸(Life and Immortality)에서 영혼소멸론을 강력하게 지지하였다. 그리고 에프 아트킨슨의 영향을 받은 결과, 존 웬함(John Wnhm)과 로버트 브로(Robert Brow)외 여러 명의 복음주의자들이 영혼소멸론을 주장하게 되었다.[8]

복음주의의 역사에서 1974년은 영혼소멸론이 격렬하게 논의된 해로 기록되었다. 그 해에 인터바시티(InterVarsity) 출판사는 존 웬함의 저서 '하나님의 선하심(The Goodness; 이 책은 나중에 악에 대한 수수께끼 [The Enigma of Evil]란 제목으로 재출간되었음)' 이란 책을 출간하였는데, 이 책에서 저자 존 웬함은 지옥은 영원히 벌 받는 장소라는 전통적 견해에 대해 이의를 제기함과 아울러 영혼소멸론을 지지하였다.[9]

---

7) Geoffrey Rowell, Hell and the Victorians: A Study of the Nineteenth-Century Theological Controversies Concerning Eternal Punishment and the Future Life(Oxford: Clarendon, 1974), 180-207.
8) Edward William Fudge, The Fire That Consumes: The Biblical Case for Conditional Immortality, ed. Peter Cousins, rev. ed.(Carlisle, U.K.: Paternoster, 1994), 8-10. 간략한 역사를 보려면 다음을 보라. The Nature of Hell, 60-67. 다음도 보라. Robert A. Peterson, "Basil Atkinson: A Key Figure for Twentieth-Century Evangelical Annihilationism," Churchman 111(1997):198-217.
9) John Wenham, The Goodness of God(Downers Grove, Ill.: InterVarsity Press, 1974). 이것의 재판본인 다음도 보라. The Enigma of Evil(Grand Rapids: Zondervan, 1985). Wenham은 다음에서 그의 견해가 옳음을 전개시켜나갔다. "The Case for Conditional Immortality," in Universalism and the Doctrine of Hell, 161-91. 이 이슈에 관한 Wenham 자신의 견해에 관하여는 다음의 그의 자서전을 보라. Facing Hell: An Autobiography 1913-1996(Carlisle: Paternoster, 1998), 229-57.

그리고 같은 해에 인터바시티 출판사는 스테판 트라비스(Stephen Travis)의 예수 희망(Jesus Hope)이란 책을 출간하였는데, 이 책에서 저자는 영혼소멸론이 아마도 맞을 것이라고 기록하였다.[10]

그리고 이로부터 2년 후에 크리스채너티 투데이(Christianity Today)라는 기독교 잡지는 영혼소멸론을 변호하는 에드워드 퍼지(Edward Fuge)의 「지옥 제자리 찾기(Putting Hell in Its Place)」라는 글을 실어주었다. 영혼소멸론에 대한 퍼지의 주장이 잘 개관된 그의 저서는 1982년에 출간되었는데, 이 책은 복음주의자 도서 클럽(Evangelical Book Club)에 의해 올해의 책으로 선정되기도 하였다.[11]

그리고 1987년에 크리스채너티 투데이는 영혼소멸론을 대놓고 주장하는 클락 피녹(Clark Pinnock)의 짧은 논문 「불, 그 이후에는 무(Fir, Then Nothing)」를 실어주었다.[12]

1988년이 되자 존 스토트가 영혼소멸론을 공공연하게 주장되었다. 존 스토트는 그의 공저서 복음주의의 핵심들(Evangelical Essentials)이란 책에서 지옥의 기간에 대한 기존 주장에 반대하는 다음과 같은 의견을 실었다.

---

10) Stephen H. Travis, The Jesus Hope(Downers Grove, Ill.: InterVarsity Press, 1974). Travis가 그의 견해를 어떻게 전개시켜나갔는지를 보려면 다음도 보라. Christian Hope and the Future(Issues in Contemporary Theology 3; Downers Grove, Ill.: InterVarsity Press, 1980); 같은 저자, I Believe in the Second Coming of Jesus(Grand Rapids: Eerdmans, 1982); 같은 저자, Christ and the Judgment of God: Divine Retribution in the New Testament(Basingstoke, U.K.: Marshall Pickering, 1986); 같은 저자, "The Problem of Judgement," Themelios 11(January 1986): 52-61; 같은 저자, "Judgment," in Dictionary of Paul and His Letters, ed. Gerald F. Hawthorne and Ralph P. Martin(Downers Grove, Ill.: InterVarsity Press, 1993); 같은 저자, "Eschatology," and "Judgment of God," in New Dictionary of Theology, ed. Sinclair B. Ferguson, David F. Wright, and James I. Packer(Downers Grove, Ill.: InterVarsity Press, 1988).

11) Edward William Fudge, "Putting Hell in Its Place," ChrT 20(August 6, 1976): 14-17. Fudge의 견해에 대해 더 자세히 알려면 다음을 보라. "The Eschatology of Ignatius of Antioch: Christocentric and Historical," JETS 15(September 1972): 23-37; 같은 저자, The Fire That Consumes(1982; rev. ed. 19940; 같은 저자, "The Final End of the Wicked," JETS 27(September 1984): 325-34.

12) Clark H. Pinnock, "Fire, Then Nothing," ChrT 31(March 20, 1987): 40-41. 다음도 보라. Clark H. Pinnock and Delwin Brown, Theological Crossfire: An Evangelical-Liberal Dialogue(Grand Rapids: Zondervan, 1990), 226-27; Clark H. Pinnock, "The Destruction of the Finally Impenitent," CTR 4(Spring 1990): 243-60; 같은 저자, "The Conditional View," in Four Views on Hell, ed. William Crockett(Grand Rapids: Zondervan, 1992), 135-66.

나는 그동안 받아들여져 왔고 올바른 성경 해석에 근거하였던 것으로 여겨져 왔던, 전통적인 주장에 대해 지대한 존경심을 표하여 왔었다. 또한 나는 세계 복음주의 연합이 하나로 뭉쳐왔던 것을 참으로 좋게 생각해 왔던 터였다. 그래서 이러한 글을 쓰는 것을 매우 꺼렸었다. 그러나 이 문제는 나만 안고 있기에는 너무도 벅찬 문제이고, 그 외 여러 분들이 나에게, 이 문제에 대한 나의 견해를 꺼내놓으라고 격려를 하였다. 나는 나의 견해를 교리화하고자 하는 마음은 전혀 없다는 사실을 먼저 밝히고자 한다. 그리고 조심스럽게 기존 지옥 교리에 대한 나의 견해를 꺼내놓겠다. 나는 나의 견해에 대해 복음주의자들이 성경을 펼쳐놓고 솔직하게 서로 대화하기를 참으로 바란다. 만일 성경이 지옥을 영원한 형벌의 장소로 서술하고 있지 않은 것이 확실하다면, 나는 개인적으로 영혼이 소멸된다는 주장이 그에 대한 대안으로 받아들여질 수 있다고 믿는다.[13]

존 스토트 외에도 저명한 복음주의자들이 그의 견해를 따랐다. 1989년 필립 휴즈(Philip Hughes)는 웨스터민스터 신학교 교수직을 사임하면서, 그 해에 발간된 「진상(The True Image)」이란 책에서, 자신도 영혼소멸론을 지지한다고 밝혔다. 1990년에는 미카엘 그린(Michael Green)이 그의 저서 「지역 교회를 통한 복음전도(Evangelism through the Local Church)」에서 지옥에 관한 전통교리가 틀렸다고 강력하게 주장하였다. 로버트 브로(Robert Brow)는 1994에, 니겔 라이트(Nigel Wright)는 1996년에, 그리고 얼 엘리스(Earle Ellis)는 1997년에 각각 영혼소멸론을 지지하는 글들을 발표하였다.[14]

---

13) Edward and Stott, Evangelical Essentials, 319-20. 다음도 보라. John R. W. Stott, "The Logic of Hell: A Brief Rejoinder," Evangelical Review of Theology 18(January 1994): 33-34.
14) Philip E. Hughes, The True Image: The Origin and Destiny of Man in Christ(Grand Rapids: Eerdmans, 1989), 398-407; 같은 저자, Evangel: The British Evangelical review 10(Summer 1992): 10-12; E. Michael B. Green, Evangelism through the Local Church(London: Hodder & Stoughton, 1990; reprint, Nashville: Thomas Nelson, 1992),71-74; Clark H. Pinnock and Robert C. Brow, Unbounded Love: A Good News Theology for the Twenty-First Century(Downers Grove, Ill.: InterVarsity Press, 1994); Nigel Wright, The Radical Evangelical: Seeking a Place to Stand(London: SPCK, 1996), 87-102; E. Earle Ellis, "New Testament Teaching on Hell," in Eschatology in Bible and Theology: Evangelical Essays at the Dawn of a New Millennium, ed. Kent E. Brower and Mark W. Elliott(Downers Grove, Ill.: InterVarsity Pres, 1997), 199-205.

최근에 발간된 글들 중에서, 조건론(영혼소멸론)이 맞는다는 주장을 이론적으로 잘 논거한 다음 글들이 우리의 눈에 들어왔다. 그 첫 번째 글은 데이빗 포위스(David Powys)의 방대한 분량의 연구논문인 '지옥 : 어려운 질문에 대한 심사숙고('Hell': A Hard Look at a Hard Question)' 이다. 토니 그레이(Tony Gray)는 포위스이 이 글에 대해 '이제까지 나온 조건론을 옹호하는 많은 글들 가운데서 가장 강력한 글이다"라는 평가를 내려주기도 하였다.[15]

파터노스터 비블리칼 엔드 쎄올로지칼 모노그라프스(Paternoster Biblical and Theological Monographs)라는 출판사는 포위스의 박사논문을 조금 수정하여 책을 발간하였다. 이 책에서 포위스는 신약 성경의 지옥에 관한 그동안 제기 되었던 많은 주장들을 분류하여 이를 일일이 평가하는 작업을 수행하였다. 이뿐만 아니라 포위스는 또한 구약 성경과 구약의 전통 및 팔레스타인들의 문화와 사상 및 심지어 그리스-로마 세계의 사상에서 관찰되는 지옥 개념에 대해서도 폭넓게 연구하였다.[16]

불의한 자들의 운명해 관한 기독교의 전통적인 이론에 대항하여 존재하는 여러 주요 현대 이론들을 같은 이론 별로 완전하게 재분류하는 것[17]

---

[15] Tony Gray, review of 'Hell': A Hard Look at a Hard Question: The Fate of the Unrighteous in New Testament Thought, by David Powys, in Churchman 114(2000): 280-82. 이러한 Gray의 David Powys에 대한 평가는 너무 점수를 많이 준 평가이다. Powys는 물론 성경의 지옥에 관한 주요 구절들을 망라하여 주석하긴 하였지만, 보복하시는 하나님에 대한 기존 교리에 거부하는 그의 생각으로 인해 그는 성경 해석상에 오류를 범할 수밖에 없었다. Edward Fudge가 그러했듯이, David Powys도 성경을 있는 그대로 놓고 보지 않고, 선입견을 갖고 신약 성경 및 구약 성경의 생명, 죽음 및 심판에 대한 구절들을 해석하였다. Powys는 지옥에 관한 성경의 문제(특히 예수님의 지옥에 대한 가르침의 문제)를 조사함에 있어서는,(Fudge와는 반대로) 성경의 권위를 인정하지 않는 잘못을 종종 범하였다. 가령, 마태복음 25:41-46를 조건주의의 주장에 억지로 끼어 맞추려고 하였기 때문에(내가 생각하기로 그래서는 절대로 안 된다), 다음과 같은 서술도 주저하지 않았다: "이 구절들의 표현으로 보건대, 이 구절들은(지옥의 실체에 대한) 계시가 아니라(지옥에 가지 말게 하려는) 동기에 목적을 둔 표현들이다. 즉 예수님께서는 지옥이 어떤 곳이라는 지옥의 실체에 대해 알려주시려고 이러한 말씀을 하신 것이 아니라, 자신을 따르겠다고 하는 사람들에게 지옥에 가지 말라는 경각심을 불러일으키시려는 목적에서 지옥 설교를 하신 것이다"(290). 이러한 Powys의 표현으로부터 우리는 그가 자신의 주장을 미리 갖고 성경을 해석하였다는 사실을 분명히 알 수 있었다. 그의 이런 식의 주장은 성경의(지옥에 대한) 계시와 교리를 무시하는 주장이므로 참으로 위험한 주장이다. 우리는 예수님의 영원한 심판에 관한 서술이 실제이고 또한 진리임을 믿어야한다.

[16] David Powys, 'Hell': A Hard Look at a Hard Question(Paternoster Biblical and Theological Monographs; Carlisle: Paternoster, 1998), xix.

이 포위스의 연구 목적이었다. 그 결과 그는 최후의 심판과 관계되는 성경 구절들을 꽤나 심도있게 조사할 수 있었다.

포위스의 정확하고도 분명한 주장을 누르는 책이 2000년에 지옥의 성격(The Nature of Hell)이라는 제목으로 출판되었다. 이 책은 복음주의자들의 연합과 진리를 위한 복음 연합 위원회(에큐트, Evangelical Alliance Commission on Unity and Truth Among Evangelicals; ACUTE: 이하 에큐트; 역자 주)가 2년간 걸친 연구 끝에 내어놓은 책이다. 이 연구에 참여한 사람들은 데이빗 힐부른(David Hillbourn), 훼이스 포스터(Faith Forster), 토니 그레이(Tony Gray), 필립 존스톤(Phillip Johnston) 및 토니 레인(Tony Lane)이다. 에큐트(ACUTE)는 영국에 기반을 둔 복음주의자들과 관련을 맺고 있는 복음주의자들의 연합단체이며, 복음주의 연합(Evangelical Alliance), 영국 복음주의 연합(British Evangelical Council) 그리고 웨일즈 복음주의 운동(the Evangelical Movement of Wales)의 세 단체로 구성되어져 있다.

영국 복음주의자들은 지옥의 실체와 지옥의 기간에 관한 문제를 놓고 열띤 논쟁을 펼쳐왔다. 그리고 에큐트(ACUTE)는 만인구원론으로부터 지옥에 관한 전통 교리를 수호하기 위하여, 복음주의자들의 규합을 촉구하는 동시에 지옥에 관한 전통교리에 수호를 역설하였다. 에큐트의 이러한 호소에 따라 일련의 대 작업들이 계획되고 수행되었다. 이러한 에큐트의 일련의 대 작업을 로버트 피터슨(Robert Peterson)은 '피해복구 작업' 이라고 명명하였다.[18]

에큐트가 발간한 지옥의 성격은 서론 부분에서 그간 있어왔던 지옥에 대한 여러 논쟁들을 역사적, 성경적, 신학적 그리고 실질적 입장에서 잘 설명하였다. 이 책의 서론 부분에서는 지옥에 대한 '전통주의자' (이 '전통주의자' 란 단어는 지옥에 관한 기존 입장을 지지하는 자들이란 뜻을 나타내는 표현으로, 그리 좋은 표현은 아님)들과 조건론자들의 견해들을 매우 잘

---

17) 위와 동일 자료, 40-41.
18) Robert A. Peterson, "Undying Worm, Unquenchable Fire," ChrT 44(October 23, 2000): 30-37.

정리하여 놓았다. 이 지옥의 성격이란 책은 지옥이 지속되는 기간이 얼마인가라는 질문에 대해 잘 대답해 놓았고, 특히 지옥의 실체란 무엇인가라는 질문에 탁월한 대답을 내어놓은 우수한 책이다.

왜 영혼소멸론자들은 영원한 지옥을 거부하는가?

에큐트에서 퍼낸 지옥의 성격과 포위스의 저서 '지옥 : 어려운 질문에 대한 심사숙고'는 둘 다 최근에 발간 된 책으로 지옥의 고통은 끝이 없다는 전통적 주장에 찬성 또는 반대하는 쪽으로 훌륭하게 논의된 글들을 싣고 있다. 고로 필자는 이 두 책에 대해 여러 차례 언급할 것이다(에큐트에서 낸 지옥의 성격은 계속해서 언급될 것이고, 포이스의 저서 '지옥 : 어려운 질문에 대한 심사숙고'는 이 섹션에서만 언급될 것이다). 전통 지옥 교리에 반대하는 포위스외의 다른 조건론자들의 주장도 필요할 경우 언급될 것이다. 같은 조건론자들이라고 해서 구체적인 면에서는 서로 조금씩 의견들을 달리하고 있다. 불신자들은 지옥에서 영원토록 벌 받는다는 지옥에 대한 전통적 주장에 대한 조건론자들의 다양한 주장들을 철저히 이해하려면, 조금씩 차이가나는 여러 조건론자들의 다양한 모든 주장들을 자세히 살펴보아야할 것이다.[19]

그러나 지면상의 제약이 있기 때문에 그렇게 할 수는 없다. 우리는 단지 이들의 주장들 중에서 가장 그럴듯하고 괜찮다고 사료되는 주장 몇 개만을 골라서 조사하고 비판해 볼 것이다.

우리의 비판의 대상이 될 정도의 괜찮은 반대 주장들은 먼저는 신학적이어야 하고 다음은 성경 주석학 및 언어학상으로 타당성을 갖추고 있어야한다. 이러한 우리의 주목을 끌만한 반대 주장들은 에큐트가 퍼낸 지옥

---

19) 대부분의 경우 조건주의자들은 기존 전통적 지옥 교리를 반대함으로 자신들의 주장을 관철시키려하였다. Edward Fudge와 David Powys를 제외하고 나머지 조건주의자들은 거의 다, 자신들이 주장하는 조건주의에 대해 설명함으로 조건주의를 옹호하였기 보다는 전통적 견해를 공격함으로 조건주의를 옹호하는 방식을 택하였다.

의 성격에서 대부분 다루어진 주장들이다. 이들 반대 주장을 하는 신학자들은 먼저, 성경의 지옥의 형벌과 관련되는 구절들에서 나타나는 '영원한(eternal)' 그리고 '파멸(destruction)'이란 단어의 해석에 매우 집착하였다. 그리고 그들은 또한 인간의 죽음과 인간의 불멸성에 대해 기존의 지옥 교리와는 반대되는 주장을 또한 집중적으로 펼쳐나갔다. 하나님의 정의, 하나님의 사랑, 하나님의 승리, 이 세 가지는 기존의 전통적인 지옥 교리를 찬성하는 쪽과 반대하는 쪽들 사이에서 자주 논의의 대상으로 떠오른 주제들이다. 조건론자들 중 성경을 성경 해석학적인 측면에서 접근하는 차가운 이성을 갖고 있는 신학자들조차도, 지옥에 대해 자신들이 원래 갖고 있던 지옥과 하나님의 심판에 대한 선입견을 갖고 성경을 해석하는 잘못을 범했다. 조건론자 클락 피녹은 이러한 점에 대해 개인적으로 자신도 그랬다고 다음과 같이 인정하였다(그리고 웬함, 트라비스, 퍼지, 스타트와 그린의 경우도 동일하였다는 사실을, 그들이 쓴 글들을 읽어보면 잘 알 수 있다).

> 내가 전통 지옥 교리에 대해 반기를 들었던 이유는, 그 지옥 교리가 제시하고 있는 도덕성과 신학이 처음부터 매우 내 마음에 들지 않았기 때문이었다. 의식을 가진 인간이 지옥에 가서 끝없이 육체적으로 뿐만 아니라 정신적으로도 고통을 받아야 한다는 것은 내 마음을 심란하게 만들었다. 뿐만 아니라 사랑의 하나님에 대한 나의 신앙을 무너뜨려버렸다. 사람들이 기존 지옥 교리에 대해 반감을 갖는 주된 이유도 나와 같은 반감을 갖고 있기 때문일 것이다. 성경에 대해 충분한 지식이 없는 일반인들은 무시무시하기 짝이 없고 전혀 도덕적이지 않는 전통 지옥 교리를 들으면 얼굴이 창백해지곤 한다.[20]

조건론자들이 어떤 질문들을 자주하는지를 보면 조건론자들의 주된 주장이 어떤 것인지를 쉽게 알 수 있다. 그런 이유에서 우리는 조건론자들이 자주하는 다음과 같은 질문들을 놓고, 이 질문들에 대한 우리의 변론을

---

20) Pinnock, "The Conditional View," 164-65.

펼쳐나갈 것이다.

* 성경은 영혼소멸론을 가르치고 있지 않는가?
* 영원한 지옥에 대한 교리는 그리스 사람들의 생각에서 유래된 것이 아닌가?
* 지옥을 영원한 형벌의 곳으로 만든 하나님은 불의한 하나님이시지 않는가?
* 지옥을 영원한 형벌의 곳으로 만든 하나님은 사랑의 하나님이 아니지 않는가?
* 지옥이 영원토록 존재한다면 악에 대한 하나님의 승리는 온전하지 못한 승리가 아닌가가?

성경은 영혼소멸론을 가르치고 있지 않는가?

대부분의 조건론자들은 하나님의 사랑, 하나님의 정의 및 하나님의 승리에 대한 자신들의 기존 생각으로 인해, 지옥을 영원한 형벌의 곳으로 명시한 전통 지옥 교리를 받아들일 수 없다고 주장한다. 그들은 그들 자신들의 생각대로 성경을 해석하며, 자신들의 주장이 옳다고 한다. 조건주의를 주장하는 성경학자들(특별히 웬함, 퍼지 및 엘리스)은 자신들의 지옥에 관한 성경 해석 방법이 옳다고 주장한다. 이 섹션에서 제시된 질문은 클릭 피녹의 "성경이 악인들은 결국 파멸된다고 분명하게 명시하였다."라는 표현에서 따온 질문이다.[21]

여기 서술된 본서의 장들에서, 성경을 중심으로 지옥에 관한 올바른 해석들이 잘 서술되어있다(다니엘 블록, 로버트 야브로, 더글라스 무, 그리고 그레고리 비얼이 집필한 본서의 장들을 보라). 따라서 이제 나는(에

---

21) 위와 동일 자료, 143.

큐트가 펴낸 지옥의 성격이란 책에서 이미 잘 논의된 바와 같이) 성경의 지옥에 관한 '영원한' 이라는 표현과 '멸망' 이라는 표현에 대한 조건론자들의 주장을 집중적으로 조명하여 보고자 한다.

영원한. 조건론자들은 성경의 지옥 표현인 '영원한(eternal; 아이오니오스, aionios)' 에 대해 두 가지 점을 집요하게 물고 늘어진다. 먼저 그들은 그리스 원어 성경에 나온 영원한이라는 뜻을 가진 아이오니오스는 '올 세대' 라는 뜻으로 해석되어야 한다는 것이다. 이런 주장을 하는 사람 중의 하나인 미카엘 그린은, "(영원한 생명 또는 영원한 죽음이라는 성경의 지옥 표현에서 나오는) 아이오니오스라는 단어는 영원히 지속된다는 양적인 의미로 해석되기 보다는, 질적인 의미로 해석되어, 현 세상(세대)과는 다른 차원인 올 세대에서의 삶 또는 올 세대에서의 죽음으로 해석되어져야 된다."고 주장하였다.[22]

또한 그들은 아이오니오스는 하나님의 처벌의 결과가 영원하다는 뜻의 아이오니오스이지, 하나님의 처벌이 영원히 계속된다는 의미의 아이오니오스가 아니라고 주장하였다. 필립 휴즈(Phillip Hughes)는 데살로니가후서 1장 9절를 주해하면서 "영원한 생명이란 말은 존재가 영원히 존재한다는 뜻인 것과 마찬가지로, 영원한 죽음이란 말은 무 존재가 영원히 존재한다는 뜻이다."라고 주장하였다.[23]

데이빗 포위스는 휴즈의 이 말에 전적으로 동의하였기에, 마태복음 25장 41-46절에 대한 그의 성경 주석에서 "아이오니오스는 양적인 의미로 해석되어져야하기 때문에, 아이오니오스는 영원히 계속된다는 의미의 '영원한' 으로 해석되지 말고, 절대로 돌이킬 수 없다는 뜻의 '영원한' 으로 해석되어야 한다."고 주장하였다.[24]

---

22) Green, Evangelism through the Local Church, 73.
23) Hughes, The True Image, 405.
24) Powys, Hell, 291-93.

'영원한' 이라는 단어 해석에 가장 큰 집착을 보인 조건론자는 바로 에드워드 퍼지였다. 그는 「소멸하는 불(The Fire That Consumes)」이라는 책에서 한 장 전체를 '영원한' 이라는 단어 해석에 할애할 정도로, '영원한' 이란 단어 해석에 집착하였다. 물론 여기서 퍼지는 아이오니오스는 양을 의미하는 단어가 아니라 질을 의미하는 단어라고 기존의 주장을 되풀이하였을 뿐 아니라, 이 보다 한 걸음 더 나아가, 아이오니오스는 질을 나타내는 의미의 '이 세상' 이라는 단어와 구별되어야 한다고 주장하였고, 양을 나타내는 '끝없음(endlessness)' 이라는 단어와도 역시 구별되어야 한다고 주장하였다. 또한 퍼지는 자신의 이러한 해석이 신약 성경의 다른 유사한 단어들 가령 '영원한 구원(히 5:9)', '영원한 심판(히 6:2)', '영원한 구속(히 9:12)', '영원한 심판(마 25:46)', '영원한 죄(막 3:29)' 과 '영원한 파멸(살후 1:9)' 의 해석에도 동일하게 적용되기 때문에, 자신의 해석이 맞는 해석이라고 하였다.[25]

'영원한' 이라는 단어 해석에 대한 조건론자들의 이런 주장은 납득할 만 하다고 할 수 없다. 아이오니오스가 지옥에 관한 구절들에서 '올 세상' (또는 올 세대, the age to come)으로만 표현되어야 한다는 주장이(사실은 맞지 않지만) 설사 맞는다고 치자. 그렇다면 '올 세상' 이 도래한다면, 그 세상은 언제까지 계속되는 세상인가? 이러한 우리들의 질문에 대해 그들은 어떤 대답을 할지가 나는 궁금하다. 오는 세상에서 의인들의 삶이(기간적으로) 영원하다는 표현과 불의한 자들의 삶이 영원하다는 표현은 성경의 동일 문맥에서 서로 대비되어 표현되고 있다(예: 마 25:31-46). 따라서 천국이 기간적으로 영원한 것이 확실하기에, 지옥도 기간적으로(즉 양적으로) 영원하다고 해석되어져야 마땅하다. 때문에 조건론자들의 첫 번째 주장 곧 아이오니오스라는 단어를 지옥에서의 불신자들의 상태가 질적인 면에서 영원한 것으로 해석되어야 한다는 주장은 틀린 주장이다.

---

25) Fudge, The Fire That Consumes, rev. ed. 11-20.

조건론자들의 두 번째 주장인 아이오니오스는 영원히 가해지는 처벌을 의미하는 것이 아니라 처벌의 결과로 인한, 무 존재의 상태가 영원히 지속되는 것으로 해석되어야 한다는 주장도 설득력이 없는 주장이다. 성경에 보면, 악인들은 처벌의 결과 하나님의 영광스런 임재가 있는 곳의 밖으로 쫓겨난다고 표현되었다(살후 1:5-10). 고로, 하나님의 처벌과 하나님으로부터의 분리(쫓겨 남)는 같이 간다고 보아야 한다.

파멸. 조건론자들은 성경에서 지옥과 관련된 구절에 표현된 불신자의 상태를 나타내는 '파멸(destruction)'이란 단어에 너무도 집착한다. 그래서 존 스토트는 "파멸의 고통을 당하는 자들이 절대로 파멸되지 않는다고 주장하는 것은 이해가 되지 않기 때문에, 기존 지옥 교리를 고수하는 사람들의 주장도 역시 이해가 되지 않는 것은 당연하다. 전통 지옥 교리 옹호자들이 주장하는 바, 지옥에 간 사람들은 끝없는 파멸의 과정 중에 있다는 주장이 어떻게 가능한지 나로서는 도저히 이해가 되지 않는다"라고 하였다.[26] 존 웬함은 이보다 더 나아가 "성경에서 불의한 자의 멸망, 파멸 및 죽음에 대한 표현들은 그들이 완전히 파멸되어 소멸된다는 것을 나타낸다."고 주장하였다.[27]

그린, 휴즈, 피녹, 그리고 엘리스는 다같이 웬함의 이러한 견해에 동조하였다. 그러나 웬함의 견해를 강하게 지지한 사람은 바로 데이빗 포위스였다. 웬함은 파멸과 관련된 여러 성경의 구절들을 연결시켜가면서 주석한 결과, "공관복음에서 파멸에 관련된 표현들은 대부분 불의한 자의 운명이 파멸되었음을 서술하는 데에 사용되어졌다."고 결론지었다.[28]

신약 성경에서 나온 지옥 서술들의 중심에는 파멸이란 단어가 있다는 웬함의 발견은 옳은 발견이다. 그러나 '파멸'이라는 단어가 들어간 절들을 그의 주장대로 무 존재화로 해석하거나 또는 파멸로 인한 존재의 소멸로 해석해서는 안 되고, 상실, 황폐화 또는 부패화로 해석해야 한다. D. A.

---

26) Edwards and Stott, Evangelical Essentials, 316.
27) Wenham, "The Case for Conditional Immortality," 170-78.
28) Powys, Hell, 284.

카슨(D. A. Carson)은 존 스토트의 견해를 비판하면서, "스타트의 결론은…. 주목할 만한 결론이다. 그러나 그의 '파멸의 고통을 받게 되면 파멸되어 없어져야 옳다'라는 말은 효용성이 별로 없는데, 그 이유는 이 말은 이론상으로만 맞는 말이기 때문이다. 스타트가 한 이 말은 그의 무덤 묘비에 써넣으면 좋을 것인데, 왜냐하면 파멸에 대한 그의 주장이 옳은지 어떤지에 대해서는 그의 사망이 확실히 증명해 줄 수 있을 것이기 때문이다."라고 하였다.[29]

조건론자들의 '파멸'에 관한 단어 해석에 가장 강한 반론을 펼친 사람은 바로 더글라스 무(Douglas Moo)였다. 그는 이 책의 4장 '지옥에 관한 바울의 가르침(Paul on Hell)'에서 바울이 사용한 파멸―올레쓰로스(olethros) 또는 아폴루미/아폴레이아(apollymi/aploleia)―이란 단어가 나오는 절들을 특히 데살로니가후서 1장 9절와 관련지어 다음과 같이 해석하였다.

이 단어들의 정확한 의미에 대해 확정적으로 말할 수 있는 것은 아무것도 없다. 그러나 적어도 '멸망'을 뜻하는 단어들 중 그 어느 것도 '존재 소멸'을 뜻하진 않았다. 본 구절에 대한 논의를 잠시 떠나서 보더라도, 구약 성경과 신약 성경 전체에 걸쳐서 여러 차례 사용된 멸망이라는 뜻의 단어들이 '존재 소멸'의 의미로 사용된 적은 한 번도 없다. 아니 오히려, 그 단어들은 기능이나 성질을 잃어버린 사람이나 물건의 상태를 지칭하는 의미로 사용되었다…. 성경에서 '파멸(destroy)'과 '멸망(destruction)'이라는 단어는 열매 맺지 못하는 것을 뜻할 때에 사용되었고(올레쓰로스, 겔 6:14; 14:16), 기름을 쓸데없이 허비하여 부어버릴 때 사용하였으며(아폴레이아, 마 26:8; 막 14:4) 또한 포도주를 담는 가죽부대에 구멍이 생겨 더 이상 가죽부대에 포도주를 담을 수 없도록 가죽부대가 망가졌을 경우(아포루미, 눅 15:9), 동전을 '잃어버렸다(lost)'고 표현할 경우(아포루미, 눅 15:9) 및 대홍수로 인해 지역 거주민들이 더 이상 홍수가 난 지역에 거주하지 않아 땅이 황폐화

---

29) D. A. Carson, The Gagging of God: Christianity Confronts Pluralism(Grand Rapids: Zondervan, 1996), 522.

된 것을 표현하였을 경우(벧후 3:6)에 사용하였다. 이제 이 단어들이 대상물의 존재가 더 이상 무 존재로 되었을 경우 사용된 단어들이 아니라는 것이 명백해졌다. 그 대상물들은 '멸망' 되어도 즉 원래의 상태가 없어져도 계속 존재였다.[30]

영원한 지옥에 대한 교리는 그리스 사람들의 생각에서 유래된 것이 아닌가?

에큐트(ACUTE)의 지옥의 성격에는 클락 피녹과 로버트 브로의 다음 글이 인용되어 있다.

왜 예전에는 영혼소멸론자들의 주장이 주목을 받지 못했는가? 왜 사람들은 파멸되어 없어진다는 성경의 표현을 영원히 존재한다는 뜻으로 해석하여, 사후에 대한 교리를 엉망으로 만들어 버렸는가? 우리는 그 원인이 영혼 불멸을 주장하는 그리스 사상에 영향을 받은 결과라는 사실을 알아내었다. 그리스 사상이 풍미한 상황에서 기독교가 들어오자, 기독교가 그리스의 사상의 영향을 받지 않을 수 없게 된 것이다. 그 결과 만일 영혼이 불멸하고 지옥이 존재한다면 악인은 그곳에서 영원히 고통받아야 한다는 이론이 성립되게 된 것이다. 만일 인간의 영혼이 처음부터 불멸하는 속성을 갖고 태어났다면, 처음부터 지옥에 가지 않아야 한다…. 성경은 인간이 불멸하게 되는 것은 하나님께서 주신 선물의 결과이지 인간이 처음부터 불멸성(영생)을 갖고 태어난 것은 아니라고 분명히 말하고 있다. 인간은 영원한 생명을 처음부터 갖고 나온 것이 아니다. 영생이라는 불멸성은 예수 그리스도의 복음을 받아들이는 사람들에게만 주어진다(딤후 1:10).[31]

---

30) 본서의 Douglas Moo가 쓴 장(제4장), "지옥에 대한 바울의 가르침" 중 섹션 지옥의 성격 "에서 항목(2)의 앞부분 중간을 보라.
31) Pinnock and Brow, Unbounded Love, 92. 다음도 보라. The Nature of Hell, 96-102.

위와 같은 견해가 영혼소멸론자들의 기본적인 주장이라는 사실을 잘 알고 있었던 또 다른 하나의 영혼소멸론자 얼 엘리스(Earle Ellis)는, "성경의 종말론을 제대로 이해하기 위해서는 성경의 인간론에 대한 분명한 이해가 선행되어야 한다."고 주장하였다. 그의 주장에 따르면, 인간은 죽을 수밖에 없고 나뉠 수 없는(indivisible unity) 존재이며 또한 복잡한 존재라는 성경의 인간에 대한 가르침을 이해해야, 비로소 인간의 사후 상태를 제대로 이해할 수 있다는 것이다. 그는 나아가 하나님 한분만이 처음부터 불멸하시고 신자들은 단지 그리스도의 재림에 의해 불멸성을 받은 것뿐이라고 주장하였다.[32]

이러한 엘리스의 주장을 한걸음 더 진전시킨 사람들로는 웬함과 트라비스(Travis) 그리고 퍼지였다.[33]

그 때문에, 조건론자들에 따르면 기독교 신학과 영혼불멸에 관한 그리스 사상이 서로 합하여 영원한 지옥이 잉태되었다는 것이다. 로버트 야브로(Robert Yarbrough)는 본서의 제 3장에서 영혼소멸론자들의 이러한 주장점들을 잘 설명한 후, 이들의 주장에 무엇이 잘 못되었는지에 대해 예리하게 비판하였다.

따라서 나는 단지 이러한 견해가 있다는 사실만을 언급하지 이에서 더 지나쳐 깊이 언급하지는 않을 것이다.[34] 어쨌건, 조건론자들은 인간은 처음부터 영존하는 존재로 태어나는 것이 아니고, 인간의 영혼이 영존하는 것도 아니기 때문에, 지옥이 영원한 곳이라고 주장하는 전통 지옥 교리는 이론상 맞지 않는다고 주장하였다.

먼저, 피녹이 조건주의는 모든 영혼이 불멸한다는 사상을 거절하는 것에서부터 시작한다고 말한 사실에서부터 우리의 논의를 시작하여보자. 그

---

32) Ellis, "New Testament Teaching on Hell," 199, 211-13.
33) Wenham, "The Case for Conditional Immortality," 174-76; Travis, Christian Hope and the Future, 135; Fudge, The Fire That Consumes, 51-76.
34) 본서의 제 3장인 Robert Yarbrough가 쓴 본서의 제 3장 "지옥에 관한 예수님의 가르침" 의 "예수님의 가르침: 플라톤의 영향을 받았나?"라는 제하의 섹션을 보라.

는 그런 말을 하였고 이와는 전혀 반대가 되는 말, 즉 하나님께서 불신자들을 벌하시기 위해서 그들에게 불멸성을 주셨다는 말도 하였다.[35]

즉 그는 조건적 불멸론(조건론)은 하나님께서 영혼에게 불멸성을 수여하셔야만 성립하는 불멸론이지 인간 스스로 소유할 수 있는 불멸론은 아니라고 한 것이다. 이러한 잘못된 주장에 대해 토니 그레이(Tony Gray)는 조건적 불멸론은 새빨간 거짓말에 불과하다고 말하였다. 성경이 악인들은 지옥에서 영원히 처벌받는다고 말했기 때문에, 이미 그것으로 게임은 끝난 것이다. 따라서, 인간의 영혼이 소멸하여 존재하지 않게 되느냐 아니면 불멸하느냐에 대한 논쟁은 더 이상 필요하지 않은 논쟁이다. 그 때문에 그레이는, "어떤 사람(가령, 얼 엘리스)은 플라톤의 사상이 기독교 신학에 영향을 미쳤기 때문에, 그 결과 지옥이 영원하다는 신학이 생기게 되었다고 주장하였지만(이러한 주장이 설사 맞는 주장이라고 하더라도 얼 엘리스는 정말 이러한 주장을 하였는지 아닌 지에 대해서는 의문이 간다), 얼 엘리스의 성경 해석법은 그가 조건론자임을 증명해주는 데 실패하였다."라고 주장하였다.[36]

조건적 불멸론자들은 자신들의 주장이 옳은 것은 당연하다고 생각하는 것 같다. 그러나 사실 조건적 불멸론자들의 주장을 역으로 살펴보면 쉽게 알 수 있듯이, 그들의 주장은 영혼 불멸에 대한 기독교의 전통적 가르침을 잘못 이해하였기 때문에(또한 기독교의 가르침과 플라톤의 가르침의 관련성을 잘못 이해하였기 때문에) 비롯된 주장이다. 전통 기독교 신학자들은 줄곧 하나님만이 처음부터 불멸성을 갖고 있다는 사실을 가르쳐왔

---

35) Pinnock, "The Destruction of the Finally Impenitent," 253.
36) Tony Gray, "The Nature of Hell: Reflections on the Debate Between Conditionalism and the Traditional View of Hell," in Eschatology in Bible and Theology: Evangelical Essays at the Dawn of a New Millennium, ed. Kent e. Brower and Mark W. Elliott(Downers Grove, Ill.: InterVarsity Press, 1997), 238-39.
37) John Colwell은 다음과 같은 발언을 하였다: "피조물은 하나님에게 전적으로 의존할 수밖에 없다는 Edward의 생각은 인간이 하나님과는 상관없이 독자적으로 '불멸' 할 수 있다는 혹자들의 생각에 쐐기를 박았다…. 하나님께서 악인의 영혼을 영원히 벌하시는 것은 하나님의 어쩔 수 없는 선택이 아니라, 악한 인간을 심판하시고자 하는 하나님의 적극적인 결단에서 나온 행위이다." 다음을 보라. John E. Colwell, "The Glory of God's Justice and the Glory of God's Grace: Contemporary Reflection on the Doctrine of Hell in the Teaching of Jonathan Edward," EvQ(October 1995): 297.

고, 인간 영혼의 선재(preexistence)를 인정한 적이 한 번도 없었으며, 하나님께서는 단지 구원받은 자들에게만 영원한 생명을 주신다는 사실(이 사실은 딤후 1:10과 고전 15:33에 나온 '불멸'과 관련된 사실임)을 일관되게 주장해 왔다. 따라서 이러한 사실들에 대한 이해에 있어서 조건론자들과 지옥에 대한 전통적 입장을 고수하고 있는 우리와 같은 자들 사이에 상이한 점은 하나도 없다. 그 때문에 논쟁점은 하나님께서 불신자들에게 영원토록 벌을 주시기위한 목적으로 그들에게 불멸성을 수여하시는가(이것은 우리의 주장임), 아니면 하나님께서 그들을 무 존재로 만드시는가(이것은 조건적 불멸론자들의 주장임)가 논쟁점이 되어야 마땅하다.[37]

요한계시록 20장10절(이 절에 관하여서는 나중에 다시 언급할 것이다)에 보면 사탄, 짐승 및 거짓 선지자들이 영원히 처벌받는 것으로 명시되어있다. 그들은 처음부터(즉 선재적으로) 불멸하는 존재였단 말인가? 절대로 그렇지 않다. 하나님께서는 그들을 단지 영원히 처벌하시기 위해 영원히 존재하도록 하신 것뿐이다. 이와 마찬가지로 하나님께서는 악인에 대해서도 지옥에서 영원히 처벌하시기 위해 불멸하도록 하신 것이다. 즉 악인들이 처음부터 불멸하는 존재가 아니라, 하나님께서 그들에게 불멸성을 수여하신 것일 뿐이다.

레리 페테그류(Larry Pettegrew)는 불멸에 대한 논쟁은 불멸이란 단어에 대한 철학적인 이해와 신학적인 이해 그리고 성경학적인 이해가 서로 상충하는 데서 기인한다고 보았다.[38]

철학자 플라톤은 '불멸'이란 인간 영혼의 선재 사상에서 나온 '불멸'이라고 이해하였다. 그러나 기독교 신학자들이 이해하는 불멸이란 플라톤의 이해와는 사뭇 다르다. 기독교 신학자들은 인간의 불멸은, 비록 과거 시점에서 시작은 되긴 하였지만(이 과거 시점에 관해서는 신학자들 사이에 의견들이 분분하다), 미래적 의미를 갖는 불멸로 이해하였다.[39] 이러한 신학자들의 생각과는 달리 그리스 사람들은 인간은 처음부터 불멸성을 갖고

---

38) Larry D. Pettegrew, "A Kinder, Gentler Theology of Hell?" The Master's Seminary Journal 9(Fall 1998): 212.

있다고 생각하였다. 반면에 성경을 토대로 한 기독교의 역사적 관점(전통적 관점)은 인간의 영혼은 하나님으로부터 왔기 때문에—즉, 하나님의 형상으로 빚어졌기 때문에—하나님께 의존적이어야만 인간 영혼의 존재 목적이 회복된다는 관점이다. 인간은 하나님께 의존적인 존재라고 하는 기독교 전통적인 인간 이해와 '영혼의 불멸'에 관한 세상 사람들(플라톤 및 그리스 사람들)의 이해가 서로 충돌하고 있다. 이제 우리는 문제를 복잡하게 만들지 않기 위해, 인간의 사후 불멸에 관한 것만 다룰 것이다.

문제가 그동안 복잡하게 얽혔던 다른 이유 중의 하나는 성경학자들의 '불멸'에 관한 단어 해석은 단지 성경의 문맥상으로만은 충분한 해석을 수행할 수밖에 없었기 때문이었다. 성경에서 사용된 불멸을 의미하는 그리스어에는 아싸나시아(athanathia)와 아프싸르시아(aphtharsia)가 있다. 바울은 디모데전서 6장 16절에서 아싸나시아라는 단어를 사용되었는데 여기서 이 단어는 하나님의 자존성을 지칭하는 불멸의 의미로 사용되었다. 반면에 동일한 단어인 아싸나시아가 고린도전서 15장 53-54절에서 사용되었을 경우는 디모데전서 6장 16절의 경우와는 좀 다른 의미로 사용되었다. 즉 바울은 고린도전서 15장 53-54절에서, 그리스도의 부활을 통해 신자들은 영원히 죽지 않게 된다고 말하였는데, 이 때 바울이 신자들이 부활하여 불멸하게 된다고 말하였을 때 아싸나시아라는 단어를 사용하였다. 반면 아프싸르시아는 일반적으로 부패하여 멸해지지 않게 됨을 뜻하거나 영생을 소유하게 된다고 표현할 때 사용되었다(다음을 보라. 롬 2:7; 고전 15:42, 52-54; 딤후 1:10).[40]

---

39) Millard J. Erickson, How Shall They Be Saved? The Destiny of Those Who Do Not Hear of Jesus(Grand Rapids: Baker, 1996), 226. Erickson은 이 점에 대해 기독교 신학자들 사이에 이견들이 있음에 대해 이렇게 서술하였다: "창조론자들은 각 사람이 잉태되는 순간 하나님께서는 그 사람을 창조하신다고 생각한다. 반면에 영혼 유전론자들은 하나님께서 인간의 영혼을 종족별로 미리 만들어 놓으셨고, 그 종족이 퍼져나감에 따라 그 종족에 속한 각각의(미리 만들어져 놓은) 인간들이 나타나는 것이고 생각한다"(220).
40) Murray J. Harris, Raised Immortal: Resurrection and Immortality in the New Testament(Grand Rapids: Eerdmans, 1983), 189. 다음도 보라. Eryl Davies, An Angry God? What the Bible Says about Wrath, Final Judgement, and Hell(Bridgend, U.K.: Evangelical Press of Wales, 1991), 121-31.

(전통 지옥 교리를 주장하는) 카슨(Carson)의 다음과 같은 서술은 분명한 사실에 오히려 혼동을 초래하는 서술인 것으로 사료된다.

> 인간이 불멸한다고 하는 주장은 하나님조차도 박탈할 수 없는 불멸성을 이미 갖고 태어났다는 억측을 불러일으킬 수 있기에, 문제가 있는 주장이라고 할 수밖에 없다. 자신의 아들을 승리케하심으로 모든 만물을 말씀을 통하여 붙들고 계시는 주권자 하나님만이 원래부터 불멸성을 갖고 계신다. 다른 말로 하자면, 우리 인간은 아무리 불멸성을 갖고 있다손 치더라도, 인간 스스로가 어느 정도 뭘 이룩할 수 있어서가 아니라, 단지 하나님께서 허락하시기 때문에 인간은 움직이며 살 수 있는 것이다. 고로 나는 인간은 불멸한다는 주장을 반대할 만한 아무 이유도 찾을 수 없었다. 나는 오히려 그러한 주장을 지지할 뿐이다.[41]

이제까지의 고찰로 보아, 우리는 인간에게 불멸성이 조건적으로 주어졌다고 주장하는 조건론자들의 주장을 신뢰할 수가 없었다. 어떤 사람들은 성경의 인간론을 먼저 연구해야만 지옥의 기간에 대한 숙제가 풀린다고 하였다. 그러나 성경이 말하는 인간에 대한 이해를 한다고 이 숙제를 풀 수 있는 것이 아니다. 그렇게 함으로 지옥에 대한 신학적 및 주석학적 문제가 더 혼란하게 되어, 이 숙제를 풀기가 오히려 더 어려워진다. 인간의 불멸성은 조건부로 주어졌다는 것에서부터 출발한 조건주의는 잘못된 조건주의다.

---

41) Carson, The Gagging of God, 535.

지옥을 영원한 형벌의 곳으로 만든 하나님은 불의한 하나님이시지 않는가?

에큐트(ACUTE)의 연구 그룹은 다음과 같은 이슈를 제기하였다.

다음의 질문은 그 나름대로 그럴듯해 보이는 질문이다…. 하나님께서 불의한 자들을 지옥에서 영원히 고문당하게 하심으로 그분에게 이로울 것이 무엇이란 말인가? 이 질문은 조건론자들이 전통 지옥 교리를 무너뜨리고, 자신의 주장이 합당함을 내세우기위해 출발점으로 삼은 질문이다…. 그들은 또한 만일 하나님이 사랑의 하나님이시고 정의의 하나님이시라면 사람들을 지옥에 보내 영원히 고문받게 하지는 않을 것이라고 주장한다. 또한 그들은 이 세상에 사는 동안에만 저지른 죄에 대해, 영원토록 벌을 주는 것은 공평하신 하나님께서 하실 일이 아니라고 주장한다.[42]

여러 조건론자들 가운데서 위의 질문에 특별히 집착하였던 사람은 클락 피녹이었다. 우리는 다음에 실린 그의 서술을 대면하여 봄으로, 그가 제기한 문제점이 무엇이었는지에 대해 알 수 있게 된다.

하나님의 정의에 대한 문제를 골똘히 생각하다보면 지옥에 대한 전통적인 교리에 문제가 있다는 사실을 알 수가 있게 된다. 악인에 대해 적당하게 처벌을 하면 몰라도, 악인을 지옥에 보내놓고 영원히 고문을 가한다고, 하나님에게 좋을 것이 무엇이란 말인가? 하나님께서, 단지 사는 동안에만 잘못을 저질렀는데도 불구하고, 악인들을 지옥에 보내 다시 돌이킬 기회도 주지 않고, 영원히 저주 아래 가두어 둔다는 것은 도대체 이해가 안 된다…. 사람들이 끝없이 고문을 받게 함으로 해서 도대체 누구에게 유익이 된단 말인가? 그리고 한정적인 죄를 범한 죄인에 대해 무한정의 처벌을 내린다는 것은 형평상 어긋나는 조치임이 분명하다. 이것은 눈에는 눈, 이에는 이로 처벌하는 것보다 더 심한 처벌이다. 살아있는 동안만의 죄에 대해 영원히

---
42) The Nature of Hell, 102-3.

고문을 가한다는 것은 정말로 불공평하다.[43]

조건주의자 스타트, 웬함, 그린 및 트라비스(Travis) 등이 클락 피녹의 위와 같은 주장에 적극적으로 동조하였다.[44]

이러한 영원한 지옥 고통에 대한 문제 제기는 다음 두 가지로 요약될 수 있다. 첫째, 악인이 영원히 처벌받아야 할 이유가 없다. 둘째, 하나님께서 한정적인 죄에 대한 무한한 처벌을 내린다는 것은 처벌 형평성에 어긋난다. 이제 이 두 가지 요약 점에 대해 생각하여보자.

영원히 처벌받아야 할 이유가 정말 없는가? 앞에서 클락 피녹은 지옥에 간 사람들에게 회개하여 돌이킬 기회마저 박탈한 하나님에게 항변하였다. 그는 지옥에 관한 전통적인 견해에 대해 충분히 검토하지도 않은 채, 하나님께서 지옥에 간 사람들에게 영원토록 고문을 가하는 것은 너무 가혹한 처벌이라고 하였다(여기서 그는 또한 '고문'이라는, 감히 써서는 안 될 경멸스러운 단어까지 써가면서, 전통 지옥 교리가 잘못되었다고 주장하였다).

그러나 성경을 자세히 조사해보면 그의 항변은 잘못된 것이라는 사실을 어렵지 않게 알 수 있다. 성경은 하나님의 심판으로 인해 부도덕한 문제들이 야기되는 것이 아니라 오히려 종식되는 것이라고 말해주고 있다.[45]

따라서 하나님의 심판을 가혹한 심판이라고 하거나 앙갚음하는 심판이라고 말해서는 알 될 것이다. 그 이유는 성경은 분명히 하나님의 심판을 공정하고 거룩하고 의로운 심판이며 반드시 필요한 영광스러운 심판으로 규정하고 있기 때문이다(롬 9:19-23). 하나님의 아름다우신 점들 중의 하나

---

43) Pinnock, "The Destruction of the Impenitent," 255.
44) Stott는 "한정적 기간 안에 저지른 죄에 대해 영원토록 고통받도록 처벌하는 것 옳은 조치인가"에 대해 의문을 제기하였다. 다음을 보라. Edwards and Stott, Evangelical Essentials, 318). Wenham은 The Case for Conditional Immortality, 187에서 "영원히 고문시키는 것은 학대음란중이지 공의가 아니다"라고 하였다. 다음들도 보라. Green, Evangelism through the Local Church, 72; Travis, Christian Hope and the Future, 135.
45) 훌륭하지만 짧은 다음 논문을 보라. David F. Wells, "Everlasting Punishment," ChrT 31(March 20, 1987): 41-42.

가 바로 그분의 공의로우심이다. 성경 기자들은 악인을 영원히 벌하시는 하나님의 공정성에 대해 의문을 제기한 적이 한 번도 없다. 오히려 성경 기자들은 악인을 즉각 처벌해 달라고 하나님께 호소하였다. 성경의 인물들(예: 하박국과 요나)은 악인에 대해 오래 참으시는 하나님에 대해 오히려 불만을 표시하였을 정도였다(단 이 악인이 자기 자신인 경우는 포함되지 않는다).

사실 알고 보면, 성경의 근본 문제 곧 하나님께서 정의롭고 공정하신 분이시라면서 어떻게 하나님이 하나님 자신에게 반항하는 죄인들을 용서하실 수 있는가의 문제를 복음서가 풀어버렸다. 성경은 하나님께서 형벌을 받아야만 마땅한 죄인을 아무 요구조건 없이 용서해주셨다고 말해주고 있다. 이것이 바로 성경이 말하고 있는 복음이다. 이 복음은 예수님께서 죄인들 대신에 십자가에서 죽으심으로 말미암아 죄인들의 죄가 사멸되었다고 말한다. 즉 정의로우신 예수님께서 인간의 죄를 대신 안고 죽으신 것이다(롬 3:21-31). 따라서 하나님의 이러한 사실을 받아들여 하나님 아들 예수가 나의 죄를 위해 나 대신 죽으신 나의 구원자라는 사실을 믿는 자는 무죄선언을 받게 된다. 그 이유는 그리스도의 의가 그 죄인에게 귀속되기 때문이다. 고로 예수님께서 죽은 것은 하나님께서 사랑의 하나님이시기 때문만이 아니라 또한 정의의 하나님이시기 때문이기도 하다.

현재의 세상은 절대로 공의로운 세상이 아니다. 오늘날 전 세계에 공의가 펼쳐지고 있다고 말할 수는 절대로 없다. 왜 그런가? 가령, 어떤 범죄자는 세상에서 범죄사실이 드러나 정부에 의해 처벌받기도 하지만, 어떤 범죄자는 들키지 않고 평생 잘살다가 죽는다. 어떤 사람은 죄에 대한 대가를 충분히 치르기도 하지만 어떤 사람은 지은 죄에 비해 벌을 별로 받지 않고 이 세상에서 일평생 편히 사는 경우들도 허다하다. 이와 관련하여 마크 탈봇(Mark Talbot)은, "인종 대량 학살을 감행하였던 히틀러는 자신이 저지른 범죄에 대해 상응하는 벌을 받아야 한다. 히틀러의 뇌를 폭탄으로 폭

---

46) Mark Talbot, "The Morality of Everlasting Punishment," Reformation and Revival Journal 5(Fall 1996): 117-34.

파시켜 끔찍하게 죽여도 시원치 않다. 그러나 실제 그는 그렇게 죽질 않았다…. 이로 볼 때 세상에는 정의가 실현되지 않았음이 분명하다. 알다가도 모를 일들이 세상에는 도처에 깔려있다."라고 한탄 하는 듯한 말을 하였다.[46]

신약 성경의 기자들과 일 세기의 교인들은 하나님의 심판에 대한 교리와 지옥에 대한 교리에 대해 일말의 의구심도 갖고 있지 않았었다. 오늘날의 복음주의자들의 견해와는 달리, 오래전에 살았던 신약 성경의 저자들은 지옥의 존재가 하나님의 정의를 증명해주는 장소로 굳게 믿고 있었다. 그러기에 사도들은 지옥에 대해 말함으로써, 그 당시에 살았던 핍박을 당하고 있는 신자들로 하여금 핍박을 끝까지 견딜 수 있는 용기를 불어넣어 줄 수 있었던 것이다(예: 살후 1:5-11에서 바울이 그랬고, 벧후 2장에서 베드로가 그랬으며, 계 6:10에서 요한이 그랬다).

참으로, 하나님께서는 마지막 심판 때에 모든 사람을 자기 앞으로 불러 모으신 뒤에, 각자들로 하여금 자신들의 행위를 낱낱이 실토하게 하시고, 각자의 행위가 낱낱이 기록된 책을 펴시고 책에 기록된 대로 심판하신다(마 12:36; 25:31-46; 참고: 시 31:32). 이러한 하나님의 마지막 심판을 피할 수 있는 사람은 아무도 없다(행 17:30-31; 계 20:10-15). 이때 하나님께서 심지어 그들이 살면서 품었던 마음속의 악한 생각까지도 들추어내시는데, 이를 통해 악인들은 자신들의 죄가 심각함을 비로소 깨닫게 될 것이다. 그러나 그때는 이미 모든 것이 때늦었다. 이때가 도래하면, 그리스도의 값진 죽음을 받아들인 신자들은 그리스도의 피의 값이 얼마나 대단한 영향력을 발휘하게 되는 지를 다시 한번 깊이 깨닫고 감격하게 될 것이다(롬 2:16; 고전 4:5; 살후 1:6; 히 4:12-13).[47]

결국은 정의가 온 세계에 펼쳐지는 것이다. 이 때 악인들은 처벌받게 되지만, 구속함을 받은 자들은 천사들과 함께 주님을 힘껏 찬양할 것이다(예: 계 6:10; 11:15-18; 14:14-15:4; 19:1-8).[48]

---

47) 위와 동일 자료
48) 이러한 하나님의 정의로운 조치는 혹자들의 주장- 지옥에서 악인들이 영원히 고통을 당한다는 사실을 알게 되면 천국에 간 사람들도 마음이 편치 않을 것이라는 주장-이 허구임을 잘 나타내준다.

하나님께서는 이런 과정을 통해 자신이 어떠한 분이신지를 만인들에게 정확히 알게 하신다. 지옥이 존재해야 할 이유는 무엇인가? 그 이유는 바로 정의를 실행하시는 하나님—보복하시는 하나님—이심을 나타내심으로 하나님 자신이 영광을 받으시기 때문이다.[49]

인간의 유한한 죄에 대해 무한한 형벌을 가하는 것은 잘못된 것인가?
존 스토트(John Stott)와 피녹 및 그 외의 다른 몇몇 사람들은, 하나님께서는 우리가 지은 죄에 상응한 만큼만 처벌하신다고 주장하였다(예: '눈에는 눈, 이에는 이').[50]
이러한 그들의 생각이 언뜻 보면 그럴듯하게 보이기도 한다. 그러나 이러한 주장은 인간의 죄에 대한 이해의 부족과 하나님의 정의에 대한 부분을 인간의 감정적 차원에서만 이해하려고 한 결과로 나온 소치에 불과하다. 조나단 에드워즈(Jonathan Edwards)는 그가 살았던 시대에 활동하였던 영혼소멸론자들의 주장이 잘못되었다고 강력하게 지적하였다. 그는 영혼소멸론자들이 악의 문제와 관련된 하나님의 정의를 잘못 이해하고 있다며 다음과 같이 비판하였다.

> 나는 하나님께서 이 세상에 악이 존재하도록 허락하셨기 때문에 이 세상에는 수많은 불행한 일들이 일어나고 있다고 주장한다. 그러나 어떤 사람들은 하나님을 보지도 못하고 깨닫지도 못하기 때문에, 이 세상에 일어나고 있는 악한 일들을 보고 크게 실망하여, 하나님의 정의로우심에 대해 의문을 제기하고 있다. 뿐만 아니라 그들은 나의 이 같은 주장에 대해 강하게 반발하고 있다. 그들은 이 세상에 악이 존재하도록 내버려 두시는 하나님이 정

---

[49] Stephen Travis는 하나님의 구원, 하나님의 유죄 판결, 하나님의 심판이라는 주제들을 하나님과의 관계성의 유무라는 잣대로 측정하였다(그가 이렇게 한 것은 매우 성경적인 안목이라고 아니할 수 없다. 그러나 이러한 것들 외에 열개가 넘는 다른 주제들도 동일한 잣대로 보았으면 더 균형잡힌 안목이 되었을 것이라고 생각한다). 그는 하나님의 악인들에 대한 심판을 보복이라고 보지 않고 오히려 악인들이 취한 행동의 결과일 뿐이라고 생각하였다. 즉 악인들이 스스로 택하여 걸어온 길의 종착역이 지옥이라고 생각하였다. 다음을 보라. Stephen H. Travis, "The Problem of Judgement," Themelios 11(January 1986): 52-61; 동일 저자, Christ and the Judgement of God: Divine Retribution in the Testament. 그는 이 책의 부제에 그가 별로 좋아하지 않는 단어인 retribution(보복)이란 단어를 집어넣음으로 사람들의 주의를 끈 것이 이채롭다.

말로 도덕적인 하나님이란 말인가 라며 하나님의 정의에 대해 그들 나름대로의 강한 의구심을 제기하고 있는 것이다.[51]

영혼소멸론자들은 지옥의 고통이 영원하다는 사실 뿐 아니라, 이 세상에 너무도 악한 일들이 많이 벌어진다(가령 정신착란에 걸린 어머니가 자신이 낳은 핏덩이를 쓰레기통에 던져버려 죽이는 일)는 사실로 인해, 하나님의 정의에 대해 의문을 제기한다. 그들은 "하나님께서 정말로 정의로우신 분이라면, 세상에 그런 악한 일들이 벌어지게 내버려두어서는 안 되지 않는가?"라고 부르짖는다. 그러나 이런 끔찍한 죄악들이 도처에서 벌어지고 있는 것은 부인할 수 없는 사실이다.

흥미로운 사실은 존 웬함 조차도, "하나님께서 지으신 이 세상은 지옥 그 자체다."라고 하였을 정도다.[52]

지옥이 정말로 끔찍한 곳이라는 사실이 정말이듯이, 하나님께서 지은 이 세상이 무시무시한 범죄들로 가득 차 있는 것 또한 사실이다. 어떻게 보면 세상은 죄를 짓는 곳이고, 지옥은 세상에서 저지른 죄로 인해 처벌을 받는 곳이라고 생각되어질 정도이다. 살인자에게 종신형이 내려졌다면 너무 심한 처벌이라고 할 수 있겠는가? 아니, 오히려 가벼운 처벌임이 분명하다. 오늘날에 현존하는 조건론자들은 범한 죄의 중한 정도에 따라 처벌하라는 성경의 가르침은 등한시 하고, 오히려 인간의 눈으로만 죄의 경중을 재려고 하는 잘못을 범하고 있다. 성경은 완전하시고 영원하신 하나님에게 순종하지 않는 것이 죄라는 사실을 너무도 확실하게 명시하고 있다. 영원하신 하나님에게 대한 범죄는 영원한 범죄이기에 그 처벌 또한 영원해야 마땅하다. 따라서 지옥의 형벌이 영원한 것만 보고 하나님의 정의에 의심을 품어서는 안 된다. 그 반대로, 영원한 하나님에 대한 죄는 영원히 처

---

50) 만인구원론자들의 입장에서 본 "눈에는 눈"이라는 것에 대한 철학적 고찰에 대해 알아보려면 다음을 보라. Marilyn McCord Adams, "Hell and the God of Justice," RelS 11(December 1975): 433-47.

51) Jonathan Edwards, "Connecting the Endless Punishment of Those Who Die Impenitent," in The Wrath of Almighty God: Jonathan Edwards on God's Judgement against Sinners, ed. Don Kistler(Morgan, Pa.: Soli Deo Gloria, 1996), 335-36.

52) Wenham, The Goodness of God, 27.

벌받아야 하는 것이 하나님의 정의로운 조치라는 것을 인정하고 문제를 풀어나가야 지옥의 문제가 풀린다.

피녹을 비롯한 몇몇 사람들은 죄의 심각성에 대한 이해를 결여하였다. 그리고 그들은 지옥을 영벌의 장소로 생각하는 것은 그 옛날 봉건시대의 사람들이나 믿었던 어리석은 생각에 불과하다고 주장하였다. 그러나 절대로 그렇지 않다. 만일 화가 잔뜩 난 어떤 소년이 자기의 형을 한 대 친 것과 자기의 어머니를 한대 친 것에 대해 동일한 처벌이 내려져야 옳은가? 그렇지 않다. 누굴 때렸는가가 죄의 경중을 결정한다. 즉 누굴 때렸고 맞은 자와 때린 자의 관계가 어떤지에 따라 형량이 결정되어야 한다. 하나님께서는 인간과 다른 존재이다. 가치적인 면에서 하나님과 인간이 차이가 날 뿐 아니라, 아예 하나님께서는 인간과는 다른 존재이다. 만일 한 사람이 총으로 사람을 죽였고 다른 사람은 총으로 고양이를 죽였다면, 이 두 사람에게 같은 형량이 내려지는가?(나는 개인적으로 고양이를 너무도 좋아한다!) 절대로 그렇지 않다. 인간이 하나님에게 지은 죄는 엄청난 죄이다. 인간이 하나님에게 불순종한 죄는 영원히 처벌받아도 시원치 않은 죄이다.[53]

하나님의 눈으로 죄를 보고 정의를 논해야 옳지 현대의 조건론자처럼 인간의 눈으로 인간의 죄와 하나님의 정의에 대해 왈가왈부해서는 안 된다. 그들은 하나님의 거룩하심의 눈으로 죄의 경중을 측정해야 옳음에도 불구하고, 이러한 사실을 도외시하고 자신들의 눈으로 인간이 저지른 죄의 경량을 가리는 우를 범하였다. 이렇게 말해 보자. 살인이 얼마나 끔찍한 죄인지 알려면 어떻게 해야 하나? 살인을 저지른 살인자들 백 명에게 살인이 얼마나 끔찍한 죄인지를 물어본 후, 살인자들에 대한 형량을 결정하는 것이 옳은가? 절대로 아니다. 살인자들은 어떻게 해서든지 자신들이 저지른 죄의 정도를 삭감하려고 할 것은 보지 않아도 뻔하다. 그렇다면 어떻게 해야 하나? 답은 뻔하다. 살인으로 희생된 사람의 아버지와 어머니, 남편

---

53) Jonathan Edwards, "The Eternity of Hell Torments," in The Wrath of Almighty God, 91-92.

과 아내, 친구 및 아들과 딸들에게 살인이 얼마나 끔찍한 죄인지에 대해 물어보면 되는 것이다. 그리고 그들의 진술에 따라 살인자에 대한 처벌을 하면 되는 것이다. 왜 그런가? 그야 뻔하다. 그들이 살인자들이 저지른 죄에 대해 가장 큰 피해를 입은 사람들이기 때문이다.

인간은 자신이 저지른 죄의 심각성에 대해 애써 과소평가하려는 경향을 지니고 있다. 우리는 우리가 저지른 죄에 대해 어쩌다가 실수로 그랬다느니, 모르고 그랬다느니, 완전 예기치 못했던 우발사고였다느니 라고 말하며 오리발을 내민다. 인간이 하나님에 대해 저지른 죄가 얼마나 심각한 죄인지는 피해자이신 하나님의 눈으로 봐야 정확히 알 수 있다(인간은 자신이 지은 죄를 하나님이 성령을 통해 계시해 주시지 않으면 정확히 알 수 없다.). 하나님의 눈으로 인간의 죄를 보아야지만, 그 죄가 얼마나 악하고 증오스러운 범죄이며 저주받아야 마땅한 죄(참고: 사 6장)인지를 알게 된다. 범죄자인 인간은 죄의 경중을 측정할 자격이 없다. 인간이 저지를 죄의 피해자인 하나님만이 죄의 심각성에 대해 제대로 인식하실 수 있으시다.

인간은 완전히 타락한 존재이기에, 인간들에게 합당한 처벌은 영원한 처벌밖에 없다. 아담이 저지른 범죄 하나만으로도 모든 인류들이 영원히 형벌받기에 충분하다. 그런데 더군다나 각자가 태어나서 저지른 죄가 거기에 가미되지 않는가? 또한 인간들 각자는 계속해서 하나님에 대해 죄를 지으며 살지 않는가? 이에 대한 조나단 에드워즈의 말을 들어보자.

> 인간의 머리와 가슴은 완전히 타락했다. 몸의 각 부분들도 하나같이 다 죄의 도구로 사용되었다. 그리고 인간의 모든 감각 기관들(보는 것, 듣는 것, 맛보는 것 등)도 모조리 죄가 들어오고 나가는 통로로 사용되고 있다. 죄만 있고, 선한 것은 하나도 없다…. 인간의 생각, 말, 행위 이 모두가 하나님의 명령을 철저하게 깨고 있다. 삶이 죄로 가득 차있고, 밤과 낮을 가리지 않고 인간은 계속 죄만 저지른다…. 하나님의 자비와 정의 그리고 하나님의 온전하심이 철저히 짓밟힘 당하고 있다.[54]

---

54) 위와 동일 자료

여기에 인간은 죄를 쉬지 않고 짓고 있다는 것이 첨가되면, 인간의 죄의 중함은 말할 수도 없이 커지게 된다. 하나님께서 인간들에게 주신 첫 번째 계명은 온 맘과 뜻과 힘을 다해 하나님을 사랑하라는 것이다. 그러나 그리스도를 제외하고는 그 어떤 인간도 십초 이상 온 맘과 뜻과 힘을 다해 하나님을 사랑해본 자가 없다. 두 번째 계명은 자기 자신을 사랑하는 것만큼 이웃들을 사랑하라는 계명이다. 그러나 우리는 계속해서 다른 사람보다 자기 자신을 더 사랑하고 있다. 만일 우리 모두가 하나님께서 명하신 가장 큰 두 계명 일생동안 범하며 살기에, 그 죄만 해도 대단하다 하지 않을 수 없다. 그런데 거기다가 우리가 매일 살면서 평생 짓는 다른 죄들을 더한다면, 우리의 죄가 얼마나 큰지 말할 필요조차도 없어진다(롬 2:5).

성경은 인간이 하나님에 대해 저지른 사소한 죄도, 하나님께서 엄히 처벌하고 있음에 대해 분명히 말하고 있다. 물론 범죄자인 인간들 자신은 하나님에게 죄를 범한 것에 대해 별로 신경을 안 쓰려고 발버둥을 치고 있지만, 성경은 하나님의 계명에 순종하지 않은 불순종의 죄가 너무도 대단한 죄라고 명시하고 있다. 야고보 기자는 "계명을 다 지키고 단지 조그만 계명 하나만 어긴다고 하더라도 그것은 계명 전체를 다 어기는 것과 마찬가지다."고 하였다(약 2:10). 우리는 하나님 앞에서 자신이 잘못 말한 한마디 한마디에 대해 다 이실직고 하여야 할 때가 온다(마 12:33-37). 하나님께서는 장차 우리가 가졌던 모든 마음과 태도와 의도까지도 밝히 나타내 보여주실 것이다(히 4:12-13).

로버트 피터슨(Robert Peterson)의 다음 글은 비록 영원한 형벌에 해당할 만큼의 중죄는 아니지만, 하나님에 대해 저질러진 죄이기 때문에 하나님께서 심각하게 다루셨다는 사실을 잘 나타내 보여주고 있다.

성경에 기록된 죄에 대한 하나님의 조치에 대해 심각하게 생각하는 사람들은 그리 많지 않다. 그러나 하나님께서는 인간의 안목으로 보면, 별것 아닌 것처럼 보이는 죄에 대해 심한 형벌을 내리셨다. 예를 들어, 다음과 같은 경우들이다. 롯의 아내는 단지 소돔과 고모라 쪽으로 고개를 돌렸다는 이유로 하나님으로부터 사형 선고를 받아 그 즉시, "소금 기둥이 되었다(창 19:26)." 나답과 아비후는 하나님의 성막에서 제대로 제사를 지내지 않는 바람에 "넘어져 죽었다(민 3;4; 참고: 레 10:1-2)…", 웃사가 하나님의 법궤를 만졌다. 그러자 "하나님께서 웃사에게 노를 발하셔서, 웃사를 치시니 그 자리에서 죽었다(삼하 6:6-7)." 그것도 단지 사고로 쓰러지는 법궤를 쓰러지지 않게 하려고 만진 것뿐인데! 아나니아와 삽비라는 사도들을 속였다고 하나님께서 죽여 버리셨다(행 5:1-10). 거짓말 살짝 한번 했다고 죽이시다니!…. 만일 어떤 사람이 나에게 거짓말 한번 했다고 그 사람이 사형을 당하는가? 물론 그렇지 않다. 그러나 만일 하나님에 대해 그렇게 했다면, 그것 엄청난 중죄인가? 이 질문에 대해 성경은 항상 "예"라고 대답한다.[55]

피터슨은 여기에 성경에 나온 하나의 예를 덧붙여서 설명하였다. 로마서 5장 12-21절에서 바울은 아담이 하나님께서 먹지 말라는 과일을 먹었기 때문에, 모든 인류가 죄인이 되었다며 죄의 너무도 엄청난 결과에 대해 말하였다. 아담의 이 죄로 인해 모든 인류에게 육적 죽음, 영적 죽음 그리고 영원한 죽임이 들어오게 되었다. 어떤 사람은, "아니, 과일 한번 입에 갖다 대었다고 전 인류가 죽어야 하다니 너무하지 않은가?"라고 말하고 싶을 것이다. 이와 관련하여 피터슨은 아담의 하나님에 대한 불순종의 죄에는 아담의 하나님에 대한 자만심과 불신앙의 죄가 첨가되어 있다고 말하였다.[56]

조건론자들은 죄를 저지른 기간에 준하여 처벌의 기간이 결정되어야 옳다고 주장한다. 그러나 그들의 주장은 옳지 않은 주장이다. 따발총으로 수십 명 죽이는 것은 10초면 된다. 그렇다고 그 사람이 10초 동안만 감옥에 가는가? 처벌의 정도와 기간은 죄를 저지른 기간에 좌우되는 것이 아니라 죄의 중한 정도에 따라 좌우되어야 한다. 인간의 죄는 하나님에 대한 무한한 죄이고 하나님에 대한 우주적 반역이다. 죄는 진리되신 살아계시는

---

55) Robert A. Peterson, Hell on Trial: The Case for Eternal Punishment(Phillipsburg, N.J.: Presbyterian and Reformed, 1995), 170-71.
56) 위와 동일 자료, 172.

하나님, 우리의 전적인 사랑을 받아야 마땅하신 하나님에 대해 "나는 당신을 증오합니다."라고 부르짖는 것이기 때문에 무시무시한 죄이다. 죄는 우리에게 천국을 마련해 주신 하나님에 대해 등을 돌리는 행위이고 그 행위의 결과 우리는 무가치한 존재로 전락하고 말았다(롬 3:12) [57]

지옥에 있는 자들의 상태는 적어도 하나님의 사랑이 없는 상태에 있기에 죄의 상태라고 보아야할 것이다(계 16:11; 22:11을 보라). 지옥에 있는 자들이 거듭나지 않는 이상 그들은 계속 죄 안에 거하기 때문에, 그들의 죄는 더 커지고 따라서 처벌도 자꾸 증가될 것으로 생각된다. 이런 생각에 대해 카슨(Carson)은, "증명할 수 있는 사항은 아니지만, 지옥에서의 처벌이 영원한 이유는 지옥에 있는 자들이 계속 죄 안에 거하기 때문일 것이다."라며 이와 같은 생각에 동의를 표하였다. [58]

유한한 인간이 무한하신 하나님에게 대항하여 저지른 무한한 죄에 대해 무한한 형벌이 가해지는 것은 당연하다 하지 않을 수 없다. 더군다나 지옥이란 곳은 하나님의 정의가 실현되는 일이 결코 일어날 수 없는 곳이다. [59] 이와 관련하여 데이비드 웰스(David Well)의 말을 인용함으로 이 부분의 질문에 대한 우리의 고찰을 종결짓겠다.

만일 성경이 말한 만큼 하나님께서 그처럼 순결하신 분이시고 영존하시는 분이시라면, 그분에게 저질러진 우리 인간들의 죄는 잠시의 처벌로

---

57) 다음을 보라. Jonathan Edward, "Wicked Men Useful in their Destruction Only," in The Wrath of Almighty God: Jonathan Edwards on God's Judgment against Sinners, ed. Don Kistler(Morgan, Pa.: Soli Deo Gloria, 1996), 232-53.
58) Carson, The Gagging of God, 533. A. H. Strong은, "지옥에 있는 사람은 아무리 그곳에 오래 있더라도 죄 짓는 것으로부터 개선될 기미가 보이지 않는다. 따라서 지옥에 있는 사람들은 계속해서 처벌 받아야할 이유가 발생하게 된다. 계속 처벌 받아야 할 이유가 생기기에 지옥에 있는 자들은 영원히 처벌 받아야만 하는 것이다"라고 하였다. A. H. Strong, Systematic Theology, 8th ed.(Valley Forge, Pa.: Judson, 1907), 1048.
59) Jonathan Edward, "Dissertation on the End for Which God Created the World," The Works of Jonathan Edwards, ed. Edward Hickman(Calisle, Pa.: Banner of Truth, 1974; reprint, 1992), 1:120-21.

서는 해결되지 않는, 영원히 용서받을 수 없는 죄임이 분명하다. 무한한 하나님에 대항할 경우, 무한하신 하나님께서는 무한하게 반응하시는 것이 당연하다. 그러나 영혼소멸론자들은 이러한 무한한 하나님에 대항하여 저질러진 죄에 대한 처벌이 유한하고 일시적이어야만 한다고 주장한다. 십자가 위에서 일어났던 일은 그리스도에 대한 하나님의 무한한 처벌이었다. 그리스도께서는 인간들의 죄를 대신하여 십자가에서 무한한 처벌을 받으셨다. 그렇다고 그의 영혼이 소멸되었는가? 물론 소멸되지 않았다. 그리스도께서는 인간들의 모든 죄들에 대해 처벌을 받으셨다. 하지만, 그리스도께서는 영원하시고 무한하신 하나님이시기 때문에, 인간들의 모든 죄에 대한 처벌을 십자가 위에서 다 소진시키실 수 있으셨다. 따라서, 예수님은 하나님이시기에 인간들이 하나님에 대해 저지른 죄에 대해 영원토록 처벌받지 않으셔도 되었다. 죄에 대한 인식을 약화시키고 하나님의 의와 부활을 통한 구속의 의미를 왜곡시킨 복음(영혼소멸론자들이 주장하는 지옥을 약화시킨 복음; 역자 주)은 피녹이 생각한 것만큼의 힘을 발휘하는 복음이 되지 못한다. 그러한 복음은 복음의 주권자이신 하나님을 상실한 무신경한 복음이라고 할 수밖에 없다.[60]

지옥을 영원한 형벌의 곳으로 만든 하나님은 사랑의 하나님이 아니지 않는가?

에큐트(ACUTE)에서 펴낸 책인 지옥의 성격에는 영혼소멸론자들의 위와 같은 질문들이 잘 소개되어져있다. 가령, 에큐트는 지옥에 대한 전통 교리에 대해 그럴 듯한 의문을 제기한 니겔 라이트(Nigel Wright)의 비평을

---

60) Wells, "Everlasting Punishment," 42. Timothy Phillips도 역시 다음과 같이 말하였다: "역사적으로 살펴보면, 영혼소멸론의 등장과 예수 그리스도의 신성에 대한 불인정은 항상 함께 하였음을 알 수 있다." Arian들과 Socinian들은 영혼소멸론을 지지하였다. 다음을 보라. Timothy R. Phillips, "Hell: A Christological Reflection," in Through No Fault of Theirs Own? The Fate of Those Who Have Never Heard, ed. William V. Crockett and James G. Sigountos(Grand Rapids: Baker, 1991), 47-59.

다음과 같이 인용하여 소개하였다.

> 만일 예수 그리스도의 아버지이신 하나님이, 그리스도처럼 자신의 대적들까지도 사랑하시는 하나님이 분명하다면, 우리가 믿는 하나님 이외에 성품을 가진 수수께끼 같고 숨겨진 다른 신은 있을수가 없다. 예수님은 사람들의 사랑과 정의로움이 하나님과 같이 의롭다 여겨짐이 마땅하다하셨다.[61]

클락 피녹은 니겔 라이트에 못지않게 하나님의 도덕성 문제를 강력하게 들고 나왔다.[62] 그는 심지어, "하나님께서 인간들을 지옥에 보내 영원토록 고문하신다는 사실은 도덕적인 관점에서 보면 도무지 생각할 수조차 없는 사실이다. 어떻게 하나님께서 피에 목마른 괴물처럼 아우쉬츠 형무소를 차려놓고 수많은 사람을 그것도 죽이지 않고 영원히 고문만 할 수 있단 말인가? 우리는 그런 무자비한 하나님을 절대로 경배할 수는 없다."라고 하였다.[63] 웬함, 그린 그리고 트라비스는 피녹처럼 과격한 표현은 쓰지 않았을 지라도 실질상 피녹과 같은 주장을 고수하였다.[64]

이들의 주장은 다음의 두 가지로 요약된다. 먼저는, 예수님께서 인간들에게 보여주신 하나님은 사람들을 지옥으로 보내는 무자비한 하나님이 아니라 죄인들을 죽기까지 사랑하시는 사랑의 하나님이다. 그리고 둘째로,

---

61) Wright, Radical Evangelical, 91. 다음도 보라. The Nature of Hell, 102-6.
62) 그러나 흥미롭게도, Pinnock이 주장하는 조건주의는 다른 사람들이 주장하는 조건주의보다 그렇게 강력하지 못하다. 그러나 그는 그 어떤 조건주의자들 보다 논점의 핵심을 정확히 파악하고 그것을 확대 주장하였다(물론 때론 너무 조정하는 것 같은 태도를 보이기도 하였다).
63) Pinnock, "The Destruction of the Impenitent," 253.
64) Wenham은 "나는 하나님의 영원한 형벌이 사랑으로 보이지도 않고 정의로 보이지도 않는다…. 영원히 벌 하시는 하나님에 대해 내가 설교하려는 순간 나는 하나님의 사랑과 영광을 잃게 된다"라고 하였다. Wenham의 저서 "The Case for Conditional Immortality," 185-187을 보라. 한편 Green은 "지옥에서 사람들이 고통에 울부짖는 소리를 들으면서도 천국에서 영원히 구원받은 자들과 기뻐하시는 하나님께서는 도대체 어떤 하나님이란 말인가?"라고 하였다. Green의 다음 저서를 보라. Evangelism through the Local Church, 72. 한편 Travis는 영원한 지옥이 있다면 하나님은 "앙심을 품은" 하나님이기에, 그런 하나님은 "그리스도가 보여준 사랑의 하나님과 맞아 떨어지지 않는다."라고 하였다. Travis의 다음 저서를 보라. Christian Hope and the Future, 135.

하나님의 자비의 속성은 죄인을 영원히 벌주시는 하나님의 속성과 충돌한다.

정통 지옥 교리는 예수님이 보여준 사랑의 하나님과 대립하는가? 라이트(Wright)는 위에 인용된 그의 서술이 잘 보여주듯이, 전통 복음주의 신학과는 다른 신학을 제기하였다. 성경의 어느 권들에서나 다, 하나님을 계시하고 있고 그분의 여러 성품들과 속성들을 나타내 보여주고 있는 것이 사실임에도 불구하고, 라이트는 하나님에 대한 교리를 단지 예수님께서 복음서에 언급한 것에만 국한시켰다. 복음서에 나타난 하나님만 참 하나님으로 고집하는 것은 중대한 실수이다. 이것은 마치 구약 성경만 보고 하나님은 진노의 하나님이라고 주장하거나 신약 성경만 보고 하나님은 사랑의 하나님이라고 주장하는 것과 같다. 물론 예수 그리스도가 보여준 사랑을 보면 하나님께서 어떠한 사랑의 분이라는 사실을 알 수 있다는 것을 강조하기 위하여 라이트가 그러한 논리를 편 것은 사실이다. 그러나 그 정도는 웬만한 신자라면, 누구나 알고 있는 사실 아닌가? 고로 우리는 조심해야 한다. 너무 많은 사람이 예수와 그의 가르침의 일부만을 가지고 신학 전부를 좌지우지하려 하는 것은 올바른 신학을 낳지 못한다. 최근에 예수에 관한 연구를 하는 신학자들은 이천년 전에 실제로 사셨던 예수님을 보지 않고, 자신이 미리 생각한 예수님만을 갖고 예수 연구에 뛰어드는 실수들을 범하고 있다. 그 결과 예수 연구자들의 각자는 자신들의 주장만이 옳다고 목청을 드높이고 있다.[65]

라이트가 만든 예수는 사랑과 정의가 강조된 예수이다. 그는 인간이 감지할 수 있는 사랑과 정의에 초점을 맞추어, 이러한 렌즈로 하나님을 이해하였다. 고로 라이트가 만든 하나님께서는 절대 숨어있을 수도 없고 수수께끼 같은 불가해한 하나님도 전혀 아니다. 라이트의 해석으로 인해 성경이 기뻐하는가? 그는 단지 하나님의 일부만 보여주었을 뿐이다. 그는 인본주의와 감성주의와 민주주의에 기초한, 예수님의 모습으로 나타난 하나

---

[65] Scot McKnight, "Who is Jesus? An Introduction to Jesus Studies," in Jesus under Fire, ed. Michael J. Wilkins and J. P. Moreland(Grand Rapids: Zondervan, 1995), 53-56.

님만을 보았다.[66]

물론 성경은 하나님을 사랑과 정의의 하나님으로 표현하고 있다. 그러나 인간들을 사랑하시고, 긍휼히 여기시고, 자비하시고, 선하신 하나님만 그리고 있는 것이 아니다. 성경은 이 외에도, 거룩하시고, 공정하시고, 심판을 내리시고, 왕으로 다스리시고, 율법을 주시고, 죄와 죄인에 대해 분노하시고, 때로는 숨어계신 주권적인 하나님으로 묘사하고 있질 않은가?

예를 들어보자. 라이트의 주장과는 반대로, 바울은 로마서 11장 33-36절을 통해 하나님의 길은 '인간이 찾을 수 없는(unsearchable)' 길이라고 하였다. 뿐만 아니라, 예수님 자신께서는 바리새인들에게 사랑스럽게 들리지는 않은 말들을 퍼부으셨고, 성전 환전상들의 상을 뒤엎으셨다. 예수님의 이런 행동에서 사랑과 친절을 찾아볼 수는 없다. 한 걸음 더 나아가, 예수님께서는 지옥에 대한 여러 가르침들을 통해서, 하나님 사랑에 대한 만인구원론자들의 생각에 찬물을 끼얹으셨다(예: 마 5:22-30; 7:13-27; 8:12; 10:28; 13:30-50; 18:6-9; 23:15, 33; 24:51; 25:31-46; 막 9:42-49; 눅 16:19-31; 요 3:16-21, 36; 5:28-29; 계 21:8).[67]

따라서 하나님의 사랑에 대해 온전한 이해를 하려면 성경 전체를 놓고 보아야지 성경의 작은 부분만 보아서는 안 된다. 성경의 부분만 보고서는 하나님의 사랑을 제대로 논할 수 없다.

카슨은 "성경에 나오는 모든 인물들 가운데서 예수만큼 지옥에 대해 자주 이야기하고, 지옥을 무시무시한 곳으로 생생하게 묘사한 사람은 없지 않은가?"라는 말로 조건주의자들의 주장에 일침을 가하였다.[68]

이제 레온 모리스(Leon Morris)의 다음 말로 이 질문에 대한 것을 일단

---

[66] 하나님의 사랑에 대해 자세히 알고 싶으면 다음을 보라. D. A. Carson, The Difficult Doctrine of the Love of God(Wheaton, Ill.: Crossway, 2000), 9-11. Carson은 다음과 같이 말하였다: "오늘날 성경을 성경 신학을 모체로 하지 않고 엉뚱한 것들을 모체로 하여, 하나님의 사랑을 널리 퍼뜨리고 있다…. 나는 이러한 추세로 나간다면 성경이 말하는 하나님의 사랑은 머지않아 이 세상에서 자취를 감출 것으로 본다. 그 이유는 하나님의 사랑에는 기독교에서(단지 몇 가지만 예로 든다고 해도) 절대로 빠져서는 안 될 기본 요소들인 하나님의 주권, 하나님의 거룩, 하나님의 진노, 하나님의 섭리 및 하나님의 특성 등이 빠져있기 때문이다. 하나님의 사랑은 지금까지 위생 처리되었고 민주화되었으며 무엇보다도 전반적으로 감상주의화되었다."

[67] 지옥에 관한 예수님의 관점에 대해 더 많이 알려면 Robert Yarbrough가 쓴 본서의 3장 "지옥에 관한 예수님의 가르침"을 보라.

락하자. "왜 오늘날과 같이 개화된 시대에 사는 수많은 사람도 지옥을 믿는가라고 묻는가? 그 이유는, 예수님께서 지옥이 있다고 가르치셨고…. 악한 자들은 지옥에서 영원히 벌 받게 될 것이라고 말씀하셨으며…. 지옥에 대해 말씀을 하실 때 천국에 대해서도 역시 말씀하셨고, 처벌에 대해 말씀하실 때에 구원에 대해서도 말씀하셨기 때문이다."[68]

죄인들을 영벌하시는 하나님은 과연 자비의 하나님이신가? 피녹, 브로 및 라이트와 같은 조건론자들은 정통 기독교 교리와는 동떨어져, 하나님의 자비 쪽을 지나치게 강조하였다. 특히, 조건론뿐 아니라 포용주의(inclusivism)와 다른 종교에도 마음을 여시는 하나님의 개방성(the openess of God)의 사상을 받아들인 피녹과 브로는 하나님의 '속박받지 않는 사랑'을 주장하며, "기독교에서 말하는 하나님의 주권과 심판보다 중요한 것은, 예수님을 통해 나타난, 모든 인간들을 향한 하나님의 아버지로서의 사랑이다. 고로 이런 하나님의 아버지로서의 사랑이 다른 모든 신학적 주제들 위에 우뚝 서야 마땅하다."고 하였다.[70]

그러나 이들과는 달리, 존 파이퍼(John Piper)와 데이비드 웰스(David Wells)는 하나님에 관한 이러한 비균형적인 이해에 대해 강하게 비평하였다. 예를 들어 파이퍼는 "'하나님이 사랑이시다'라는 말은 하나님께서는 오직 사랑으로만 인간들과 관계한다는 말로 해석되어져서는 안 된다."고 주장하였다.[71] 또한, 웰스는, "성경은 물론 하나님이 사랑이시다 라는 사실을 말해주고 있긴 하지만, 현대의 그리스도인들은 단지 그 사실만으로 하

---

68) Carson, The Gagging of God, 530.
69) Leon Morris, "The Dreadful Harvest," ChrT 35(May 27 1991): 34.
70) Pinnock and Brow, Unbounded Love, 29. 조건론자이며 포용주의자이고 또한 하나님의 개방성을 주장하는 Richard Rice도 이들의 의견에 동조하여 다음과 같이 서술하였다: "사랑은 하나님의 핵심 속성이다. 사랑이 하나님을 하나님으로 만든다…. '하나님은 사랑이시다' 라고 말하면 하나님에 대해 다 말한 것이다" (Richard Rice, "Biblical Support for a New Perspective," in The Openness of God: A Biblical Challenge to the Traditional Understanding of God, ed. Clark Pinnock et al. [Downer Grove, Ill.: InterVarsity Press, 1994], 18). 21페이지에서, Rice는 그의 논거에 지지를 표하는 자들로서 Karl Barth, Emil Brunner 및 Wolfhart Pannenberg를 지칭하면서, 하나님께서 세상과 관계 맺는 것은 오직 사랑을 통해서라고 하였다. 이점에 대한 비판을 보려면 다음을 보라. Todd S. Buck, "A Critical Analysis of Inclusivism Among Evangelical Writers"(Ph. D. dissertation, Mid-America Baptist Theological Seminary, 1999), 49-51.

나님에 관한 신학의 기초가 확립되었다고 생각하고 있는데, 그렇지는 않다."고 주장하였다.[72]

그러나 다행히도, 모든 조건론자들이 피녹이나 브로처럼 나간 것은 아니다. 대부분의 조건론자들은 난지 하나님께서 자비로우신 분이시라면 어떻게 지옥을 영원한 형벌의 곳이 되게 하시는 지에 대해 의문을 제기한 것뿐이다. 그러나 피녹과 브로가 그랬던 것처럼, 조건론자들은 하나님의 자비와 그분의 거룩, 정의 및 진노를 같이 놓고 균형있게 보지 못하였다. 이에 대한 조나단 에드워즈의 말을 들어보자.

> 하나님은 자비의 하나님이시기 때문에 재판장으로 사람들에게 판결을 내리시는 하나님은 아니라고 생각하는 것은 비성경적이고 비이성적인 판단에서 나온 생각에 불과하다. 이런 생각은 하나님을, 쉽게 감동을 받으시고 주위의 상황에 따라 쉽사리 마음을 바꾸시며 불행에 처해있는 피조물들의 호소에 쉽게 굴복하시는 하나님으로 보기 때문에 나온 생각이며, 그런 하나님은 정의가 결행되는 현장에 있기조차도 힘들어하시는(나약한) 하나님이라고 추론하였기 때문에 나온 결과이다···. 성경 그 어디를 들춰보아도 하나님은 자의에 따라 자비를 행사하시기도 하시고 그렇지 않으시기도 하시는, 권세를 갖고 계신 강력한 주권을 가지신 하나님으로 묘사되어 있다.[73]

하나님은 한분이시기에 하나님의 여러 속성들은 하나로 통합되어져야 한다. 따라서 하나님의 의로우신 속성에서 사랑을 분리하려는 시도는 잘못된 시도다. 또한 하나님의 사랑의 속성은 하나님의 의로우심의 속성

---

71) John Piper, "How Does a Sovereign God Love?" Reformed Journal 33(April 1983): 11.
72) David F. Wells, God in the Wasteland: The Reality of Truth in a World of Fading Dreams(Grand Rapids: Eerdmans, 1994), 135. 오늘날의 복음주의에서 하나님에 대한 교리가 점점 부드러워져가는 경향이 있다는 사실을 발견하였던 Wells는 다음과 같이 말하였다: "우리는 우리가 순종해야할 하나님 대신에 우리가 이용해 먹을 수 있는 하나님을 찾아 왔다. 우리의 모든 권리를 포기하고 따라야할 하나님 대신에 우리의 필요를 채워주시는 하나님만을 구해왔다···. 그 결과 자비의 하나님을 인간의 자비 아래 있는 하나님으로 변형시켰다. 우리는 무조건 자비롭기만 한 하나님을 원하고 있다···. 만일 우리가 원하는 하나님의 자비로운 은혜의 비가 우리에게 더 이상 쏟아지지 않거나, 우리가 원하는 번영과 성공의 비가 우리에게 너 이상 내리지 않으면, 우리는 그런 하나님을 더 이상 믿지 않는다···. 이것은 인간의 초라해빠진 이기심과 타락에서 나온, 부드럽기만 하고 인간을 사랑하기만 하는 현대인들이 만들어낸 하나님일 뿐이다···. 이제 우리들은, 초월자로서의 하나님을 다시 회복시켜 놓아야만 한다"(114-16).

에 영향을 주지 않고 예속되지도 않는다. 즉 하나님의 사랑과 정의는 서로 모순되지 않는다. 이러한 하나님의 전통적인 이해와 관련하여, 존 프레임 (John Frame)의 설명을 들어보자.

하나님의 그 어떤 속성들도 하나님으로부터 분리되어서는 안 된다. 그리고 성경에는 없는 하나님에 관한 속성이 새로 첨가되어서도 안 된다. 하나님의 속성이 하나님의 다른 속성들과 분리되는 순간 그 의미는 퇴색하기 시작한다. 그리고 하나님의 각각의 속성들은 똑 같이 중요하게 취급되어야 한다. 하나님의 지혜는 영원한 지혜이다. 하나님의 선하심은 지혜로운 선하심이면서 또한 그 자체로 선하심이다…. 하나님의 여러 속성들의 핵심은 '다각도적' 이다(perspectival)라는 말로 표현될 수 있다. '다각도적' 이다는 말은 동일한 하나님을 각각 다른 각도에서 본 것이라는 말이다. 고로 하나님의 그 어떤 속성도 하나님의 중심 속성이 될 수 있고, 다른 속성들은 모두 그 중심 속성과 관련지어 생각해 볼 수 있다. 따라서 하나님이 속성에 관한 교리의 중심점들은 여러 개라고 말할 수 있다.(열린 유신론주의자인 피녹과 같은) 사람들이 아무리 하나님의 사랑에만 치중한다손 치더라도, 그들이 성경이 말하는 하나님의 다른 속성들을 볼 수없다면, 그들의 시각은 제한적이라고 할 수 밖에 없다. 우리는 하나님을 다양한 각도에서 볼 수 있어야한다.[74]

하나님의 여러 속성들을 같이 고려해야 성경이 제시하는 하나님을 균형있게 이해할 수 있다. 그렇게 되었을 때에 우리는 비로소 하나님의 자비 속성이 영원히 벌 내리시는 하나님의 처벌 속성과 대치관계에 있지 않다는 사실을 이해할 수 있게 되는 것이다.

---

73) Edward, "The Eternity of Hell Torments," 339-40. 여기서 조나단 에드워즈의 말은 피녹의 다음 말과 너무도 다름을 주시하라. 피녹은 하나님께서 모든 사람들에 대해 동일한 자비를 베푸시는 것은 "당연지사다"라고 하였다(Clark H. Pinnock, "An Inclusivist View," in More Than One Way? Four Views on Salvation in a Pluralist World, ed. Dennis L. Okholm and Timothy R. Phillips [Grand Rapids: Zondervan], 97).
74) John M. Frame, No Other God: A Response to Open Theism(Phillipsburg, N. J.: Presbyterian and Reformed, 2001), 53-54.

지옥이 영원토록 존재한다면 악에 대한 하나님의 승리는 온전하지 못한 승리가 아닌가?

조건론자들은 지옥에 대한 전통적 견해에는 하나님의 완전한 승리가 없다고 보았다. 이제 조건론자 피녹의 견해를 들어보자:

> 옛날 시나리오를 따른다면 역사는 불행하게 끝난다. 옛날 시나리오에 따르면, 그리스도가 최종적으로 승리하였음에도 불타는 지옥 속에 악과 반역은 여전히 남아있다. 지옥과 천국이 영원히 공존하는 이원론적인 상황이 존재하는 한, 모든 문제들이 해결되었다고 말할 수 없다…. 새로운 질서가 창조되었는데, 어떻게 거듭나지 않는 자들이 있을 수 있으며, 하나님께서 지배하는 천국과 사탄이 지배하는 지옥이 영원히 공존할 수 있겠는가? 이것은 뭔가 잘못된 것이다. 하나님께서는 새 하늘과 새 땅을 만드셨을 때 모든 악을 멸하셨다…. 승리란 악이 멸하여 없어진 것이고 빛과 사랑만 남은 것이어야 한다.[75]

지옥의 성격에는 위의 견해와 맥을 같이 하는 존 스토트의 견해가 실려져있다. 존 스토트는 성경에서는 하나님을 최후의 승리자로 묘사하고 있기 때문에, 하나님의 최후 승리 후에 지옥에 회개하지 않는 자들이 계속 남아있다고 보기는 힘들다고 주장하였다. 즉 그는 지옥의 영원한 형벌은 하나님의 전적인 승리를 묘사하는 성경의 구절들과 맞아 떨어지지 않는다고 보았던 것이다(예: 요 12:32; 고전 15:28; 엡 1:10; 빌 2:10-11; 골 1:20). 존 스토트는 만인구원론에는 반대하였지만, "성경구절들을 보고 있노라면, 하나님께서 일부의 사람들을 아직도 심판 아래 두시고 반역 아래 두시면서 '모든 자들의 모든 것 되시는 하나님' 이라고 불릴 수 있는지에 대한 의구심이 든다. 악인이 파멸되어 더 이상 존재하지 않고, 그래서 회개할 사

---

75) Clark H. Pinnock, "The Conditional View," in Four Views of Hell, ed. William Crockett(Grand Rapids: Zondervan, 1992), 151, 154-55.

람이 아무도 존재하지 않는 지옥이어야, 하나님께서는 전 우주의 승리자 시라는 성경의 내용과 맞아 떨어진다."라고 하였다.[76]

언뜻 보면 이 말이 맞는 것처럼 들리기도 한다. 지옥과 지옥에서 고통 받는 죄인들이 여전히 존재하는 승리보다 악의 모든 존재들을 없애버리는 승리가 더 멋있는 승리처럼 보이는 것이 사실이다. 스타트는 특히 만인구원론자들이 좋아하는 고린도전서 15장 24-28절의 다음과 같은 표현이 자신의 주장을 지지하여준다고 생각하였다.

그 후에는 나중이니 저가 모든 정사와 모든 권세와 능력을 멸하시고 나라를 아버지 하나님께 바칠 때라. 저가 모든 원수를 그 발아래 둘 때까지 불가불 왕 노릇 하시리니 맨 나중에 멸망받을 원수는 사망이니라…. 만물을 저에게 복종하게 하신 때에는 아들 자신도 그때에 만물을 자기에게 복종케 하신 이에게 복종케 되리니 이는 하나님께서 만유의 주로서 만유 안에 계시려 하심이라(개역성경).

스타트는, 성경의 여러 곳에서 '지옥을 무시무시하고 영원한 실체'로 묘사하고 있기 때문에, 바울은 위의 구절을 통해 만인구원론을 가르치고 있지 않은 것이 분명하다고 하였다.[77]

그러나 그럼에도 그는 하나님에 대한 '만유로서 만유 안에 있는 분(all in all)'이라는 표현을 잘못 이해하는 오류를 범하였다.[78]

그는 차라리 "성경은 하나님의 승리에 대해 어떻게 가르치고 있는가?"라는 바른 질문에서 출발하였어야 옳았다. 성경은 하나님의 최종 승리와 악인에 대한 영원한 형벌을 동일 선상에 놓고 있다. 요한계시록의 마지막 장들은 구속받은 자들의 최종 상태를 악한 자들의 최종 상태와 잘 대비하

---

76) Edward and Stott, Evangelical Essentials, 319.
77) 위와 동일 자료.
78) Peterson, Hell on Trial, 175-76. Peterson은, "'모든 피조물 안에 계시는 모든 것 되시는 하나님'(all in all)이라는 말은 하나님께서는 의로운 자도 통치하시고 불의한 자도 통치하신다는 말이다. 때문에 이 말은 의로운 자만 남게 된다는 말로 해석해서는 안 된다"라고 하였다.

여 묘사하였다. 그러기에 요한계시록 20장10절에는, "저희들을 속였던 마귀는 불타는 유황 못에 던져지는데, 그곳에는 짐승과 거짓 선지자들이 이미 던져졌던 곳이다. 그들은 밤낮 세세토록 고통을 당한다."라고 쓰여 있는 것이다. 피녹과 스타트를 비롯한 조건론자들은, 특히 이 구절을 별로 맘에 들어 하지 않는다. 그러나 이 구절은 사탄, 짐승 그리고 거짓 선지자가 영원히 지옥에 있게 된다고 분명하게 말해주고 있다. 이들의 최종 상태에 대해, 요한의 '밤낮 세세토록 고통받는다' 라는 표현보다 더 생생하게 표현해주는 표현은 없다.[79)]

요한은 하나님의 세 대적들 곧 사탄, 짐승 및 거짓 선지자들이 지옥에 영원히 던져진 후에, 악인에 대한 마지막 심판이 있다고 서술하였다. 마지막 심판이 시작되면, 영광의 하나님께서는 위대한 흰 왕좌(백보좌)에 앉으셔서, 큰 자든 작은 자든, 구별하지 않고, 죽은 모든 자들을 자기 앞에 서게 하신 후에, 그들을 심판하신다. 이 심판에 대하여 요한계시록 20장15절에서 사도 요한은, "생명책에 이름이 기록되어있지 않는 자들은 불못에 던져진다."라고 기록하였다. 그 때문에 악한 자들은 요한계시록 20장10절에 기록된 하나님의 세 대적들의 운명과 동일한 운명에 영원토록 처해지는 것이다. 예수님의 말씀은 요한의 이러한 증거가 사실임을 확증해준다. 예수님께서는 악인들의 운명은 마귀와 그의 천사들의 운명과 같음에 대하여 마태복음 25장 41절과 46절에서, "너희 저주받은 자들아, 나에게서 떠나, 마귀와 그의 천사들을 위하여 준비된 영원한 불로 들어가라…."고 말씀하셨다. 주님께서 예수님을 믿지 않는 악인들에게 이와 같은 말씀을 하시면서, "악인들은 바로 영원한 지옥불로 들어가 영원토록 형벌을 받는다. 그러나 의인은 영원한 생명으로 들어간다."고 또한 말씀하셨다.

천국은 죄, 고통, 죽음 및 악이 전혀 없고 빛, 사랑과 거룩함만이 존재하는 곳이다. 요한계시록 21장과 22장은 이러한 점을 분명하게 기록하고 있다. 구속받은 자들은 천국에서 주님을 '세세토록' 경배할 것이다(계 22:5).

---

79) Gregory Beale이 쓴 본서의 제5장 "요한계시록에 나타난 지옥" 전체를 보라.

천국과 지옥이 공존한다고 해서 하나님의 영광이 퇴색되거나 구속받은 자들의 완전한 행복에 구멍이 뚫리는 것은 아니다. 비기독교인들을 지옥에서 영원히 벌 받도록 하는 것은 하나님의 위엄과 그분의 능력, 정의를 오히려 강화하여 증거해주고, 간접적으로나마 그분의 은혜를 빛나게 해준다.[80]

	하나님은 악인들을 처벌하실 때 마음이 아프셔서, 영원한 지옥 형벌을 면제해 주실 것이라고 생각하는 것은 성경에 나오는 지옥 서술 및 하나님의 마지막 심판을 인간의 감정적인 차원에서만 해석하려는 비성경적 태도임이 분명하다.

	최후 심판과 지옥을 통해 하나님께서는 모든 것을 완결하신다. 처벌받지 않은 악인은 하나도 없다. 하나님의 은혜와 거룩하심을 짓밟은 모든 자들은 그들의 죄에 대한 대가를 지불하여야만 한다. 하나님의 최대의 적인 사탄은 하나님 앞에 완전히 굴복하여 처벌 받게 된다. 피녹이 사탄이 최종적으로 지옥을 지배한다고 하였는데 그것은 매우 틀린 말이다. 사탄은 하나님의 정의의 완전한 능력이 무엇인지를 지옥 불에 떨어져 고통을 당함으로 몸소 체험하게 된다(계 20:10). 어떤 조건론자들은 지옥과 천국이 영원히 공존하는 것은 우주적 이원론(cosmological dualism, 천국과 악인이 있는 지옥이 영원히 공존한다는 이론; 역자 주)이라며 전통 지옥 교리를 비판하였다. 하나님께서 모든 대적을 정복하셨는데 어떻게 그것이 우주적 이원론이란 말인가? 그렇지 않다. 하나님의 최종 승리 이후에는, 이원론이란 털끝만큼도 존재하지 않는다. 앞으로 도래할 하나님의 최종 승리는 영광된 승리일 것이다. 그분의 통치는 절대적인 통치가 될 것이며 그분의 정의는 영원토록 펼쳐질 것이다.

---

80) Jonathan Edwards, "The Eternity of Hell torments," 339-57. 다음도 보라. James Packer, "The Problem of Eternal Punishment," Evangel: The British Evangelical Review 10(Summer 1992), 13-19.

제 10 장

목회 신학 :
지옥 설교 어떻게 해야 하나?

신클레어 퍼거슨
(Sinclair Ferguson)

지옥에 대해 말한다는 것은 당황스러운 일이고 결코 쉬운 일이 아니다. 복음주의를 이끌어가는 지도자로 여겨지는 사람들이 영혼소멸론의 입장에서 성경을 해석하는 것을 나는 결코 인정할 수 없다. 존 스토트(John Stott)가 지옥이 영원히 형벌 받는 곳이라는 기존의 지옥 교리에 관해, "감정상 나는 그런 이론을 결코 수용할 수 없다."라고 한 말에 적지 않은 수의 신실한 그리스도인들이 공감하고 싶을 것이다.[1] 주 예수님께서는 사람들을 위하여 지옥을 만드신 것이 아니라, '마귀와 그의 천사들을 위하여' 지옥을 만드셨다. 인간들은 하나님과 교제하기 위하여 창조되었고, 그리고 하나님의 영원한 영광을 위하여 창조되었다. 그런데 그런 목적으로 창조된 인간들이 바깥 어둠의 곳으로 쫓겨나 그곳에서 영원토록 있어야 한다는 사실은 우리를 두렵게 만든다. 우리는 원래 그렇게 되도록 창조되지 않았기 때문에 우리가 그렇게 되어야 한다는 사실이 참으로 안타깝다. 지옥은 하나님의 인간 창조의 결과가 아니라, 인간 스스로의 하나님에 대한 반역과 자유의지의 남용의 결과이다.

사람들은 대부분의 경우 지옥에 대해 별로 생각하고 싶어 하지 않는다. 예수님께서는 제자들과 최후 만찬을 하였던 다락방에서와, 마지막으로 기도하셨던 겟세마네 동산에서 지옥의 맛을 미리 보셨다. 성경의 복음서는 예수님의 이런 경험에 대해 강한 단어들 곧 '심히 비탄해 하시다

---

[1] David L. Edward and John R. W. Stott, Evangelical Essentials: A Liberal-Evangelical Dialogue(Downers Grove, Ill.: InterVarsity Press, 1988), 314.

(deeply distressed)', '곤고해 하시다(troubled)' 또는 '슬픔에 파묻혀있으시다(overwhelmed with sorrow)' 등의 표현들을 사용하였다(막 14:33-34). '곤고해하시다(to be troubled, 아데모네오, ademoneo)' 라는 표현은 신약성경에서 단지 여기에서와(마 26:37의 같은 장면에도 동일하게 사용됨), 빌립보서 2장 26절에서만 사용되었다. '곤고해하다' 는 말은 육체의 지침과 슬픔, 수치심 및 낙담 등으로 인하여 마음이 눌리고, 혼동스럽고, 안식이 없고 그리고 심히 괴로운 상태에 있다는 뜻이다.[2]

지옥은 존재한다. 성경이 지옥이 존재한다고 말하고 있고, 사도들과 예수님 자신이 지옥이 있다고 말씀하셨다. 인간들은 지옥이 무서운 곳이라는 사실을 알기에, 지옥에 대한 성경의 말씀을 듣기 싫어한다. 성경 전체는 지옥의 실체를 인정하고 있으며, 예수님께서는 지옥에 대해 가르치셨다. 따라서 목사들은 지옥에 대해 제대로 알아야 하고, 지옥의 무게를 느껴 보아야 하며, 자신의 양들에게 지옥의 의미와 지옥의 존재에 따른 삶의 변화에 대해 개인적으로 상담을 해 줄 수 있어야 한다.

목사는 교사이다. 영성과 성격이 어떠하냐에 상관없이, 가르치는 사역에 종사하는 기독교 사역자들은 성경이 말하고 있는 주요 주제들을 빼어놓지 가르칠 수 있어야 한다. 우리 설교자들은 어떤 설교 모델에 따라 설교를 하건 상관없이, 성경의 모든 주제들을 균형있게 가르칠 수 있어야한다. 즉 성경 전체를 순차적으로 주석해 나가는 식의 설교를 하건, 아니면 성경의 몇 구절들만 놓고 깊숙이 파헤치는 설교를 하건(예를 들어 성경의 한 부분을 놓고 수 주에 걸쳐 강해식으로 깊이 있는 설교를 하건), 주제별 설교를 하건, 아니면 성경의 이곳저곳을 무작위로 발췌하여 설교하건(예를 들어 '하나님의 온전하신 계획' 에 대해 수년에 걸쳐 성경 전체를 이곳저곳 다 훑어 강해식으로 설교하건) 상관없이, 우리 말씀 사역자들은 성경의 각종 주제들을 골고루 다 균형있게 가르쳐야 한다.

---

2) J. B. Lightfoot, St. Paul's Epistle to the Philippians(London: MacMillan, 1913), 123.

성경을 조직적으로 주해하는 설교자들이라고 할지라도 지옥과 같은 주제를 의도적으로 피하고 싶어 한다. 그럴 때 설교가들은 자신들이 지옥 설교를 꺼리는 이유에 대해 자신들의 마음이 여려서(동정심이 많아서)라고 핑계를 댄다. 그러나 실제로 알고 보면, 긍정적으로 볼 때 설교자 자신이 지옥에 대해 아는 바가 별로 없어서이고, 부정적으로 보면, 설교자 자신이 겁쟁이라서 지옥 설교를 못하는 것이다. 때문에 이제부터라도 설교가나 교사들은 시간이 날 때마다 신약 성경을 읽어 나갈 때에, 세상 종말과 하나님의 심판에 관한 구절이 나오는 족족 밑줄을 그어 가면서 읽어야 한다. 그렇게 하면, 지옥에 관한 구절들이 성경에 얼마나 많이 기록되어있는지를 알고 놀라게 될 것이다. 물론 지옥은 신약 성경의 핵심 주제는 아니다. 그럼에도 지옥에 관한 가르침은 복음서에서 매우 중요한 위치를 차지하고 있다. 복음은 우리를 지옥 안가도록 해주는 좋은 소식이지 않는가? 예수님을 통하여 우리에게 계시된 것들 중에는 지옥이 있다. 구원받았다는 것은 지옥가게 되어 있는 자가 지옥가지 않게 되었다는 것을 지칭한다.

성경은 설교에 관한 구체적 방법을 서술해주고 있지는 않다. 예를 들면 바울이 지은 신약 성경의 바울 서신서들에는 '설교 잘하는 법'에 관한 장이 한 장도 없다. '지옥 설교 잘 하는 법'에 관한 장은 더더욱 없다. 바울은 고린도후서를 통하여 자신의 사역을 뒤돌아보며, 자신의 사역에 대해 변호하였다. 그리고 그 중에는 이 장의 주제인 지옥 설교를 어떻게 하여야 하는가에 관한 것과 어느 정도 관련된 부분이 있다. 복음을 왜곡시키고 잘못 전해지는 것에 대해 상당한 중압감을 느꼈던 바울은 "설교자의 임무가 진리를 바르게 전함으로…. 하나님 앞에서 모든 사람의 양심을 바르게 하는 것(고후 4:1-2)이 되어야 한다."고 밝혔다. 바울은 만일 어떤 자들에게 복음이 가려졌다면, 그 복음은 '망하는(아폴루메노이스, apolymenois) 자들'에게 가려진 것이라고 역설하였다. 다른 사람들이 복음을 잘못 전하는 것에 대해 상당한 중압감을 느끼고 있었던 바울은, 예수 그리스도를 구원자로 전파하는 그의 설교 사역을 단단히 떠받치고 있는 두 가지 것에 대해 언급하지 않을 수가 없었다.

그 두 가지가 무엇이었는지에 대해 바울이 언급한 순서대로 아래에 적어보고자 한다. 우리는 이러한 작업을 통하여 바울의 사역의 중요한 원칙 두 가지가 무엇인지 알 수 있게 된다(고후 5:10-15).

* 그리스도의 심판대 앞에 모든 사람들이 서게 된다는 사실이 설교자에게 어떤 의미를 주는 지에 관한 것
* 마지막 심판대에 나타나실 그리스도의 죄인들을 향한 놀라운 사랑에 대한 이해가 설교자에게 어떠한 영향을 미치는 지에 대한 것

그리스도의 심판대

설교자는 마치 자신이 그리스도의 심판대 앞에 현재 서있는 자로 인식하고 말씀을 전해야한다. "이는 우리가 다 반드시 그리스도의 심판대 앞에 드러나 각각 선악 간에 그 몸으로 행한 것을 따라 받으려 함이라(고후 5:10, 개역성경)." 설교가나 목사는 하나님의 종으로 사명을 얼마나 진실히 수행하였는지는 그들이 그리스도의 심판대 앞에 설 때에 밝히 들어날 것이다. 우리 모든 하나님의 사역자들은 마지막 날 그리스도의 심판대 앞에 서게 될 것이다. 그리스도의 심판대 앞에 서게 된다는 사실을 상시 숙지하며 설교하려고 애써왔던 설교자들만이 삶과 죽음 그리고 천국과 지옥의 중요성을 제대로 인식할 것이다. 그리고 그런 설교자들만이 지옥 설교를 올바르게 할 수 있다.

지옥과 관련하여 설교자인 목사가 해야 할 첫 번째 것은 자신을 잘 지키는 일이다(행 20:28). 이것은 설교자가 의식적으로 및 의도적으로 항상 그리스도의 심판대 앞에 자신이 서있다고 생각하며 생을 살아나가야 한다는 것을 의미한다.[3]

---

3) 바울은 그리스도의 심판대와 하나님의 심판대를 구별하고 있지 않다. 하나님께서는 모든 심판을 아들에게 맡겼기 때문에(참고: 요 5:22), 전자로 인하여 후자는 그냥 따라오게 된다.

그리스도의 심판대 앞에 서게 되면, 설교자로 살아오면서 알게 모르게 지었던 죄과들이 그대로 들어난다는 사실을 현실감 있게 인식하며 살아온 설교자야 말로, 다음의 세 가지 핵심 요소들에 대해 제대로 설교할 수 있다.

* 하나님의 의
* 인간의 죄의 심각성
* 하나님의 판결의 무오성

위의 세 요소가 균형과 일체를 이루어진 상태에서 하나님의 말씀을 전해져야, 듣는 자들의 마음과 의식이 바뀌지, 지옥 설교를 목청을 돋우어 큰 소리로 설교한다고 되는 것은 아니다.

바울은 로마서 2장 1-16절에서 지옥 설교를 올바르게 하기 위하여 설교자들에게 필요한 주요한 세 가지 인식 요소들이 무엇인지에 대하여 언급하였다. 바울은 1장 18-32절에서 이방인들의 심각성에 대해 이미 잘 알고 있는 상태에서, 사람들에게 하나님의 심판에 대한 설교를 하였다. 하나님의 심판을 피할 수 있는 자는 이 세상에서 아무도 없다. 바울은 이러한 심판에 관한 설교를 통해 하나님의 정의 실현의 요소들을 전하고 있다. 우리도 지옥에 관한 설교를 하려면 이러한 요소들을 설교에 포함시켜야 한다. 이제 지옥 설교에 포함시켜야 하는 요소들에 대해 알아보자.

(1) 하나님의 심판은 공정한 심판이고 오류가 없는 심판이다. 인간들은 하나님을 자기 마음대로 만들어가려는 속성을 지니고 있다. 즉 인간들은 하나님의 심판을 자기들의 생각에 맞게 자기네들 마음대로 리모델링하는 있는 어리석음을 범해오고 있다. 하나님의 심판에 대한 우리의 인식은 잘 해야 부분적이고, 못하면 오류투성이다. 인간은 외모로 모든 것을 판단하려한다. 그러나 하나님께서는 마음의 중심을 보시고 판단하신다(삼상 16:7). 바울은 하나님의 심판이 어떤 심판인지에 대해 다음의 4가지 것을 말하였다.

(a) 하나님의 심판은 진리에 기초한 심판이다(카타 알레쎄이안, kata aletheian, "진리대로 된다" 롬 2:2). "진리대로 된다"라는 표현은 "일어난 실제 사건에 따라 된다"는 말이다. 심판자 하나님께서는 사건의 실체를 정확히 알고 계시고, 사람들의 마음의 동기를 정확히 판단하고 계신다. 하나님 앞에 잘못을 숨길 수 있는 자 하나도 없다. 그분은 모든 것을 정확히 보시고 심판하신다.

바울의 결론이 잘 보여주듯이(롬 3:20), 하나님의 심판이란 표현에는 유죄 판결이라는 의미가 이미 포함되어있다. 우리가 이미 저지른 죄에 대한 하나님의 유죄 판결을 어떻게든 면해보려고 하는 것은 아무런 소용이 없다. 우리 자신의 힘으로는 죄를 무마할 수 없고, 자신을 변호할 수도 없다. 우리는 마치 막다른 골목으로 몰린 자 같다. 하나님께서는 그런 우릴 빤히 쳐다보시기에, 그분의 시선으로부터 우리 자신을 숨길 방법이란 전혀 없다. 이러한 정황에 대해 다윗은 시편 139편을 통해 이미 잘 기록한 바 있다. 그리고 이사야 선지자는 이사야서 6장을 통해 역시 잘 서술하였다. 하나님께서는 심판을 통해, 우리 속에 있는 마음, 생각 및 동기와 우리가 살았던 삶을 적나라하게 드러내신다. 하나님께서는 그 드러난 것들을 보시고, 판결을 정확하게 내리신다. 따라서 우리는 하나님의 정확하신 판결에 대해 그 어떤 항변도 하지 못한다. 모든 세상 사람들이 하나님보시기에는 죄인이다(롬 3:19).

(b) 하나님께서는 사람들을 외모에 따라 심판하지 않으신다(롬 2:11). 하나님의 심판은 절대적으로 공정한 심판이다. 고대 근동 지방에서는 높은 사람 앞에서는 얼굴을 땅에 대고 극한 존경심을 표출하는 관습이 있었다. 이 때, 높은 사람은 자기 앞에 허리를 구부려 얼굴을 땅에 댄 사람이 얼굴을 치켜들 수 있도록 은혜를 베풀어 준다. 높은 사람의 이러한 조처는 자기에게 극한 존경심을 표시한 사람을 인정해 준다는 표시이다. 이러한 과정을 통해서 신분이 높은 사람과 아래 사람 간에 존경심과 은혜가 오갔다. 그러나 하나님께서는 그렇지 않다. 하나님께서는 우리의 지위가 높다거나 가문이 훌륭하다고 해서, 또는 재산이 많다고 해서, 우리에게 다른 사람들

보다 더 많은 은혜와 존경을 표현하지 않으신다. 세상을 이기심으로만 살아온 사람은 하나님의 재판정에 섰을 때에, 자신이 살아왔던 기준대로 심판을 하지 않으시는 하나님을 보고 매우 당황스러워 할 것이다. 인간 세상에서는 특별 방면 조치라는 것이 있지만, 하나님에게는 그런 것이 없다.

(c) 하나님의 심판은 '의로우시다(롬 2:5).' 의롭다는 개념은 인간에게 친숙한 개념이 아니다. 히브리인에게서 의롭다는 말은 기준 안에 들어온다는 뜻을 내포하고 있는 말이다. 하나님 자체가 기준이시다. 하나님의 심판은 하나님의 실체와 거룩한 성품을 밝히 드러낸다. 하나님의 의로운 심판은 우리의 의가 어떠한지를 정확히 잰다. 따라서 하나님의 의의 심판은 우리의 삶의 실체가 어떠하였는지를 정확히 말해준다.

성경이 말해주고 있는 하나님의 심판은 범죄의 정도에 정확히 비례하는 심판이다. 바울은 로마서 1장 21-32절를 통해 이러한 사실에 대해 정확히 묘사하였다. 스스로 지혜있다고 자랑하는 자들이 하나님의 진리를 거짓으로 바꾸어버리는 우를 범했다. 사람들은 하나님의 율법을 경멸하였고 하나님의 진노는 힘이 없다고 무시하여 버렸기에, 그들은 그들의 죄에 대해 마땅한 보응을 받을 것이다(롬 1:27). 하나님께서는 인간들이 심은 바람이라는 범죄에 대해 광풍이라는 심판을 내리실 것이다. 자기 자신을 음욕에 넘겨준 자들은 이에 상응하는 심판을 하나님으로부터 받게 될 것이다.

(d) 하나님의 공정한 심판은 처벌로 귀결된다. 우리가 이미 저지른 우리 자신의 죄된 행위의 결과로 인해, 우리의 삶이 결정 된다는 사실 그 자체가 하나님의 심판인 동시에, 현재와 같은 어려운 삶은 미래에 있을 하나님의 마지막 심판 후에, 우리가 어떤 상태에 있게 될 것을 예표해준다. 바울은 하나님께서 죄인들이 죄를 짓도록 그냥 '내어버려 두었다(gave them over)' (롬 1:24, 26, 28; 파라디도미, paradidomi)라는 표현을 여러 번 하였는데, 이 표현 속에는 하나님께서 그들의 죄에 대한 최종 판결을 내리시는 분이시라는 의미가 내포되어있다. 이 세상의 재판도 정확성을 기하기 위하여 증인을 내세운다(2:14-15). 따라서 하나님의 마지막 판결이 세상 판결보다 더 칼 같고 정확할 것은 너무도 당연하다. 만일 세상 재판관들이 이러

한 하나님의 공정한 판결에 대해 잘 이해하고 있다면, 세상의 사건에 대해 더 정확한 판결을 내리게 될 것이다.

(2) 하나님의 심판은 심히 개인적이다. 하나님께서는 철저히 개인별로 판결하신다. 이 말은 하나님께서는 '각 사람의 행위대로' 판결하신다는 말이다(롬 2:6).

이러한 개인별 심판은 성경 여러 곳에서 언급되었다(예: 시 62:12; 잠 24:12; 롬 14:12; 고후 5:10). 각 개인들은 마지막 날, 하나님의 심판대 앞에 홀로 서게 되면 기겁을 하게 될 것이다. 마지막 심판 날에 모든 나라들이 다 하나님 앞에 모여 서게 된다. 그러나 우리가 어느 나라에서 살았건, 어떠한 사회와 문화 상황에서 살았건 상관없이 개인 별로 심판을 받게 된다. 이렇듯 개인별로 심판받기에 하나님의 판결은 매우 공정한 판결일 수밖에 없다. 우리는 하나님 앞에 서서 이 세상에서 살면서 해온 생각들과 선택들과 행위들에 따라서 개인별로 판결을 받는다.

바울은 이에 대해 다음과 같은 구체적인 설명을 추가하였다. "율법없이 죄를 범한 자는 율법없이 망하고, 율법 아래에서 범죄한 자는 율법에 의해 심판을 받는다(롬 2:12)." 이것이 공정한 심판이다. 따라서 그 어떤 인간도 무죄 판결을 받을 수는 없다. 바울은 하나님의 율법을 알고 범한 자는 그에 상응한 하나님의 심판을 받는다고 힘주어 말하였다. 바울이 말하는 율법 아래 있는 자(로마서 1-3장에서 율법 아래 있는 자로 언급되었다)는 하나님으로부터 토라(Torah)의 계시를 받은 자들인 이스라엘 백성이다.

여기서 바울이 말하고자 하였던 그 핵심은 하나님으로부터 토라를 받은 자들 즉 하나님의 계시—특별 계시와 일반 계시 및 하나님의 구속과 구원—를 받은 자들 중에서 조차도 하나님의 기준에 맞게 살아온 자가 한 명도 없다는 사실이다. 우리는 우리가 얼마나 하나님을 지식적으로 잘 알았느냐에 따라서 심판을 받는 것이 아니라, 하나님을 알고 나서 하나님의 뜻을 얼마나 잘 행하였느냐에 따라 심판을 받는다(참고: 마 25:31-36).

마지막 심판 날, 일생동안 숨겨왔던 사실들이 하나님의 법정에서는 그대로 드러나게 된다. 바울은 여기서 인간들의 잘못된 실적 지상주의를 비꼬고 있다. 하나님께서는 그날에 '어둠 속에 감춰져 있었던 것들을 빛으로 비추어 드러내시고, 각 사람의 마음의 동기들을 드러내신다(고전 4:5).' 이 것에 대해 요한계시록에서는 각자의 모든 생각, 말과 행위가 샅샅이 기록된 '책이 펼쳐진다' 라고 표현하였다(계 20:11-12). 마지막 심판 날에 하나님께서는 우리의 이름이 새겨진 하드 디스켓을 열어보신다. 그 하드 디스켓은 일단 기록된 데이터는 절대로 지워지는 법이 없는 디스켓이다. 그 디스켓 안에는 우리가 이 세상에 살면서 우리가 한 모든 나쁜 생각과 음란한 공상, 나쁜 태도, 잘못된 결정 및 행위들이 모조리 기록되어 있다. 만일 우리가 아무리 성능이 뛰어난 슈퍼컴퓨터를 만들고 순간 검색 능력이 뛰어난 컴퓨터를 만든다고 해도, 하나님의 검색 능력에 비교하면 새 발의 피일 뿐이다.

(3) 하나님의 공정하신 재판에 대해 그 누구도 핑계를 댈 수 없다(롬 1;:20). 이 말을 바울이 한 근본 목적은 무엇인가? 바울은 로마의 재판정을 생각하며 '누구도 핑계를 댈 수 없다' 는 말을 하였다(롬 1:18-3:20). 로마서 1장 18절-3장 20절을 통해서 바울은 인간의 유죄에 대해 말하였다. 여기서 바울은, 자기 정당화를 호소하고자 했던 사람들이라고 할지라도, 하나님 앞에서는 자신을 변명할 수가 없다(아나폴로게토스, anapologetos)는 사실에 대해 말하려고 하였던 것이다. 바울은 로마 법정의 상황을 익히 잘 알고 있었다. 그러기에 그는 하나님의 진노에 찬 묵시록적인 심판에 대해서도 잘 기록할 수 있었다. 그래서 그는 모든 인류들이 하나님 앞에 선다고 묘사하였다. 그리고 그 하나님의 판결에 아무도 이의를 제기하지 못하고, 묵묵히 있을 수밖에 없다고 묘사하였다. 그리고 하나님께서 모든 사람에게 유죄를 선포를 하신다고 바울은 힘주어 말하였다(롬 3:19-20).

경험이 풍부하였던 복음전도자 바울은 로마 제국의 법정 상황을 잘 파악하고 있었기에, 백일하에 들어난 피고인의 죄에 대하여 그리고 하나님의 공정한 판결에 대하여 피고인 자신은 하나님께 아무 변명도 하지 못한다고 말할 수 있었던 것이다. 하나님의 심판의 때가 되면, 사람들은 지옥의 실체에 대해 비로소 실감하고 무서워하게 될 것이다. 이러한 하나님의 정의로우신 심판에 관한 진리들에 대해 우리가 설교할 때, 사람들의 지옥에 대한 눈이 떠지고 잠자고 있던 양심들이 깨어나는 일이 일어나야만 한다. 만일 그런 일이 일어나지 않으면, 사람들은 정말로 악한 자들(네로, 히틀러, 이미 아민 같은 자들)이나 지옥가지, 자기처럼 올바로 살아가고 있는 사람은 지옥 안 간다고 잘못 생각하여, 계속 죄된 삶을 살아나가게 될 것이다.

설교자는 진리를 있는 그대로 전할 수 있어야 한다. 그렇게 될 때 사람들의 좀먹은 양심의 가면이 벗겨지는 일이 일어나게 된다. 바울이 디모데후서 3장 16절과 4장 2절에서 언급한 바대로 설교자들은 사람들의 잘못을 바르게 책망하고, 바르게 교정해 줄 수 있는 설교자가 되어야 한다. 바울은 확신에 차서 소신있게 설교하였기에 사람들이 아래에 예로 든 것과 같은 잘못된 생각들을 들추어 낼 수 있었고, 그 결과 그들로 하여금 바른 길을 가게 할 수 있었다.

(a) "나는 숨길 게 없는 사람이야." 이런 말과는 반대로, 실제로 모든 인간은, 범죄 후 자신을 숨기려고 한 아담과 똑같이 하나님으로부터 숨고 싶어 한다. 우주적인 죄(아담의 죄)와 자범죄, 우주적인 심판과 개인의 심판에 대한 바른 설교를 통해, 인간의 자기기만이 깨어져야 한다. 하나님 앞에 '나는 숨길 것이 없다'라고 항변하는 사람은 하나님도 모르고 자기도 모르는 사람이다. 바울은 그렇게 말하는 사람은 모든 것을 숨기고 있는 사람이라고 말하였다. 그런 사람은 하나님 앞에 마치 아담이 벌거숭이로 된 것처럼(아담은 범죄 후 자신의 수취를 가리기 위해 무화과나무 잎사귀로 자신의 수치스러운 곳을 가리고자 하였다), 그 사람 속에 있던 것들이 발가벗겨지는 것과 같이 밝히 드러나게 될 것이라고 경고하였다.

셜록 홈즈에 관한 탐정 소설들을 썼던 아서 코난 도일(Sir Arthur Conan Doyle)경이 한번은 런던에서 살고 있는 사회 지도층 급 인사 열두 명에게 "모든 것이 다 밝혀졌으니, 빨리 피하십시오"라는 동일한 내용의 전보를 보낸 적이 있었다. 그날 밤 그중에 여섯 명이 시골로 피신하였다고 한다. 하나님께서 우리의 죄과를 잘 알고 기억하신다. 때문에 과연 누가 그 앞에 설 수 있겠는가?(시 130:4)

(b) "난 그래도 다른 사람들보다는 낫다." 하나님께서는 인간 경주장에서 등수를 매기고 계시는 심판관이 아니시다. 하나님께서는 우리의 속을 다 보고 계시기 때문에, 하나님 앞에서는 '난 그래도 다른 사람들보다는 낫다'는 말을 절대로 할 수 없다. 외적이요 또한 상대적인 평가를 내리는 인간들과 달리, 하나님께서는 자신의 거룩성을 기준으로, 절대적 평가를 내리시기에, 하나님 앞에서는 감히 그 누구도 '난 그래도 다른 사람들보다는 낫다'는 말을 할 수 없다.

(c) "하나님께서 나의 어려운 처지를 잘 아신다면 절대로 나를 벌하실 수 없다." 사실은 그 반대다. 바울은 하나님께서는 자신의 의로운 심판을 예수 그리스도를 통하여 행사하신다고 하였다(롬 2:16). 아버지께서는 자신의 아들에게 모든 심판을 일임하셨다(요 5:27). 심판자 예수 그리스도는 인간으로 오셔서 이 세상을 살아보신 적이 있으신 재판관이시다. 그래서 그분은 인간의 조건에 대해 잘 알고 계신다. 그분은 이 세상에 사시는 동안 시험도 당하셨고, 극한 죽음도 당하셨다. 그래서 그분은 인간의 모든 처지, 어려움, 실패, 죄, 죄의식들에 대해 너무도 잘 알고 계신다. 그러기에 예수 그리스도는 정당하고 정확한 재판관이실 수 있다.

(d) "사랑의 예수님은 절대로 나를 심판하지 않으신다. 그 이유는 나는 평생 교회에 다녔기 때문이다!" 그렇지 않다. 예수님의 산상 설교는 우리의 행위와 종교 활동은 심판에 전혀 영향을 미치지 않는다는 사실을 분명히 하셨다. 다음 설교는 모세나 조나단 에드워즈나 빌리 선데이의 설교가 아니라 예수님의 설교임을 명심하라.

"그 날에 많은 사람이 나에게 말하기를, 주님, 주님, 우리가 주님의 이름으로 예언을 하고, 주님의 이름으로 귀신을 내쫓고, 또 주님의 이름으로 많은 기적을 행하지 않았습니까?' 할 것이다. 그때에 내가 그들에게 밝히 말할 것이다 '나는 너희를 도무지 알지 못한다. 불법을 행하는 자들아, 나에게서 물러가라."(마 7:22-23, 새 번역 성경)

(e) "나는 완전하지는 않지만, 성경에 기록된 하나님의 저주를 받을 만큼 함부로 살진 않았다." 바울은 로마서 2장에서 진노(2:5, 8), 화냄(2:8), 환란, 곤고(2:9) 및 멸망(2:12)이라는 단어들을 사용하여, 하나님의 심판에 대해 강력한 표현을 구사하였다. 이와 대와 관련하여 하나님의 심판에 관한 다음의 두 가지 사실을 말 할 수 있다. 첫째, 복음서에 나타난 예수님의 가르침에는 심판에 대한 것이 분명히 있다. 공관복음이라는 옷에서 심판이라는 한 가닥의 실을 잡아내어 끌어당기기 시작하면, 공관복음 전체가 망가져 버린다. W. G. T. 쉐드(W. G. T. Shedd)는 "영원한 심판의 교리를 가장 잘 가르치신 분은 우리를 구속하신 예수님 자신이시다."고 하였다.[4] 예수님께서는 바깥 어두운 곳(마 22:13; 25:30), 타는 불풀무(13:42, 50), 영원한 형벌(25:46) 및 지옥 불로 떨어져 저주받음(5:22, 29-30; 10:28;18:9; 23:23)에 대하여 분명히 말씀하셨다.

죄와 심판의 심각성과 관련하여, 켄터베리의 안셀름(Anselm of Canterbury)은 보서(Boso)에게, "너는 아직 죄의 심각성에 대해 생각해본 적이 없구나."라는 유명한 말을 하였다고 한다.[5] 하나님에 대한 반 토막 이해와 인간의 죄의 심각성에 대한 평가절하가 하나님의 최후 심판에 대한 근시안적인 해석을 자아내었다는 것이 안셀름의 위와 같은 표현의 골자이다. 내가 얼마나 악한 죄인이고 하나님께서 얼마나 영광스럽고 거룩하시며 위대하신 분이신지에 대한 자각이 없는 한, 절대적으로 공의로우신 하나님의 심판에 대한 바른 이해는 요원하기만 하다.

그렇다면 이제는 지금까지의 하나님의 심판에 대한 이해를 어떻게 설교 사역에 올바르게 적용할 수 있는지 말해 보자. 지옥에 대한 속 좁은 해석이나 무지를 갖고 지옥 설교를 해서는 안 된다. 하나님의 성품, 하나님의 인간에 대한 사랑, 아담의 범죄 및 아담의 범죄로 인한 결과 등이 일괄적이고도 순서적으로 잘 이해되어진 후에라야 지옥과 심판에 대한 힘차고도

---

4) William G. T. Shedd, The Doctrine of Endless Punishment(New York: Scribner's 1886; reprint, Carlisle, Pa.: Banner of Truth Trust, 1986), 12. 영원한 심판에 관한Shedd의 동일한 글이 그의 다음 저서에도 실렸다. Dogmatic Theology(New York: Scribner's, 1889-94; reprint, Nashville: Thomas Nelson, 1980), 2:675.
5) Anselm, Cur Deus Homo, xxi.

바른 설교를 할 수 있다.

지옥에 대해 설교할 때 무엇을 말해야 하나? 다음의 것들을 설교하면 된다.

(1) 지옥은 진짜 있다. 성경의 계시는 점진적이다. 구약 성경에서는 사후의 삶에 대한 설명이 부분적이고도 흐릿하게 나온다. 그러나 신약 성경에서 그리스도께서는 사후의 상태와 인간의 종착점에 대해 분명하게 말씀하셨다. 뿐만 아니라, 예수님께서는 지옥의 위험에 대해서 사람들에게 여러 차례에 걸쳐 경고하셨다(예: 마 5:22, 29-30; 7:13; 8:10-12; 10:26-28; 13:40-42, 47-50; 18:8-9; 23:33; 25:41, 45-46).

예수님께서는 또한 천국에 대해 말씀하실 때, 지옥에 대해서도 언급하셨다. 적어도 주님에게는 천국이 실제인 것처럼 지옥도 실제였다. 만일 우리가 예수님께서 달리신 십자가의 죽음의 심각성과 고통에 대해 제대로 이해하고 있다면, 우리는 예수님께서 왜 그토록 고통스러운 죽음을 당하셨는지를 알 수가 있다. 예수님께서 단지 우리에게 본을 보이시려고 그렇게 하셨다고 하거나, 아니면 예수님께서 그렇게 까지 하실 필요는 없었다고 말하는 것은 말도 안되는 소리이다. 예수님의 십자가상에서의 고통스러운 부르짖음은 그가 인간이 져야하는 지옥의 고통을 대신 담당하셨다는 증거이다. 예수님은 십자가상에서 하나님과의 단절을 경험하심으로 우리를 구원하셨다.

한번은 영국 왕실의 높은 지위에 있던, 지금은 작고하신 어떤 한 여자 분이 영국 대성당의 주교에게 지옥이 있는지에 대해 물어보았다. 그러자 그 주교는 "마마, 지옥이 있다고 주님께서 가르치셨고, 주님의 사도들도 가르쳤으며, 교회의 신조가 그렇다고 말하고 있으며, 교회가 또한 지옥이 실제로 존재하고 있다는 사실을 믿고 있습니다"라고 대답하였다. 그러자 그 지체 높으신 여자 마마는 그 주교에게 "그럼 왜 당신은 우리에게 지옥에 대해 설교도 한번 하지 않고 가르치지도 않는 것이요?"라고 반문하였다고 한다.

(2) 지옥이 어떤 곳이지는 신약 성경에 생생하게 묘사되어있다. 지난 수 세기에 걸쳐 신학자들은 성경에 기록된 지옥에 관한 묘사들을 글자 그대로 해석해야 되는지, 아니면 비유적으로 해석해야 되는지를 놓고 두 진영으로 갈라져 격렬한 논쟁을 벌여왔다. 양 진영 모두에 저명한 신학자들이 포진해 있다. 나는 개인적으로 성경에 대한 지옥 묘사는 비유적 묘사라고 생각한다. 나는 지옥이 불타고 있는 곳인데 어떻게 또한 컴컴한 곳일 수 있는지에 대해 글자대로만 풀려고 하면, 도대체 이해가 되지 않는다. 따라서 나는 개인적으로 성경의 지옥 묘사가 비유적 묘사라고 생각한다.

나는 신약 성경은 지옥을 비유적으로 서술함으로 지옥이 얼마나 무시무시한 곳인지에 대해 실제보다 과하게 설명하려고 하였을 것이라고 생각한다. 지옥은 실제로 존재한다. 지옥 자체는 비유가 아니라 실체이다. 성경 기자는 실제로 있는 지옥을 비유적으로 설명함으로 지옥이 매우 무시무시한 곳임을 강조하려 하였다고 생각된다. 즉 신약 성경 기자는 평범한 문체보다는 비유법을 씀으로 지옥 효과를 노린 것이다.

지옥은 단절, 박탈, 고통, 처벌, 어둠, 파괴, 분열 및 멸망의 장소이다. 신약 성경에서는 지옥에 대해 설명할 때, 바깥 어둠의 곳, 울며 이를 가는 곳, 몸과 영혼이 파괴되는 곳, 영원한 불이 있는 곳, 지옥의 불이 있는 곳, 저주받는 곳, 영원히 박탈당하는 삶을 사는 곳, 하나님의 진노가 내리는 곳, 하나님의 임재와 단절되어 파멸이 지속되는 곳, 멸해져 가는 곳, 분리의 장소 및 가장 어두운 곳 등으로 묘사되어있다.

설교자는 지옥에 대한 이런 묘사들을 어떻게 다루어야하는가? 성경의 저자들이 다룬 것과 똑같은 식으로 다루면 된다. 그러나 성경 저자의 의도를 넘어가서는 안 되고 축소해서도 안 된다. 특별히 '영원한' 이라는 단어들 조심스럽게 해석해야 한다. 이 단어 속에는 하나님과의 절대적인 단절과 기쁨의 박탈과 멸절이 포함되어있고 또한 이러한 것들이 영원히 지속된다는 뜻이 들어있다. 만일 설교자가 이러한 사실에 대해 전혀 모르면서도 마치 아는 것처럼 지옥 설교를 한다면, 설교자는 청중들에게 성경이 가르치는 바를 제대로 전달하지 못하게 된다. 17 세기의 유명한 설교가 토마스 부룩스(Thomas Brooks)는 그 당시의 사람들이 쓰는 단어들을 사용해 가며 지옥에 대해 다음과 같이 설교하였다.

> 영원히, 영원히, 영원히, 세세토록, 세세토록, 세세토록, 계속해서, 계속해서, 계속해서, 지옥에 있는 사람들의 심장이 수천 갈래로 찢겨나간다…. 회개하려고 해도 할 수 없고, 지옥에 간 자들은 끝없는 끝으로, 죽음 없는 죽음을, 낮 없는 밤에, 기쁨 없는 슬픔 속에서, 위로 없는 눈물을 흘리며, 자유 없는 묶임 속에서 영원히 살아야 한다. 하나님께서 천국에서 영원히 사시듯이 저주받은 자들은 지옥에서 영원히 살아야 한다.[6]

(3) 지옥은 원래 마귀과 그의 천사들을 위한 곳이었지만 인간들도 지옥에 가게 되었다. 그리스어 게헨나(geenna)는 신약 성경에서 지옥을 의미한다. 이 게헨나는 몰렉 신에게 어린아이를 제물로 바치던 장소인 힌놈 골짜기(the Valley of Hinnom, 대하 28:3)의 히브리어 게 힌놈(ge hinnom)에서 유래되었고, 나중에는 심판을 상징하는 예언적 언어로 사용되었다.

힌놈 골짜기를 일컫는 말이 예수님을 믿지 않은 자들이 최종 심판을 받아 가는 지옥을 상징하는 뜻으로 사용되게 된 것이다. 지옥은 그리스도와 그분의 계시를 거절하는 자들로 가득차있는 인간쓰레기 처리장이다. 하나님의 나라에 속하지 않은 모든 자들이 거기에 있다. 개들과 술객들과 행음자들과 살인자들과 우상 숭배자들과 및 거짓말을 좋아하며 지어내는 자마다 성 밖에 있으리라(계 22:15, 개역 성경; 참고 고전 6:9). 부자도 거기에 있다(눅 16:19-31). 그리스도의 형제들을 사랑하지 않은 자들도 거기에 있다(마 25:41-46). 그리스도의 이름으로 예언하고 귀신들을 내어 쫓고 기적을 행한 자들도 거기에 있다(7:21-23). 하나님을 알지 못하고 우리 주 예수 그리스도의 복음에 순종하지 않은 자들이 거기에 있다(살후 1:8-9). 차라리 태어나지 않았던 편이 더 나았을(마 26:24) 가룟 유다가 거기에 있다

---

6) Thomas Brooks, The Golden Key to Open Hidden Treasure(London: Printed for Dorman Newman, 1675) in A. B. Grosart, ed., The Works of Thomas Brooks(Edinburgh: J. Nichol, 1861-67), 5:130.

(행 1:25). 마귀들과 그의 천사들, 짐승, 그리고 거짓 선지자들이 '세세토록 고통당하며' 거기에 있고, 어린 양의 생명책에 이름이 기록되어 있지 않은 자들이 거기에 있다(계 19:19-20; 20:10, 15). 하나님의 마지막 심판의 장면은 너무도 무시무시하다.

　　땅의 임금들과 왕족들과 장군들과 부자들과 강한 자들과 각 종과 자주자가 굴과 산 바위 틈에 숨어 산과 바위에게 이르되 "우리 위에 떨어져 보좌에 앉으신 이의 낯에서와 어린 양의 진노에서 우리를 가리우라. 그들의 진노의 큰 날이 이르렀으니 누가 능히 서리요" 하더라(계 6:15-17, 개역 성경).

　　생각만 해도 끔찍하다. 천국은 영광이라는 단어가 설명해줄 수 있는 것보다 훨씬 더 영광스러운 곳인 것처럼, 위의 성경에서 표현된 지옥에 관한 단어들을 쳐다보고 있자니 하나님의 마지막 심판이 참으로 끔찍하게 느껴진다.

　　수백만의 시청자들이 목격하였듯이, 2001년 9월 11일 뉴욕 쌍둥이 빌딩에 두 번째 비행기가 부딪히자 그 쌍둥이 빌딩이 붕괴되기 시작하였고, 수많은 사람이 살려고 도망치는 장면을 나는 영국에서 있으면서 텔레비전으로 생방송 되는 것을 시청하였다. 이것은 아마도 우리가 모두에게, 평생에 본 가장 끔찍한 장면이었을 것이다. 나는 이 장면을 시청하면서, "어린 양의 진노를 피해 도망하려는 사람들은 얼마나 무서웠으면 바위들에게 우리 위에 떨어져달라고 부탁할까?"라고 자문해 보았다. 이것을 상상하기란 그리 쉽지 않다. 만일 성경의 지옥 심판의 기록이 진짜고, 예수님의 십자가에서의 부르짖음─즉, 하나님께 아버지 어째서 날 버리십니까 라고 부르짖는 부르짖음─이 정말로 아버지 하나님과의 관계 단절의 고통에서 나온 진짜 부르짖음이고, 요한계시록에 기록된 심판에 대한 것이 앞으로 정말로 일어날 일에 대한 예언적 기록이라면, 그 실제의 장면을 상상하기란 결코 쉽지 않을 만큼 무시무시하다 하지 않을 수 없다. 그처럼 무시무시한 지옥 심판에서 우리를 구하시기 위하여 예수님께서 오셨다는 것은 참으로 대단한 사건이다. 고로 우리는 그러한 사실에 대해 사람들에게 외쳐야 한다.

(4) 성경에 기록된 지옥을 이해하고 그것을 설교하는 최종 목적은 그러한 지옥 심판에서 구원받는 길이 있다는 것을 사람들에게 전하기 위함이다. 어린 양의 진노를 피하는 방법이 있다. 우리는 이러한 사실을 전하여만 한다. 그래서 사람들을 최후의 심판에서 건져내어야 한다. 이제 이 방법과 연관되어, 두 번째 주요 고찰로 넘어가보자.

그리스도의 사랑이 강권하는 것

바울은 본문(고후 5:10-15)에서 하나님의 심판에 대해 말하면서 그의 사역을 이끌어가는 두 번째 힘은 그리스도의 사랑(고후 5:14)이라고 역설하였다. 그리스도의 사랑이 그의 사역의 추진력이라는 사실을 바울은 알고 있었던 것이다. 내가 그렇게 확신있게 말할 수 있는 이유는 바울이 그리스도의 죽음의 의미를 너무도 잘 이해하고 있었기 때문이었다. 그가 사용한 '강권하다(시네코, synecho)'는 말은 보호하기 위하여 꼭 붙잡고 있다는 뜻이다. 그의 표현처럼 바울은 그리스도의 사랑에 꼭 붙잡힌바 되어 그 다른 어떤 것도 할 생각을 하지 못하였고, 오직 그리스도의 사랑을 전하는 것에만 매진하며 살았다. 다시 말해, 그리스도의 사랑에 붙잡혔다는 말은 바울이 그리스도의 사랑을 깨달았다는 말일 뿐 아니라, 그 결과 그가 그리스도의 사랑에 반응하였다는 의미가 포함되어있다.

그렇다면 그리스도의 사랑이 어쨌다는 것인가? 이 질문에 대한 답은, 바울은 그리스도의 인간 사랑이 그리스도를 죽게 하였고, 이러한 일을 통하여 그리스도께서는 인간들을 대신하여 지옥의 고통을 체험하였던 것으로 해석하였다는 것이다.

이러한 사실에 대한 우리의 깨달음이 우리 사역의 추진력이 되어야 한다. 복음은 지옥에 대한 이야기가 아니다. 지옥에 대해 설교한다고 믿음이 있는 설교자로 자부해서는 안 된다. 만일 지옥에 대한 설교가 지나치면 존

스토트가 지적한 대로 샤덴프로이데(Schadenfreude)—즉, 다른 사람들의 불행을 기뻐하는 것—가 될 수 있다. 지옥에 관한 설교를 아무리 잘한다고 하더라도, 성경의 근본 의도를 떠난 영적이지 않고 또한 균형잡히지도 않은 설교를 한다면, 그 설교는 잘못된 설교라고 말할 수밖에 없다. 또한 지옥이 빠진 복음은 복음이 아니다. 고로 설교자가 지옥 설교를 하지 않는다면, 그 설교자가 성경에 신실하였다고는 결코 말할 수 없다.

바울은 복음에 신실한 자였기에 지옥 설교를 하였다. 그는 그리스도의 죽음의 의미를 설명하였다. 그리스도의 죽음은 모든 사람들을 대신하여 죽는 죽음이었다(고후 5:14-15). 그 결과 하나님께서는 우리의 죄를 우리에게 돌리시지 않으셨고 우리와 화해하셨다(5:19). 하나님께서 그리스도의 죽음을 통하여 우리의 죄과를 우리에게 돌리시지 않았다는 사실을 우리가 깨닫게 되었다고 해서, 우리가 죄를 전혀 짓지 않게 되는 것은 아니다. 죄과를 우리에게 돌리지 않는 것은 이미 하나님의 아들 그리스도에게 인간의 죄과가 돌려졌다는 것을 의미한다. "하나님께서 우리를 위하여 죄 없으신 그리스도를 죄로 삼으셨다(5:21)." 간단하게 말해서 복음이란 그리스도가 우리의 죄를 대신 걸머졌고 심판을 당했고 죽었으며, 그 결과 우리는 그분의 의, 무죄 및 그분의 삶이 우리의 것이 되었다는 것이다.

그리스도를 죄로 삼았다는 것은 그리스도가 하나님의 의로운 심판을 받아서 지옥의 형벌을 받았다는 말이다. 신약 성경은(항상 구약 성경과 연관되어) 그리스도의 죽음을 이런 식으로 보았다. 그리스도의 죽음이라는 역사적 사실을 신약 성경은 제대로 해석하였다. 예수님께서 죽었다는 것은 역사적 사실이다. 그분의 죽음은 인간 대신에 죽은 죽음이고, 그 결과 하나님과 인간이 화해하였다는 것은 그분의 죽음에 대한 바른 해석이다. 그리스도의 죽음에 대한 이러한 바른 해석으로 인해 복음은 아직까지 그 효력을 잃지 않고 전 세상으로 퍼져나가고 있는 것이다.

우리를 대신하여 죄가 되신 그분이, 우리의 죄를 짊어지심으로 경험한 것은 무엇인가? 이 질문에 대답하기 위해 성경 해석학자들은 죄(하마르티아, hamartia)에 관한 해석에 매달렸다. 그리고 그 결과 성경 해석학자들은 자신의 죄에 대한 해석에 따라, 두 그룹으로 나뉘게 되었다. 죄를 삼았다는 표현은 그리스도가 '속죄제(sin offering, 속죄를 위한 희생제물; 역자 주)'가 되셨다는 뜻인가 아니면 예수 자체가 '죄'가 되었다는 뜻인가에 따라 두 그룹으로 갈라지게 된 것이다.[7]

후자를 지지하는 신학자들은 고린도후서 5장 21절에서 나오는 '의'와 대칭되는 것은 '죄'이지 '제사'가 아니라는 사실과, 동일 문맥(동일 절)에서 죄라는 단어가 두 번 나오는 데, 이 두 번에 걸쳐 표현된 죄라는 단어가 의미하는 바에는 서로 차이가 난다고 주장한다. 그럼에도, '죄를 삼았다'는 말은 그리스도께서 우리 대신 속죄제물이 되셨다는 말이다. 그리스도가 죽었다는 것은 그분이 하나님의 심판을 받았다는 것을 의미한다. 즉 이 말은 지옥의 저주를 그분께서 우리를 대신해서 받았다는 말이다.

(1) 그리스도께서 우리를 대신하셔서 저주가 되셨다. 하나님께서 그리스도를 죄로 삼으셨기에 그리스도께서 우리를 대신하여 저주받으셨고 그 결과 우리에게 신적 축복이 흘러들어오게 되었다. 바울은 이것과 관련하여 고린도후서 5장 21절에서처럼, 갈라디아서 3장 13절에서도, 그리스도께서 우리를 대신하여 저주를 받으셔서 그 결과로 우리가 그분이 받아야 할 축복을 받게 되었다고 명시하였다.

바울이 사용한 단어 속에 깊은 성경적 의미가 담겨져 있다. '저주'와 '축복'이란 단어가 성경에서 사용되었을 때에는 하나님과 인간 사이에 맺은 계약과 깊은 관련을 맺고 있다. 대표 인간 아담에게 축복을 주시겠다고 하나님께서 약속하셨는데, 그 약속의 축복이 죄로 말미암아 깨어져서 저주가 되었다(창 3:14, 17). 예수님께서는 그 저주를 다시 축복으로 돌이키셨다. 저주와 축복이란 단어는 모세와 하나님 사이의 계약을 맺는 장면에서도 나타난다. 믿음으로 희생 제물을 하나님께 바치면 즉, 죄를 저지른 자가 희생 제사를 하나님께 드리면, 죄를 저지른 자의 죄가 희생 제물에 전가

---

7) Ambrose, Augustine, Cyril of Alexandria, F. F. Bruce 및 R. P. Martin은 전자에 속하고, John Calvin, Philip Hughes 및 Paul Barnett자는 후자에 속한다.

되어, 죄인은 저주 대신 축복을 받게된다(참고: 신 27-30장). 이러한 희생의 제사를 통해 하나님의 저주 아래 있는 죄인들의 죄가 사해져 저주에서 풀려나는 것이다. 예수님께서 이런 제사의 희생양이 되셔서 저주받아, 십자가에서 죽으셨다.

    (2) 그리스도께서는 하나님의 진노의 잔을 마시셨다. 저주 받았다는 것은 하나님의 진노를 받았다는 말이다. 예수님께서는 인간이 되신 것은 두 번째 아담 즉, 마지막 아담이 되시기 위해서였다. 예수님께서 십자가에 달리심으로써 그것이 실현되었다. 공관복음에 기록되었듯이, 예수님의 고난에 가득 차신 말씀 속에는 잔에 대한 언급이 두 번나온다 -그 첫 번째 언급은 축복의 잔에 관한 언급인데, 이것은 예수님께서 최후의 만찬 시에 제자들에게 준 잔이다. 두 번째 언급은 저주의 잔에 관한 언급으로, 이것은 예수님께서 겟세마네 동산에서 아버지로부터 받은 저주의 잔이다(마 26:17-46; 막 14:12-52, 눅 22:1-53). 예수님께서 말씀하신 '이 잔(막 14:36)'은 어쩌다가 예수님에게 걸려든 잔이 아니라, 선지자들이 이미 구약 성경을 통해 예수가 마실 것이라고 예언한 잔이다.

    깨어라, 깨어라, 일어나거라, 예루살렘아 !
    너, 주의 손에서 그 진노의 잔을 받아 마신 예루살렘아 !
    비틀거리게 하는 잔을,
    네가 바닥까지 다 들이마셨다….
    내가 너의 손에서
    비틀거리게 하는 그 잔,
    곧 나의 진노의 잔을 거두었으니,
    다시는 네가 그것을 마시지 않을 것이다.
    이제 내가 그 잔을 너를 괴롭힌 자들의 손에 쥐어 주겠다.
    그들이 바로 너에게
    '엎드려라 우리는 딛고 건너 가겠다' 하고 말한 자들이다.

그리고 너는 그것더러 지나가라고 땅바닥에 엎드려서
그들이 너의 발등을 밟고 다니게 하였다.
(사 51:17, 22-23, 표준 새번역)[8]

(3) 주님께서 십자가에서 하나님의 거룩한 진노를 견뎌냈다는 사실은 신약 성경의 그 어디에서도 직접 언급되지는 않았지만, 예수님께서 겟세마네에서 하신 기도와 구약 성경에 나오는 선지자들의 예언으로 미뤄볼 때 분명한 사실이다.

예수님께서 십자가에 달리신 최후 3시간 동안 하늘과 땅이 깜깜해졌다고 성경에 기록되어있다. 이것은 예수님께서 '바깥 어두운 곳으로 들어 가셨다는 것'을 상징한다. 예수님께서 "나무에 달려 우리의 죄를 자신의 육체에 짊어지셨다."(벧후 2:24)는 말은, 그분께서 '치욕(disgrace)'을 당해, '치욕을 짊어지고 영문 밖으로 나가셨다'는 말이다(히 13:1-13). 속죄일에 예수님께서는 인간의 모든 죄를 짊어지시고, 우리의 속죄 양(속죄 염소, scapegoat)이 되셔서 홀로 '영문 밖(진 밖, outside the camp)' 광야로 내몰림을 당하셨다(레 16:6-10, 20-22). 즉 예수님께서는 십자가 위에서 하나님과 인간의 철저한 거절을 받았다. 그러기에 그분께서는 "나의 하나님, 나의 하나님, 왜 나를 버리셨습니까?"라고 울부짖으셨다. 이러한 주님의 부르짖음은 바로 바깥 어둠에서의 부르짖음이다.

성경에서 어둠(흑암)이란 피조물이 받아야하는 축복이 저주로 바뀌는 혼돈의 장소를 뜻한다. 어둠은 형태도 없는 빈 것으로, 토후 와보후(tohu wabohu)라고 하며, 하나님의 빛으로 채워져야만 형태를 가지게 되는 것이다(창 1:2-5). 하나님께서 아브라함과 계약을 맺기 위해서 각을 뜬(즉, 쪼개짐을 당한) 희생 동물의 사체 사이로 빛이 되어 지나가시기 위해 빛으로 나타나셨을 때, 주위는 온통 어둠이었다. 이와 마찬가지로 하나님께서는 쪼개진 예수 그리스도 사이(예수의 찢어진 육체의 죽음 사이)로 지나가심

---

8) 참고: 렘 25:15, 17; 겔 23:31-33; 합 2:16.

으로, 인간과의 계약을 성사시키셨다. 고로 이때 예수님께서 매달려있는 십자가 주위는 온통 어둠이어야만 하였다. 이때 각을 뜬 동물 대신에 하나님 자신이 인간이 되어 스스로 각 뜨임을 당하심으로, 하나님과 인간 사이의 계약이 파괴된 책임을 하나님 스스로가 지셨고, 이를 통해 하나님과 우리 사이에 다시는 깨어질 수 없는 영원히 유효한 재계약이 맺어진 것이다.

　출애굽 사건에서도 어둠이 예표되었는데, 그 어둠은 바로 죽음의 천사가 양의 피를 문설주에 바르지 않은 집안에 들어가 그 집안의 장자(큰 아들)를 죽일 때, 죽음의 천사로 인해 임한 어둠이다. 여기서 하나님과 인간과의 계약은 양의 피를 문설주에 바르면 하나님께서 장자를 죽이지 않겠다는 계약(약속)이었다. 유월절 어린 양이신 예수 그리스도께서 로마의 교수대에서 희생양이 되셔서 피 흘리는 죽임을 당하셨다(고전 5:7). 그리고 예수께서 피 흘려 죽임을 당하시는 바로 그 시각에 죽음의 천사가 내려왔기에 주위가 어두워졌다. 이 때가 제 육시 쯤(낮 12시)쯤 되었다. 제 육시에 어둠이 내려와 제 구시까지 온 땅을 덮었다. 제 구시에 예수님께서 큰 소리로, '엘리 엘리 라마 사박다니?(Eloi, Eloi, lama sabachthani?)' 라고 외치셨다.

　주님께서는 철저하게 하나님으로부터 저주(버림)받으신 것이다. 주님께서는 저주받으셔서, 상상도 할 수 없는 곳으로 가셨다. 그곳은 하나님의 계약의 효력이 더 이상 미칠 수 없는 먼 곳이요, 그곳에서 저주 받은 자 스스로의 힘으로는 다시는 빠져나올 수 없는 타락과 혼동의 곳이며, 측량할 수 없이 깊은 멸망의 곳이다. 이러한 곳으로 갈 것을 미리 아신 예수님께서는 겟세마네 동산에서 너무도 힘들고 곤혹스러우셔서 "나의 영혼이 슬픔으로 인하여 곧 죽을 것 같이 느껴진다"(막 14:33-34)고 토로하셨다. 예수님의 이 말씀 속에서 우리는 예수님께서 마음의 눌림, 정신의 아득함, 견딜 수 없을 정도의 안식 없음과 인간으로선 더 건딜 수 없을 정도의 충격으로 인해 혼동 속에 계셨음을 감지할 수 있다.

　마가는 이것을 아데모네오(ademoneo)라는 동사로 표현하였는데, 이는 집으로부터 멀리 떠났다는 말이다. 그렇다. 예수님께서는 십자가 위에 달리셨을 때, 하나님과의 단절을 경험하고, 멀리 있는 고향에 계신 거룩하신 그의 아버지의 집으로 가고 싶어 향수병의 최고점에 달하셨다. 하나님께서는 자신의 자녀들인 믿는 자들을 향하여, "내가 너를 절대로 떠나지 아니 하고, 버리지도 아니하리라"(히 13:5)라고 약속하시기 위해 자신의 아들 예수를 버리셨다. 하나님의 이러한 약속에 대해 셀라스 스픽끄(Celas Spicq)는 이렇게 말하였다.

> 주님께서는 내가 너희를 떠나지 않겠다고 무려 다섯 번이나 연속해서 말씀하셨다…. 이것은 하나님께서 얼마나 우리를 도와주시겠다고 하시는 것인지를 잘 말해주고 있다. "절대로, 절대로, 절대로, 그 어떤 상황에서도, 하나님께서 실패하시는 법은 없다…." 하나님께서는 우리의 절대적인 섭리자이시다. 이스라엘의 믿음을 가진 자에게 가장 필요한 것은 바로 절대적 섭리자이신 하나님께서 절대로 자기를 떠나지 않을 것이라는 것에 대한 믿음이다.[9]

예수님은(하나님이 우리를 떠나지 않도록 하시기 위해) 십자가 위에서 다음과 같은 모든 지옥의 요소들을 체험하셨다. 어둠, 고통, 단절, 죄를 짊어지심, 하나님의 심판, 저주, 버림받음, 완전한 흑암, 하나님으로부터의 분리. 만일 우리가 지옥을 느끼기 원한다면, 십자가를 생각해보면 된다. 십자가에는 지옥에 관한 모든 것들이 있다.

어떤 사람들은 한 사람의 희생적인 죽음이 어떻게 많은 사람의 죄를 사하여줄 수 있는지와 예수님의 하루 고통이 어떻게 전 인류의 영원한 고통을 무를 수 있는지에 대해 의문을 제기하였다. 이러한 의아 점들을 풀기 위해 신학자들은 그동안 많은 애들을 써왔다. 전통적인 기독교의 견해는 다음과 같다. 그리스도가 많은 사람의 죄를 대신하여 죽을 수 있고, 그들의 영원한 저주를 감당할 수 있는 이유는 그가 인간들의 대표인 마지막 아담

---

9) Ceslas Spicq, The Theological Lexicon of the New Testament, trans. and ed. J. D. Ernest(Peabody, Mass.: Hendrickson, 1994), 1: 400-401.

이기 때문이다. 뿐만 아니라 그는 하나님의 아들이다. 영원한 존재에 대항한 죄에 대한 마땅한 처벌은 영원히 벌받는 것이다. 영원한 존재인 그리스도는 영원한 처벌을 감당할 수 있고, 인간에 대한 영원한 처벌이 영원한 존재인 그리스도에 의해 죽은 지 삼일 째 되는 날 다 소진되었기에, 그리스도는 새로운 차원의 마지막 사람(new order of the Last Man)으로 다시 살아난 것이다.

구원의 본질이 아닌 것으로 보일 수도 있는 지옥 문제가 그토록 중요한 이유는 무엇일까? 왜냐하면 지옥은 실체이고, 예수님께서 그 지옥을 스스로 경험하심으로, 우리가 구원받을 수 있는 구원의 문이 우리에게 활짝 열려졌기 때문이다. 또한, 지옥은 정말로 무서운 곳이기 때문이며, 더군다나 우리는 하나님의 섭리에 의해 지옥에 가는 것이 면해지게 되었기 때문이다. 고로 복음 설교에는 반드시 지옥 설교가 포함되어야 한다. 우리가 정녕 그리스도의 죽음의 의미를 정확히 이해하고 있다면, 우리는 사도들이 그러했던 것처럼, 우리도 우리의 설교에 지옥에 관한 설교를 반드시 포함시켜야한다. 바울처럼 그리스도의 사랑에 사로잡힌바 된 자들에게는 다음의 요소들도 당연히 같이 갖고 있게 된다.

(a) 용기와 헌신: "우리가 정신이 나간 것은 하나님을 위해 나간 것이고, 우리가 정신이 온전한 것은 너희들을 위하여 온전한 것이다(고후 5:13)." 우리가 자신을 괴롭게 함으로 희열을 느끼는 피학대 음란증에 걸린 환자거나 악인의 파멸을 보며 즐기는 정신이 나간 사람들이 결코 아니다. 그러나 이와는 반대로, 우리는 그리스도의 영성(눅 19:41)과 상응한 영성을 가지고 있지 않다. 따라서 우리가 지옥에 대해 설교하기란 결코 쉽지 않다. 지옥 설교를 하려면 용기가 있어야 한다.

설교할 때 지옥에 대한 이야기를 슬쩍 비추기만 해도 교인들로부터 편협한 설교자라는 비난을 얻게 될 수도 있다. 따라서 지옥 설교를 제대로 하려면 큰 용기가 필요하다. 또한 이에 덧붙여 헌신도 필요하다. 지옥 설교를 제대로 하려면 그리스도를 위해 살고자 하는 열망이 가득해야 한다(고후 5:15). 우리는 많은 사람이 그리스도에게 돌아오는 것을 보고 싶은 열망을 갖고 있다. 많은 불신자들이 그리스도를 영접하는 것을 목격하기 위해, 우리는 우리의 안전과 인기를 포기하는 삶을 살아야만 한다. 그럴 때에야 비로소 우리는 지옥 설교를 제대로 할 수 있다. 지옥 설교를 하면 사람들이 싫어할 수도 있다는 사실을 각오하고 설교해야한다(그러나 놀랍게도 제대로 지옥 설교를 하면 사람들이 고마움을 표시한다.) 바울은 이런 사실을 잘 알고 있었기에, "내가 정신이 나갔다고 하더라도…."라는 표현을 한 것이다. 즉, 바울은 사람들에게 '정신 나갔다' 라는 말을 들었던 것이다. 그러나 바울 자신은 자신의 설교를 들은 사람들이 그리스도에게 돌아올 것이라는 신념을 가지고, 그 사람들을 위해 지옥 설교를 담대하게 한 것이므로, 바울은 자신이 정신이 온전한 사람이라는 사실을 잘 알고 있었다.

(b) 바른 성경적인 관점: "이제부터 우리는 그 어떤 누구라도 세상 관점에서 보지 않는다(고후 5:16)." 바울은 고린도후서 전체를 통하여 복음으로 인해 인생 전체를 바로 보게 되었다는 사실을 누누이 강조하였다. "우리는 보이는 것이 아닌, 보이지 않는 것에 우리의 눈을 고정시킨다. 이는 보이는 것은 잠깐이고 보이지 않는 것은 영원하기 때문이다."(고후 4:18) 죄가 가득한 인간일수록 망원경을 거꾸로 놓고 인생을 본다. 그들에게 인생은 길게 보이고, 영원은 짧게 보인다. 이 세상에서의 삶은 크게 보이고, 사후의 삶은 작게 보인다. 이 세상은 실체로 보이고, 올 세상은 허상으로 보인다. 이렇게 잘못 보며 사는 것을 성경은 카타 프뉴마(kata pneuma, '성령을 따라'; 롬 8:4)의 삶이 아닌, 카타 사르카(kata sarka, '죄된 성향을 따라')의 삶이 라고 하였다. 그러나 눈이 열린 그리스도인들은 눈을 그리스도에게, 영원한 것에 고정하고 이 세상을 살아나간다.

그리스도인이란 최종 종착역을 환히 보며 그 종착역을 향해 삶을 살아가는 존재이며, 모든 사람을 하나님의 시각에서 보고 살아가는 존재이다. 젊은 시절 삶을 마친 로버트 머레이 멕체이니(Robert Murray M'Cheyne)가 죽음에 임박한 1843년 다음과 같이 말하였다. "나는 어느 날 들판을 거닐고 있었다. 그때 말로 형언할 수 없는 능력이 나를 덮쳤다. 그러나 나는 나의 양들이 이제 곧 하늘나라에 가거나 지옥에 있게 될 것이라는 생각이 들었다. 나에게 천둥과 같은 소리를 낼 수 있는 혀가 있다면 얼마나 좋을까. 나는 모두가 들을 수 있는 큰 소리로, 만나는 사람마다 '살려면 빨리 피하십시오' 라고 외치고 싶다."[10)]

우리가 만나는 수많은 사람 뒤에 심판의 그림자가 기다리고 서있다. 그러나 그들은 그 그림자를 보지 못한다. 아마 그들은 평생 자신의 뒤에 심판의 그림자가 서있다는 사실을 부인하고 살아왔거나, 심판의 그림자를 피해보겠다며 살아왔을 것이다. 그러나 어느 날 심판이 있을 것이고, 그날 그들에게 유죄 판결이 내려질 것이다.

이런 사실을 우리가 정녕알고 있을 진대, 성경에 나온 지옥 서술이 진리임을 알고 있을 진대, 우리는 어떻게 겁쟁이처럼 가만히 앉아 있을 수만 있겠는가?

(c) 소명에 대한 자각: "하나님께서는 그리스도를 내세우셔서 우리를 자기와 화해하게 하시고 또 우리에게 화해의 직분을 맡겨 주셨습니다…. 곧 하나님께서…. 세상을 그리스도 안에서 자기와 화해하게 하신 것입니다. 그러므로 우리는 그리스도의 사절입니다. 하나님께서는 우리를 시켜서 여러분에게 권면하십니다…. 여러분은 하나님과 화해하십시오."(고후 5:18-20, 표준 새번역).

그리스도인 설교자는 그 자신이 미래의 심판에서부터 구원받은 자이기에, 빚진 자이다. 그는 또한 화해의 메시지를 전하여야하는 청지기이다. 그는 주님에 의해 시여받은 자료들의 가치를 감소시킴 없이, 그 자료들을 잘 이용하여 사람들을 변화시켜야한다. 설교자는 주인되시는 분을 대표하여 주인의 메시지를 신실하게 전해야하는 대사(사절)이다. 설교자는 하나님께서 자신에게 사명을 맡기신 것에 감격하여 하나님의 능력에 사로잡혀 어둠으로 향하는 사람들을 구해 낼 책임을 져야할 사람들이다.

따라서 설교자는 '나는 지옥 설교를 할 수 있을 만한 설교자가 아니다' 라고 말한 다든가 '그런 설교를 하면 교인들이 싫어한다' 라고 변명한

---

10) Andrew A. Bonar, ed., Robert Murray M'Cheyne: Memoirs and Remains(London: Banner of Truth, 1966), 148.

다던지 '우리 시대에 그런 설교하면 한 사람도 구원시키지 못 한다' 라는 등의 말을 하지 않아야한다. 우리가 정녕 사람들을 죽음에서 건져내길 원한다면 사람들의 비판에 신경 쓰지도 말고, 자기 안락을 위한 그 어떤 변명의 말도 하지도 말자. 우리가 하나님의 최후 심판에 관한 것을 알게 되면 알수록, 우리는 현실에 안주하기 보다는 자신을 채찍질하며, 잃어버린 영혼을 구하기 위해 더욱더 매진하여야 한다.

존 블란카드(John Blanchard)는 그의 저서 '지옥에서 어떤 일이 일어나는가?(Whatever Happened to Hell?)' 에서 영국 런던의 진한 안개가 낀 어느 날 수많은 차들이 정체되었던 장면에 대해 다음과 같이 기록하였다.

> 경고등이 들어왔지만 대부분의 운전자들은 그 경고등을 무시하였다. 새벽 6시 15분에 거대한 종이 뭉치를 싣고 달리던 화물차가 사고를 냈고, 그로부터 채 몇 분도 되지 않아 도로여기 저기에 사람들이 나둥그러져 있었다. 수십 대의 차가 충돌하여 찌부러졌고 10명이 사망하였다. 한대의 경찰차가 현장에 곧 도착하였고, 두 명의 경관은 다가오고 있는 차를 세우느라고 분주하였다. 그 경찰관들은 손을 저으며 달려오는 차들에게 서라고 큰 소리로 외쳤지만, 대부분의 운전자들은 곧 닥칠 불행을 전혀 눈치 채지 못하고 계속 달려왔다. 그러자 다급해진 경찰관은 주차 정지 표지판을 손에 들고 다가오는 차들의 유리창을 힘껏 치며 위험을 알렸다. 그 장소에 있었던 한 목격자는, 사고가 나고 있는 지도 모르고 주행하던 차들이 앞차와 추돌하는 소리가 계속적으로 경찰관의 귀에 들리자, 경찰관의 눈에는 눈물이 주르르 흘러내리고 있었노라고 전해주었다.[11]

경찰관이 이 정도로 슬퍼하고 애쓴다면, 장차 지옥 갈 사람들을 줄줄이 보고 있는 우리의 심정과 태도는 어떠해야만 하겠는가? 로버트 멕체이니가 어느 월요일에 절친한 친구 엔드류 보나(Andrew Bonar)를 만나서 전날 무엇에 대해 설교했느냐고 물었다. 그러자 친구는 지옥에 대해 설교했

---

11) John Blanchard, Whatever Happened to Hell?(Durham, England: Evangelical Press, 1993), 297.

다고 대답하였다. 그러자 멕체이니는 친구 보나에게 "당신은 울면서 설교 했습니까?"라고 다시 물었다. 만일 우리 자신이 하나님의 크나큰 진노로부터 구원받았다는 사실을 확실히 알지 못한다면, 하나님의 심판이 얼마나 무서운 것인지를 알지 못한다면, 그리스도를 통해 하나님께서 우리에게 시여해주신 은혜가 얼마나 대단한 것이지를 알지 못한다면, 처음엔 구원해주시기 위해 오셨지만 장차는 심판하시기 위해 오실 예수님을 믿는 모든 자들에게 구원이 주어지게 된다는 이 놀라운 소식을 전하라고 우리를 불러주신 소명이 얼마나 큰지를 알지 못한다면, 우리는 지옥 설교를 울면서는 할 수 없을 것이다.

우리는 주 예수님을 대신하여 설교하라고 부름을 받은 설교자들이다. 따라서 우리는 성경 해석에 있어서 한 쪽으로 치우침이 없이, 그리스도를 항상 중심에 두고, 그리스도의 심판대 앞에 서게 될 사람들을 불쌍히 여기는 마음을 갖고, 장차 주어질 영광을 바라보며, 그 어떤 어려움도 이겨낼 각오를 갖고, 사랑과 긍휼을 갖고, 우리 주 하나님의 복음을 수호하고 찬미하는 열정을 갖고 설교하여야한다.

질문들

우리가 이와 같은 신실한 마음을 갖고 심판과 지옥에 관한 설교를 한다고 하더라도, 그 설교를 듣는 사람들의 마음속에는 여러 가지 의문점들이 떠오르게 될 것이다. 그 의문점들 중에 가장 대표적인 의문점 네 가지만 언급해 보자.

(1) 하나님께서 지옥을 만든 것은 정당한 조치인가? 이 질문은 곧 하나님께서는 공정한 분이신가라는 질문과 동일한 질문이다. 불신자들의 대부분은 "난 지옥 갈만한 죄를 저지르지 않았다."라고 말할 것이다. 그러나 바울이 언급하였듯이 그 어떤 불신자라고 할지라도 예외 없이, 그들은 자신

들이 저지른 죄에 대해 벌을 받아야한다(롬 1:32).

하나님은 공평하신 재판관이시다. 우리는 그러한 사실에 대해 조금도 의심하지 않는다. 그럼에도 우리는 아무리 이 세상에서 큰 죄를 지었다고 하더라도 영원히 지옥에서 고통받아야 한다고 규정한 정통 기독교의 지옥 교리는 좀 심한 교리가 아닌가라고 생각할 수도 있다. 실제로 복음주의자들 중에 어떤 사람들은 영혼소멸론을 믿는데, 이들은 지옥이 영원한 형벌의 장소라는 사실을 받아들이지 않는 자들이다. 그들은 하나님께 죄를 범했다고 하더라도, 한시적으로 지은 죄에 대해 영원한 처벌이 내려진다는 것은 형평성의 원칙에 어긋나는 처사라고 생각한다.

어떻게 일생이라는 기간에만 지은 죄에 대해 영원한 형벌이 가해질 수 있을까? 죄의 경중은 죄 짓는 자가 누구냐에 따라 결정되는 것이 아니라, 피해자가 누구냐에 따라 결정된다. 인간의 죄의 대상은 무한하시고 영원하신 좋으신 하나님이시다. 영원한 존재에게 가해진 죄에는 영원한 형벌이 주어져야 정당하다.

그러나 여기서 우리는 신자들의 죄는 이미 종결되었지만, 불신자들의 죄는 영속된다는 점을 주시할 필요가 있다. 요한계시록 22장 11절에는 "불의를 행하는 자는 계속해서 불의를 행하도록 내버려두고, 악을 행하는 자는 악을 행하도록 내버려두어라."라는 말이 기록되어있다. 하나님의 심판 후에도 악인들은 회개하기를 거부한다(계 16:8-11). 고로 바깥 어두운 곳으로 보내진 악인들은 그곳에서도 회개하지 않는다. 하나님에 대한 반항은 지옥에서도 계속된다. 따라서 그들이 지옥에서 지은 하나님을 거절하는 죄는 계속 불어나기에 지옥에서의 처벌은 계속 증가된다. 이 세상에서도 죄를 계속 더 지어가는 자에게는 형량이 증가되듯이, 이러한 법칙은 올 세상에서도 통한다. 우리는 최후의 심판을 받은 자가 회개하지 않는 것에 대해 어떻게 그런 것이 가능할까 라는 의문을 품을 수도 있다. 그러나 죄인이 회개하기 힘들다는 것은 이 세상에서도 이미 잘 증명되고 있다. 더군다나 성경이 그렇다고 또한 증명해주고 있다. 따라서 우리는 이러한 사실에 대해 의문을 품어서는 안 된다.

(2) 복음을 한 번도 들어보지 못하고 죽은 자들은 어떻게 되는가? 그들이 사후에도 구원받을 조치가 되어있는가? 신학자들은 이에 대한 대답을 놓고 두 진영으로 나뉜다. 그들의 견해와 논쟁이 무엇이건, 어찌됐건 우리는 성경을 기준으로만 놓고 판단을 내려야 한다.

　거의 완벽한 정통 교리의 집약서로 잘 알려진 웨스트민스터 신앙 고백서(Westminster Confession of Faith)에 보면, 하나님께서는 아마도(may and does) 그 어떤 이유로 해서 복음을 한 번도 들을 수 없었기 때문에 예수를 믿을 수 없었던 사람들을 사후에라도 구원을 하시는 것으로 나와 있다. 물론 이 웨스터민스터 신앙 고백서에는 개인이 의식적 의도적으로 믿음을 행사해야 구원받는 것이 원칙이라고 기록하였다.[12] 그렇기는 하지만 이 신앙 고백서에는, 태어나서 곧 죽은 유아들 중에서, 창세전에 하나님에 의해 구원받기로 예정된 유아들은 성령을 통하여 사후에라도 그분이 그분의 때와 방법으로 구원하시며, 하나님께서 선택하시기로 예정하셨지만 복음을 듣지 못해 죽은 자들도 그분께서 사후에라도 구원하신다고 나와 있다.

　그러나 고백서의 말미에 복음을 듣지 못하고 죽은 사람이란 선천적인 장애로 인해 복음을 들을 수 없었기에 복음에 반응할 수 없었던 사람이라는 단서를 달았다. 그런 사람들 가운데서 하나님께서 구원하시기로 예정한 사람들은 반드시 구원한다는 것이다.

　구약의 사람들도(복음 없이도) 일부는 구원을 받았듯이, 위의 사실이 정말이라면, 설사 평생 동안 한 번도 복음을 들을 기회가 없었던 사람들도 하나님께서 선택하신 사람이라면, 하나님께서 어떠한 방법으로라도 사후에 구원하실 것이라는 말이 된다.

　이 문제에 대해 올바른 답을 찾기 위해 우리는 성경으로 돌아가야 한다. 웨스터 민스터 신앙 고백은 단지 유아로 죽었다는 이유와 단지 신체장애로 인해 복음을 듣기가 불가능한 상태로 살다가 죽었다는 이유만으로 다 구원받는 것은 아니라는 사실을 분명한 전제 조건으로 깔아놓았다. 그

---

12) Westminster Confession of Faith, 10.4.

러나 그렇다고 해서 그런 사람들이 전혀 구원을 받지 못하게 되는 것도 아니라고 또한 명시하였다. 그래서 정상인들이 성령을 통해 그리스도 안에서 거듭나듯이, 어렸을 때 죽은 유아들이나, 구원의 복음을 듣기가 신체적으로 불가능 하였던 장애자로 죽은 자들 중 일부는 구원을 받게 될 것이라는 것이다. 그러나 유아 때 죽거나 신체장애로 죽은 자는 세상의 정상인들이 복음을 들을 후 구원을 받아들이는 식과 동일한 식으로는 구원되지 않을 것이라고 생각하였다(비교: 벧전 1:23). 뮤타티스 뮤탄디스(mutasis mutandis)[13] 이기는 하지만, 복음을 듣지 못하고 죽은 정상인도 하나님에 의해 선택된 자라면 어떻게 해서든지 구원받게 될 것이라고 생각하는 사람들이 교회 역사를 통해 꾸준히 나타나게 되었다. 가령 18세기에 활동하였던 요한 웨슬레(John Wesley), 19세기에 활동하였던 더블유 지 티 쉐드(W. G. T. Shedd), 그리고 20세기에 활동하였던 디 마틴 로이드-존스(D. Martyn Lloyd-Jones)같은 사람들이 대표적인 예이다.

 그러나 우리는 성경을 잘 이해하고 있는 한, 복음을 듣지 못해도 구원을 받는다는 이러한 주장은 성경을 떠난 억측에 불과하다는 사실을 알게 된다. 하나님께서 어떤 일을 행하실 때 반드시 우리에게 고지하시고 행하시는 것이 사실이다. 그러나 한편 이 반대도 성립한다. 즉, 하나님께서는 우리에게 어떤 일을 행하실 때, 우리에게 미리 알려주시지 않으시고 행하시기도 한다. 이제 로마서 1장 18절-3장 20절으로 다시 돌아가 보자. 여기에서 바울은 모든 인간은 하나님 앞에서 죄인이기 때문에, 마지막 심판 때에 예수를 영접하지 않은 사람들은 모두가 유죄 판결을 받아 형벌에 처해져야 한다는 사실을 명확하게 전하고 있다. 그런 이유에서, 복음을 듣고 예수를 영접한 자들은 다른 사람들에게 복음을 전해야 할 복음의 빚진 자가 된다. 우리는 그리스도를 개인적으로 영접하지 않고도 구원을 받을 방법이 있다는 잘못된 가르침의 유혹에 넘어가서는 안 된다. 이것에 대해 바울은 로마서 10장 13-15절에서 너무도 확실하게 이렇게 말하였다. " '예수님

---

13) 이 말은 유아로 죽은 어린아이와 복음을 한 번도 듣지 못하고 죽은 정상인의 사후 구원은 구별되어야 한다는 말이다.

의 이름을 부르는 자는 누구든지 구원을 얻게 된다.' 그렇다면, 믿지도 않은 자의 이름을 어떻게 부를 수 있겠는가? 한 번도 들어보지 못한 자들을 어떻게 믿을 수 있겠는가? 전하지 않았는데 어떻게 들을 수 있겠는가?'

이러한 사실을 믿을 진대 우리는 모든 사람들이 다 복음을 듣도록 하기위해 선교사업에 최후까지 매진함으로써, 천국과 지옥의 인구밀도를 바꾸어 놓아야 한다.

(3) 불신자의 장례식을 인도한다면 그의 가족들에게 뭐라고 말해야하나? 이 질문은 민감한 질문이다. 모든 목사들이 다 불신자의 장례식을 인도해 달라는 요청을 받는 것은 아니다. 그러나 지역 교회를 담임하고 있다 보면 지역 내 주민이나 교인의 지인들 및 가족들과 관련된 불신자의 장례식을 인도해야 하는 경우가 종종 발생하기도 한다.

이 질문과 관련하여 몇 가지 점들을 밝히고자 한다. 먼저, 목회자가 모든 사람의 영적인 상태에 대해 다 알고 있거나, 모든 사람의 신앙 상태에 대해 오류없이 평가할 수 있는 전지한 능력을 소유하고 있지는 못하다. 그리고 불신자의 장례식에서, 설교자는 죽은 자에게 말하는 것이 아니라 살아있는 자들에게 말씀을 전하는 것이다. 그리스도는 모든 자들의 구원자이시기에, 누구든지 그분에게 오면 구원을 받는다.

우리는 상을 당한 가족들에게 거짓 희망을 주어서는 안될 것이다. 그러나 우리는 사역자로서 예수 그리스도를 통해 줄 수 있는 위로의 복음을 전해주어야 한다. 물론 우리가 위로의 복음을 전한다고 해서 그들이 받아야할 가족을 잃은 슬픔에 대한 위로를 충분히 받게 되는 것도 아니고, 불신자로 죽은 자가 천국 가는 것도 아니다. 그러나 구원자이신 그리스도께서는 상한 갈대를 꺾지 아니하시고 꺼져가는 등불을 끄지 아니하시는 분이라는(사 42:3; 참고: 마 12:17-21) 사실을 우리는 상을 당한 가족들에게 꼭 주지시켜 주어야 한다.

그리고 우리는 어떻게 해서든 슬퍼하는 유족들에게 복음이 심어지도록 하여야 한다. 예수님께서는 자기에게 대적하는 종교성만 가득한 위선자들을 향해, 지옥에 대해 기탄없이 설교함으로 그들에게 경종을 울리셨다.

우리는 장례식에 참석한 사람들에 대해 인생 절대 절명의 문제에 직면하도록 할 수 있는 권한을 가진 설교자들이다. 우리는 개인 각자의 운명에 대해 말할 수 없을지는 몰라도 만유의 심판자에 대해서 그리고 그분이 펼치실 정의로운 심판에 대해서는 전할 수 있어야 한다. 또한 우리는 성경이 말하고 있는 영원한 종착역과 무서운 심판에 대해 장례식에 참석한 사람들에게 전할 때에, 비록 부드러운 목소리로 전한다고 할지라도, 반드시 확신에 차서, "하나님의 진노의 심판을 피하십시오."라고 힘주어 말해주어야 한다.

(4) 내가 천국 간다고 해도, 사랑하던 사람이 지옥에서 고통받고 있다는 사실을 알면서 어떻게 천국에서 가만히 있을 수 있겠는가? 정통 기독교에서는 어거스틴 이후로 이러한 질문에 대한 해답을 획득하여왔다. 요한계시록에는 바벨론의 멸망에 대해 성도들이 거룩한 기쁨을 표출하는 것으로 기록되어있다. 요한계시록에서 잘 알 수 있듯이, 하나님께서 악인들을 파멸시키는 것에 대해서 신자들이 매우 기뻐한다. 이때 나타나는 하나님의 영광은 너무도 엄청난 것이어서, 지금 현재 우리가 느끼는 생각과 감정을 미래에 느낄 우리의 느낌과 생각에 그대로 적용하는 것은 문제가 있다.

왜 우리가 악인의 멸망을 기뻐하고, 악인의 멸망에 대해 천국에 있는 우리가 왜 전혀 마음 아파 하지 않는 지에 대해 성경은 말해주고 있지 않다. 우리는 지금 천국에 대해 온전한 이해를 하고 있다고 확신해서는 안 된다. 현재 우리가 풀 수 없는 문제를 우리의 힘으로 억지로 풀려고 하지 말고, 문제를 있는 그대로 놔두며 살아가는 지혜가 필요하다. 하나님의 깊이와 넓이는 너무도 방대하여 우리 인간의 좁은 생각으로 그것들을 다 측량하고 이해할 수는 없다. 만일 우리가 의로우신 하나님의 영광을 주목하면 할수록, 그리고 어린 양의 희생을 통해 우리에게 실현될 하나님의 지혜에 놀라워하면 할수록 우리는 이 질문에 대한 대답이 무엇인지를 점점 더 잘 알게 될 것이다.

지옥은 세상 종말에 펼쳐지는 바깥 어둔 곳이고, 블랙홀과 같이 밀도가 높은 곳이며, 우주의 쓰레기처리장과 같은 곳이다. 이 세상 누구도 이 지옥에 대해 오랫동안 생각할 수는 없을 만치, 그토록 지옥은 끔찍한 곳이다. 지옥에 대해 정확하게 알고 있는 사람은 아무도 없다. 성경의 표현도 단지 수사적인 표현일 뿐이다. 지옥에 대해 온전한 지식을 갖고 있는 사람은 아무도 없다. 단지 우리가 완전한 사람이시면서 구속자이시요 또한 심판자이신 구원자 그리스도 안에 있을 때에만, 우리는 온전하게 된다. 구원자께서 말씀하신 한도 내에서만 바깥 영원한 어둠에 대해 이해를 하고 있어야지, 이 한도의 경계를 넘어서 이해하려고 해서는 안 된다. 언제나 그분에게만 신실하면 되는 것이다.

결론

크리스토퍼 W. 모간 & 로버트 A. 피터슨
(Christopher W. Morgan & Robert A. Peterson)

복음주의자들의 생각이 어떻건 상관없이 지옥은 존재하며 지금도 불타고 있다. 하나님께서 그리스도를 받아들이지 않는 모든 자들을 지옥으로 보내 영원히 형벌받게 하신다는 바른 가르침은 시대의 조류를 타지 않아야 한다. 많은 사람이 지옥에 대한 기독교의 전통적 가르침을 무시하려하고 있다. 오늘날 포스트모던(postmodern)시대를 살아가는 현대인들은 이러한 지옥 교리를 거부하고 있다. 오늘날의 거의 모든 문화권들의 사람들이 지옥을 거부한다는 사실이 시사해주고 있는 바는 결코 무시할 수 없다. 하나님의 사랑과 하나님의 정의는 깊은 관련을 맺고 있기 때문에 하나님의 사랑을 감정의 차원에서 해석해서는 안 된다. 인간은 타락하였고 악한 존재이다. 이런 인간이 살 수 있는 유일한 방법은 예수님을 선택하는 것이다. 그래서 하나님의 용서를 받는 것이다. 인간으로서의 나의 죄를 예수님에게 전가시키든지, 아니면 그대로 죄를 갖고 지옥가든지, 이 둘 중에 하나를 선택해야 한다.

많은 사람이 오늘날 지옥에 대해 말하는 것을 꺼리고 있다. 이런 상황에서 우리는 그리스도인으로서 어떻게 해야 하는가? 지옥에 대해 입을 꾹 다물고 살아야하나? 절대로 그래서는 안 된다. 하나님의 말씀은 지옥이 실체라고 분명히 말해주고 있다. 신약 성경의 모든 저자가 악인들에게 가해질 미래의 심판에 대해 이야기하였다. 우리 주 예수님께서도 지옥이 있다고 분명히 말씀하셨다. 토마스 아퀴나스(Thomas Aquinas)와 조나단 에드워즈(Jonatha Edards)가 지옥에 대해 매우 생생하게 전하였긴 하지만, 예수님의 지옥 설교와는 감히 비교될 수 없다. 성경이 너무도 확실하게 전하고 있고, 예수님께서 힘주어 강조하신 지옥을 주님을 믿는 우리 그리스도인들이 무시하고 거절한다는 것은 뭔가가 잘못된 것이다.

성경적 세계관에서 지옥이 차지하고 있는 부분은 매우 중대하기 때문에, 그리스도인들은 지옥의 성경적 가르침을 수용하고 또한 전해야 한다. 물론 지옥 교리에 대한 이해에 따라 교회의 존폐가 결정되는 것은 아니다. 그러나 지옥 교리와 하나님, 죄 및 구속의 교리들과는 서로 밀접한 관련을 맺고 있다.

하나님에 대해 성경적으로 제대로 이해하게 되어야 지옥이 제대로 이해된다. 성경은 하나님이 사랑이시라고 말한다. 그러나 하나님의 사랑이라는 속성과 하나님의 다른 속성들을 분리해서는 절대로 안 된다. 하나님의 사랑은 감정적 사랑이 아니라 정의로운 사랑이고 거룩한 사랑이기 때문에 하나님의 사랑은 그분의 정의 및 거룩과 연합을 이루어야 한다. 따라서 하나님께서는 사랑이시기 때문에 재판을 통해 악인을 처형하시는 하나님은 아니시라고 주장하는 것 역시 잘못된 주장이다.

또한 지옥을 제대로 이해하려면 인간과 죄에 대해 성경적으로 바른 이해를 하고 있어야 한다. 인간은 특권을 갖고 있지만 또한 책임도 갖고 있는 존재라는 사실을 제대로 이해해야 지옥이 비로소 이해가 된다. 인간이 하나님을 선택할 수 있는 특권을 버리고 죄를 선택하는 것은 엄청난 범죄이다. 고로 자신의 제자 보서(Boso)의 질문에 대해 "너는 아직도 너의 죄가 얼마나 큰 지에 대해 모르고 있구나."라고 대답한 안셀름(Anselm)의 대답은 인간 죄가 얼마나 심각한지를 단적으로 잘 말해주고 있는 표현이라고 할 수 있다. 근본적으로 말하자면, 지옥은 인간의 심대한 죄에 대한 하나님의 처벌이다.

또한 지옥은 비극으로 이해되어져야 한다. 아담을 통해 이 세상에 죄가 들어왔다는 사실, 아직도 사람들은 하나님을 거역하는 죄를 짓고 있고 특히 구원자 예수님을 거절하고 있는 있다는 사실들이 비극이듯이, 악인이 지옥으로 가야 한다는 사실 또한 비극이다. 이런 지옥의 비극적 이야기를 죄 많은 삶을 사는 현대인들은 특히 듣기 싫어한다. 현대인들은 지옥의 형벌 이야기가 너무도 무시무시해서 듣기 싫어하겠지만, 자신들이 죄인이라는 사실과 지옥에 가서 형벌을 받게 된다는 사실이 싫어서 지옥을 거절하는 것이다. 그러나 지옥이 있다는 사실에 문제가 있는 것도, 지옥을 만든 하나님에게 문제가 있는 것도 아니다. 문제는 인간의 죄에 있다. 우리를 지옥가게 하는 것은 하나님이 아니라 우리의 죄이다.

지옥을 제대로 이해하려면 먼저 예수님의 죽음에 대한 바른 이해가 필요하다. 완전하신 하나님이시면서 또한 완전한 인간이신 우리의 중보자 예수님께서 인간이 죽어야 하는 죽음을 인간을 대신해서 십자가에서 죽어주셨다. 모든 신자들이 받아야할 무한한 죄를 그분께서 받으신 것이다. 그러나 회개하여 그리스도를 받아들이지 않는 사람들은 무한한 형벌을 받아야 한다. 우리 모든 인간들은 그리스도로부터 오는 용서를 받아들이든지 아니면 죄로 인해 영원히 형벌을 받든지, 이 둘 중에서 하나를 선택해야만 한다. 이와 마찬가지로, 인간의 죄의 심각성에 대해 아는 방법도 두 가지인데, 그것은 예수 십자가만을 보라보던지 아니면 지옥을 바라보던지 이다. 그러나 우리는 이 둘 중에서 반드시 하나 만을 선택해야 한다. 성경은 우리에게 십자가를 바라보는 것을 선택함으로 지옥을 면하라고 강권하고 있다.

하나님에 대한 교리, 죄에 대한 교리 및 구속에 관한 교리는 서로 관련을 맺고 있다. 또한 지옥을 제대로 이해해야 하나님, 죄 및 구속에 대한 것이 풀린다. 왜 그런 것 인지 설명해 보자.

첫째, 하나님의 거룩에 대한 이해가 증가할수록 죄의 심각성이 얼마나 큰 것인지에 대한 이해가 생긴다. 둘째, 죄의 심각성이 이해가 될수록 지옥의 형벌에 대한 이해와 그리스도의 죽음에 대한 이해가 증가된다. 셋째, 지옥의 심판에 대한 이해와 그리스도의 대속의 죽음에 대한 이해가 증가될수록 하나님의 놀라운 은혜에 대해 올바로 이해할 수 있게 된다. 간단히 말해서 기독교 신학에서 지옥을 분리하면 기독교 신학은 더 이상 신학이 아니게 되는 것이다.

예수님에게 신실하고 그분의 말씀에 신실한 자라면 반드시 지옥에 대해 사람들에게 전해야 한다. 지옥에 대해 말하면 사람들이 싫어할 것이다. 그러나 지옥에 대해 전하지 않으면 하나님께서 싫어하신다. 하나님께서는 지옥을 포함한 하나님의 모든 말씀을 구원받은 성도들 모두가 전하기를 원하신다. 구원받은 우리는 복음에 빚진 자라는 생각을 가지고, 하나님께서 우리의 죄를 용서하신 사실과 우리는 용서받아야 할 존재라는 사실 그리고 그리스도를 받아들임으로 영원한 용서와 기쁨을 소유할 수 있다는 사실을 불신자에게 알려야 하듯이 또한 지옥 심판에 대해서도 사람들에게 알려야한다. 나는 이글을 읽은 모든 독자들이 그리스도인이건 아니건 상관없이, 그동안 수많은 그리스도인들이 땅 끝까지 이르러 전하였던 지옥이 포함된 하나님의 말씀을 받아들여, 선배들의 지옥 전파 신앙을 본받아, 지옥 심판과 구원에 관하여 전하기를 간절히 기도한다. 우리는 전할 때에 주 예수님에 대한 사랑과 열정을 갖고 또한 하나님의 말씀에 대한 확신을 갖고, 잃어버린 영혼을 불쌍히 여기며 권세있게 전해야 한다.

글 쓰신 분들

- 그레고리 K. 비얼(Gregory K. Beale, 케임브리지대 Ph.D.)
  휘튼 칼리지 대학원 신약학 주임 교수

- 다니엘 I. 블록(Daniel I. Block, 리버풀대 Ph.D.)
  미국 남침례 신학교 구약학 교수 및 부학장

- 신클레어 퍼거슨(Sinclair Ferguson, 에버딘 대학 Ph.D.)
  웨스터민스터 신학교 조직신학 교수

- R. 알버트 몰러 주니어(R. Albert Mohler Jr., 미국 남침례 신학교 Ph.D.)
  미국 남침례 신학교 총장 및 기독교 신학 교수

- 더글라스 J. 무(Douglas J. Moo, 세인트 엔드류 대학 Ph.D.)
  휘튼 칼리지 대학원 신약학 교수

- 크리스토퍼 W. 모간(Christopher W. Morgan, 미드-아메리카 침례 신학대 Ph.D.)
  캘리포니아 침례 대학 신학과 부교수 및 부학장

- 제임스 I. 패커(J. I. Packer, 옥스퍼드 대학 D.Phil.)
  리젠트 대학 신학과 교수

- 로버트 A. 피터슨(Robert A. Peterson, 드류 대학 Ph.D.)
  커버난트 신학교 조직신학 교수

- 로버트 W. 야브로(Robert W. Yarbrough, 에버딘 대학 Ph.D.)
  트리니티 복음주의 신학교 신약학 교수 및 학과장

참고 도서 목록

Almond, Philip C. Heaven and Hell in Enlightenment England. Cambridge: Cambridge Univ. Press, 1994.

Atkinson, Basil F. C. Life and Immortality: An Examination of the Nature and Meaning of Life and Death as They Are Revealed in the Scriptures. Taunton, U.K./:Goodman, 1962.

Bernstein, Alan E. The formation of Hell: Death and Retribution in the Ancient and early Christian Worlds. Ithaca, N.Y.: cornell Univ. Press, 1993.

Blanchard, John. Whatever Happened to Hell? Durham, U.K.: Evangelical Press, 1993.

Bonda, Jan. The One Purpose of God: An Answer to the Doctrine of Eternal Punishment. Grand Rapids: Eerdmans, 1997.

Bowles, Ralph G. "Does Revelation 14:11 Teach Eternal Torment? Examining a Proof-Text on Hell." EvQ 73(January 2001):21-36.

Bray, Gerald. "Hell: Eternal Punishment of Total Annihilation?" Evangel: The British Evangelical Review 10(Summer 1992): 19-24.

Brower, Kent E., and Mark W. Elliott, eds. Eschatology in Bible and

Theology: Evangelical Essays at the Dawn of a New Millennium. Downers Grove, Ill.: InterVarsity Press, 1997.

Brown, Harold O. J. "Will the Lost Suffer Forever?" CTR 4(Spring 1990): 261-78.

Buis, Harry M. The Doctrine of Eternal Punishment. Gran Rapids: Baker, 1957.

Butler, Jonathan M. Softly and Tenderly Jesus Is Calling: Heaven and Hell in American Revivalism, 1870-1920. Chicago Studies in the History of American Religion. Ed. Jerald C. Brauer and Martin E. Marty. Vol. 3. Brooklyn, N.Y.:Carlson, 1991.

Cameron, Nigel M. de S., ed. Universalism and the Doctrine of Hell: Papers Presented at the fourth Edinburgh Conference on Christian Dogmatics, 1991. Grand Rapids: Baker, 1992.

Camporesi, Piero. The Fear of Hell: Images of Damnation and Salvation in Early Modern Europe. Trans. Lucinda Byatt. University Park: Pennsylvania State Univ. Press, 1991.

Carson, D. A. The Gagging of God: Christianity Confronts Pluralism. Grand Rapids: Zondervan, 1996.

Cassara, Ernest, ed. Univeralism in America: A Documentary History. Boston: Beacon, 1971.

Chan, Simon. "The Logic of Hell: A Response to Annihilationism." ERT 18(January 1994):20-32.

Constable, Henry. The Duration and Nature of Future Punishment. New Haven, Conn.: Charles C. Chatfield, 1871.

Crockett, William, ed. Four Views on Hell. Grand Rapids: Zondervan, 1992.

_____ and James Sigountos, eds. Through No Fault of Their Own? The Fate of Those Who Have Never Heard. Grand Rapids: Baker, 1991.

Davidson, Bruce W. "Reasonable Damnation: How Jonathan Edwards Argued for the Rationality of Hell." JETS 38(March 1995): 47-56.

Davies, Eryl. An Angry God? What the Bible Say about Wrath, Final Judgment, and Hell. Bridgend, U.K.: Evangelical Press of Wales, 1991.

Davies, Paul C. "The Debate on Eternal Punishment in Late Seventeenth-and 'Early Eighteenth-Century English Literature." Eighteenth Century Studies 4(1970-71): 257-76.

Dixon, Larry. The Other Side of Good News: Confronting th e Contemporary Challenges to Jesus' Teaching on Hell. Geanies House, U.K.: Christian Focus, 2003.

Edward, David L., and John R. W. Stott. Evangelical Essentials: A Liberal-Evangelical Dialogue. Downers Grove, Ill. InterVarsity Press,

1988.

Erickson, Millard J. How Shall They Be Saved? The Destiny of Those Who Do Not Hear of Jesus. Grand Rapids: Baker, 1996.

_____. "Principles, Permanence, and Future Divine Judgment: A Case Study in Theological Method." JETS 29(September 1985): 317-25.

Evangelical Alliance Commission on Unity and Truth Among Evangelicals(ACUTE). The Nature of Hell. London: ACUTE/Paternoster, 2000.

Fernando, Ajith. Crucial Questions about Hell. Wheaton, Ill.: Crossway, 1994.

Froom, LeRoy Edwin. The Conditionalist Faith of Our Fathers. 2 vols. Washington, D.C.: Review & Herald, 1965.

Fudge, Edward William. "The Final End of the Wicked." JETS 27(Spring 1984): 325-34.

_____. The Fire That Consumes: A Biblical and Historical Study of Final Punishment. Houston: Providential, 1982.

_____. The Fire That Consumes: The Biblical Case for Conditional Immortality. 2d ed. rev. Peter Cousins. Carlisle, U.K.: Paternoster, 1994.

_____ and Robert A. Peterson. Two Views of Hell: A Biblical and

Theological Dialogue. Downers Grove, Ill: InterVarsity Press, 2000.

Gerstner, John H. Jonathan Edwards on Heaven and Hell. Grand Rapids: Baker, 1980.

_____. Repent or Perish: With Special Reference to the Conservative Attack on Hell. Morgan, Pa.: Soli Deo Gloria, 1990; reprint 1996.

Gomes, Alan W. "Evangelicals and the Annihilation of Hell, Part 2." Christian Research Journal 13(Summer 1991): 15-19.

_____. "Evangelicals and the Annihilation of Hell, Part 1." Christian Research Journal 13(Summer 1991): 9-13.

Gray, Tony. "Destroyed Forever: An Examination of the Debates Concerning Annihilation and Conditional Immortality." Themelios 21(January 1996): 14-18.

Guillebaud, Harold E. The Righteous Judge. N.p., 1941.

Helm, Paul. "Universalism and the Threat of Hell." TrinJ 4(Spring 1983): 35-43.

Hick, John H. Death and Eternal Life. New York: Harper & Row, 1976.

Hoekema, Anthony A. The Bible and the Future. Grand Rapids: Eerdmans, 1979.

Hughes, Philip Edgcumbe. The True Image: The Origin and Destiny of Man in Christ. Grand Rapids: Eerdmans, 1989.

Hunsinger, George. "Hellfire and Damnation: Four Ancient and Modern View." SJT 41(1998): 406-34.

Kantzer, Kenneth S., and Carl F. H. Henry, eds. Evangelical Affirmations. Grand Rapids: Zondervan, 1990.

Kistler, Don, ed. The Wrath of Almighty God: Jonathan Edwards on God's Judgment against Sinners. Morgan, Pa.: Soli Deo Gloria, 1996.

Kvanvig, Jonathan L. The Problem of Hell. New York: Oxford Univ. Press, 1993.

Linfield, Alan M. "Sheep and Goats: Current Evangelical Thought on the Nature of Hell and the Scope of Salvation." VE 24(June 1994): 63-75.

Master's Seminary Journal 9(Fall 1998) is devoted to the doctrine of hell.

Martin, James P. The Last Judgment in Protestant Theology from Orthodoxy to Ritschl. Grand Rapids: Eerdmans, 1963.

Milne, Bruce. The Message of Heaven and Hell: Grace and Destiny. BST. Downers Grove, Ill.: InterVarsity Press, 2002.

Moore, David George. The Battle for Hell: A Survey and Evaluation of Evangelicals' Growing Attraction to the Doctrine of Annihilationism. Lanham, Md.:Univ. Press of America, 1995.

Morgan, Christopher W. Jonathan Edwards and Hell. Geanies House, U. K.: Christian Focus, 2004.

Morris, Leon. The Biblical Doctrine of Judgment. Grand Rapids: Eerdmans, 1960.

The Mystery of Salvation, The Story of God's Gift: A Report by the Doctrine Commission of the General Synod of the Church of England. London: Church House Publishing, 1995.

Nash, Ronald H. Is Jesus the Only Savior? Gran Rapids: Zondervan, 1994.

Okholm, Dennis L., and Timothy R, Phillips, eds. Four Views of Salvation in a Pluralistic World. Grand Rapids: Zondervan, 1995.

Packer, James I. "The Problem of Eternal Punishment." Evangel: The British Evangelical Review 10(Summer 1992): 13-19.

Peterson, Robert A. Hell on Trial: The Case for Eternal Punishment. Phillipsburg, N.J.: Presbyterian & Reformed, 1995.

_____. "The Hermeneutics of Annihilationism: The Theological Method of Edward Fudge." Presb 21(Spring 1995): 13-28.

_____. See Fudge, Edward William, and Robert A. Peterson, Two Views of Hell.

_____. "Undying Worm, Unquenchable Fire." ChrT 44(October 23, 2000), 30-37.

Pinnock, Clark H. "The Destruction of the Finally Impenitent." CTR 4(Spring 1990): 243-60.

_____. A Wideness in God's Mercy: The Finality of Jesus Christ in a World of Religions. Grand Rapids: Zondervan, 1992.

Powys, David J. 'Hell': A Hard Look at a Hard Question: The Fate of the Unrighteous in New Testament Thought. Paternoster Biblical and Theological Monographs. Carlisle, U.K.: Paternoster, 1998.

Ramesh, Richard P. The Population of Heaven. Chicago: Moody Press, 1994.

Robinson, John A. T. In the End, God. London: James Clark, 1950.

Rowell, Geoffrey. Hell and the Victorians: A Study of the Nineteenth-Century Theological Controversies Concerning Eternal Punishment and the Future Life. Oxford: Clarendon, 1974.

Sander, John, ed. What About Those Who Have Never Heard? Three Views on the Destiny of the Unevangelized. Downers Grove, Ill.: InterVarsity Press, 1995.

_____. No Other Name: An Investigation into the Destiny of the Unevangelized. Grand Rapids: Eerdmans, 1992.

Scharen, Hans. "Gehenna in the Synoptics, Part 1." BSac 149(July-September 1992): 324-37.

_____. "Gehenna in the Synoptics, Part 2." BSac 149(October-December 1992): 454-70.

Shedd, William G. T. The Doctrine of Endless Punishment. New York: Scribner's, 1886; reprint, Minneapolis: Klock & Klock, 1980.

Stott, John R. W. See Edwards, David L. and John R. W. Stott. Evangelical Essentials.

Talbot, Thomas. "The Doctrine of Everlasting Punishment." Faith and Philosophy 7(January 1990):19-42.

Toon, Peter. Heaven and Hell: A Biblical and Theological Overview. Nashville: Nelson, 1986.

Travis, Stephen H. Christ and the Judgment of God: Divine Retribution in the New Testament. Basingstoke, U.K.: Marshall Pickering, 1986.

Walker, D. P. The Decline of Hell: Seventeenth-Century Discussions of Eternal Torment. Chicago: Univ. of Chicago Press, 1964.

Walls, Jerry L. Hell: The Logic of Damnation. Library of Religious Philosophy 9. Notre Dame: Univ. of Notre Dame Press, 1992.

Wenham, John W. The Enigma of Evil. Grand Rapids: Zondervan, 1985.

Wheeler, Michael. Heaven, Hell, and the Victorians. Cambridge: Cambridge Univ. Press, 1994.

지옥론
HELL
UNDER FIRE (불타는 지옥)

발행일	2008년 8월 30일
2쇄	2016년 6월 10일
지은이	크리스토퍼 모간 로버트 피터슨
옮긴이	박미가
펴낸이	장사경
편집장	강연순
해외마케팅 팀장	장미야
마케팅	한영휴, 이현빈
편집디자인	김은혜
경영총무	조자숙
펴낸곳	Grace Publisher(은혜출판사)

주소 서울 종로구 종로 65길12-10
전화 (02) 744-4029 팩스 744-6578
출판등록 제 1-618호.(1988. 1. 7)

ⓒ 2016 Grace Publisher, Printed in Korea
　　ISBN 978-89-7917-838-8　　03230

이 출판물은 저작권법에 의해 보호를 받는 저작물이므로 무단 전재와 무단 복제를 할 수 없습니다.